Clarita y José

Nueva Internacional

UNA REVISTA DE POLITICA Y TEORIA MARXISTAS

Número 1, 1991

SO-AIB-238

Contenido

DIRECTOR Luis Madrid
DIRECTORA DE NEGOCIOS Cindy Jaquith
CONSEJO DE DIRECTORES Jack Barnes, Sigurlaug
Gunnlaugsdóttir, Carl-Erik Isacsson, Russell Johnson,
Nat London, Steve Penner, Ron Poulsen, Samad Sharif,
Jonathan Silberman, James Mac Warren

Nueva International es editada en colaboración con
New International, Mary-Alice Waters, directora, Steve Clark,
   subdirector y
Nouvelle Internationale, Michel Prairie, director.
*Muchos de los artículos que aquí aparecen en español
también se pueden obtener en inglés y francés. Las tres
publicaciones se pueden obtener por medio de Nueva
Internacional, 410 West Street, Nueva York, NY 10014.*

Foto de la cubierta: Peter Turnley/Black Star.
Diseño por Toni Gorton

ISSN 1056-8921
ISBN 0-87348-648-X
Impreso y hecho en Estados Unidos de América
Manufactured in the United States of America

Nueva Internacional es distribuida a nivel
internacional por Pathfinder Press.
Australia (y Asia y el Pacífico):
   Pathfinder, 19 Terry St., Surry Hills, Sydney, NSW 2010
Canadá:
   Pathfinder 6566, boul. St-Laurent, Montreal, Quebec,
   H2S 3C6
Estados Unidos (y el Caribe y América Latina):
   Pathfinder, 410 West Street, Nueva York, NY 10014
Gran Bretaña (y Europa y Oriente Medio):
   Pathfinder, 47 The Cut, Londres, SE1 8LL
Islandia:
   Pathfinder, Klapparstíg 26, 2º piso, 121 Reikiavik
Nueva Zelanda:
   Pathfinder, 157a Symonds Street, Auckland
Suecia:
   Pathfinder, Vikingagatan 10, S-113 42, Estocolmo

EN ESTE NUMERO

ESTE ES EL NUMERO INAUGURAL de una revista de política y teoría marxistas. *Nueva Internacional* está diseñada para la discusión y el uso práctico tanto de los luchadores de la clase obrera como de sus aliados entre las masas oprimidas y explotadas. Su propósito es presentar materiales políticos, teóricos e históricos referentes a las cuestiones más importantes que en cuanto a programa, estrategia y organización enfrentan quienes construyen partidos comunistas alrededor del mundo. El creciente número de trabajadores de habla hispana en Estados Unidos y en los otros países imperialistas, y la significativa sección de nuestra clase alrededor del mundo cuya primera lengua es el español necesitan esta valiosa arma política. Su publicación es necesaria y urgente.

Esta nueva revista en español se une a sus revistas hermanas *New International,* en inglés, y *Nouvelle Internationale,* en francés.

El bombardeo que duró seis semanas y la invasión de cien horas que Washington y sus aliados realizaron contra Iraq, devastaron a ese país y a su pueblo. En una tierra que había sido semi-industrializada, el ataque dejó a millones sin hogar, sin alimentos y vulnerables a las enfermedades. Esa fue una de las matanzas más despiadadas de la historia moderna. Ahora la dislocación económica cunde también en Turquía, Kuwait y Jordania, dejándose sentir más fuertemente sobre los explotados. Además, la estrangulación de Iraq por medio del bloqueo económico, que ya ha durado más de 10 meses, impide incluso la importación de medicinas, alimentos y herramientas agrícolas. La región se ve amenazada por casos de desnutrición aguda, así como por el cólera y otros horrores epidémicos.

Washington inició su marcha hacia la guerra en agosto de 1990 con un bloqueo aéreo, marítimo y terrestre. Los primeros barcos y aviones, como también las primeras tropas y pertrechos de guerra, fueron enviados a la Península Arábiga y a las aguas circunvecinas. En poco más de seis meses, se convirtió en una fuerza invasora mecanizada y blindada de medio millón de efectivos. La meta de los gobernantes norteamericanos consistía en imponer un virtual protectorado en Bagdad, es decir, un régimen confiable y servil ante el imperialismo norteamericano; obtener un mayor control sobre las reservas de petróleo en el Golfo; alterar la correlación de fuerzas en detrimento de los oprimidos de la región, especialmente el pueblo palestino cuya *intifada* y dignidad internacionalista siguen siendo la astilla más dura en el ojo de Washington; y a través de dicho proceso estabilizar y fortalecer a los regímenes pronorteamericanos en la región. Al perseguir estos objetivos, la clase capitalista estadounidense intentó utilizar su poderío militar para asestarle golpes políticos y económicos a sus rivales imperialistas en Europa y Japón.

Sin embargo, lejos de obtener una estupenda victoria, como el presidente de Estados Unidos George Bush proclamara el 27 de febrero, la masiva fuerza blindada norteamericana invasora ni siquiera peleó una guerra. Por el contrario, las fuerzas aliadas imperialistas, tanto en tierra como desde mar y aire, condujeron una masacre militarizada de decenas de miles de iraquíes —obreros y campesinos en uniformes harapientos— que intentaban huir de Kuwait y retornar a Iraq. El régimen de Saddam Hussein los había abandonado en sus trincheras sin brindarles cobertura aérea, privándolos de todo excepto de una estructura mínima de comando, una red de comunicaciones mínima y unas pocas provisiones. Si bien Bagdad trataba de adquirir control sobre el petróleo, territorio y vías fluviales en Kuwait, en realidad nunca intentó librar una guerra contra el imperialismo norteamericano.

Washington, por otro lado, tampoco ha logrado sus objetivos políticos en la región. No sólo los regímenes capitalistas sino también el orden imperialista en el Golfo y en el Oriente Medio son hoy día más inestables que antes de agosto de 1990. Los imperialistas siguen sin poder imponer una "solución" en torno a la "cuestión" palestina, una solución que no implique justicia para los palestinos. Lejos de coincidir más y volverse más cordiales, los intereses políticos de los gobernantes estadounidenses e israelíes se alejan cada vez más. Hasta la fecha Washington no ha logrado derribar a Saddam Hussein ni imponer un régimen que le resulte de mayor agrado. En Estados Unidos crece el número de trabajadores que están cuestionando el propósito de la guerra. Una guerra que —como se están dando cuenta— destruyó los medios de vida moderna del pueblo iraquí y culminó en dos masacres: una a fines de febrero contra los soldados iraquíes indefensos que huían de Kuwait, perpetrada por Wa-shington y sus aliados con la complicidad de Bagdad; y la otra, en marzo, contra los curdos y los chiítas en el norte y sur de Iraq, perpetrada por Bagdad con la complicidad de Washington.

EL GOBIERNO NORTEAMERICANO es culpable ante el mundo de haber convertido en refugiados a unos dos millones de curdos y otros más que huyeron de la mortal agresión de Bagdad. Sin embargo, Washington y sus aliados se han negado a abrirle sus fronteras a los curdos y a otros refugiados que piden asilo.

Tras haber logrado una "victoria", el imperialismo norteamericano se está rompiendo los dientes en su intento de conquistar sus objetivos políticos. Esto ha dado paso a amplias divisiones tácticas dentro de los círculos de poder estadounidenses en torno a las decisiones políticas de la administración Bush en el Golfo. El "síndrome de Vietnam" ha sido reforzado; no ha sido echado atrás como se jactara Bush a fines de febrero. Será un poco más difícil, no más fácil, para los gobernantes norteamericanos movilizar un apoyo público a favor de su próxima aventura militar. Les será un poco más difícil a los burócratas sindicales y otros líderes corruptos, que hacen eco de los deseos del gobierno y de las corporaciones, salirse con la suya al exigirle al pueblo trabajador y a los oprimidos que acepten sacrificios, prorroguen huelgas o que pospongan acciones de protesta por razones patrióticas. Los oponentes clasistas del imperialismo y la guerra pueden conquistar un mayor espacio político, ahora mismo.

La guerra y sus consecuencias inmediatas no resolvieron las contradicciones económicas y políticas en Estados Unidos y en el resto del mundo que en primer lugar impulsaron a Washington a emplear su poderío militar. Más bien, las agravaron. La guerra aceleró la rivalidad que existe entre Washington y las otras potencias imperialistas y acrecentó la posibilidad de que entre ellos se den conflictos más agudos. A las clases dominantes alemana y japonesa les resultó políticamente imposible enviar unidades para participar de la agresión aliada. Sin embargo, por primera vez desde la concentración armada que llevó a la segunda guerra mundial, la guerra del Golfo puso a Bonn y a Tokio en un curso acelerado hacia el uso de sus fuerzas militares en el exterior para fomentar los intereses de sus respectivos estados.

EN TODO EL MUNDO, el pueblo trabajador enfrenta hoy día una inestable situación de preguerra, no un periodo estabilizado de posguerra. El ataque de Washington contra Iraq fue la primera de las guerras que marcarán el segmento de la curva histórica del desarrollo capitalista vaticinado por la caída de los mercados de valores en octubre de 1987, desde Nueva York a Tokio, de Bonn a Hong Kong. Hoy día, el capitalismo no sólo está marchando hacia más guerras sino al mismo tiempo avanza dando traspiés hacia una depresión y crisis social a nivel mundial. Vamos a ver una agudizante dislocación económica capitalista dentro de la cual una sacudida o un fracaso parciales —un colapso del sistema bancario, una aguda recesión en uno de los principales países industrializados, una explosión inflacionaria, el fracaso masivo de una cosecha— podrían desatar un colapso de la producción industrial mundial.

Sin que el final esté a la vista, crece el temor de que la recesión en Norteamérica, Gran Bretaña, Francia, Nueva Zelanda y Australia se podría tornar tan profunda como la baja de 1981-82 (o más profunda aún) y adquirir un carácter mundial, como sucedió en 1974-75. La recesión está precipitando el tipo de presiones sobre las ganancias capitalistas que intensifican más aún la competencia interimperialista. Como resultado, los patrones intentarán exprimirle más el jugo a centenares de millones de esclavos de la deuda en el mundo semicolonial. Aquí en el país van a arremeter con mayor fuerza contra el nivel de vida de la clase trabajadora e impulsarán una mayor intensificación de la producción en las minas, plantas y fábricas. Van a ampliar sus intentos de socavar los derechos y las libertades democráticas, y de debilitar y restringir el espacio con el que cuentan la clase obrera y sus organizaciones para desarrollar la acción política independiente.

Por lo tanto, la guerra de Washington contra Iraq fue un anuncio, claro y fuerte, de los conflictos por venir a como los gobernantes imperialistas sigan la lógica histórica de su sistema decadente de explotación y opresión: una perspectiva que, quieran o no quieran, conduce hacia la tercera guerra mundial.

Para el pueblo trabajador del mundo entero, para los combatientes clasistas de vanguardia y para ese sector de la vanguardia obrera formado por comunistas, estas evaluaciones políticas son decisivas para trazar un rumbo que haga avanzar la marcha histórica de *nuestra* clase. El futuro de la humanidad depende de la organización política independiente de los oprimidos del mundo para ofrecer resistencia a la devastación que los gobernantes intentan imponernos. Depende de nuestra capacidad para luchar, para ganar batallas revolucionarias y para arrebatarles los poderes bélicos a los explotadores y opresores, y establecer gobiernos de obreros y campesinos. El que se desaten o no los horrores inconcebibles de una tercera masacre imperialista mundial se decidirá en el transcurso de tremendas batallas de clase y sus desenlaces en los años venideros. Queda en nuestras manos, las manos de los obreros del mundo, impedir las calamidades hacia las que el imperialismo marcha y avanza dando traspiés. Nuestra oportunidad vendrá.

Estas, en resumen, son las conclusiones políticas centrales que plantean los dos documentos iniciales que aparecen en este número de *Nueva Internacional*.

❖

La guerra de Washington en el Oriente Medio ha puesto a prueba a todos los que se llaman socialistas y dicen hablar en defensa de los intereses de la clase obrera y sus aliados. Ha puesto a prueba a todos los que dicen actuar, incondicional y resueltamente, contra los horrores de la guerra imperialista.

En 1990, conforme la culminación lógica de la marcha de Washington hacia la guerra se volvió ineludible, el Partido Socialista de los Trabajadores —sus cuerpos dirigentes electos, las ramas del partido, las comisiones de sus miembros en sindicatos industriales y sus simpatizantes— comenzaron a *hacer campaña* contra el imperialismo y la guerra. Los miembros y partidarios del PST —junto con los de las Ligas Comunistas hermanas en Australia, Canadá, Francia, Gran Bretaña, Islandia, Nueva Zelanda y Suecia— hicieron campaña para divulgar entre compañeros de trabajo, huelguistas y otros sindicalistas, estudiantes de secundaria y universitarios, soldados y reservistas, y otros más, la verdad sobre por qué todos ellos debían oponerse al asalto de Washington y sus aliados contra Iraq. Colaboraron con los miembros de la Alianza de la Juventud Socialista para refutar las mentiras y pretextos empleados por los gobernantes estadounidenses para explicar las raíces y objetivos imperialistas de la marcha hacia la guerra. Se unieron con otros en la construcción de acciones antiguerra en las calles, y en la organización de eventos educativos y otros foros para discutir la guerra y lo que está en juego para el pueblo trabajador. Vendieron miles de ejemplares de *¡EE. UU. fuera del Oriente Medio! Cuba habla en Naciones Unidas.* Este libro, publicado por la editorial Pathfinder en inglés y español, sigue paso a paso la escalada premeditada de los preparativos de guerra de Washington y refuta las mentiras imperialistas.

Los primeros dos artículos de este número —"Los cañonazos iniciales de la tercera guerra mundial" y "La campaña clasista contra el imperialismo y la guerra"— están basados en charlas que presentó el secretario nacional del PST Jack Barnes como parte de esta campaña. Los foros públicos en los que habló Barnes coincidieron con las reuniones nacionales de los miembros del partido y simpatizantes que militan en cada uno de los diez sindicatos industriales: el de la industria textil, ACTWU; el de torneros IAM; el de trabajadores de la costura, ILGWU; de la electrónica, IUE; de la industria petroquímica, OCAW; de la industria automotriz, UAW; de la industria de la carne, UFCW; de mineros, UMWA; de la industria siderúrgica, USWA; y el UTU de los trabajadores ferroviarios.

El primer artículo se basa en un discurso dado en una reunión para recaudar fondos para *Nueva Internacional,* auspiciada por el Foro Obrero Militante en Cleveland, Ohio, en marzo de 1991, después del cese de operaciones ofensivas de parte de la administración Bush. Al editarlo para su publicación, el autor ha incorporado los acontecimientos políticos que se dieron durante el mes siguiente.

El segundo artículo fluye de las charlas dadas a fines de noviembre y comienzos de diciembre en reuniones auspiciadas por el Foro Obrero Militante en Washington, D.C., y en la ciudad de Nueva York. Fue publicado inicialmente en diciembre de 1990 en el suplemento *International Socialist Review* (Reseña Socialista Internacional) del semanario en inglés el *Militant.* Apareció después en español en el número especial de enero de 1991 de *Perspectiva Mundial,* y en francés en la revista trimestral *L'internationaliste.* Desde entonces se han vendido miles de ejemplares de dicho artículo, junto con suscripciones y ejemplares de las publicaciones. El artículo de Barnes se reproduce aquí sin revisión o actualización políticas. Las notas han sido agregadas por *Nueva Internacional.*

Ambos artículos incorporan el material de los periodos de discusión que se dieron en cada uno de los foros, es decir, los intercambios bajo normas de libre expresión, donde obreros, estudiantes, candidatos socialistas para cargos públicos y otros participantes plantearon sus puntos de vista e hicieron preguntas en torno a las justificaciones ofrecidas por los gobernantes norteamericanos para su marcha hacia la guerra y sobre la coyuntura más amplia de la política a nivel mundial. Ambos artículos también fueron debatidos —y sus líneas generales aprobadas— en reuniones del Comité Nacional y de los dirigentes del trabajo sindical del partido así como de sus colaboradores a nivel internacional.

La segunda sección de este número, "Una política comunista para tiempos de paz y para tiempos de guerra", documenta la evaluación política y la respuesta táctica de la vanguardia de la clase obrera ante las tres campañas de militarización que Washington ha llevado a cabo en los últimos cincuenta años: la campaña de 1937 hasta el final de la segunda guerra mundial;

la campaña de 1947 hasta la derrota del imperialismo norteamericano en la guerra de Vietnam; y la apertura de la campaña
que comenzó a comienzos de la década de 1980 durante la
administración Carter. La sección contiene "La tercer campaña
de militarización de Washington", por la líder del PST y directora de *New International* Mary-Alice Waters; segmentos de una
resolución sobre la lucha contra la guerra de Vietnam aprobada
por el congreso de 1969 del PST; y un artículo de Waters
titulado "1945: Cuando las tropas norteamericanas dijeron
'No'", que relata la historia oculta de las masivas protestas
realizadas por los soldados en ultramar al final de la segunda
guerra mundial exigiendo que se les retornara a casa.

La tercera sección se titula "El comunismo, la clase obrera y la
lucha antimperialista: lecciones de la guerra Irán-Iraq". La invasión de Kuwait del 2 de agosto de 1990, realizada por las fuerzas
militares de Saddam Hussein, surgió de la misma trayectoria
que anteriormente había impulsado al régimen baasista en Bagdad a lanzar una sangrienta guerra de ocho años contra Irán.
Los oprimidos de Iraq carecían de una vanguardia comunista
que abogara por sus intereses de clase e indicara el camino a
seguir en solidaridad con sus hermanos y hermanas en Irán. Sin
embargo, en Irán sí existía el núcleo de una dirección comunista internacionalista para cuando Bagdad lanzó su guerra contrarrevolucionaria a comienzos de la década de 1980. Las resoluciones aprobadas por esta organización comunista en 1980 y
1982 que aquí aparecen junto con una introducción por Samad
Sharif, quien ayudó a dirigir esta labor en Irán, son de un valor
duradero para revolucionarios, combatientes antimperialistas y
comunistas en cualquier parte del mundo.

El material que aparecerá en los tres primeros números de
Nueva Internacional a publicarse este año, está contenido en
inglés en los números 7, 8 y 9 de *New International* respectiva-
mente. Los números 4 y 5 de *Nouvelle Internationale,* que inclui-
rán las traducciones al francés de muchos de estos artículos,
también serán publicados en 1991.

El número 2 de *Nueva Internacional* incluirá artículos sobre
"Che Guevara, Cuba y el camino al socialismo", y aparecerá en

septiembre de 1991. El número 3 de *Nueva Internacional* girará en torno a los fundamentos de la situación política y económica mundial y la tarea de construir partidos proletarios. Incluirá los documentos fundamentales sobre política mundial y economía política debatidos y aprobados en 1988 y 1990 por los congresos y cuerpos de dirección del Partido Socialista de los Trabajadores y de otras organizaciones comunistas alrededor del mundo.[1]

COMENZANDO con el número 7 de *New International* publicado este año —y sus correspondientes números en español y francés— el consejo de directores refleja la amplia colaboración y apoyo editoriales con los que cuentan estas tres publicaciones hermanas. Varias organizaciones obreras en diversos países han avanzado sustancialmente en lograr una colaboración política organizada sobre la base de tareas comunes, con miras a preparar un movimiento comunista internacional. Estas organizaciones incluyen a las Ligas Comunistas en Australia, Canadá, Gran Bretaña, Islandia, Nueva Zelanda y Suecia; al Comité Organizador Comunista en Francia; y al Partido Socialista de los Trabajadores en Estados Unidos.

Los líderes centrales de dichas organizaciones componen el consejo de directores de *Nueva Internacional, New International* y *Nouvelle Internationale*. Ellos son: Jack Barnes, Sigurlaug Gunnlaugsdóttir, Carl-Erik Isacsson, Russell Johnson, Nat London, Steve Penner, Ron Poulsen, Samad Sharif, Jonathan Silberman y James Mac Warren.

Un número sustancial de artículos incluidos en los primeros seis números de *New International* han sido reproducidos en español en la revista *Perspectiva Mundial,* y serán publicados en una forma más permanente en los números futuros de *Nueva Internacional.*[2]

Además del consejo de directores de estas publicaciones hermanas, los directores inmediatamente responsables de cada una de las revistas en los tres idiomas colaboran estrechamente en la preparación editorial. Luis Madrid es el director de *Nueva Internacional.* Mary-Alice Waters es la directora de *New International* y

LAS NOTAS PARA ESTE ARTICULO COMIENZAN EN LA PAGINA 15.

Steve Clark, su subdirector. Michel Prairie es el director de
Nouvelle Internationale. La labor extensa de traducción que este
esfuerzo de publicación trilingüe supone, se realiza por medio
de un equipo internacional de voluntarios que traducen, edi-
tan, componen y corrigen el material. En su mayoría, los voluntarios mantienen trabajos en la industria de la costura o como
torneros, obreros ferroviarios, empacadores de carne, mineros
y otras ocupaciones similares.

C UANDO APARECIO el primer número de *New International*, en
1983, los miembros de su consejo editorial pertenecían a partidos comunistas que estaban afiliados a la Cuarta Internacional
y se habían considerado trotskistas. El Partido Socialista de los
Trabajadores mantenía relaciones fraternas con la Cuarta Internacional, y la Liga Comunista era la sección reglamentaria de la
Cuarta Internacional en Canadá. Ambos partidos habían estado
asociados con la Cuarta Internacional desde su fundación bajo
la dirección de León Trotsky en 1938 para reagrupar a los
revolucionarios que seguían las políticas comunistas del partido
bolchevique y de la Internacional Comunista (Tercera Internacional) bajo la dirección de V.I. Lenin. Las fuerzas comunistas
que constituyeron la Cuarta Internacional se habían negado a
someterse a las políticas contrarrevolucionarias y al terrorismo
del estado policiaco que para comienzos de la década de 1930 se
había consolidado en el gobierno y el partido stalinizados en la
Unión Soviética y en la Internacional Comunista. Trotsky fue
asesinado por un agente de la máquina asesina de José Stalin en
1940, al inicio de la segunda masacre imperialista mundial.

Después de la segunda guerra mundial, el Partido Socialista
de los Trabajadores y sus tradiciones proletarias se volvieron en
poco tiempo una corriente minoritaria dentro de la Cuarta
Internacional. Por más de tres décadas, las diferencias públicas
fueron numerosas y profundas, y quedaron registradas en las
páginas del *Militant*, de la publicación *International Socialist Review* (Reseña Socialista Internacional) y del semanario internacional *Intercontinental Press* (Prensa Intercontinental). Este último dejó de publicarse en 1986. Sin embargo, a partir de 1979,
el curso y el carácter del PST, de la Liga Comunista en Canadá y

de otros sectores más —por un lado— y los cuerpos dirigentes de la Cuarta Internacional —por el otro— habían acelerado sus divergencias. Estas diferencias giraron sobre todo en torno a la evaluación política de las victorias revolucionarias en Granada y Nicaragua, y al carácter de los gobiernos de obreros y campesinos establecidos a través de esas victorias; a la importancia histórica y el peso de la dirección comunista en Cuba y su trayectoria política; y a la necesidad de que las fuerzas comunistas del mundo entero dieran un giro decisivo hacia la construcción de partidos que fueran proletarios tanto en composición y dirección, como en su programa y perspectivas.

A fines de la década de 1980, el Partido Socialista de los Trabajadores y las Ligas Comunistas en Australia, Canadá, Gran Bretaña, Islandia, Nueva Zelanda y Suecia decidieron cada uno suspender su afiliación, fuera esta fraterna o reglamentaria, a la Cuarta Internacional. En realidad, desde hacía tiempo que a través de su trabajo político, colaboración internacionalista y al lugar ocupado dentro de la continuidad y tradición comunistas, estos partidos ya se habían vuelto organizaciones comunistas que habían dejado de considerarse trotskistas y se hallaban separadas del movimiento trotskista mundial y de sus diversos partidos y grupos internacionales contendientes. Los líderes de estas organizaciones reconocieron que cualquier otro rumbo que no fuera el de formalizar esta realidad política sólo podría dar la falsa impresión de una maniobra organizativa de miras estrechas, y se convertiría en un obstáculo para mantener relaciones de solidaridad y colaboración normales dentro del movimiento obrero.

La mejor guía para los fundamentos programáticos y la trayectoria política de estas organizaciones comunistas cuyos líderes ahora asumen responsabilidad por las tres revistas, se encuentra en los primeros nueve números de *New International,* comenzando con su número inaugural publicado en 1983 y que contenía el artículo "Su Trotsky y el nuestro: la continuidad comunista en la actualidad", por Jack Barnes.

Los miembros y simpatizantes de estas organizaciones comunistas alrededor del mundo participan en campañas de ventas coordinadas a nivel internacional para difundir *New Internatio-nal, Nouvelle Internationale* y *Nueva Internacional* de la manera más amplia posible. Al mismo tiempo, venden suscripciones al semanario en inglés el *Militant,* a la revista mensual *Perspectiva Mundial* y a la revista trimestral en francés *L'internationaliste.* La publicación de *New International, Nouvelle Internacional* y *Nueva Internacional* se hace posible, además, gracias a esfuerzos como el realizado en abril y mayo de 1991 para recaudar 75 mil dólares. Este trabajo es organizado por la directora de negocios y promociones de las tres revistas, Cindy Jaquith. Instamos a nuestros lectores a que contribuyan a la extensión de este es-fuerzo colectivo, tanto donando su tiempo y habilidades for-mando parte del equipo de traducción, como también brindan-do su apoyo económico. Además, sus comentarios políticos, cuyo envío solicitamos, respecto a los temas planteados en las páginas de la revista serán altamente apreciados.

La correspondencia y las contribuciones monetarias se deben enviar a Nueva Internacional, 410 West St., Nueva York, NY 10014.

Los números 1 y 2 de *Nueva Internacional,* contra el imperialis-mo y la guerra y sobre las contribuciones políticas de Ernesto Che Guevara, están dedicados a los hombres y mujeres que, con resuelta oposición a la marcha de Washington y sus aliados hacia la guerra, produjeron un vasto arsenal de armas políticas: publi-caciones que dicen la verdad acerca del imperialismo y la guerra, y explican por qué los intereses del pueblo trabajador alrededor del mundo son irreconciliables con los de las clases explotadoras. Los trabajadores de una docena de países tradujeron, editaron, diseñaron, compusieron, diagramaron, corrigieron, imprimie-ron, reimprimieron, cortaron, encuadernaron, empacaron, pro-movieron y distribuyeron estas armas políticas tan necesitadas por los combatientes clasistas. Al mismo tiempo, se unieron en la recaudación de fondos para comprar la maquinaria, se organiza-ron para darle mantenimiento a las computadoras y otras máqui-nas, y se dieron a la tarea de reconstruir la escuela, oficinas, librerías y planta de producción, sin las cuales una campaña clasista contra el imperialismo y la guerra no sería realizable.

Estos números están también dedicados a los obreros-bolcheviques en los diez sindicatos industriales en Norteamérica —y sus pares en centros de trabajo y sindicatos similares desde Estocolmo a París y Christchurch, de Reikiavik a Manchester y Sydney— que se apoderaron de este arsenal y transformaron su capacidad como obreros conscientes para oponerse a la guerra imperialista y unirse a otros en la lucha, dentro y fuera del lugar de trabajo, contra la explotación y la opresión aquí y en el exterior. Ellos se volvieron mejores obreros-reporteros, financiaron sus propias reuniones y comenzaron a transformar la base económica de las labores cotidianas de sus partidos. En ese proceso, estos obreros comunistas se transformaron, transformaron a sus comisiones y a sus partidos en componentes más políticos, de más temple, mejor dispuestos para el combate, más llenos de confianza, más disciplinados y por tanto en componentes más dignos de confianza del movimiento revolucionario mundial.

Junio de 1991

NOTAS

1. Las resoluciones aprobadas en 1988 y 1990 por el Partido Socialista de los Trabajadores pueden ser obtenidas en forma de proyectos escribiendo al: Partido Socialista de los Trabajadores, 406 West St., Nueva York, NY 10014. Por favor incluya $5.00 por la resolución de 1988, la cual se concentra en la crisis económica mundial; y $10.00 por la resolución de 1990, que analiza la dinámica de la política mundial según se desarrolló a fines de la década pasada, abordando muy en particular la desintegración de los partidos y regímenes stalinistas por toda Europa oriental y la crisis cada vez más profunda de la casta privilegiada en la Unión Soviética. Agregue $2.50 por costos de envío.

2. Los siguientes artículos de *New International* han sido publicados en español en *Perspectiva Mundial*, al lado se encuentra su fecha de publicación. Envíe $2.00 por cada uno a Perspectiva Mundial, 410 West St., Nueva York, NY 10014.

• "Su Trotsky y el nuestro: la continuidad comunista en la actualidad", por Jack Barnes, secretario nacional del PST, 5 de marzo de 1984;

- "Las perspectivas revolucionarias y la continuidad leninista en Estados Unidos", resolución aprobada en enero 1985 por un congreso especial del PST, 4 de febrero de 1985;
- "La alianza de obreros y agricultores", por Doug Jenness, 19 de agosto-9 de septiembre de 1985; y
- "El segundo asesinato de Maurice Bishop", por Steve Clark, agosto de 1987.

Otros dos documentos existen ahora en forma de folleto:

- *Sudáfrica, la revolución en camino,* por Jack Barnes; y
- *50 años de guerra encubierta, el FBI contra los derechos democráticos,* por Larry Seigle.

Solicítelos a través de los distribuidores que aparecen en la página 2.

Oriente Medio

Mar Negro

Unión Soviética

Mar Caspio

Turquía

Afganistán

Chipre

Siria

Irán

Mar Mediterráneo

Líbano

Iraq

Paquistán

Israel

Golfo Arábigo-Pérsico

Suez

Jordania

Kuwait

Bahrein

Libia

Egipto

Katar

Omán

Arabia Saudita

Emiratos Arabes
Unidos

Mar Rojo

Mar Arábigo

Sudán

Yemen

Etiopía

Océano Indico

Jibuti

Somalia

PAIS	HABITANTES (EN MILLONES)	POBLACION	PNB PER CAPITA (EN DOLARES)
ARABIA SAUDITA	Cálculos varían entre 10 y 17 (incluyendo 4 millones de trabajadores inmigrantes)	Casi todos árabes	Cálculos varían de 4700 a 7300
BAHREIN	0.5	73% árabes (incluyendo 10% de inmigrantes), 13% asiáticos, 8% iranís, 6% otros	7550
EGIPTO	54.7	Casi todos árabes	700
EMIRATOS ARABES UNIDOS	2.3	42% árabes (más de la mitad inmigrantes), 50% sudasiáticos, 8% otros	11680
IRAN	55.6	51% persas, 25% azerbeiyanis, 9% curdos, 1% árabes, 14% otros	1800
IRAQ	18.8	75-80% árabes, 15-20% curdos, 5% otros	1,940
ISRAEL	4.6 (6.3 incluyendo los territorios ocupados)	82% judíos, 17% árabes (60% judíos, 40% árabes incluyendo los territorios ocupados)	8700 (no incluye los territorios ocupados)
JORDANIA	3.1	Casi todos árabes (más de la mitad palestinos)	1760
KATAR	0.5	40% árabes, 36% sudasiáticos, 10% iraníes, 14% otros	17070
KUWAIT	2.1	75% árabes (incluyendo 35% palestinos), 20% iraníes, hindúes; dos tercios de la población no son ciudadanos kuwaitíes	10500
LIBANO	3.3	93% árabes, 7% armenios, otros	700
OMAN	1.5	Casi todos árabes	6000
SIRIA	12.5	90% árabes, 10% curdos, otros	1540
TURQUIA	56.7	85% turcos, 12% curdos, 3% otros	1350
YEMEN	9.7	Casi todos árabes	690

Fuente: 1990 World Fact Book, New York Times

LOS CAÑONAZOS INICIALES DE LA TERCERA GUERRA MUNDIAL

EL ATAQUE DE WASHINGTON CONTRA IRAQ

Daños causados por el bombardeo estadounidense en la carretera que conduce de ciudad Kuwait a Basora, febrero de 1991. "Uno no podía retroceder en la carretera. Tampoco podía ir hacia adelante. Uno no se podía salir de la carretera. Uno no se podía rendir, agitar una bandera blanca o entregarse. Las fuerzas aliadas simplemente continuaron bombardeando y disparando: a toda persona, jeep, camión, auto o bicicleta. Esta carnicería es una de las atrocidades más grandes de la guerra moderna".

LOS CAÑONAZOS INICIALES
DE LA TERCERA GUERRA MUNDIAL

Por Jack Barnes

I. LA DEVASTACION DE IRAQ

LA MATANZA organizada por Estados Unidos contra el pueblo de Iraq es una de las más monstruosas en la historia de la guerra moderna. *"Es"* no *"fue"*. La muerte y dislocación continúan hoy día; continúa también la culpabilidad de los imperialistas en torno a ellas.

Quizás nunca sabremos el verdadero número de trabajadores muertos en Iraq y Kuwait durante las seis semanas del incesante bombardeo aliado desatado por aire y mar, y la asesina invasión de cien horas lanzada por Washington el 24 de febrero de 1991. Sin embargo, el cálculo que comúnmente hace la prensa de que unos 150 mil seres humanos fueron asesinados, en todo caso, es conservador. Pensemos en el impacto de una masacre de esta magnitud en los cerca de 19 millones de habitantes de Iraq. Comparemos el golpe de este número de muertos y muchísimos lisiados más, y el período relativamente corto en que ocurrieron, con el impacto que muchos de ustedes recordarán, tuvieron en Estados Unidos, un país de 250 millones, los 47 mil norteamericanos muertos en combate en la guerra de casi diez años —no diez semanas— librada por Washington para impedir la reunificación de Vietnam.

El derramamiento de sangre más concentrado fue organizado por el comando norteamericano en las últimas 48 horas de

---

Este artículo se basa en una charla dada en Cleveland, Ohio, el 30 de marzo de 1991. El autor lo ha editado para su publicación tomando en cuenta los acontecimientos políticos en las cinco semanas subsiguientes. Jack Barnes es el secretario nacional del Partido Socialista de los Trabajadores.

la invasión, cuando los soldados iraquíes huían de Kuwait por las carreteras a Basora. Mientras que públicamente negaba que las fuerzas iraquíes se estuviesen retirando de Kuwait, Washington ordenaba que decenas de miles de soldados iraquíes en retirada sirvieran de blanco a ola tras ola de bombardeos, de metralla, de cañonazos. Esta era gente que no estaba poniendo resistencia, muchos sin armas, otros con rifles empacados en sus sacos de dormir, se iban en autos, camiones, carretas o a pie. Muchos civiles de Iraq, Kuwait y otros trabajadores inmigrantes de diversos países fueron masacrados en el momento en que trataban de huir.

Las fuerzas armadas de Estados Unidos bombardearon un extremo de la carretera que va de ciudad de Kuwait a Basora, sellándolo. Bombardearon el otro extremo de la carretera y la sellaron. Desplazaron unidades de artillería mecanizada en las colinas a los costados de la carretera. Y entonces, desde el aire y por tierra, simplemente masacraron a todo ser viviente que se encontraba en el camino. Cazabombarderos, helicópteros de combate y batallones blindados desataron sin misericordia su poderío de fuego sobre los embotellamientos que a veces eran de hasta 32 kilómetros de largo. Cuando el tráfico se atascó, enviaron a los aviones B-52 para el bombardeo de saturación.

Esa era la zona de muerte. Uno no podía retroceder en la carretera. Tampoco podía ir hacia adelante. Uno no podía salirse de la carretera. No se podía rendir, agitar una bandera blanca o entregarse. Las fuerzas aliadas simplemente continuaron bombardeando y disparando: a toda persona, jeep, camión, auto o bicicleta. Un oficial de la fuerza aérea aliada lo llamó "tiro al blanco".* Otros lo llamaron la más grande de todas las "cazas de cucarachas". Ese es el estilo norteamericano: bombardeos de saturación y disparos por la espalda.

Esta carnicería, así como operaciones similares no reportadas durante las heroicas cien horas de Bush, está entre las atrocidades más grandes de la guerra moderna. Fue la Guernica, la

---

*En inglés, "turkey shoot", se refiere a un juego de tiro en que se entierra a un pavo vivo, menos el cuello y la cabeza, la cual sirve de blanco.

LAS NOTAS PARA ESTE ARTICULO COMIENZAN EN LA PAGINA 142.

Hiroshima, la Dresde, la My Lai de la guerra de Estados Unidos contra Iraq.[1]

Tanto la coalición imperialista como el régimen de Bagdad tienen sus propias razones para encubrir la verdad sobre el derramamiento de sangre. Como resultado, nunca sabremos cuánta gente murió en la matanza. A finales de marzo un periodista pidió al general Colin Powell, jefe de la Junta de Estado Mayor, que diera una cifra aproximada del número de iraquíes muertos a consecuencia de los bombardeos aliados y operaciones terrestres. Dejando ver un poco el verdadero rostro del racismo y arrogancia imperiales, Powell respondió: "En realidad, no estoy profundamente interesado en números".

Pero tampoco Bagdad ha intentado rendirle cuentas a las familias de los obreros y campesinos en uniforme que fueron asesinados en las trincheras, en el desierto y en las carreteras de Kuwait y el sur de Iraq. Igual que durante la guerra del régimen de Saddam Hussein contra Irán, de 1980 a 1988, decenas de miles de familias en Iraq vieron a sus hijos, hermanos, sobrinos y esposos partir hacia la guerra para nunca volverlos a ver o saber de su paradero.

DE POR SI, la matanza realizada por el gobierno norteamericano no tuvo propósito militar alguno. Las víctimas no formaban parte de unidades militares o de una retirada organizada. Se habían convertido en seres humanos que simplemente trataban de escapar de la guerra. Fue una desbandada masiva. Según las "reglas" de guerra moderna establecidas, no eran soldados que combatían; eran refugiados que huían. Aún durante la carnicería masiva de la segunda guerra mundial los cuerpos de oficiales, tanto aliados como alemanes, en ocasiones permitieron que los soldados que huían de la batalla por las carreteras, se escaparan sin esta clase de bombardeo criminal. Pero no con la maquinaria bipartidista asesina organizada por el secretario de defensa norteamericano Richard Cheney (republicano), el general Colin Powell (independiente) y el general Norman Schwarzkopf (demócrata), comandante de las fuerzas de Estados Unidos en el Golfo.

Podemos estar seguros de que esta masacre tuvo un impacto

abrumador sobre muchos de los soldados norteamericanos que en aquellos días estuvieron en ese escenario o que más tarde vieron su horroroso resultado. Algunos soldados empezaron a hablar públicamente sobre los horrores de los que fueron testigos y a plantear cuestiones sobre lo inhumano e inútil de lo que allí se hizo. Ellos van a jugar un papel importante en dar a conocer estos crímenes de Washington, y en los próximos meses de hacerlos parte de la política en Estados Unidos.

Lo que es más, la muerte y destrucción causadas durante la invasión norteamericana corresponden solamente a una porción de los que murieron como resultado del bloqueo militar de Iraq, que comenzó en los primeros días de agosto de 1990, y de la guerra aérea de seis semanas de duración lanzada el 16 de enero de 1991. Algunos detalles de los daños terribles se detallan en el informe del 20 de marzo, redactado por el subsecretario general de la Organización de Naciones Unidas, Martti Ahtisaari de Finlandia, después del viaje de una comisión investigadora de la ONU a Iraq. Corre crédito del semanario el *Militant* —como muestra de lo que significa publicar un periódico en defensa de los intereses del pueblo trabajador a nivel mundial— que el informe de la ONU haya sido publicado inmediatamente y ampliamente distribuido para que todo el mundo lo leyera. No conozco de ningún otro periódico que lo haya hecho.

"Hay que decir desde un principio que nada de lo que habíamos visto o leído nos había preparado adecuadamente para el tipo de devastación que ha sufrido el país", escribió Ahtisaari. El pueblo de Iraq se enfrenta a una "catástrofe inminente" debido a la destrucción por la guerra de la "infraestructura económica de una sociedad que, hasta enero de 1991, estaba relativamente muy urbanizada y mecanizada. En la actualidad, la mayoría de los medios de vida moderna han quedado destruidos o reducidos a la mínima expresión".

El embargo continúa privando a millones de trabajadores en Iraq de alimentos, agua potable, medicinas, semillas y otros implementos agrícolas, y otras necesidades vitales. Washington y sus aliados, contrario a la "prudencia" con que bombardearon Bagdad, desataron un bombardeo cuadricular, las 24 horas del día, sobre otras ciudades, pueblos, carreteras, "estructuras reforzadas" y concentraciones de tropas. Los bombarderos aliados destruyeron fábricas, puentes, plantas generadoras de electricidad, canales de irrigación, plantas purificadoras de agua y todos sus alrededores. En su conjunto, hubo 109 876 incursiones aéreas de Estados Unidos, Gran Bretaña, Francia, Canadá, Arabia Saudita y otros, dejando caer 88 500 toneladas de bombas.

Un artículo en la edición del *New York Times* del 28 de abril, titulado "El objetivo norteamericano es el derrocamiento de Hussein, pero, ¿a qué precio para los iraquíes?", sintetizó lo que, según expresó, constituía "la primera evaluación completa de los daños de la guerra en Iraq" por parte de la "inteligencia norteamericana", es decir, por la CIA, los equipos de espionaje de las fuerzas armadas y otros grupos similares. Debido a la falta de agua limpia, señala el artículo, el cólera ha vuelto a Iraq, y los funcionarios de la ONU y de otras agencias de ayuda temen su propagación. Sin embargo, las plantas de purificación de agua dañadas por el bombardeo norteamericano no serán reparadas por varios meses. Otras enfermedades relacionadas con las aguas impuras y la desnutrición, que hacía más de una década que no existían, han reaparecido en Iraq causando gran número de muertos particularmente entre los niños; por ejemplo los casos de kwashiorkor (la enfermedad de los "estómagos inflamados") están aumentando rápidamente. El artículo informa que hay escasez masiva de medicinas, de cloro y de granos; que la ganadería ha sido agotada; y que se tomaría 5 años, bajo condiciones óptimas, sólo para restaurar la red eléctrica del país. El periodista del *Times* denomina la política del gobierno de Estados Unidos como la "estrangulación de la economía de Iraq". Y lo es. Más que todo, estrangula a decenas de miles de oprimidos que viven en Iraq.

ESTA AGRESION contra Iraq fue una "guerra total" moderna, en el verdadero y espantoso sentido que el término ha adquirido desde el último año de la Guerra Civil estadounidense, cuando el general de la Unión William Sherman dirigió sus tropas arrasando Georgia en su "marcha al mar".[2] Las tropas de Sherman destruyeron almacenes, depósitos, cosechas, ganado, caballos, casas de haciendas y a todo el que se les tratara de interponer en su camino. El objetivo era destruir todo lo que de alguna manera pudiera ayudar al ejército confederado y así mandar un mensaje al régimen separatista de que la población entera sufriría las consecuencias de una negativa por parte de los Estados Confederados de América a rendirse.

Ese fue el objetivo del bombardeo aliado sobre Iraq. Pero con la tecnología de armamentos moderna y el poder de fuego masivo que se descargó sobre Iraq bajo el estandarte de la misión moral de Washington, los resultados de la aniquilación aérea fueron mucho más devastadores de lo que Sherman se habría podido imaginar en 1864. El objetivo de los aliados lo constituyó la totalidad de la red de apoyo industrial, agrícola, de transporte y comunicación del país; lo que el informe de la ONU de Ahtisaari llama "medios de vida moderna", todo lo que le habría permitido a Iraq continuar su funcionamiento social seminormal. Algunas ciudades, como Basora en el sur de Iraq, fueron demolidas con especial ferocidad.

Los directores del *Wall Street Journal* describieron la "doctrina militar" de Washington de la siguiente forma: "Cuando se debe recurrir a la fuerza, hay que usarla abrumadoramente". Al llevar a cabo esta "doctrina", las fuerzas aliadas inevitablemente mataron e hirieron a decenas de miles de civiles iraquíes. El alto mando de Estados Unidos estaba completamente consciente de este hecho. Ambos trataron de encubrir estas muertes y devastación, a la vez que usaban el eufemismo de "daño colateral" para describirlo, con la esperanza de convertir al pueblo de Iraq en seres inhumanos y sin rostros. Y en estos esfuerzos de encubrimiento, los generales contaron con la cobarde complicidad de los dueños de los grandes medios de prensa.

La Casa Blanca y el Pentágono descartaron a sangre fría el total de iraquíes muertos antes de iniciarse la matanza. Su énfasis en torno a la "precisión" del bombardeo y la "inteligencia" de las bombas, desde el primer día estaba encaminado a controlar cualquier daño a la opinión pública: una simple labor de relaciones públicas cínicas. Más tarde se informó que solamente un 7 por ciento de las bombas que se lanzaron eran "inteligentes", y que el 70 por ciento del tonelaje total de bombas lanzadas no acertaron en sus objetivos militares. Lo que es más, Washington planeó que los "daños colaterales" serían cualitativamente peores afuera de la ciudad capital Bagdad. La esperanza consistía en mantener esto fuera de la televisión y de testigos oculares.

El desdén imperial por los cuantiosos heridos y muertos iraquíes fue captado cuando el general Schwarzkopf habló en una entrevista con David Frost, a finales de marzo, sobre el informe inicial de las divisiones norteamericanas que se acercaban al valle del río Eufrates, al interior de Iraq, después del primer día de la invasión aliada. En aquel momento se informó que sólo un soldado norteamericano había sido herido en acción. "De modo que se puede imaginar como eso me hizo sentir", dijo Schwarzkopf con su usual tono de voz fingido, "no sólo estábamos ganando esta guerra, sino que teníamos al enemigo en desbandada —una absoluta desbandada enemiga— y sin embargo, nuestras bajas eran prácticamente . . . inexistentes. Bueno, eso te hacía sentir un poco como si Dios estuviera de tu lado". Dios, como el ángel de la muerte del imperialismo contra los pueblos coloniales.

HACE POCO, la revista *Harper's* publicó un cifra indicando la enorme disparidad que existe entre la cantidad de vietnamitas muertos durante la guerra norteamericana contra ese país y la cantidad de soldados norteamericanos que murieron allí: unos 58 mil soldados (47 mil murieron en acción). *Harper's* hace la pregunta: ¿Cuántos muros del tamaño del Monumento Conmemorativo de Vietnam, con el mismo tamaño de letra por nombre, se necesitarían para incluir a todos los vietnamitas que murieron como resultado de la guerra? (El Monumento Conmemorativo de Vietnam en Washington, D.C., es un largo bloque de granito negro en el cual están inscritos los nombres de los muertos de las fuerzas armadas de Estados Unidos.) Su respuesta es de aproximadamente setenta de esos muros, *setenta* muros. Algunos de nosotros recordaremos el enorme impacto político que tuvo en Estados Unidos el elevado número de soldados norteamericanos muertos. Un sentimiento de pérdida se esparció por toda la población estadounidense, ayudando a impulsar la organización de la oposición a la guerra. Pero entonces hay que pensar lo que significa *setenta veces* ese número de muertos: ¡En un país con apenas una cuarta parte de la población de Estados Unidos!

Eso me hizo pensar en lo siguiente: que si tomamos los nombres de todos los soldados norteamericanos muertos en acción durante la guerra en el Golfo Arábigo-Pérsico, 140 durante la guerra aérea y la invasión, que incluyen a los que murieron por "fuego amigo" (jamás sabremos el porcentaje exacto de muertes por "fuego amigo"), y los inscribimos en una muro del tamaño del Monumento Conmemorativo de Vietnam. Después hacemos lo mismo con los iraquíes que murieron, otra vez usando el mismo tamaño de la inscripción por nombre. ¿Cuántos muros se necesitarían? Aún si usáramos la cifra muy conservadora de 100 mil bajas iraquíes, dada entonces por las autoridades militares de Estados Unidos, la respuesta sería: 714 de tales muros.

Sólo traten de imaginar si pueden, un muro "norteamericano", con 70 más del tamaño del Monumento Conmemorativo de Vietnam extendiéndose en una dirección con la lista de las víctimas de la guerra imperialista de Estados Unidos contra el pueblo vietnamita. Y en seguida, otro muro "norteamericano", con 714 muros formando un ángulo con los nombres de las víctimas de la guerra de Washington contra el pueblo de Iraq. Esto les da una breve imagen mental del precio que la humanidad explotada paga por vivir bajo el sistema imperialista.

En lo que va del siglo han muerto unos 100 millones de personas en las guerras imperialistas. En comparación con los muertos de guerra de Estados Unidos en esos mismos noventa años, una línea similar de muros con los nombres de aquellas víctimas se extendería hasta desaparecer en el Océano Atlántico. Y esto no toma en cuenta a los millones de muertos a causa de otras formas de violencia política, hambrunas, enfermedades que se pueden prevenir y otras consecuencias del imperialismo. Es casi imposible de imaginar.

Después de huir de la zona de muerte en Kuwait, algunas unidades del derrotado ejército de Bagdad se rebelaron abiertamente en contra del régimen iraquí. Estaban hartos de las desastrosas consecuencias, tanto para soldados como para civiles, que la aventura expansionista de Saddam Hussein en Kuwait y el rechazo alevoso de organizar a las tropas para luchar acarrearon. Estos soldados se unieron a rebeliones del pueblo trabajador que se alzó en armas en contra del régimen, en ciudades, pueblos y aldeas del norte y sur de Iraq. Gran parte de la población en el sur, aunque lejos de ser todos, pertenece a la mayoría islámica chiíta y enfrenta discriminación por parte del círculo gobernante iraquí que es predominantemente islámico sunnita. En el norte, la mayoría son miembros de la nacionalidad oprimida curda. Estos se rebelaron, como lo han hecho repetidamente en este siglo, para exigir la autonomía y la autodeterminación nacional.

Durante todo el mes de marzo de 1991, Saddam Hussein utilizó las tropas de la elitista Guardia Republicana, así como helicópteros de batalla y fuerzas blindadas que había mantenido en reserva y que se negó a emplear durante la invasión aliada, para ahogar en sangre a estas rebeliones. Las ciudades del sur de Iraq como Basora, Najaf y Karbala fueron salvajemente bombardeadas y cañoneadas. Como resultado de esta brutal represión, decenas de miles de chiítas y otros iraquíes del sur, y más de dos millones de curdos y otros en el norte, han sido desterrados y convertidos en refugiados desesperados.

Cientos de miles de curdos huyeron a los países vecinos de Irán y Turquía; cientos de miles más están amontonados a lo largo de sus fronteras, viviendo bajo condiciones miserables con poca comida, sin techo o cuidado médico. Según un informe de Naciones Unidas publicado a finales de abril, unas dos mil personas mueren diariamente por el frío, las enfermedades y la desnutrición; otros informes de principios de mayo indican que quizás ya hayan ocurrido de 20 mil a 30 mil muertes. La propagación de enfermedades contagiosas amenaza con que estos números asciendan aún más.

LOS GOBERNANTES imperialistas de Estados Unidos y de Europa occidental —en sí responsables en lo que va del siglo de repetidos sabotajes a los esfuerzos por establecer un Curdistán soberano— hoy explotan cínicamente la represión de los curdos desatada por Bagdad para incrementar sus propios intereses económicos, políticos y militares rivales en la región del Golfo. Se organizan para obligar a los curdos a retornar a la vez que le dan ayuda de emergencia a Naciones Unidas, que cuenta con un presupuesto insuficiente. Ninguno de los gobiernos imperialistas en Norteamérica, Europa, Japón, Nueva Zelanda o Australia —todos partidarios de la masacre imperialista— ha ofrecido abrirle sus fronteras a estos y a otros refugiados víctimas de los ataques de Bagdad o procurarles trabajos y alojamiento. Tampoco le han abierto sus fronteras a los refugiados el régimen de Gorbachov y otros "aliados" de Estados Unidos en la guerra. Todos ellos merecen, en distintos grados, el título que tan libremente le dieron a Saddam Hussein: el "Carnicero de Bagdad".

Con el fin a la ocupación iraquí de Kuwait, los soldados y grupos paramilitares derechistas que apoyan a la monarquía al-Sabah —a la que el Pentágono le restituyó sus "derechos legítimos"— han capturado, golpeado, torturado y frecuentemente asesinado a los palestinos que se quedaron en Kuwait o que regresaron al final de la lucha. A los trabajadores inmigrantes de muchas partes del mundo que han vivido y trabajado en Kuwait, a veces por varias generaciones, no se les ha permitido reingresar al país tras la restauración de la dinastía al-Sabah. Muchos de ellos desesperados por comida, ropa y atención médica.

Así, la devastación de Iraq causada por Washington ha provocado una repetición más criminal aún de los destierros masivos de poblaciones producto de la ocupación de Kuwait por Bagdad el 2 de agosto de 1990, y el subsecuente inicio de la marcha hacia la guerra en el Golfo por parte de Estados Unidos. En aquel entonces, como recordarán, el régimen de Saddam Hussein expulsó de Iraq y Kuwait a decenas de miles de trabajadores inmigrantes: palestinos, egipcios y otros norteafricanos, filipinos, paquistaníes y otros. El régimen saudita expulsó a cerca de 900 mil trabajadores yemenitas, así como a muchos palestinos y jordanos, porque los gobiernos de Yemen, Jordania y la Organización para la Liberación de Palestina rehusaron unirse a la alianza bélica organizada por Estados Unidos contra Iraq.

Estos inmigrantes produjeron la riqueza, brindaron los servicios, se desenvolvieron como profesionales, refinaron y transportaron el petróleo y cuidaron de los niños de los ricos y de la clase media en esos países. (En 1989, ¡25 por ciento de la población de Kuwait estaba inscrita como sirvientes domésticos!) Las vidas y el modo de subsistencia de los trabajadores y de sus familias fueron destruidos. Quedaron sin ingresos y sin propiedad personal. Mientras que las potencias imperialistas dedicaron miles de millones de dólares para los preparativos de guerra, solamente unas pocas monedas fueron distribuidas para darle a estos refugiados comida y alojamiento —la palabra "corral" es más exacta— o para su transporte y reubicación en los países de su elección.

Cientos de miles de muertos y lisiados; millones sin hogar, hambrientos, enfermos o desterrados en toda la región: este es el producto de la marcha de guerra y de la "victoria" militar de Washington en la guerra del Golfo. Inscriban los nombres de *todas* estas víctimas en planchas de granito, y los muros conmemorativos se extenderán tan lejos en la distancia que irán más allá de lo que a simple vista se puede ver. Ese es el verdadero monumento de guerra norteamericano.

II. LOS RESULTADOS DE LA GUERRA DE WASHINGTON REFUERZAN EL 'SINDROME DE VIETNAM'

EL OBJETIVO inmediato de la marcha de guerra y el ataque bipartidistas, republicano/demócratas, contra Iraq consistía en usar el poderío militar de Washington y apuntalar la dominación de Estados Unidos en la región del Golfo Arábigo-Pérsico, donde se encuentra cerca del 65 por ciento de las reservas petroleras mundiales de las que se tienen conocimiento. Para realizar este objetivo, los gobernantes norteamericanos procuraron que la marcha hacia la guerra se llevara a cabo de tal modo que garantizara el establecimiento de un régimen en Bagdad que fuera prácticamente un protectorado imperialista, políticamente subordinado al gobierno de Estados Unidos. Esperaban que el impulso político de tal golpe les permitiera cambiar a su favor la correlación de fuerzas de clase y estatales, y al mismo tiempo avanzar sus intereses respecto de sus competidores imperialistas. Ese era el propósito del gobierno estadounidense al marchar hacia la guerra contra Iraq, no el de liberar a Kuwait o restituir su soberanía nacional ni, mucho menos, para llevar la democracia a la Península Arábiga.

Al perseguir estos objetivos, los gobernantes norteamericanos intentaban surgir con una victoria que por lo menos debilitaría sustancialmente el "síndrome de Vietnam" o que lo dejaría atrás de una vez por todas. Bush y sus partidarios bipartidistas proclamaron abiertamente este objetivo durante la marcha hacia la guerra. Era inmenso lo que estaba en juego, y lo sigue siendo. El logro de dicho objetivo daría paso a la erosión de los avances duraderos que la clase obrera norteamericana se adjudicó en las luchas por los derechos de los negros a finales de los años 50 y en los 60, y las del subsiguiente movimiento contra la guerra de Vietnam y las luchas por los derechos de la mujer. Les ayudaría a marginar políticamente al movimiento obrero en Estados Unidos y cambiar la correlación de fuerzas de clase en beneficio de la clase patronal. A su vez esto les abriría nuevas posibilidades de utilizar su poder militar estratégico alrededor del mundo en defensa de sus intereses.

La decisión de la administración Bush de parar, a la medianoche del 27 de febrero, las operaciones ofensivas en el sur de Iraq significó también una evaluación de que la decisiva victoria militar aliada, *lograda con tan pocas bajas norteamericanas*, había sentado las bases para que el imperialismo lograse sus objetivos tanto en la región del Golfo como en su propio país. Los gobernantes concluyeron que los resultados del embargo, bombardeo e invasión significaban que un protectorado post-Saddam Hussein podía ser puesto en pie en cuestión de semanas, si no de días: porque algunos oficiales iraquíes (asesinos baasistas como Hussein), dispuestos a organizar un régimen de la clase que Washington tenía en mente, derrocarían en breve a Saddam Hussein. El imperialismo norteamericano alcanzaría una nueva cima de poder en el exterior. Y el partido de la guerra, es decir, la pandilla patriótica bipartidista dirigida por la administración Bush que apoya los esfuerzos por la guerra, se habría de encontrar en una nueva posición de fuerza a nivel interno.

Cuando Washington proclamó su "victoria" militar sobre las fuerzas armadas iraquíes a fines de febrero, los gobernantes norteamericanos actuaron inicialmente como si hubieran dado un paso gigante hacia el logro de sus objetivos. El 1 de marzo el presidente George Bush declaró con jactancia: "¡Por Dios!", lo que quiso decir fue a las buenas o a las malas, "hemos echado a puntapiés y para siempre al síndrome de Vietnam!".

Es importante recordar que desde el punto de vista de las familias capitalistas dominantes en Estados Unidos, deshacerse del llamado síndrome de Vietnam requiere de un número de factores.

Un objetivo central de la clase dominante en los últimos

quince años ha sido el de restaurar la confianza de la casta de oficiales, como también ampliar el aprecio hacia los altos oficiales militares ante los ojos de la opinión pública burguesa (incluso dentro de las filas de las fuerzas armadas). La meta es de restaurar la imagen de una estructura de comando cuyos miembros son "militares profesionales"; que ejecutan la política determinada por el gobierno y que no son vistos ni como apologistas politizados ni como antagonistas de la administración; que no sacrifican las vidas de los soldados en batalla —o civiles o aldeas del "enemigo"— innecesariamente; que no le mienten a las tropas o al público sobre el "número de muertos" de ambos lados; y que luchan por los objetivos, establecidos y claramente enunciados por la Casa Blanca y el Congreso, que sirven a "todos los norteamericanos", y lo hacen por "nosotros", por "nuestros" intereses, "nuestras" necesidades y valores. Así, cuando "nosotros" tenemos que luchar, si bien es algo que no queremos hacer lo hacemos con firmeza, de esta manera acelerando al máximo la rapidez de la victoria y reduciendo la pérdida de "nuestros muchachos".

EL PROBLEMA QUE enfrenta la clase dominante desde la guerra de Vietnam fue subrayado por el general Schwarzkopf durante una aduladora entrevista de televisión, conducida por Barbara Walters a mediados de marzo. Reconociendo que durante la guerra de Vietnam los oficiales norteamericanos frecuentemente le mintieron al público sobre el número de bajas vietnamitas y sus implicaciones, Schwarzkopf declaró: "Hubo un desgaste terrible de la integridad de las fuerzas armadas durante Vietnam. No creo que muchos de nosotros salimos de Vietnam pudiendo mantener nuestras frentes en alto y decir, 'Mi sentido de la integridad todavía está impecable y puro', porque todos sabemos que habíamos mentido sobre el número de muertos. Todos sabíamos que habían muchas otras mentiras y que esto causó daños al cuerpo de oficiales". Las cosas se pusieron tan malas, Schwarzkopf añadió en su estilo dramático y apasionado, que hasta había considerado separarse del ejército después de Vietnam, pero que decidió quedarse porque "habían muchas cosas que se tenían que arreglar".

Naturalmente, el propósito de la "franqueza conmovedora" de Schwarzkopf era asegurarle al público televidente de que ahora todo era diferente; que el comando norteamericano en el Golfo dijo la verdad, toda la verdad y nada más que la verdad. "Hoy día es un cuerpo de oficiales diferente", le dijo a Walters. "Es un cuerpo de oficiales que ha aprendido de esa experiencia. Sin embargo, cuando nos metimos en esto, estaba determinado a que íbamos a decir las cosas como eran, decirlas absolutamente tal como eran".

El jefe de la Junta de Estado Mayor Colin Powell tenía en mente el mismo objetivo de reafirmar la confianza y la misma humildad falsa el 23 de enero, cuando se paró enfrente de mapas y fotografías en una conferencia de prensa televisada y exigió: "Confíen en mí, confíen en mí".

Sin embargo, a fin de dar esta apariencia de "decir las cosas tal y como son", el Pentágono se vio en la necesidad de imponer las más severas restricciones de prensa y censura sobre las noticias de guerra que se hayan impuesto en este siglo. Bajo el disfraz de la necesidad militar de proteger a "nuestros muchachos", los reportajes se limitaron a los equipos de prensa (escogidos, arreglados y acompañados por un chaperón militar) y a conferencias de prensa estériles del Pentágono. Todas las noticias de la propia zona de guerra —el 99 por ciento de las acciones *no recibieron ningún tipo de reportaje*— había que mandarlas por medio de los censores militares. Los grandes consorcios de prensa aceptaron estas restricciones antidemocráticas y se dedicaron a una masiva auto-censura de hechos relacionados con la marcha hacia la guerra y las protestas en el país. Y así fue como las declaraciones de los generales con respecto a la precisión extraordinaria de los bombardeos, los "daños colaterales" mínimos, y la virtual perfección en la intercepción de parte de los misiles Patriot, todos se convirtieron en "hechos" durante todo el trayecto de la guerra.

Un segundo objetivo de la clase dominante al intentar hacer retroceder el "síndrome de Vietnam", consiste en restaurar la confianza del público en la dirección gubernamental de las políticas exterior y militar. Los gobernantes capitalistas todavía sufren los efectos de las revelaciones y las consecuencias de los actos del gobierno durante toda la guerra de Vietnam y sus resultados: los Documentos del Pentágono, las revelaciones posteriores a Watergate sobre las conspiraciones de asesinato de la CIA en el exterior y, lo que es más perjudicial, los "trucos sucios" del FBI en este país. Los gobernantes tratan de convencer a amplios sectores de la población norteamericana que los *objetivos expresados* en las políticas del gobierno son los *objetivos reales*. Y, más importante aún, convencer al pueblo trabajador de que estos objetivos no son sólo de una clase o sector del país, sino que son "nuestros objetivos", las metas de "la nación", objetivos que promueven "nuestros intereses": todos juntos, patrones y obreros, ricos y pobres, explotados y explotadores. Los políticos capitalistas de ambos partidos tienen que reforzar el mito de que "nosotros" somos "todos norteamericanos", y por lo tanto tenemos intereses comunes. Es nuestro petróleo, nuestros jeques, nuestros trabajos. Los gobernantes tienen que tratar de impedir que nos identifiquemos con nuestros hermanos trabajadores en todo el mundo. Si es que ha de haber apoyo popular al envío de fuerzas militares imperialistas al exterior —y Washington será impulsado a enviar sus tropas una y otra vez en los años venideros a medida que los capitalistas traten de mantener su sistema social en decadencia— entonces la clase dominante norteamericana debe establecer este consenso patriótico. Debe institucionalizar la colaboración de clases detrás de la bandera o los listones amarillos.

Tercero, la clase patronal está decidida a echar atrás toda aceptación de cualquier debate y discusión públicos de trascendencia en torno a su política durante tiempos de guerra u otras "emergencias nacionales". En la medida de que tal discusión se desarrolla, su meta consiste en canalizarla hacia cabildeos y observaciones pasivas de debates en el Congreso; limitar la discusión a diferencias tácticas; y mantener fuera de los sindicatos y la televisión las discusiones que puedan resultar en protestas en las calles. Se proponen hacer retroceder el potencial que existe para mayores movilizaciones contra la guerra, ya que es un factor que limita sus opciones en el uso del poder militar norteamericano en el exterior.

Washington se rompe los dientes en la guerra

Esto es lo que la clase patronal norteamericana creyó haber logrado durante lo que inicialmente se pintó como una de las más puras y más completas victorias militares en la historia de

Estados Unidos. Pero llevó solamente unos días después de la suspensión de las operaciones militares en el sur de Iraq, a finales de febrero, para que la euforia patriótica comenzara a volverse agria. Rápidamente se desarrolló un fracaso político.

En las semanas subsiguientes, se ha revelado más acerca de la verdad que hay detrás del "tiro al blanco" y de la "caza de cucarachas", de la devastación y matanza extensas organizadas por Estados Unidos y las consecuencias de la guerra para aquellos que se rebelaron en Iraq. Dentro del pueblo trabajador en Estados Unidos han crecido las interrogantes y la indignación, incluso entre los soldados que retornan al país.

Aparentemente el cuerpo de oficiales y los políticos *mintieron* una vez más sobre "el número de muertos", es decir, sobre los "daños colaterales" en todos sus aspectos. Resulta que las vilipendiadas transmisiones televisivas de Peter Arnett, transmitidas desde Bagdad para la CNN, decían mucho más acerca de la verdad que "Norman el tempestuoso", como se le conoce a Schwarzkopf. O más que el "Eisenhower negro de Norteamérica", como la revista ultraderechista *National Review* apodó de un modo entusiasta al general Colin Powell en un artículo de primera plana engalanándolo como el candidato presidencial del Partido Republicano para finales de los años 90. ¿"Confíen en mí"? Sí, para tratar de "extirpar y matar" a cualquier víctima rebelde del imperialismo que se te ordene: dentro y fuera del país.

Las matanzas de parte de Bagdad de rebeldes chiítas y curdos, y los nuevos destierros masivos de poblaciones de refugiados están haciendo añicos de las ilusiones de que la guerra de Washington contribuyó de alguna manera al bienestar de los pueblos oprimidos en la región. La información procedente de Kuwait sobre la tiranía, corrupción opulenta y brutalidad arbitraria de la restablecida monarquía al-Sabah —después de la cobardía desplegada— provoca repugnancia.

Respondiendo al impacto político del informe de Naciones Unidas sobre la devastación de los "medios de vida moderna" en Iraq, el portavoz de la Casa Blanca Marlin Fitzwater intentó defender la guerra de Estados Unidos y rechazó "el argumento de que hay algún sentido de culpabilidad relacionado con la destrucción de una guerra provocada por Saddam Hussein". Sin embargo, ante semejante débil repudio del gobierno, hoy día hay cada vez menos personas en Estados Unidos dispuestas a hablar, como lo estuvieron en enero y febrero, de "nuestros objetivos" en la guerra y de "nuestra responsabilidad" por sus consecuencias en Iraq y en toda la región.

Y para colmo, Saddam Hussein todavía no ha sido asesinado, derrocado o depuesto; no ha sido reemplazado por un nuevo matón baasista con quien Washington y El Riad estarían más que gustosos en negociar. Los gobernantes norteamericanos pensaron que eso ya lo tenían "en el bolsillo", pero cada día que Saddam Hussein permanece como jefe de estado, se hace menos probable que las esperanzas de Washington se materialicen. Mientras más tiempo se mantenga al control en Bagdad, tanto más se encontrarán los gobernantes norteamericanos objetivamente trabajando *con* la persona a quien Bush llamó "el nuevo Hitler" y *contra* el bienestar del pueblo de Iraq. ¿En qué convierte esto a Bush?

ASI, DESDE EL PUNTO de vista de la clase dominante norteamericana, el resultado de la guerra en el Golfo se halla en sorprendente contraste con la invasión de Washington a Granada en octubre de 1983 y a Panamá en diciembre de 1989. En ambos casos Washington logró por medio de operaciones militares limitadas, casi de la noche a la mañana, instalar gobiernos capitalistas relativamente estables y subordinados a Washington. La victoria resultante *política* de los gobernantes norteamericanos fue prácticamente simultánea con la victoria *militar* y a un costo de muy pocas bajas norteamericanas. Naturalmente, ni Granada ni Panamá se mantendrán estables por siempre. Pero en ambos casos Washington obtuvo sus objetivos políticos.

Desde el principio, sin embargo, una victoria militar de Washington en su guerra contra Iraq tenía implicaciones diversas. Tal victoria no podía asegurar simultáneamente los objetivos políticos por los que se desató la guerra. Los cambios que el imperialismo norteamericano buscaba, *porque los necesita*, eran demasiado amplios. En realidad, lejos de alcanzar estos objetivos políticos, el resultado de la guerra ha hecho lo opuesto: ha exacerbado los disturbios políticos, la inestabilidad y los conflictos nacionales, de clase y de estado por toda la región. Como dijimos desde el principio de la marcha bipartidista hacia la guerra de Washington, pasara lo que pasara militarmente, los gobernantes de Estados Unidos se romperían los dientes en sus esfuerzos de imponer el orden y la estabilidad imperialistas en el Golfo por medio de una guerra masiva contra Iraq.

En realidad la guerra de Washington ha creado nuevos problemas para el imperialismo norteamericano en la región del Golfo. Ha puesto en movimiento fuerzas sociales imprevisibles e incontrolables. Ha abierto nuevos conflictos y luchas. Ha provocado nuevos flujos de poblaciones desterradas. Todo esto era casi inevitable ya que el capitalismo mundial en su actual período de crisis y decadencia es incapaz de llevar un desarrollo económico a estos y otros países y pueblos en el mundo semicolonial, que supondría una verdadera independencia nacional, soberanía y estabilidad social.

La realidad posterior al cese al fuego desató divisiones tácticas agudas —*recriminaciones*, para ser más exactos— en la clase capitalista norteamericana, a medida que sus portavoces hacían conjeturas sobre las recientes decisiones políticas de la administración Bush en el Golfo. Los detractores de la administración en la clase gobernante alegaron que al decidir parar las operaciones ofensivas a fines de febrero, al levantar algunas sanciones, aceptar un cese al fuego y permitirle a Bagdad que aplastara las rebeliones internas, Bush perdió el balón en la importantísima marcha para obtener un mayor número de los objetivos políticos del imperialismo norteamericano en la región. (Sin embargo, pocos de ellos expresan qué alternativas hubiera podido o debido seguir la administración.)

En los primeros meses de la marcha de Washington hacia la guerra, las principales "inquietudes" tácticas con respecto a la dirección de la política de la administración Bush vinieron de esos políticos y portavoces burgueses, principalmente del Partido Demócrata, que abogaron por que se encontrara una forma de lograr los objetivos imperialistas norteamericanos en el Golfo sin tener que tomar los riesgos políticos, tanto en la región como en este país, de lanzar una guerra terrestre contra Iraq. La índole y los límites estrechos de las diferencias expresadas por este "partido pacifista burgués", están en detalle en la charla que se publicó en diciembre pasado en la *International Socialist Review* (Reseña Socialista Internacional)[3] de la que los comunistas en la campaña contra el imperialismo y la guerra distribuyeron miles de ejemplares a trabajadores y estudiantes en Estados Unidos y en otros países. Cuando se desató la guerra a mediados de enero con el bombardeo norteamericano de Iraq, los políticos de los partidos Demócrata y Republicano cerraron filas y se formaron detrás de la bandera y el "comandante en jefe": como lo han hecho siempre al inicio de cada guerra norteamericana durante todo este siglo, con o sin la bendición de la ONU.

Sin embargo, desde que Bush declaró la "pausa" unilateral de las hostilidades el 27 de febrero, el debate ha girado en torno a la decisión y el rumbo subsiguientes adoptados por las fuerzas militares de Estados Unidos en la región, le quitaron la victoria de la boca a la clase dominante. Al principio estos nuevos ataques contra la administración Bush vinieron principalmente de la extrema derecha del Partido Republicano, pero pronto se sumaron los liberales de los partidos demócrata y republicano. Al mismo tiempo, aumenta la angustia entre los políticos burgueses que continúan defendiendo las decisiones políticas de Bush en el Golfo, pero que ahora creen prudente distanciarse de la responsabilidad que implican el "tiro al blanco", la devastación de Iraq, el creciente peligro de epidemias y los horrores del nuevo éxodo masivo de refugiados.

UNAS DOS SEMANAS después de la pausa en las hostilidades, el *Wall Street Journal* publicó un artículo de fondo advirtiendo que "el Eufrates puede resultar ser el Elba de George Bush". El artículo se refiere al río Eufrates de Iraq, que fue el punto de avance más profundo de las fuerzas aliadas dentro de Iraq, y que hace eco de las acusaciones de la extrema derecha norteamericana después de la segunda guerra mundial de que al detener el avance de las tropas norteamericanas en el río Elba, en Alemania central, la administración Demócrata le "entregó Europa oriental a los comunistas".

El columnista del *New York Times* A.M. Rosenthal instó a la Casa Blanca a utilizar la masacre de los curdos por parte de Bagdad como pretexto para volver a lanzar acciones militares para derrocar directamente a Saddam Hussein, sin importar los costos. El título del artículo era "Norteamérica en el Vístula".

Rosenthal se remonta al levantamiento de agosto de 1944 del pueblo de Varsovia contra el régimen impuesto por los nazis en Polonia, cuando el gobierno soviético dirigido por José Stalin condenó la rebelión a una sangrienta derrota al negarse a prestarle ayuda a los rebeldes, a pesar de la presencia de tropas soviéticas en la ciudad al otro lado del río Vístula.

Anthony Lewis, columnista liberal del *New York Times,* en tanto que mantiene la posición de que la guerra en sí "fue más que imprudente", condenó la decisión de la administración Bush, de "sentarse pasivamente mientras los helicópteros de combate y los aviones de guerra iraquíes rocian napalm y ácido sobre los rebeldes [curdos]". Y unos días más tarde el principal titular en la sección "Reseña semanal" del *New York Times* del domingo publica: "Iraq queda a la merced de Saddam Hussein". A esto siguió el *New Republic* con su titular histérico de primera plana: "EL ASESINATO DE LOS CURDOS: Por qué Bush dejó que sucediera, y cómo pudo evitarlo".

William Buckley, un editor del *National Review,* escribió el 10 abril: "Los acontecimientos de las últimas dos semanas han sido más destructivos para la moral de Occidente que nada que se hubiera podido concebir durante el éxtasis de principios de marzo, excepto por un ataque a medianoche por la Guardia Republicana de Iraq que acabara con el general Schwarzkopf y sus ayudantes principales".

El intercambio más divulgado fue el que se dio entre Bush y Schwarzkopf a finales de marzo. Este sucedió apenas semanas después de que el "comandante en jefe" y su "victorioso general de 'casi cinco estrellas'" fueran presentados por la prensa con gran revuelo como si fueran uña y carne. A diferencia de Vietnam, se había dicho, Bush presentó objetivos francos y claros y Schwarzkopf trazó el plan militar para conseguirlos. Pero para finales de marzo, en televisión nacional, Schwarzkopf estaba cantando una tonada diferente: "Francamente, mi recomendación [a Bush] había sido . . . continuar la marcha. Quiero decir que los teníamos en desbandada y que podríamos haber seguido . . . desatando una gran destrucción sobre ellos. Hubiéramos podido cerrar la puerta completamente y convertirla, de hecho, en una batalla de aniquilación".

(Solamente pensemos en el lenguaje. Con un pleno conocimiento del asesinato de decenas de miles de soldados iraquíes en retirada durante la invasión de cien horas, Schwarzkopf se queja de que la masacre masiva no llegó a ser una "aniquilación": y vuelve a usar esta frase en otra parte de la entrevista.)

Los escritores de editoriales del *New York Times*, sin dejar de defender la guerra, ahora usan la palabra "matanza" para referirse a lo que pasó durante la invasión norteamericana de cien horas en Iraq y Kuwait. Hasta los directores del *Wall Street Journal* —entre los más fervientes defensores de la guerra y proponentes de la opinión de que la ofensiva aliada no debió parar antes de llegar a Bagdad, tratan de responder a la creciente repugnancia contra la devastación reportada, sugiriéndole al Pentágono que conduzca un estudio de "si se cumplió con algún propósito militar al destruir la infraestructura de Iraq, causando daños civiles que un grupo de la ONU describe como 'casi apocalípticos'".

No se trata aquí de si una u otra sección de la clase dominante o alguna corriente de opinión pública burguesa tuviera algún curso que hubiese "trabajado" mejor que el de Bush en avanzar los intereses del imperialismo norteamericano en el Golfo. Nadie lo tuvo. Por lo menos desde septiembre de 1990 hasta finales de febrero la administración Bush, representando el ala dominante de la clase gobernante, tuvo un curso coherente y consecuente.

Fue un curso *militar* con el objetivo de lanzar un ataque total contra Iraq, y Washington siguió la lógica de la marcha hacia la guerra hasta su culminación asesina. Servía un doble propósito *político:* establecer un protectorado posterior a Saddam Hussein, y hacerlo con un mínimo de bajas norteamericanas, sin importar el costo en vidas humanas y lisiados. El 27 de febrero, los funcionarios de la administración Bush confiaban no solamente en que se habían asegurado el primer objetivo —si las fuerzas norteamericanas evitaban entrar en combate con las unidades élite de Iraq— sino en que también podrían lograr el segundo objetivo, y de esa manera cosechar lo que daban por sentado eran enormes beneficios políticos en este país (incluyendo desarrollar un apoyo más amplio para el próximo uso masivo de fuerza).

Las cosas no están resultando de esa manera.

Un objetivo secundario de la marcha hacia la guerra era el de poner a Washington en una posición más fuerte para imponer una "solución" de la cuestión nacional palestina. Para los gobernantes norteamericanos, la realización de esta meta —eliminando de alguna manera las raíces de la *intifada*[4] sin detonar un levantamiento revolucionario más amplio— está ligada al progreso de sus viejos planes de establecer relaciones estables y rentables con los regímenes capitalistas más importantes de la región, cuyas poblaciones son predominantemente árabes. Estos regímenes, que se extienden desde la costa atlántica del norte de Africa hasta el Golfo Arábigo-Pérsico, rigen sobre poblaciones muchísimo más grandes que la de Israel, y sobre tierras que contienen recursos estratégicos de petróleo y otras fuentes naturales de riqueza. Con más ímpetu del que jamás ha mostrado, Washington quiere mantener su posición como la potencia imperialista predominante en sus relaciones con estos regímenes.

Divergen los intereses entre Estados Unidos e Israel

Desde comienzo de los años 60, el gobierno de Estados Unidos crecientemente suplió con equipo militar moderno a Israel y tuvo que confiar en éste como una fortaleza para defender los intereses imperialistas en el Oriente Medio. Desde mediados hasta finales de los años 50, un auge de levantamientos de obreros y campesinos demandando tierra y soberanía nacional por toda la región hizo surgir regímenes burgueses en varios países, que desde el punto de vista del imperialismo eran demasiado débiles y de poca confianza para desempeñar este papel. Sin embargo, al consolidarse en el último cuarto de siglo clases capitalistas más grandes y más fuertes, y una creciente clase media, Washington tomó la oportunidad de utilizar a estos gobiernos burgueses para fomentar sus propios intereses más eficazmente. Las derrotas militares de estos regímenes por Israel en las guerras de 1967 y 1973 indujo a que secciones de la clase gobernante de estos países ahondaran su orientación hacia el imperialismo. Los gobernantes de Egipto han estado a la cabeza en este respecto, reconociendo a Israel después de los Acuerdos de Camp David en 1978, que fueron orquestados durante la administración de James Carter.[5]

La guerra organizada por Estados Unidos en el Golfo ha ampliado las diferencias que existen entre los intereses de la política exterior de Estados Unidos y la clase gobernante de

Israel. Los gobernantes israelíes salen perdiendo de un alineamiento más fuerte entre el imperialismo norteamericano y los regímenes de Egipto, Arabia Saudita y Siria, los cuales se unieron a la alianza militar contra Bagdad. Esto debilita la influencia que Israel tiene con Washington, su puesto especial en el sistema imperialista mundial y con ello su ventaja de arrancar una asistencia económica y militar norteamericana cada vez más grande y procurar bloquear tal ayuda estadounidense a los regímenes de los países árabes.

Esta divergencia entre Washington y Tel Aviv es lo contrario de lo que gran parte de la prensa presentó durante la guerra como una nueva cima de cooperación. Supuestamente un ejemplo de esto es el "acuerdo" del gobierno de Israel de no mandar sus aviones de guerra contra objetivos iraquíes, en respuesta a los ataques de Bagdad con misiles Scud, y la subsiguiente decisión de Washington de mandar baterías de misiles antimisiles Patriot a Israel. La verdad, sin embargo, es que Tel Aviv no tenía adónde escoger. El comando militar norteamericano simplemente rehusó darle a la fuerza aérea de Israel las claves de los "santo y señas" que le hubieran permitido a los bombarderos y cazas de Tel Aviv entrar en espacio aéreo iraquí sin ser derribados por —o sin derribar— los aviones de guerra norteamericanos que controlaban ese espacio aéreo.

EN REALIDAD, Washington humilló a Tel Aviv durante la guerra al no dejarle que obstruyera los objetivos militares y la política exterior de los gobernantes norteamericanos. Israel depende de su probado historial como un estado fortaleza: que responderá militarmente cuando perciba cualquier amenaza, y que responderá decuplicando cualquier ataque a su territorio. Sin embargo, el régimen de Israel fue forzado por el gobierno de Estados Unidos a aguantar los impactos de los misiles Scud sin responder. A pesar de que los Scud son militarmente insignificantes, la incapacidad de responder fue otra humillación política para Tel Aviv. La frustración y amargura que existen en los círculos dominantes israelíes crecieron más aún cuando se hizo evidente que los tan aclamados misiles Patriot eran un fracaso. No destruyeron la mayoría de las ojivas ni impidieron los daños causados por los Scud. Los Patriot no hicieron más que volar los Scud que de por sí son altamente inexactos, esparciendo al azar las ojivas. De todas maneras, las ojivas de los Scud cayeron y explotaron en territorio israelí, y tanto las partes de los Patriot como los Scud causaron daños. (En realidad, las evaluaciones del ejército israelí insisten en que cada misil Scud lanzado por Bagdad *después* del despliegue de Patriots hizo más daño que los lanzados antes.)

Aunque los intereses de Washington y Tel Aviv siguen divergiendo, sin embargo, esto no ha acercado a los gobernantes norteamericanos a una "solución" de la cuestión palestina, sin la cual sus esfuerzos por establecer relaciones estables con los regímenes burgueses en el Oriente Medio se ven continuamente interrumpidos. El obstáculo político más grande de Washington en este sentido es la irreprimible lucha de los palestinos por su autodeterminación nacional, sobre todo las luchas de los palestinos que viven dentro de las fronteras posteriores a 1967 que conforman el "Gran Israel". Esto sigue siendo un enorme problema para el imperialismo, no importa cuánta cooperación el gobierno de Estados Unidos obtiene de Moscú, y no importa cuántos viajes a la región haga el secretario de estado James Baker, volando entre Tel Aviv y las capitales de los regímenes aliados a Washington en los países árabes.

T EL AVIV SE VALIO DE LA MARCHA de Washington hacia la guerra para extender su brutal estado-cuartel contra la población palestina en la Ribera Occidental, Gaza, el sur de Líbano y dentro del propio Israel. Le impuso a la población palestina un toque de queda las 24 horas del día —un virtual arresto domiciliario— privando de medios de subsistencia a cientos de miles de familias. Miles de palestinos fueron detenidos, apaleados y encarcelados. Los policías, tropas y grupos derechistas de paramilitares israelíes asesinaron con mayor impunidad a los luchadores palestinos. Tel Aviv intensificó sus ataques aéreos contra los campamentos de refugiados palestinos en Líbano. A pesar de sus anteriores promesas a Washington, el régimen israelí abiertamente organizó inmigrantes de la Unión Soviética y otros pobladores judíos para extender las tomas de tierra en la Ribera

Occidental y Gaza. Si los israelíes no pueden volar sus aviones contra la fuerza aérea norteamericana, sí pueden construir asentamientos en las tierras robadas a los árabes, al menos por un tiempo.

Dentro de un marco imperialista, *no existe una solución* a la cuestión palestina. La lucha por los derechos nacionales del pueblo palestino es el eje de la lucha de clases en Israel y en todas las áreas que históricamente constituyeron Palestina. El pueblo palestino continúa avanzando su lucha en contra de su desposeimiento y por lograr la solidaridad de los pueblos árabes y de los luchadores conscientes entre los oprimidos y explotados del mundo. Los palestinos no han sido dispersados geográficamente lo suficiente como para perder su identidad y cohesión.

Ante todo, mientras los palestinos no sean desterrados en masa de Israel y de los territorios ocupados, cada paso hacia adelante en su marcha hacia la liberación nacional es, al mismo tiempo, una crisis política y social *interna* de Tel Aviv. Además, cada paso de Tel Aviv por incorporar permanentemente los territorios ocupados al "Gran Israel", garantiza que habrá una resistencia intensificada, incluso entre los palestinos dentro de Israel, de esta manera profundizando su crisis interna. Además de unos 3.5 millones de judíos, 2.5 millones de palestinos viven actualmente bajo dominio israelí: 800 mil en las fronteras anteriores a 1967, y 1.7 millones en la Ribera Occidental y la Franja de Gaza.

La autodeterminación nacional palestina es irreconciliable con los intereses de la clase gobernante de Israel. Los regímenes burgueses de los circundantes países árabes, a la vez que han pretendido hablar en nombre de sus "hermanos" palestinos, en repetidas ocasiones han derramado la sangre palestina para mantener sus poderes de clase y privilegios de estado. Washington está presionando más a estos gobiernos para que sigan los pasos de El Cairo y establezcan relaciones diplomáticas con Israel, y algunos quizás lo hagan. No obstante, estos regímenes capitalistas deben tomar en cuenta el potencial desestabilizador de las consecuencias políticas internas entre los árabes y otros pueblos oprimidos que se identifican fuertemente con la lucha palestina y que, junto con el pueblo trabajador del resto del mundo, son los únicos aliados de confianza de los palestinos.

La intifada, que ya lleva casi cuatro años de duración en la Ribera Occidental y la Franja de Gaza, ha confirmado que los palestinos no dejarán de luchar hasta que no hayan ganado su lucha por la tierra y la autodeterminación nacional. Es por eso que Washington no esta más cerca de lo que estaba antes de la guerra del Golfo, de encontrarle una salida a este dilema. Los gobernantes norteamericanos le piden a Israel que intercambie "tierra por paz". Pero las obras de los gobernantes israelíes son más elocuentes que cualquier lenguaje diplomático. Tel Aviv actúa bajo la convicción de que sólo la paz del cementerio callará la lucha por tierra de los palestinos.

Autodeterminación nacional curda
La "victoria" militar de los gobernantes norteamericanos destacó a nivel internacional otra lucha por la autodeterminación nacional en la región que también está sin resolver: la del pueblo curdo. Antes de la guerra en el Golfo, la lucha curda había estado principalmente en retirada, siendo derrotada repetidas veces en los últimos cincuenta años por las clases dominantes de Iraq, Irán, Turquía y Siria, con la complicidad de Washington, Londres, París y Moscú. Las consecuencias de la guerra del Golfo han planteado la cuestión de la autodeterminación nacional curda como no se había planteado desde el fin de la segunda guerra mundial y los años posteriores a la revolución de 1958 que derrocó a la monarquía en Iraq.

Entre 20 millones y 30 millones de curdos están divididos entre el sureste de Turquía, el noreste de Siria, el norte de Iraq y el noroeste de Irán, como también una pequeña región en el sur de la Unión Soviética. Una república independiente curda fue creada en el norte de Irán después del establecimiento de un gobierno obrero y campesino en la vecina Azerbeiyán en diciembre de 1945.[6]

A pesar de que la república curda fue aplastada por la monarquía iraní un año más tarde, los curdos continuaron su lucha en las décadas siguientes. Los gobernantes norteamericanos le han brindado ayuda con un gotero a los grupos nacionalistas curdos y luego se las han cortado abruptamente, dependiendo del cambio de relaciones entre Washington y los regímenes del área, en particular Bagdad y Teherán.

El pueblo curdo aprovechó el debilitamiento del régimen de

Saddam Hussein como resultado de la guerra para impulsar su lucha una vez más, tomándose muchas aldeas y pueblos —incluyendo la importante ciudad de Kirkuk— por una semana o más en marzo. Bagdad utilizó helicópteros de combate y armamento pesado para aplastar brutalmente la rebelión, provocando que más de dos millones de refugiados curdos intentaran cruzar las fronteras iraní y turca.

Mientras discutimos hoy aquí, las potencias imperialistas de Europa y Estados Unidos han proclamado un "enclave" temporal para los refugiados curdos al norte del paralelo 36° en el norte de Iraq, cerca de la frontera con Turquía. Washington está enviando tropas, unidades de las Fuerzas Especiales, al norte de Iraq para fungir algo así como si fueran una fuerza policiaca para Saddam Hussein. Junto con los soldados turcos, las tropas norteamericanas están forzando a los refugiados a que salgan de Turquía y de las montañas vecinas y se dirijan a los campamentos de tránsito pobremente provistos y áridos. La meta de Washington es hacer que los curdos retornen a los pueblos y aldeas de donde huyeron.

En el mejor de los casos, este enclave será el equivalente temporal de una reserva indígena en Estados Unidos o una de las muchas áreas cercadas, próximas a la frontera israelí, donde se encuentran los campamentos de refugiados palestinos. Los imperialistas comparten un interés común con los regímenes capitalistas en Bagdad, Damasco, Ankara y Teherán en asegurarse de que tal "asilo" para los curdos sea de poca duración. Todos comprenden que cualquier área curda más o menos permanente sólo puede engendrar aspiraciones por más tierras que justamente les pertenecen o posibles "intifadas" entre las generaciones jóvenes de luchadores curdos. Bush va a tener pesadillas acerca del establecimiento de una gran reserva, pesadillas acerca de un Gerónimo contemporáneo dirigiendo un nuevo levantamiento.[7]

Este es otro ejemplo de las fuerzas sociales incontrolables e irresueltas que han sido desatadas, no contenidas, por los resultados de la guerra de Washington contra Iraq.

Hoy día, a medida que continuamos haciendo campaña contra el imperialismo y la guerra, debemos de demandar no sólo que "¡Todas las tropas extranjeras salgan de Iraq!" sino también "¡Que se abran las fronteras norteamericanas!": al pueblo curdo y a todos los refugiados iraquíes y kuwaitíes que huyen del régimen de Bagdad y de la monarquía al-Sabah.

Para la clase dominante en Turquía, la cual se alió con Washington en la guerra contra Iraq con la esperanza de obtener favores comerciales, ayuda y equipo militar, el resultado hasta la fecha es prácticamente una catástrofe: cerca de un millón de refugiados que golpean estrepitosamente en sus fronteras. (El régimen turco sufre también de grandes problemas económicos por respetar la continuación del embargo, que cierra el oleoducto turco con Iraq y corta el consiguiente flujo de divisas al tesoro del estado.) Estos acontecimientos han destacado ante una mayor atención mundial la represión del pueblo curdo de parte de los gobernantes turcos, a quienes hasta hace poco se les negaba el derecho de hablar su propia lengua en Turquía: y todavía se les niega el derecho a leer, escribir y a ser educados en curdo.

Ante todo, el pueblo curdo ha pasado a la palestra de la política mundial como nunca antes, sobre todo, no como víctimas, sino como valientes y determinados luchadores por sus derechos nacionales.

Regímenes rentistas en la Península Arábiga

Los brutales regímenes de las familias reales de Arabia Saudita y Kuwait también han salido de esta guerra en posiciones débiles. Como viven de las enormes rentas del petróleo, particularmente los gobernantes sauditas han funcionado por mucho tiempo bajo la ilusión de que los cuantiosos pagos con petrodólares podían sustituir al poder militar en la política de la región y del mundo. La anexión rápida de Kuwait por parte de Iraq y la clara amenaza contra las fronteras sauditas pusieron fin a tales ilusiones de una vez por todas.

Tanto Arabia Saudita, Kuwait como los otros reinos de la Península Arábiga (Bahrein, los Emiratos Arabes Unidos, Omán y Katar) descansan sobre una estrecha base social de clases dominantes parásitas formadas por mercaderes, banqueros y rentistas petroleros, con poca capacidad industrial. Todos dependen, en diferentes grados, de la importación de trabajadores asalariados que laboran como peones bajo contrato y a quienes se les niegan los derechos más básicos de ciudadanía, sin importar cuánto tiempo hayan vivido o trabajado en estos países. (Las clases medias y profesionales asalariadas de estos países salen en gran parte de las filas de inmigrantes.)

La guerra del Golfo sacó a luz las estructuras sociales reaccionarias y bases semifeudales de los reinos petroleros árabes, así como la debilidad política y militar fundamental de las familias opresoras, superadineradas y rentistas que los rigen. Los conflictos aumentarán entre el puñado de explotadores parásitos y los trabajadores de toda la región que producen la riqueza que mantiene a estas monarquías a flote. La determinación de los jóvenes por conquistar las libertades y los espacios políticos e intelectuales que saben que existen en otras partes del mundo, y de las mujeres por desechar las restricciones humillantes si no la semiesclavitud, ha sido reforzada por los trastornos que han ocurrido en la región desde agosto.

Lejos de encontrarse en una posición más fuerte para mantener a los poderes imperialistas cautivos del flujo de petróleo, estos reinos han demostrado que para su supervivencia dependen abiertamente del apoyo de Washington, y en un grado menor, de los regímenes semindustrializados y rivales de Egipto y Siria. (Asimismo sienten presión del poder de Teherán que ha aumentado relativamente en el Golfo.) Washington utilizará su influencia para reafirmar un mayor control sobre la organización del mercado petrolero mundial, reforzar su posición respecto de Arabia Saudita, Kuwait y otros países del Golfo de la posguerra, y robustecer su poder competitivo contra las otras potencias imperialistas.

Los regímenes capitalistas de Siria e Irán están siendo arrastrados de forma acelerada para encontrar formas de trabajar con Washington como resultado de la guerra del Golfo. Están siguiendo el camino trazado por El Cairo hace más de una década, y los gobernantes capitalistas egipcios hablan más y más como un poder sustituto, sondeando el terreno para facilitarle a los otros regímenes del área su avance en esta dirección. Al darse en medio de la crisis económica y social de la burocracia soviética, la guerra del Golfo expuso el hecho de que la URSS no puede organizar ni armar a un régimen cliente para otra cosa que no sea una potencia militar de segunda clase. Moscú demostró que sus "amigos" en el exterior no pueden contar con una asistencia militar eficaz o con ayuda económica sustancial. Tampoco se han fortalecido las posiciones de París, Bonn, To-

kio o incluso Londres, respecto de Washington como la potencia imperialista dominante con la que tienen que lidiar las
administraciones burguesas de la región del Golfo, todo lo
contrario.

Finalmente, los regímenes capitalistas del norte de Africa con
poblaciones mayoritariamente árabes, en especial Argelia y Marruecos, surgieron de la guerra del Golfo con el reconocimiento sobrio de que todavía no han cerrado el espacio de acción
política de los trabajadores al grado alcanzado por El Cairo, ya
no se diga Damasco y Bagdad. Dejando Jordania a un lado, fue
en esos dos países en donde durante la guerra se dieron las más
grandes y potencialmente más desestabilizadoras movilizaciones populares en solidaridad con Iraq ante el ataque organizado por los imperialistas. De modo que debemos estar a la expec-
tativa de que se hagan sentir más repercusiones de estos
acontecimientos en la lucha de clases en el norte de Africa.

Actualmente para las clases gobernantes de todo el Oriente
Medio, desde Marruecos hasta Irán, la amenaza que presentan
los obreros y campesinos dentro de sus fronteras resulta primor-
dial en sus cálculos políticos, no las presiones externas que
sienten del imperialismo. Contrario a las metas de los gobernantes norteamericanos, las consecuencias de la "victoria" de
Washington sobre Iraq han incrementado en grados diferentes
la inestabilidad por toda esta región del mundo, desde las monarquías del Golfo hasta las administraciones del Maghreb en el
norte de Africa.

No fue una derrota como la de Nicaragua

El que Washington no haya podido cambiar la correlación de
fuerzas de clases en la región del Golfo a su favor, a pesar del uso
devastador de su poder militar, no significa que los gobernantes
norteamericanos no hayan obtenido algunos logros iniciales
como resultado de la guerra. Sí alcanzaron algunos. Fortalecie-
ron su posición respecto de sus rivales imperialistas en Bonn,
Tokio y París. Demostraron de una manera más decisiva su
dominación sobre Moscú como potencia estratégica. Reforza-
ron su posición como la potencia imperialista predominante en
lo que respecta al nuevo alineamiento de los regímenes burgueses semicoloniales en El Cairo, Damasco y El Riad. Abrieron el
camino para restablecer cuando menos algunas relaciones polí-

ticas iniciales con Teherán.

Sin embargo, los gobernantes norteamericanos fracasaron en su intento de salir de la guerra del Golfo con un nuevo impulso en su ofensiva de más de una década contra la clase obrera y el movimiento obrero en Estados Unidos. La destrucción de Iraq y la carnicería de 100 horas perpetradas por Washington, tendrán consecuencias totalmente diferentes para la clase obrera norteamericana que la derrota de la revolución nicaragüense en la última mitad de la década de 1980. Esa derrota nos asestó un golpe real y duradero.

Las movilizaciones populares masivas de obreros y campesinos nicaragüenses culminaron en 1979 en el derrocamiento de la dictadura de Somoza respaldada por Estados Unidos, aplastando su aparato estatal y dando paso a un gobierno obrero y campesino. Este estaba encabezado por una dirección revolucionaria que, cualesquiera fueran sus debilidades e inconsecuencias, organizó a los trabajadores durante los primeros años de la revolución en defensa de sus intereses contra el imperialismo y los capitalistas y terratenientes nicaragüenses. Hizo contacto con la revolución cubana y con Granada revolucionaria. Ayudó directamente y apoyó políticamente a los rebeldes en El Salvador y Guatemala. Dando muestras de una capacidad de aprender y de corregir errores iniciales, avanzó la lucha de los pueblos indígenas y en pro de la unidad afro-latina en las Américas y el Caribe. Para los obreros comunistas en Estados Unidos y en otros países representó un ejemplo que podíamos señalar en nuestras discusiones y luchas comunes con trabajadores, campesinos y jóvenes combativos.

El gobierno obrero y campesino en Nicaragua fue derrotado sin necesidad de que los gobernantes de Estados Unidos tuvieran que usar sus tropas para aplastar la revolución en lo que hubiera sido una sangrienta guerra centroamericana. En realidad, para finales de 1987 los trabajadores nicaragüenses habían derrotado la guerra contrarrevolucionaria organizada y financiada por Estados Unidos, un conflicto triturador que resultó en la pérdida de casi 60 mil vidas y de miles de millones de dólares en daños a la economía nicaragüense. A pesar de esta victoria sobre los contras, las bases del gobierno revolucionario fueron erosionadas en los últimos años de la década de 1980 como resultado de la retirada y degeneración políticas de su liderazgo bajo las presiones económicas y las operaciones de inestabilidad a las que se enfrentaba diariamente. Este proceso culminó con la victoria electoral en 1990 de la coalición pro Washington que giró en torno a la candidatura presidencial de Violeta Chamorro.[8]

El revés desmoralizante en Nicaragua fue un golpe a los obreros y campesinos no sólo en Centroamérica y el Caribe, sino también aquí en Norteamérica y en el resto del mundo. Ocurrió a poco más de un lustro de la caída del gobierno obrero y campesino en Granada y el asesinato del dirigente central de la revolución, Maurice Bishop, a manos de la fracción stalinista del Movimiento de la Nueva Joya, dirigida por Coard.[9] La derrota en Nicaragua reforzó el reflujo de las fuerzas revolucionarias por toda Centroamérica y el Caribe, incluso aquellas en El Salvador y Guatemala, a quienes mucha gente que se radicalizó a raíz de las revoluciones nicaragüense y granadina había recurrido.

La falta de voluntad del régimen de Bagdad para organizar una lucha, y la sangrienta invasión y ocupación de una quinta parte del territorio de Iraq por las fuerzas norteamericanas tuvieron en su conjunto un impacto diferente sobre los obreros y campesinos en Estados Unidos y en el resto del mundo. No sólo no había en Iraq un gobierno obrero y campesino, sino que el régimen baasista no era ni nunca ha sido revolucionario. Llegó al poder en Iraq a través de un golpe de estado contrarrevolucionario en 1963, tras el cual acabó de decapitar a la vanguardia de la revolución de 1958 que había derrocado a la monarquía, realizado una reforma agraria y llevado a cabo otras medidas democráticas y antimperialistas. El partido baasista de Saddam Hussein no es un movimiento revolucionario nacionalista degenerado; es un partido burgués que, según le dicte su conveniencia, acude a la demagogia nacionalista y antimperialista para justificar su rumbo represivo y expansionista.

La consolidación del régimen baasista puso fin a las movilizaciones revolucionarias de obreros, campesinos y otros sectores de la clase media en Iraq. Por casi tres décadas las clases explotadas iraquíes no han sido dirigidas para realizar luchas masivas que inspiren a otros obreros y campesinos que luchan en la región, para estrechar los lazos de solidaridad con el pueblo trabajador y la juventud en los países imperialistas o para desafiar al imperialismo y los derechos y privilegios del capital. En realidad, Bagdad ha seguido un rumo totalmente opuesto: desde sus métodos de matón en la región hasta su guerra de ocho años contra la revolución iraní; desde su represión del pueblo curdo hasta su negativa de utilizar el patrimonio natural de Iraq en beneficio de los países dependientes de petróleo en el mundo semicolonial, especialmente aquellos en conflicto con el imperialismo.

Bagdad ni siquiera se había envuelto en conflictos sustanciales con el imperialismo, y nunca tuvo intención de hacerlo, hasta que su anexión de Kuwait convenció a Washington de que el régimen de Saddam Hussein se había convertido en un aliado desestabilizante, imprevisible y de poco confiar en el Golfo rico en petróleo (al mismo tiempo uno que obstruía los intereses de los gobernantes norteamericanos en la región respecto de sus rivales franceses). Antes de agosto, Washington, París y otros regímenes imperialistas habían cultivado sus relaciones con Bagdad por más de una década, especialmente durante la sangrienta guerra de Saddam Hussein contra Irán. Washington continuaba comerciando y enviando altos representantes del gobierno y delegaciones del Congreso a Bagdad hasta la primera mitad de 1990.

De esta manera, mientras que Washington asestó golpes asesinos a las masas oprimidas en Iraq y a otros pueblos de la región, esto no tuvo el mismo tipo de efectos negativos para la correlación de fuerzas de clase, ya sea en la región del Golfo o en cualquier otra parte del mundo, que tiene la derrota de un gobierno revolucionario o de una lucha de obreros y campesinos que avanza. Los millones de obreros y campesinos en Iraq, incluyendo un millón en uniforme, nunca fueron organizados para luchar. Esa lucha todavía esta por venir. Esa cuestión no ha sido resuelta.

AL PRINCIPIO DE SU carrera como "aniquilador" a sueldo del capital norteamericano, Schwarzkopf pudo saborear cómo un pueblo puede luchar contra el poderío militar imperialista cuando ha contado con el beneficio de una dirección revolucionaria y ha sido preparado para la batalla. Schwarzkopf fue el subcomandante de las tropas que invadieron Granada en octubre de 1983: una oportunidad servida a Washington en bandeja de plata por la fracción stalinista de Coard, cuando derrocó al gobierno obrero y campesino. En una entrevista publicada el 11 de marzo de 1991, en la revista *New Republic*, Schwarzkopf hizo un recuento de lo que se encontraron las fuerzas invasoras durante la invasión.

Lo que "empezó como una operación sumamente poco convencional, de naturaleza quirúrgica, se descompuso rápidamente", dijo Schwarzkopf. "Y se descompuso por haber dado por sentado que los cubanos no iban a pelear. Teníamos 800 cubanos en la isla que estaban bien armados y que de plano *iban* a luchar". (En realidad, la verdad es aún más impresionante. De los 800 cubanos en la isla no todos participaron en la lucha. Unicamente los obreros de la construcción tenían órdenes de defenderse contra un ataque norteamericano en el sitio donde se estaba construyendo el aeropuerto internacional de Granada y donde ellos trabajaban como voluntarios. Muchos de los cubanos en Granada eran diplomáticos, personal médico u otro tipo de personal estacionados en distintas partes de la isla.)

Schwarzkopf añadió que las fuerzas invasoras norteamericanos también anticiparon que los soldados granadinos estarían mal entrenados y que su fuego antiaéreo no le iban a dar qué hacer a los helicópteros de combate norteamericanos. (En su gran mayoría, el pueblo trabajador granadino, dentro y fuera del ejército, había sido políticamente desmovilizado y desmoralizado por los resultados del sangriento golpe de estado a principios de octubre cuando ocurrió la invasión.) Pero esto también resultó ser un juicio equivocado, dijo Schwarzkopf. El periodista al parafrasear al general informó que, "Las fuerzas norteamericanas invasoras, incluyendo las [fuerzas] especiales de ataque, pronto descubrieron que muchos de los artilleros habían sido entrenados en Cuba; eran valientes y muy disciplinados; que no sólo permanecieron en sus puestos frente al fuego abrazador de los helicópteros de combate norteamericanos, sino que respondieron al fuego".

Iraq no era Cuba o Corea del Norte

A causa de la guerra del Golfo, los gobernantes norteamericanos ahora se hallan en un posición más débil, no más fuerte, para lanzar un ataque militar contra un pueblo que esté organizado y preparado para luchar. Cuba y Corea del Norte, por ejemplo, son los primeros en la lista de objetivos propagandísticos de las lumbreras y portavoces burgueses que hacen sondeos en nombre de la administración norteamericana. Pero Washington está hoy en una peor posición que antes del 2 de agosto para atacar a cualquiera de estos dos países. En sus cálculos militares, los gobernantes de Estados Unidos tomaron en cuenta el carácter del régimen de Saddam Hussein. Sabían que las clases oprimidas iraquíes, vistieran o no un uniforme, no estaban preparadas para una guerra, y que esto fue intencional. Pero Washington también sabe que la historia sería distinta si optara por descargar una agresión contra los gobiernos y pueblos de Cuba y Corea del Norte.

Los obreros y campesinos cubanos han sido entrenados y armados por la dirección comunista de ese país para librar "una guerra de todo el pueblo" en defensa de la revolución. Si en Granada a Schwarzkopf lo dejaron pensando varios centenares de albañiles cubanos y un puñado de artilleros antiaéreos, entonces enfrentarse a diez millones de cubanos sería otra cosa distinta. Y el gobierno cubano no mandaría sus aviones caza a Irán o guardaría sus helicópteros militares para luego usarlos contra el pueblo cubano o mantendría en tierra a sus cazabombarderos.

Como el presidente Fidel Castro dijo ante un grupo de estudiantes y jóvenes cubanos el 13 de marzo, Iraq tenía "un gran ejército convencional, muchos tanques, muchas cosas; pero no un pueblo preparado para la guerra, no había una doctrina de la guerra de todo el pueblo". Pero, "si hay una guerra aquí es por que nos la impongan", dijo Castro. "Y para eso hemos venido preparándonos durante muchos años. . . . En una guerra de ese tipo el pueblo no estará mirando los acontecimientos como desde un estadio . . . sería el pueblo participando activamente".[10]

Por otro lado, Cuba no estará aislada en caso de un ataque yanqui. Washington deberá de lidiar con las consecuencias políticas en todas las Américas, donde el internacionalismo de principios de Cuba y la defensa de la soberanía nacional contra el imperialismo le han granjeado a Cuba el respeto de millones de obreros, campesinos y jóvenes. A diferencia del régimen de Bagdad, el gobierno cubano apelaría por manifestaciones de solidaridad alrededor del mundo, y recibiría con los brazos abiertos cualquier apoyo exterior para luchar junto al pueblo cubano en su resistencia contra la agresión. El precio político que Washington tendría que pagar por una aventura de esta índole sería cualitativamente más alto.

Los gobernantes de Estados Unidos también saben que lanzar una guerra contra Corea del Norte no tiene nada en común con la operación que realizaron en el Golfo Arábigo-Pérsico. No se trata simplemente de que un ataque semejante enfrentaría una formidable resistencia organizada por un ejército y un pueblo norcoreanos bien preparados y determinados a defender su independencia y soberanía nacional. De esto no cabe duda. Pero los esfuerzos de Estados Unidos por acumular una fuerza masiva invasora en Corea del Sur sacudirían los cimientos del régimen capitalista en Seúl (incluso no tomando en cuenta que para Washington las dificultades logísticas de llevar tal fuerza a esta parte de Asia son más grandes en comparación con el Golfo). Asimismo, cualquier intento de utilizar las fuerzas de Corea del Sur para invadir el norte detonaría explosiones en las calles, fábricas y centros de estudio en todos los rincones de la península, al sur del paralelo 38°. El régimen cliente de Washington en Seúl sólo podría sobrevivir por medio de un esfuerzo militar norteamericano de tal dimensión que el precio político que los gobernantes norteamericanos estarían dispuestos a pagar es hoy día prácticamente inconcebible. Incluso un ataque aéreo conjunto de Estados Unidos y Corea del Sur contra el reactor nuclear en Yongbyon u otros objetivos en Corea del Norte, acarrearían enormes riesgos políticos tanto para Washington como para Seúl: riesgos que hoy son mayores que antes a consecuencia del fiasco de los gobernantes norteamericanos en el Golfo.

La verdad es que Washington *ya* está pagando un gran precio político por no haber logrado sus objetivos en la región del Golfo. Está pagando un precio político dentro del país por su fracaso en hacer retroceder el "síndrome de Vietnam".

Y los trabajadores combativos, los sindicalistas que son comunistas y los jóvenes que hacen la campaña contra el imperialismo y la guerra en Estados Unidos están haciendo que ese precio sea un poco más alto al tomarse y usar el espacio político un poquito más amplio que se nos presenta como resultado del desastre político que se desdobla para Washington. Elevamos ese precio un poco más dando a conocer la realidad y participando activamente en las discusiones que se van ampliando dentro del pueblo trabajador en torno a la matanza organizada por Estados Unidos, las mentiras del gobierno y el alto mando militar, la devastación social y económica de Iraq, el desarraigo del pueblo curdo y otros refugiados, el baño de sangre de los chiítas en el sur: todos resultado de la terrible guerra de Washington.

III. NO ES UN 'NUEVO ORDEN MUNDIAL' SINO LA CRECIENTE INESTABILIDAD DEL VIEJO Y DECADENTE ORDEN MUNDIAL IMPERIALISTA

LA ADMINISTRACIÓN Bush presenta la guerra contra Iraq como el primer triunfo del "nuevo orden mundial". Señala que Moscú no sólo apoyó públicamente la ofensiva bélica de Estados Unidos, sino que también votó por cada una de las mociones propuestas por Estados Unidos en las Naciones Unidas, hasta la resolución del 2 de abril con lo que aprobó maquinalmente el dominio completo de Washington en las condiciones de cese al fuego y que en la práctica suspendían la soberanía de Iraq. Esto le permitió a los gobernantes norteamericanos usar a la ONU como pantalla de una manera más descarada que en cualquier otro momento desde principios de 1950, durante su guerra contra Corea.[11]

Washington obtuvo protección política y diplomática para cada paso de su agresión en el Golfo con la ayuda de los otros cuatro miembros del Consejo de Seguridad que tienen el privilegio del veto: China, Francia, Gran Bretaña y la Unión Soviética. El conseguir la colaboración de los regímenes soviético y chino fue un factor decisivo para que Washington pudiera presentar el ataque contra el pueblo de Iraq como si emanara de un mandato de la "comunidad internacional".

Sólo el gobierno de Cuba, que actualmente es uno de los diez gobiernos que participan en el Consejo de Seguridad rotativamente por dos años, está usando su posición en la ONU para hablar consecuentemente contra el derecho de Washington a intervenir en el Golfo Arábigo-Pérsico, bajo cualquier circunstancia o bajo cualquier pretexto. Cuba expuso el éxito que tuvieron Washington y sus aliados en usar a la ONU como pantalla para justificar su rumbo asesino. Una compilación de muchos de estos esfuerzos por el gobierno cubano se halla en el libro publicado por Pathfinder en octubre de 1990, titulado: *¡EE.UU. Fuera del Oriente Medio! Cuba habla en Naciones Unidas*, que contiene discursos y cartas de Ricardo Alarcón, viceministro del exterior y representante permanente de Cuba ante la ONU y del presidente Fidel Castro. Otros discursos presentados más tarde por Alarcón y otros representantes cubanos fueron publicados en el semanario *Militant*. [También fueron publicados en *Perspectiva Mundial.*]

La verdad es que la guerra de Washington en el Golfo y su resultado no iniciaron un nuevo orden mundial de estabilidad y armonía supervisada por la ONU. En cambio, fue la primera guerra que desde fines de la segunda guerra mundial nace básicamente de la intensa competencia e inestabilidad acelerada del viejo orden mundial imperialista que se encuentra en crisis. Es el aumento de las tensiones internas de este orden decadente lo que impulsó a Washington a lanzar su aventura militar asesina. Los conflictos sociales y políticos irremediables y la consiguiente inestabilidad que existían antes de la guerra del Golfo y que estaban por debajo de todo, se han agravado:

• entre el imperialismo y las masas oprimidas del Oriente Medio y de todo el mundo semicolonial;

• entre las potencias imperialistas rivales;

• entre los diferentes estados imperialistas y las naciones oprimidas;

• entre los explotadores y explotados dentro de estos países oprimidos;

• entre las masas oprimidas y las dirigencias aburguesadas que hablan en su nombre y pretenden representar sus intereses;

• entre los estados burgueses del Oriente Medio y otras naciones oprimidas;

• entre Washington y los gobiernos de los estados obreros deformados y degenerados, la Unión Soviética ante todo;

• entre los gobernantes de Estados Unidos y Corea del Norte y Cuba, los dos estados obreros que representan su problema más grande; y

• entre Washington y el gobierno revolucionario y la dirigencia comunista de Cuba, que se encuentran precisamente en el umbral del imperialismo estadounidense en América.

La guerra demostró una vez más que no hay una "comunidad internacional" bajo la tutela del capitalismo mundial. Lo que es más importante, recalcó el hecho de que *puede haber* una comunidad mundial: si los explotados y oprimidos del mundo destituyen del poder a los explotadores y opresores, a los creadores de la guerra.

Crisis de los regímenes stalinistas en los estados obreros
La marcha imperialista hacia la guerra en el Golfo abrió un nuevo capítulo en los esfuerzos desesperados de la casta privilegiada en la Unión Soviética de integrarse al decadente sistema capitalista mundial. (Este también es el objetivo de los regímenes de los estados obreros en Europa oriental que han ·sido grotescamente deformados y, en un menor grado, el de China también.) Con la esperanza de aliviar su profunda crisis social y económica, por medio de concesiones a los reductos del capital financiero mundial, Moscú se ha jugado el todo por el todo para merecer préstamos masivos y desarrollar inversiones, obtener privilegios comerciales y entrada en las instituciones financieras imperialistas como el Fondo Monetario Internacional (FMI).

Cualquiera que sean sus otros conflictos y rivalidades, las secciones dominantes de la burocracia soviética están comprometidas a perseguir este objetivo que, ruegan, será su salvación; cada una de las decisiones que toman respecto a cómo responder a los desarrollos que se dan en la lucha de clase mundial es una maniobra táctica subordinada al avance de este objetivo. No sólo están de acuerdo aquellos directamente asociados con el presidente Mijaíl Gorbachov, sino también aquellos del lado de Boris Yeltsin en la república rusa y en otras partes, y las más amplias capas de los elementos dominantes en el cuerpo de oficiales de la policía de "seguridad" interna (la KGB) y las fuerzas armadas.

En la búsqueda cobarde de este objetivo, el gobierno soviético dio su apoyo a la ofensiva bélica de Washington contra Iraq. Las calurosas relaciones diplomáticas de Moscú con Bagdad se enfriaron; el Kremlin dejó a un lado los acuerdos militares extensos que mantenía con el régimen de Bagdad. En el Consejo de Seguridad

Moscú fue tan servil en su apoyo a cada una de las maniobras de Washington , que en marzo la delegación soviética votó en contra de cada una de las 18 enmiendas propuestas por el gobierno cubano a una resolución presentada por Estados Unidos; las enmiendas cubanas intentaban eximir alimentos, medicinas y otras necesidades vitales del bloqueo contra Iraq aprobado por la ONU.[12] En efecto, el gobierno soviético vendió sus votos en el Consejo de Seguridad con la inútil esperanza de conseguir inversiones, comercio, préstamos y favores del gobierno de Estados Unidos y de otros gobiernos imperialistas e instituciones internacionales. (Sin embargo, la verdad es que Moscú esta más lejos que antes del 2 de agosto, de lograr admisión al FMI y de lograr sus otros objetivos económicos internacionales importantes. Para lo que vale besarle las manos al imperialismo —la esencia del "nuevo pensamiento" de Gorbachov— como el camino real hacia el progreso financiero.)

Estas mismas consideraciones económicas y políticas yacen detrás de otras medidas de la política exterior tomadas por Moscú. Entre ellas se encuentran el ofrecimiento del gobierno soviético, hecho por Gorbachov durante su visita a Tokio en abril de 1991, de comenzar las negociaciones para devolverle las islas Kuriles a Japón; las gestiones de Moscú encaminadas a apoyar abiertamente la política de las "dos Coreas" sostenida por largo tiempo por el régimen capitalista de Seúl y sus amos en Washington, como obstáculo a las aspiraciones del pueblo coreano por la reunificación nacional; el mejoramiento en las relaciones diplomáticas del Kremlin con Israel y en las relaciones comerciales con el régimen del apartheid en Sudáfrica; y los pasos acelerados que está dando para llevar a cabo su intercambio comercial con Cuba a precios del mercado mundial pagados con escasa moneda convertible.[13]

Pekín, también un miembro permanente del Consejo de Seguridad, siguió una trayectoria fundamentalmente similar a la de Moscú. Puesto que la crisis económica y social de la casta todavía no es tan aguda como en la Unión Soviética, el régimen chino logró maniobrar lo suficiente como para congraciarse con Washington mientras mantenía su posición diplomática respecto de los gobiernos burgueses del Oriente Medio, tanto con los que se encontraban dentro como con los que estaban fuera de la coalición organizada por Estados Unidos. La delega-

ción china votó a favor de la mayoría de las resoluciones propuestas por Estados Unidos en el Consejo de Seguridad; se
abstuvo justo lo suficiente como para mantener las apariencias,
pero ni una sola vez obstaculizó los planes bélicos del gobierno
estadounidense simplemente votando "no".

Los convulsionados gobiernos de Europa oriental se alinea-
ron detrás de la ofensiva bélica de Washington. En estos países
es donde ha llegado más lejos la desintegración de los partidos
y aparatos de gobierno stalinistas. Las rebeliones populares
poderosas —o las concesiones hechas por las capas privilegiadas
para descarrilar tales levantamientos— han puesto fin a las
odiadas tiranías en un país tras otro. Ante la falta de una dirigencia revolucionaria del movimiento obrero, los nuevos gobiernos en todos estos estados obreros continúan siendo de
composición pequeñoburguesa y, al igual que los regímenes
que reemplazaron, su orientación política es anti-clase obrera.

EL REGIMEN DE LA ANTIGUA República Democrática Alemana ha
sido desmantelado y se ha formado un gobierno unificado,
dominado por el capital financiero alemán. Algunos de estos
estados obreros deformados (Polonia, Checoslovaquia y particularmente Hungría) están encabezados por personas abiertamente procapitalistas y proimperialistas, figuras que salieron de
distintos sectores de la clase media y profesional, así como de los
vestigios de los regímenes stalinistas anteriores. Durante la guerra, los regímenes de Checoslovaquia, Polonia, Hungría y Ru-
mania llegaron hasta el extremo de mandar equipos médicos
para formar parte de la alianza bélica organizada por Estados
Unidos contra Iraq. La política exterior y militar de estos gobiernos, al igual que sus titubeantes esfuerzos de "privatiza-
ción", afecta más severamente a los obreros y campesinos, tanto
en sus países como en el exterior.

Mientras que se desenvolvía la ofensiva bélica a finales de
1990 y comienzos de 1991, el capitalismo mundial demostró
que es incapaz y que no está dispuesto a conceder la enorme
asistencia económica que tienen la ilusión de recibir los regímenes en la Unión Soviética, China y Europa oriental para revertir
el estancamiento económico y la crisis social que enfrentan. Las

subvenciones y préstamos prometidos por gobiernos y bancos imperialistas han sido mucho más pequeños de lo anticipado. Los planes de inversiones están siendo reducidos ya que las tasas de ganancia simplemente no pueden competir con alternativas más lucrativas en el mundo capitalista, incluso en varios países semicoloniales.

A pesar de que inicialmente muchos lo aclamaron como una grandiosa bendición para el capitalismo alemán, el intento de integrar el estado obrero del este a una Alemania unificada ha resultado ser una enorme carga económica: carga que va costando este año cerca de 100 mil millones de dólares y que se cree será de un billón de dólares en los años 90. Junto con los enormes desembolsos a Washington para la guerra del Golfo, los gastos de Bonn para tratar de mantener a flote la economía de Alemania oriental han incrementado las presiones sobre el marco alemán subiendo las tasas de interés y amenazando con tornar la baja de la economía alemana en una recesión. Se ha visto restringido gravemente el antes anticipado flujo masivo de capital alemán al resto de Europa central y oriental.

La clase obrera en ambas partes de Alemania cada vez está más dudosa del nuevo milagro económico, y estos obreros están más dispuestos a declararse en huelga para defender sus condiciones de vida y de trabajo. Bonn teme que más trabajadores se vean impulsados a tomar acciones políticas independientes. Alemania se caracteriza por una mayor inestabilidad, no por la estabilidad.

La masiva movilización bélica de Washington en el Golfo resalta de nuevo el grado en que el peso militar estratégico de la Unión Soviética se ha desgastado en relación con el imperialismo estadounidense. También recalca el hecho de que el equipo militar y armamentos de Moscú son inferiores a los de Washington, a pesar de la carga mucho más grande que el presupuesto militar de la casta burocrática ejerce sobre la estancada economía soviética.

Esta decadencia tiene sus raíces en la profunda crisis económica y social a la que la Unión Soviética ha sido conducida por sucesivos regímenes stalinistas. Las condiciones de vida y de trabajo de los obreros y pequeños agricultores siguen decayendo. El nivel básico del cuidado médico, la educación, vivienda y otros servicios sociales se está deteriorando y en muchos casos de manera drástica. Se sigue destrozando el medio ambiente, mientras que persiste el legado venenoso de contaminaciones anteriores (tomando en cuenta los residuos "calientes" del desastre nuclear de Chernobil). Entre los grupos que más han sufrido a causa de estas condiciones están las obreras, debido a su condición de segunda clase y a la ausencia de un adecuado control de la natalidad, centros infantiles y otros servicios necesarios. Las nacionalidades oprimidas enfrentan profundas desigualdades, discriminación sistemática y represión.

Las décadas de tiranía política sobre las masas oprimidas y los métodos de planificación y administración económica stalinistas han tenido consecuencias desastrosas en todos los aspectos de la vida social en la Unión Soviética. Por lo tanto, no nos debe de sorprender que estos mismos métodos no puedan hacer milagros con respecto a la organización, la moral, el aprovisionamiento moderno o la influencia en el exterior de las fuerzas armadas soviéticas. De poder escoger, ningún trabajador que conocemos compraría un auto, una televisión, un abrelatas hecho en la Unión Soviética. Entonces, ¿cómo podemos esperar que la calidad de producción militar soviética, con el correr de los años, esté a la par del armamento más avanzado de los países imperialistas? En realidad, especialmente después de la guerra del Golfo, muchos regímenes burgueses en el Oriente Medio y Africa que tradicionalmente tenían vínculos con Moscú, seguramente están llegando a la conclusión de que se verán en mejores condiciones si consiguen que Washington se convierta en su comisario, dando a cambio algunas concesiones más.

MOSCU TIENE MUY POCA capacidad estratégica para utilizar eficazmente sus fuerzas militares en una guerra que vaya más allá de los países que lo rodean. (E incluso en ese caso, como lo demostró la guerra de Afganistán, hay mayores límites de los anticipados por aquellos que tienen puestas sus esperanzas en la burocracia soviética.)

Por otro lado, esa parte del mundo que está protegida de un ataque imperialista por la cobertura nuclear soviética —es deir, los países que el régimen soviético considera esenciales para su propia seguridad y que, por consiguiente, estaría dispuesto de ser necesario a realizar una represalia nuclear para protegerlos— se continúa encogiendo, y quizás en la actualidad esté limitada al área dentro de las fronteras de la URSS. Y no ha dejado de encogerse. Es dudoso que esta cobertura se extienda aún sobre Europa oriental, donde desde los años 60 hasta los 80 Washington dio por sentado que sí se extendía. También sabemos por la historia de las últimas décadas que no cubría a los estados obreros de China, Corea del Norte, Vietnam y Cuba. Su supervivencia frente a las presiones militares o ataques imperialistas ha sido ante todo producto de los esfuerzos de esos pueblos y gobiernos, con ayuda suplementaria de la Unión Soviética y de las limitaciones políticas que enfrenta Washington dentro y fuera del país.

Naturalmente que el gobierno soviético conserva su capacidad como potencia nuclear estratégica, con un ejército moderno y masivo para defender el territorio de la URSS de un ataque imperialista. Esto cambiaría sólo en caso de que Washington lograse perfeccionar un sistema antimisiles estratégico como el de la "Guerra de las Galaxias" que le permitiría destruir los proyectiles balísticos soviéticos al inicio de su trayectoria, y le daría así a los gobernantes estadounidenses la capacidad de chantaje que supone un "primer ataque" sin temor a una represalia destructiva. Esta es una de las razones por las que la clase dominante norteamericana continúa insistiendo en desarrollar un sistema para interceptar misiles usando satélites. No obstante, un empate nuclear estratégico entre Washington y Moscú continuará siendo la realidad política mundial en un futuro previsible.

Frente a la pérdida de influencia diplomática en sus negociaciones con el imperialismo, debido a su relativa decadencia como potencia mundial, el gobierno soviético está cada vez más propenso al uso de palabras rimbombantes que llaman por el "regreso" de Naciones Unidas a sus "funciones originales de mantener la paz". Señala como ejemplo las acciones del Consejo de Seguridad en respuesta a la anexión de Kuwait por parte de Bagdad. Pero los miembros permanentes del Consejo de Seguridad, en particular Moscú y Pekín, simplemente actuaron como cómplices del imperialismo de Estados Unidos en su ofensiva bélica contra Iraq. Las acciones del Consejo de Seguridad no tenían nada que ver con el mantenimiento de la paz o la defensa de la soberanía nacional. Las llamadas fuerzas de "pacificación" de la ONU, instaladas a lo largo de la frontera entre Iraq y Kuwait para comprobar el cese al fuego o para "proteger" a los curdos en el norte, no son nada más que un sustituto de las fuerzas armadas de Washington.

No existe tal cosa como 'Naciones Unidas'

En realidad, Naciones Unidas *ya* funciona con el propósito y estructura diseñados desde su fundación al final de la segunda guerra mundial. La estructura del Consejo de Seguridad fue ideada conscientemente por Washington, Londres y París para asegurar de que jamás actuaría en contra de los intereses de las potencias imperialistas. Ese es el propósito del derecho de veto reservado al gobierno de Estados Unidos y a los otros cuatro miembros permanentes del Consejo de Seguridad, derecho de veto que sólo lo tienen los cinco grandes países aliados que salieron victoriosos de la segunda guerra mundial. Lo que es más, cuando Washington logra obtener la confabulación abierta de Moscú y Pekín, como lo acabamos de presenciar durante la ofensiva bélica contra Iraq, el Consejo de Seguridad puede ser utilizado por los gobiernos imperialistas como un camuflaje político directo, aunque sea auxiliar, en la terrible persecución militar de sus intereses de clase y dominación.

Contrario a las ilusiones promovidas por Washington y Moscú, no existe tal cosa como "Naciones Unidas". Existen simplemente una serie de edificios, una gigantesca burocracia y una asamblea general donde unos 150 países ocasionalmente leen ponencias sobre distintos acontecimientos mundiales y adoptan resoluciones que tienen un valor simbólico. Al final, solamente los cinco miembros permanentes del Consejo de Seguridad tienen voz y voto en las decisiones que se llevan a cabo en nombre de Naciones Unidas. Por lo tanto, en el fondo la "historia" del "mantenimiento de la paz" de la ONU no es más que la historia de las relaciones que se desarrollan entre estas cinco potencias, cualquiera de ellas con el derecho a ejercer su veto.

Para Washington el ataque a Iraq fue el primer conflicto desde la segunda guerra mundial en el cual trató de utilizar su poderío militar para asestarle golpes, indirectos pero palpables, a los rivales del imperialismo estadounidense, especialmente a Bonn, Tokio y París. La guerra del Golfo agudizó los conflictos y las divisiones que existen entre Washington y sus adversarios imperialistas, así como entre estas mismas potencias rivales. Aunque sabemos que estos conflictos agudos ya existían (todo obrero ha sido empapado con propaganda proteccionista por el gobierno de Estados Unidos, los políticos burgueses, los burócratas sindicales y sus lapas radicales), la guerra los sacó a la superficie con más fuerza y los aceleró a un grado que no se había visto en la política mundial por algún tiempo.

El imperialismo estadounidense surgió de la segunda guerra mundial como la potencia dominante del sistema imperialista mundial, tanto en lo económico como en lo militar. Por un periodo considerable después de esa guerra la cuota de ganancias, y por un tiempo más largo el ritmo de crecimiento de la masa de ganancias, estaba en ascenso en todos los países imperialistas. Esto tuvo el resultado de amortiguar la competencia entre las potencias imperialistas por mercados para sus mercancías y capital, y por fuentes de materias primas.

Sin embargo, desde mediados de la década de 1970, una combinación de la baja de la cuota de ganancia, la interrupción en el crecimiento de la masa de ganancias y una expansión económica relativamente lenta, han precipitado rivalidades entre las clases gobernantes que van en aumento y que muchas veces son agudas. En los años 1974-75 se vio la primera recesión a *nivel mundial* desde 1937 a medida que la interdependencia económica entre las potencias capitalistas más importantes crecía junto a su competencia y conflictos. A pesar de que el tamaño y la producción absolutos de la economía capitalista de Estados Unidos siguen siendo enormes, y aunque sigue siendo el mercado más grande en el mundo, su posición como una potencia industrial y comercial ha disminuido considerablemente en las décadas recientes frente a mayores desafíos planteados por Alemania, Japón y otros rivales. Lo que sigue sin ser desafiado es el poderío militar norteamericano, que es el principal apoyo que los gobernantes norteamericanos tienen para compensar por su relativa decadencia.

A excepción de Washington, ninguna potencia pudo haber transportado e instalado la fuerza de combate gigantesca que era necesaria para llevar la guerra a Iraq. Aunque se llevó a cabo bajo la fachada de una amplia "coalición internacional", la guerra fue una operación de Estados Unidos con el apoyo entusiasta de Londres y la forzada participación de París, que partía de una posición de debilidad. Limitados todavía en el ejercicio de su poderío militar en el exterior, debido a que fueron derrotados en la segunda guerra mundial, Bonn y Tokio no jugaron ningún papel en el combate.

Por medio de la iniciación, organización, dominación y ejecución de la ofensiva bélica, el imperialismo norteamericano afianzó más su control sobre las reservas petroleras en el Golfo, sacando más ventaja aún respecto de sus rivales en Bonn, Tokio y París en la competencia por los mercados mundiales para mercancías y capital. Al proveer el número de fuerzas militares más grande comparado con el de cualquier otra potencia imperialista en apoyo de la ofensiva de Washington, los gobernantes de Londres lograron garantizarse una posición de socio privilegiado junto con el capital financiero estadounidense en esta región, que fue en gran parte un protectorado inglés pero donde han penetrado más y más la ayuda, los préstamos y el comercio franceses. El envío de fuerzas de combate al exterior de parte de la clase gobernante canadiense —por primera vez desde la guerra de Corea— y el apoyo cada vez más abierto e incondicional que Ottawa le está brindando a la política exterior estadounidense, indican las presiones que se le plantean de esconderse más detrás de las faldas del imperialismo estadounidense. Lo mismo hizo el régimen de Nueva Zelanda, aliviando los conflictos que se habían desarrollado con Washington a raíz de las visitas de buques norteamericanos con armamento nuclear a los puertos de Nueva Zelanda. La clase dominante australiana, como siempre, se aseguró también de estar representada en el séquito armado de Washington.

LA CORRELACION DE FUERZAS que existía entre las potencias capitalistas europeas antes de la guerra del Golfo no ha sido alterada, pero se han agudizado los conflictos estatales y nacionales entre ellas. La guerra resaltó las limitaciones de las medidas modestas que se han tomado hacia una mayor "integración económica" de la Comunidad Europea (reducción de las barreras comerciales, de inversiones y de viaje). Indudablemente la ofensiva bélica ideada por Estados Unidos puso al descubierto que estas medidas no se traducen en una política exterior "común europea", una política militar "común europea", ni mucho menos a pasos para formar una fuerza armada "común" europea. Tampoco se traduce en una política económica "común europea", ni mucho menos a una misma moneda; la realidad es que el progreso en esta dirección sufrió un revés.

En su lugar, las clases capitalistas rivales de la Comunidad Europea (CE) fueron impulsadas más aún a defender sus intereses estatales separados, a pesar del interés común de comerciar como bloque en vista de la competencia de Estados Unidos y Japón.

La guerra fue un revés a los objetivos del imperialismo alemán que busca la integración de la Comunidad Europea bajo el dominio de Bonn. Estropeó la alianza del imperialismo francés con el alemán, dirigida por Bonn, en la CE. Los imperialistas franceses —que hicieron de las relaciones especiales con Bagdad uno de los ejes de su política exterior en el Oriente Medio, con miras a volver a ganar una posición económica fuerte en el Golfo— sufrieron bofetadas humillantes de parte de Washington.

Aprovechando los logros de su colaboración total en la ofensiva de guerra estadounidense, Londres tomó uno o dos centímetros más en sus constantes intentos de aliviar los efectos de la decadencia, que se está dando desde hace décadas, del imperialismo británico con relación a sus principales competidores capitalistas europeos. Pero son su creciente subordinación al marco alemán y su participación en Europa, las líneas centrales de desarrollo del capital de Gran Bretaña.

Entre las principales potencias imperialistas, Japón resulta ser el peor perdedor en la guerra del Golfo. Es el que más depende del petróleo importado, con 70 por ciento de su abastecimientos proveniente del Oriente Medio (comparado con alrededor del 15 por ciento para Estados Unidos y 35 por ciento para Alemania). Por esta razón, Japón es más vulnerable al uso de parte de Washington del "arma del petróleo" en conflictos interimperialistas.

Existen varios ejemplos del resultado de la guerra del Golfo que ilustran lo que Washington logró alcanzar a consecuencia de su predominio militar.

Primero, a las compañías estadounidenses ya se les ha otorgado cerca del 70 por ciento de los contratos de reconstrucción, por valor de miles de millones de dólares, firmados con los magnates petroleros de la familia real de Kuwait. Las compañías británicas ocupan el segundo lugar (A Londres le parece que el grado de codicia de los capitalistas norteamericanos es por lo menos un tanto colonial.) Alemania y Japón prácticamente no han recibido contratos. La General Motors está metida en el asunto, reemplazando al Japón en el suministro de miles de autos a Kuwait para lo que queda de 1991, muchos de los cuales se usarán para abastecer las reservas de autos de la policía que fueron destruidos en la guerra.

Segundo, los gobernantes estadounidenses ejercieron tanta presión para que sus rivales pagaran su "justa contribución" para la operación en el Golfo, que si en realidad la pagan, Washington logrará obtener una "ganancia" de la guerra. Al gobierno estadounidense se le han prometido alrededor de 54 mil millones de dólares, mientras que el Congreso calcula que los costos directos de la guerra estuvieron entre los 40 mil millones y 45 mil millones de dólares. (Sin embargo, sigue creciendo la evidencia de que los gastos de los gobernantes norteamericanos están lejos de acabarse). Entre los contribuyentes imperialistas más grandes se encuentran Japón (más de 10 mil millones de dólares) y Alemania (casi 7 mil millones de dólares). Y los gobernantes de Estados Unidos también obtuvieron acuerdos de las monarquías saudita y kuwaití para pagar más de 30 mil millones de dólares. Tal vez Londres también salga libre de deudas, con contribuciones de Alemania y de las monarquías del Golfo de cerca de 2.7 mil millones de dólares.

OTRO EJEMPLO ES LA RECIENTE acción unilateral del Departamento del Tesoro norteamericano de cancelar grandes porciones de las deudas externas de Polonia y Egipto, una decisión que fue recibida con protestas públicas de parte de los banqueros de Tokio y de su gobierno. (Naturalmente que estas reducciones a la deuda estaban supeditadas a garantías de los regímenes polaco y egipcio de que se va a exprimir más al pueblo oprimido de ambos países y que los futuros préstamos se extenderán bajo condiciones más estrictas.) Ya que Japón es el prestamista más grande del mundo y como tal el más vulnerable, los funcionarios en Tokio señalan que esta decisión de Washington pone en peligro su habilidad de recaudar pagos sobre cuantiosas deudas. Con esta acción sola, los imperialistas norteamericanos destruyeron grandes cantidades de riqueza en papel y a la larga pusieron presión en el flujo de ingresos que los capitalistas japoneses podrán anticipar. A diferencia de Tokio, que actualmente depende de la influencia que obtiene de los grandes préstamos a países semicoloniales, Washington tiene un campo más amplio para hacer transacciones el cual emana de su dominio militar.

La guerra norteamericana contra Iraq resalta una vez más el hecho de que cualquier clase gobernante que aspire a convertirse en potencia mundial, no puede dejar que perdure un abismo entre su poderío económico y su capacidad de utilizar su poderío militar estratégico en el exterior. Llega un momento en que una clase dominante reconoce que tiene que guardar su chequera, guardar el oro y tiene que hacer uso de las tropas, porque de otra manera no se puede mantener como potencia mundial capaz de defender sus propios intereses de clase, ya sea contra rebeliones de obreros o contra competidores al acecho.

Un resultado seguro de la guerra del Golfo será el esfuerzo de los gobernantes japoneses y alemanes de fortalecer más sus fuerzas armadas y de revertir las restricciones políticas, tanto dentro como fuera del país, sobre el uso de la fuerza militar más allá de sus fronteras. Los gobernantes japoneses y alemanes están decididos a no verse nunca más en la posición de aflojar miles de millones de dólares para su rival principal ayudándolo a fortalecer su poder estratégico y competitivo. Están más resueltos a hacerlo después de haber pagado por una guerra que refuerza el dominio de Washington sobre una mercancía tan esencial, especialmente cuando tanto Japón como Alemania la tienen que importar. Bonn y Tokio han sido forzados a pagar con creces por el costo de ese petróleo, cuyo acceso es más vulnerable a las manipulaciones de Washington y Wall Street.

Alemania y Japón ya tienen ejércitos modernos y grandes, mucho más de lo que en realidad se cree aquí en Estados Unidos. Alemania tiene el ejército más grande de Europa occidental, con 480 mil soldados; gasta alrededor de 30 mil millones de dólares anuales en sus fuerzas armadas. Japón tiene 247 mil soldados y su presupuesto militar anual es similar al de Bonn. Tokio y Bonn tratarán de transformar a sus ejércitos en fuerzas que sean capaces de llevar a cabo acciones decisivas en el mundo.

La prensa burguesa le ha dado mucha importancia al hecho de que las constituciones alemana y japonesa tienen disposiciones que limitan el uso de su fuerza militar en el exterior. Pero la historia del mundo capitalista moderno comprueba que las constituciones no le impiden a las clases dominantes hacer lo que necesiten para avanzar sus intereses estatales: un acuerdo sustancial dentro de la clase gobernante, una buena campaña de opinión pública, un cambio en la correlación de fuerzas de clases, y —¡presto!— una nueva "interpretación" o enmienda a la constitución.

LOS GOBERNANTES alemanes y japoneses *empezarán* a actuar como fuerzas militares en sus regiones y en el mundo semicolonial. Este hecho en sí significa que el mundo se ha tornado más volátil e inestable. Los conflictos políticos entre estas dos poderosas potencias imperialistas y Washington, París y otros rivales se acentuarán; como también entre ellos mismos. Se agudizarán los conflictos entre Japón, Corea y Estados Unidos, y entre Corea del Sur y del Norte. Estos conflictos pueden provocar verdaderas batallas políticas aquí en este país en las que la vanguardia del movimiento de la clase obrera puede participar impulsando una orientación política que defienda al pueblo trabajador y que sea independiente de cualquier ala de los gobernantes capitalistas.

Bonn y Tokio pueden avanzar en esta dirección con relativa rapidez sin empezar a introducir en sus arsenales armas nucleares estratégicas. Esa es una cuestión aparte. Hoy día esa sería una cosa muy difícil de hacer sin que se diera una batalla política doméstica que pondría en riesgo la estabilidad social no sólo de Japón sino también la de Alemania. No hay razón para que cambiemos nuestra evaluación respecto a esto.

Sin embargo, las fuerzas políticas burguesas dominantes en Bonn y Tokio ya han empezado a librar la lucha política para lograr que la opinión pública burguesa apoye el uso de fuerzas armadas convencionales en el exterior, y les está dando resultado. Japón no es miembro de ningún pacto militar multilateral, y estas maniobras le costarán un alto precio doméstico, pero los gobernantes japoneses absorberán el precio (tratando al mismo tiempo de reducirlo) con el fin de robustecer su posición como una potencia militar mundial. Tanto en Alemania como en Japón, grandes secciones de las altas esferas del partido social-demócrata y sus aliados en las burocracias sindicales virarán hacia estos esfuerzos "patrióticos" y por "mantener la paz mundial".

Tras los resultados de la guerra del Golfo, los gobernantes japoneses y alemanes han empezado a hacer sondeos al respecto. En Alemania, el gobierno del canciller Helmut Kohl demanda que se enmiende la constitución para permitir que las tropas alemanas puedan unirse a coaliciones internacionales para "mantener la paz" que estén fuera del marco de la OTAN [Organización del Tratado del Atlántico Norte]. Manfred Wörner, representante alemán ante la OTAN y su actual secretario general, apoya estas medidas y señala: "Hay casos en que la diplomacia, sin la espada, es impotente". La "oposición" social-demócrata quiere garantizar que tal despliegue de tropas al exterior, ¡sólo se haga como parte de los esfuerzos del Consejo de Seguridad de la ONU!

Por su parte, el gobierno japonés, en su primer despliegue militar al exterior desde la segunda guerra mundial, ha enviado dragaminas al Golfo como parte de la fuerza aliada.

En última instancia, ésta no es sólo una cuestión política o militar; es una cuestión económica. Los gobernantes en Tokio recuerdan cómo la administración de Roosevelt impuso un bloqueo sobre las ventas de petróleo al Japón en 1940. (Y la marina de guerra norteamericana recuerda la réplica de Tokio: el bombardeo de Pearl Harbor el 7 de diciembre de 1941.) Existe una buena razón de por qué la región del Golfo fue uno de los premios más disputados tanto en la primera como en la segunda guerras mundiales. El petróleo es esencial en el mundo moderno, y el Golfo produce actualmente más del 20 por ciento del petróleo del mercado mundial. Ninguna clase capitalista gobernante puede permitir impunemente que se la haga vulnerable al chantaje de sus rivales en torno al petróleo.

Los cañonazos iniciales de la tercera guerra mundial

La guerra del Golfo reveló que han ocurrido cambios importantes en lo que parecía ser la continua secuencia de la política mundial a partir de los resultados iniciales de la segunda guerra mundial.

Washington fue el principal vencedor de esa guerra. Surgió como la potencia económica y militar estratégica predominante del imperialismo y, además, la única con armas nucleares. Las masas oprimidas soviéticas, a costa del sacrificio de decenas de millones de obreros y campesinos, repudiaron el asalto del imperialismo alemán. Para principios de los años 50, las relaciones de propiedad capitalistas habían sido derrocadas en gran parte de Europa central y oriental, aunque bajo regímenes dirigidos por los stalinistas. Para finales de la década de 1950, la URSS contaba con su propio arsenal de armas nucleares (a pesar de que hasta finales de los años 60 no tuvo con Washington una efectiva paridad de armamentos y diferentes clases de sistemas para el lanzamiento de misiles).

Las luchas por la liberación nacional y la libre determinación obtuvieron un gran ímpetu en el mundo colonial y semicolonial durante la segunda guerra mundial y como resultado de ésta. Durante la década y media posterior a 1945, las luchas victoriosas por la liberación nacional en Azerbeiyán, Yugoslavia, China, Corea del Norte, Vietnam y Cuba se transformaron en profundas revoluciones anticapitalistas; llevaron al poder a gobiernos de obreros y campesinos; y (a excepción de Azerbeiyán) culminaron con la expropiación de los terratenientes y de los capitalistas y el establecimiento de estados obreros.

Las guerras de Washington contra Corea y Vietnam se realizaron durante un período ascendente de la economía capitalista mundial. Todavía no se había desafiado ni económica ni militarmente el dominio que ejercían los gobernantes norteamericanos sobre el sistema imperialista mundial. El dólar no tenía rival alguno en ninguno de los mercados financieros del mundo. Sin embargo, los rivales del imperialismo estadounidense, Japón y Alemania, no estaban bajo fuertes presiones económicas competitivas que los forzaran a una participación militar directa en los conflictos de Corea y Vietnam. (En realidad, durante la guerra de Corea, Tokio sacó ventaja de los enormes contratos de construcción para dar los primeros pasos en la reconstrucción de su arruinada economía, sin tener que compartir la carga de las operaciones militares organizadas por Estados Unidos.)

Dado este panorama global que surgió durante la segunda mitad del siglo veinte, se esperaba que, en lo previsible, la guerra imperialista se limitaría fundamentalmente tanto al uso de la fuerza militar contra la revolución colonial, como a las amenazas contra los estados obreros. Era en el mundo colonial donde se seguía dando la principal resistencia masiva y organizada contra el imperialismo, desde Asia y Africa, al Oriente Medio y las Américas. Estas luchas estaban dominadas frecuentemente por liderazgos nacionalistas burgueses u organizaciones stalinistas, pero a pesar de los obstáculos que estas malas dirigencias pusieron en su camino no lograron impedir que las masas oprimidas obtuvieran victorias considerables en su lucha por la independencia colonial.

En algunos casos —al responder resueltamente a los golpes que les lanzaba un imperialismo arrogante, y bajo el impulso de las luchas de los obreros y campesinos en las ciudades y en el campo— los liderazgos radicales pequeñoburgueses pasaron por una evolución anticapitalista contra los explotadores capitalistas. Este es el caso con respecto al Movimiento 26 de Julio en Cuba; de un ala importante del movimiento de resistencia argelino; y de algunas organizaciones influenciadas por la revolución cubana como el Frente Sandinista de Liberación Nacional en Nicaragua y el Movimiento de la Nueva Joya en Granada. (La mayoría de las direcciones nacionalistas pequeñoburguesas, por otro lado, no evolucionaron en esa dirección y acabaron siguiendo, o se integraron a, grupos burgueses nacionalistas, y en algunos casos, a partidos stalinistas).

Este es el período de la llamada guerra fría. Por lo menos en algún momento en la década de 1960, los gobernantes norteamericanos operaban basados en que estaban a la par de Moscú con respecto a su poderío nuclear, especialmente una vez que los soviéticos desarrollaron la capacidad de alcanzar con misiles nucleares objetivos en Estados Unidos. Mientras tanto, las castas privilegiadas en los estados obreros de la Unión Soviética, Europa oriental y China, actuando como cinturones de transmisión de las presiones imperialistas, combinaron la represión policial del estado con la desorientación política stalinista para alejar cada vez más de la política al pueblo trabajador y mantenerlo aislado de la lucha de clases internacional, lo que a su vez se volvió una gran ventaja de las clases gobernantes imperialistas.

Partiendo de este modelo posterior a la segunda guerra mundial, la mayoría de los revolucionarios concluyó —correctamente en la medida de lo previsible— que la lucha de clases internacional no se encaminaba hacia un aumento de los conflictos militares interimperialistas, sino hacia un empate entre las dos principales potencias con arsenal nuclear estratégico —el imperialismo norteamericano y la Unión Soviética— y sus aliados respectivos. Se dio por sentado que en una tercera guerra mundial, las potencias imperialistas necesariamente apoyarían a Washington en un conflicto con la URSS. Las clases capitalistas rivales evitarían conflictos militares entre sí, conflictos que los dejarían vulnerables tanto frente a la Unión Soviética como ante a la posible pérdida de más áreas del mundo a las revoluciones anticapitalistas.

ESTOY PRESENTANDO una versión simplificada de esta concepción del mundo, pero no es una caricatura. Cualquier parcialidad que hubo en esta evaluación, partió de la realidad objetiva de que debido a los factores mencionados no hubo una tendencia hacia conflictos militares interimperialistas durante este periodo inicial de la expansión capitalista posterior a la guerra.

Este modelo corresponde a lo que realmente estaba sucediendo en la política mundial en las décadas iniciales después de la segunda guerra mundial, incluyendo en general la baja intensidad de la lucha de clases en Estados Unidos y en otros países imperialistas. No nos encaminábamos hacia la intensificación del combate de clases en los piquetes o en las calles. No nos encaminábamos hacia la ascendencia de un movimiento obrero que estuviera rompiendo con el marco político burgués impuesto por la burocracia sindical pequeñoburguesa. No nos encaminábamos hacia enfrentamientos callejeros con crecientes movimientos fascistas y de la extrema derecha, organizados por secciones de la clase patronal para desafiar y aplastar a una vanguardia del movimiento obrero con orientación clasista. Sin poder predecir el compás de tiempo, se dio por sentado de que la lucha de clases en Estados Unidos y en otros países imperialistas con el tiempo saldría de los apuros en que se encontraba y comenzaría a reducir la distancia que existía entre su nivel de combatividad y el del mundo colonial. Esto llevaría a situaciones prerrevolucionarias que podrían resultar en grandes y nuevos avances en la lucha internacional por la liberación nacional y el socialismo.

En gran medida, la política y la lucha de clases en la Unión Soviética, Europa oriental, China y en otros estados obreros dominados por el stalinismo no representaban un factor en esta ecuación política. La existencia de grandes partes del mundo donde se revocó la dominación de relaciones de propiedad capitalistas fue como una conquista del pueblo oprimido que merecía ser defendida contra los ataques de los imperialistas. Sin embargo, parecía que los obreros y campesinos de estos países estarían crecientemente aislados de la lucha de clases mundial por un período indefinido, debido a la dominación represiva y políticamente entorpecedora de las castas y sus regímenes de estado policial: en particular después de la derrota sangrienta de la revolución húngara de 1956.[14] Mientras tanto, a modo de mantener una palanca en las negociaciones con Washington los regímenes stalinistas proporcionaron armas y asistencia financiera a los movimientos de liberación nacional y a los gobiernos en conflicto con el imperialismo en el tercer mundo.

Sin embargo, ninguna de estas suposiciones políticas es válida en la situación mundial actual, cuya venida se manifestó más explosivamente con la caída de los mercados de valores del mundo en 1987. Esta caída fue una prueba más de que la recesión mundial de 1974–75 y el desplome repentino y agudo de 1981-82, no fueron simplemente dos bajas periódicas en el ciclo de negocios capitalista; también señalaron el final de un segmento ascendente en la amplia curva del desarrollo capitalista y la entrada de un segmento descendente encaminado a la intensificación de luchas de clases a nivel nacional e internacional, incluso dentro de los países imperialistas.[15]

El modelo mundial actual se caracteriza por la tendencia del capitalismo hacia un estancamiento económico, inestabilidad y vulnerabilidad a fracasos que pueden precipitar una depresión global y crisis social. Es un mundo de competencia y conflictos interimperialistas que se intensifican. Es un mundo donde la resistencia y los conflictos de clases aumentarán como respuesta a los intensos ataques capitalistas contra los derechos y las condiciones de los obreros y campesinos explotados. Es un mundo en el cual continuará la desintegración de los partidos y regímenes stalinistas a lo largo de Europa oriental. Y donde se hará más profunda la crisis que enfrenta la casta privilegiada en la Unión Soviética, dando espacio, por primera vez en décadas y en estas partes del mundo, para que millones de obreros y agricultores empiecen a entablar vida política, a reconocer y relacionarse con hermanos oprimidos en otras partes del mundo.

El capitalismo no va a poder iniciar un nuevo periodo de desarrollo económico acelerado y de mejoras en las condiciones sociales de los pueblos del tercer mundo bajo regímenes burgueses, ya sea en la región del Golfo o en el resto del Oriente Medio. En cambio, es la esclavitud internacional de la deuda lo que se deja sentir cada vez con mayor fuerza sobre estos pueblos. Las luchas de liberación nacional se combinarán más y con mayor fuerza con las batallas en pos de tierras contra los explotadores locales, por los derechos democráticos y laborales, y por la justicia social. Estas luchas democrático-nacionales y antimperialistas, a fin de que lleguen a la victoria, requerirán más que nunca de una dirigencia revolucionaria y de una perspectiva política clasista. Aumentarán también los conflictos entre los gobiernos capitalistas del tercer mundo. Frente a estas condiciones volátiles, los imperialistas se verán obligados una y otra vez a usar su fuerza militar para proteger su poder y sus ganancias.

EL ATAQUE DE WASHINGTON contra Iraq es la primera en una serie de guerras que el imperialismo seguirá librando contra los pueblos y los gobiernos del tercer mundo. Estas se irán entrelazando cada vez más con la intensificación de los conflictos entre las potencias imperialistas rivales mismas. Se ampliará más la brecha que existe entre el poderío militar de Washington y la relativa decadencia de su destreza económica, mientras que sus principales rivales imperialistas buscarán la manera de reducir cada uno la brecha que existe entre su poderío económico y su relativa subordinación como potencias militares.

La creciente inestabilidad por toda Europa oriental, la Unión

Soviética, lo mismo que en China, no se resolverá con iniciativas reaccionarias y nacionalistas-socialistas para obtener concesiones económicas del imperialismo a cambio de devolverle favores por medio de la política exterior. La corrupta dirigencia pequeñoburguesa sólo puede remedar a la burguesía mundial, pero no puede convertirse en ella, a pesar de que comparta sus valores y creencias. Los obreros y campesinos de estos países seguirán abriéndose paso en la política interna e internacional. Mientras los principales medios de producción, la banca, y el comercio se mantengan expropiados, estos estados continuarán en conflicto con las clases gobernantes imperialistas, que debido a su necesidad de extraer ganancias se verán impusadas a retomar pedazos del mundo y secciones de las masas oprimidas del mundo para la explotación capitalista directa. Van a aumentar, no a disminuir, los peligros de que hayan guerras imperialistas contra las repúblicas de la Unión Soviética y otros estados obreros.

Van a continuar las amenazas y sondeos contra los estados obreros de Cuba y Corea del Norte —donde la clase obrera rehusa someterse ante las amenazas imperialistas— y las relaciones entre estos gobiernos y los gobernantes de Estados Unidos se agudizarán.

A principios de abril de 1991, en la columna de opiniones del *New York Times,* por ejemplo, Leslie Gelb llamó a Corea del Norte "el nuevo estado renegado". A pesar de que el gobierno de Corea del Norte ha hecho esfuerzos por mucho tiempo de librar a la península coreana de toda arma nuclear (Washington tiene unos mil misiles nucleares en el sur), Gelb afirmó que es "probable de que en unos pocos años poseerá armas nucleares". A manera de forzar a los norcoreanos para que sometan a inspección sus reactores nucleares generadores de electricidad, Gelb instó al gobierno japonés a suspender todo su comercio con ese país.

Y en un artículo que apareció en la edición del 1 de abril del *Washington Post,* Jeanne Kirkpatrick, la anterior embajadora de Washington ante la ONU, resaltó la evaluación hecha por los funcionarios del gobierno estadounidense de que la planta de energía nuclear que Cuba está construyendo en Cienfuegos "se podría utilizar para producir plutonio a emplearse en [la producción de] armas".

Por lo tanto, la guerra de Washington en el Golfo no es como pretenden los gobernantes norteamericanos, la precursora de un nuevo orden internacional basado en la solución pacífica de los conflictos entre los estados. Al contrario, en un mundo lleno de crecientes crisis y fracasos económicos, de inestabilidad social, conflictos políticos y donde las demandas por la liberación nacional no han sido satisfechas, esta guerra se puede describir más correctamente como los cañonazos iniciales de la tercera guerra mundial.

Esta es la lógica implacable del imperialismo en su declive, la lógica de clases que culminará en una guerra mundial si es que los capitalistas salen victoriosos en las luchas decisivas que yacen por delante.

Sin embargo, entrelazada con la lógica de guerra histórica de los gobernantes imperialistas, está la lógica de clases, la marcha histórica de la clase obrera, que es de resistir y responder, de luchar y en el proceso volverse revolucionaria, de organizarse independientemente de los explotadores, identificarse como parte de una clase a nivel internacional y de arrebatarle a los explotadores y opresores el poder de librar guerras. Si es que se da o no una tercera guerra mundial se decidirá en la lucha entre estas dos fuerzas de clases históricas y sus aliados. El destino propio de la humanidad yace en el resultado de este conflicto.

LOS CAÑONAZOS INICIALES de la segunda guerra mundial se dieron a principios de la década de 1920, como resultado de la primera carnicería imperialista y el fracaso de la clase obrera en Europa de poder extender la revolución victoriosa de obreros y campesinos en la Unión Soviética. Durante el transcurso de la siguiente década y media, la clase obrera a nivel internacional luchó de forma heroica y se topó con varias oportunidades revolucionarias para quitarle el poder de las manos a los capitalistas guerreristas en Europa. Partiendo de la base de un movimiento de la clase obrera y de los agricultores que se estaban radicalizando, al centro del cual se hallaba el auge de los sindicatos industriales que pertenecían al CIO, los obreros en Estados Unidos enfrentaban la oportunidad de trazar un rumbo hacia la acción política obrera independientemente de los partidos y el gobierno imperialistas. En la medida en que las consecuencias de la dirección corrupta de los stalinistas y los socialdemócratas resultaron en las derrotas masivas de la clase obrera en Europa a finales de la década de 1930, en esa medida la segunda guerra mundial se volvió un hecho inevitable.

Hoy día, mientras se continúan desenvolviendo las repercusiones políticas de la "victoria" militar de Washington en el Golfo, debemos reconocer que este no es primordialmente un periodo de *posguerra* sino un periodo de *preguerra*. En este contexto decimos que la carnicería que se dio en el Golfo es la primera en una serie de conflictos y guerras que serán iniciados por los gobernantes estadounidenses en la década de 1990, y el comienzo de una nueva etapa en los preparativos acelerados de los imperialistas para esas guerras, tanto aquí como en el extranjero.

Sin embargo, al usar Washington su poderío militar cada vez pondrá en marcha más fuerzas no anticipadas e incontrolables que harán que sus "victorias" sean más que duraderas, pírricas y desestabilizadoras. En vez de haberse tornado más invencible, el gobierno norteamericano se ha vuelto más vulnerable. Y en ese sentido, cada una de las intervenciones que el imperialismo norteamericano realice alrededor del mundo cobrará cada vez más el carácter de una aventura militar.

La tarea ante la vanguardia de los obreros y agricultores tanto en Estados Unidos como en el resto del mundo es la de luchar por el espacio para poder organizar a nuestra clase y a nuestros aliados dentro de los explotados y oprimidos por todo el mundo capitalista.

IV. LA INVASION FUE UNA CARNICERIA Y NO UNA GUERRA

WASHINGTON comenzó su bombardeo incesante de Iraq el 16 de enero de 1991. Varios días después la dirección del Partido Socialista de los Trabajadores sacó una declaración que esa semana apareció en la primera plana del *Militant* y en el número de febrero de *Perspectiva Mundial*. "En los días desde que Washington lanzó el ataque bombardero más intensivo de la historia", comienza la declaración, "las terribles realidades que centenares de millones de personas por meses se negaron a ver, se han tornado cada vez más brutalmente aparentes.

"La guerra lanzada por el gobierno norteamericano, con el apoyo bipartidista, no será una guerra corta; será larga.

"No será una guerra aérea; será una sangrienta guerra de infantería.

"No será una guerra limitada; será una guerra total, como las otras masacres masivas de la era moderna: desde la Guerra Civil norteamericana hasta la primera y segunda guerras mundiales.

"No será una guerra que se limitará en cuanto a sus objetivos, supuestamente, de 'liberar a Kuwait'.

"La meta de los gobernantes capitalistas de Estados Unidos sigue siendo la que ha sido durante todo el transcurso de la escalada en su marcha hacia la guerra, iniciada el otoño pasado: una derrota militar devastadora sobre Iraq y la imposición de hecho de un protectorado norteamericano en Bagdad".

La administración Bush y los que la apoyan en los dos partidos tratan de reducir la duración de la guerra a cien horas, o a lo máximo a las seis semanas entre el 16 de enero y el 27 de febrero. Sin embargo, la verdad es que Washington libró una guerra contra el pueblo de Iraq que duró *siete meses*. El bloqueo que el gobierno estadounidense le impuso a Iraq inmediatamente después de la invasión de Kuwait del 2 de agosto fue un verdadero acto de guerra no importa desde que ángulo se lo vea. Fue el bloqueo militar más grande que se haya dado en la historia.

Cuando Washington inició su invasión contra Iraq el 24 de febrero, lo que ocurrió en el transcurso de los cuatro días subsiguientes no fue una guerra terrestre sino una carnicería mecanizada, una orgía policial organizada militarmente desde tierra, aire y mar. El rumbo político que siguió el régimen de Saddam Hussein fue diseñado, organizado y ejecutado con el propósito de asegurar que nunca se libraría una guerra terrestre. En realidad, sólo hubieron unos pocos enfrentamientos de retaguardia, organizados por la Guardia Republicana de Bagdad mientras se retiraba —llevándose tantas fuerzas blindadas, armas y pertrechos como les fuera posible— para poder reagruparse y servir de fuerza armada policiaca para aplastar la disidencia interna. Bagdad esencialmente abandonó a la masa de obreros y campesinos del ejército regular iraquí que se encontraban en Kuwait y en el sur de Iraq. Para ese entonces, estos obreros y campesinos que vestían el uniforme militar —en harapos, en muchos casos— en realidad ya habían dejado de ser soldados organizados en un ejército. Se habían visto reducidos a la condición de individuos desorganizados que en el mejor de los casos estaban ligeramente armados, a lo sumo pobremente abastecidos, sin ninguna estructura de comando funcional y con los pocos oficiales que no habían huido. Los abandonaron para que, por cuenta propia, enfrentaran la carnicería.

En cuanto a las fuerzas invasoras estadounidenses, éstas salieron de las cien horas prácticamente sin haber perdido ninguno de sus tanques o equipo pesado y con apenas un puñado de muertos y heridos. En realidad, la totalidad de muertos y heridos entre los norteamericanos en los siete meses de operaciones militares, se dieron en gran medida como resultado de "fuego amigo" y fruto de la fortuita destrucción de un cuartel en Arabia Saudita al caerle un misil Scud lanzado por Iraq. Hubieron muy pocos estadounidenses muertos en combate, ya sea entre los pilotos o entre las tropas terrestres que llevaron a cabo la invasión.

DESDE SU INVASION de Kuwait el 2 de agosto de 1990, hasta el momento mismo del cese de la ofensiva norteamericana a fines de febrero de 1991, el plan de Bagdad estaba basado totalmente en el cálculo de que no tendría que pelear una guerra contra Washington; de que podría manipular, recurrir a un ardid, enviar diplomáticos de aquí para allá, ganar tiempo y por fin salirse con la suya en la anexión o por lo menos negociar tras la pantalla de la verborrea para mantener algunos de los puertos en las islas vecinas y algunos yacimientos de petróleo. Hussein, sin ningún remordimiento, le entregó la vida de decenas de miles de tropas del ejército regular a los jefes guerreristas en Washington. Sin embargo, en ningún momento libró una guerra.

La invasión del régimen iraquí de Kuwait fue una extensión del rumbo expansionista que lo impulsó en 1980 a librar una guerra contra Irán, una agresión que duró ocho largos y sangrientos años. Con su nueva conquista expansionista en Kuwait, Bagdad tenía la meta de aumentar el control que los capitalistas iraquíes ejercían sobre las reservas de petróleo en la región. Intentaban adquirir una posición más ventajosa para presionar al régimen de Arabia Saudita, en sí militarmente débil, en lo que respecta a la política de precios y cuotas de la Organización de Países Exportadores de Petróleo (OPEP) y en algún momento futuro apoderarse también de algunos yacimientos de petróleo sauditas. De esta manera, el gobierno iraquí intentaba aumentar su porción de las ganancias de la explotación del petróleo acumuladas por los regímenes del Golfo y contener el creciente descontento interno producto de las consecuencias económicas y la pérdida de vidas que se dieron a raíz de la guerra contra Irán.

El rumbo político y militar que Bagdad siguió emana de los límites propios de sus perspectivas burguesas y sus métodos que durante décadas se han basado en bravatas, el ardid y la matonería. Evaluó correctamente tanto la falta de una base social como la capacidad militar defensiva de los reinos petroleros de Kuwait y de Arabia Saudita, y el hecho de que estas familias reales eran objeto del desprecio y del odio de la gran mayoría de la gente en el área del Golfo y en general por todo el Oriente Medio.

Saddam Hussein también actuó dando por sentado de que Washington no se arriesgaría a enfrentar las consecuencias políticas internas que resultarían de una agresión militar en el exterior que supusiera enormes bajas norteamericanas. Bagdad reconoció que el desplazamiento inicial de tropas estadounidenses en el Golfo (fuerzas ligeramente blindadas y una gran cantidad de unidades aerotransportadas) no bastarían para que Washington pudiera lanzar un contraataque. Por lo que el régimen iraquí siguió enviando más tropas y tanques, atrincherándolas en posiciones defensivas. Contaba con que podría ganar tiempo para sacarle por la fuerza un arreglo a una administración en Washington que no pelearía, ya que temería las repercusiones internas que desataría una cantidad de bajas como la que Bagdad misma había aceptado de forma tan rutinaria durante su guerra contra Irán.

Como parte de estos cálculos Bagdad contaba con poder aprovechar las rivalidades y las divisiones que existen entre el imperialismo estadounidense y las potencias imperialistas en Europa y Japón. Saddam Hussein esperaba en particular poder ejercer presión diplomática a través de París, ya que los capitalistas franceses tenían en juego inversiones y negocios sustanciosos en Iraq y habían estado trabajando por más de una década para utilizar sus vínculos con Bagdad con miras a reconstruir su influencia en el Oriente Medio. El régimen iraquí también dio por sentado de que Moscú le daría la suficiente prioridad al mantenimiento de los lazos establecidos con Bagdad como para crearle problemas a Washington en sus intentos de obtener una pantalla diplomática para las maniobras militares norteamericanas.

El régimen iraquí rehusó hacer el más mínimo esfuerzo para lograr cualquier movilización o preparación política de la población iraquí para oponerse a la arremetida imperialista. Por el contrario, la propaganda del régimen baasista por la radio y por la televisión básicamente prometieron de que no habría un ataque contra Iraq. De igual modo, Bagdad nunca hizo un llamado serio por la solidaridad regional e internacional para que se frenara el ataque imperialista inminente, y de no poder parar tal agresión, para crear brigadas internacionales para que ayudaran a enfrentarla. En vez de hacer eso, los gobernantes iraquíes comenzaron a hacer bravatas amenazando con que habría una racha de ataques terroristas contra objetivos imperialistas por todo el mundo, amenazas que nunca se materializaron. Bagdad también amenazó demagógicamente con que de haber guerra atacaría a Israel con misiles. Esto tenía el propósito de acobardar a Washington planteando la posibilidad de que se desmoronara su alianza con los regímenes de Egipto, Siria, Arabia Saudita y otros regímenes del Oriente Medio. Cada uno de estos pasos dados por Hussein, simplemente le echó leña al fuego de propaganda de los imperialistas, ayudándolos a encubrir sus verdaderas metas a la campaña bélica.

Hussein también pensó que Bagdad podría aislar a Washington dentro del mundo árabe e islámico al justificar la invasión de Kuwait partiendo de que el imperialismo se había repartido la región, utilizando verborrea pan-arábiga, y manipulando cínicamente el apoyo amplio y popular con que cuenta la lucha palestina.

Sin embargo, cada uno de estos cálculos de Bagdad, todos ellos con el objetivo de jamás tener que entablar una guerra, resultaron ser juicios políticos incorrectos.

Los regímenes de Egipto y Siria enviaron divisiones fuertemente armadas para el lado de Washington; los gobernantes de Turquía hicieron valer el embargo contra Iraq, pusieron las pistas en Turquía a la disposición de los bombarderos norteamericanos y congregaron 100 mil tropas en su frontera con Iraq; y oficialmente el régimen iraní se mantuvo neutral.

Para principios de septiembre a lo sumo, la administración Bush ya había decidido que seguiría el rumbo de librar una guerra con todas sus fuerzas contra Iraq. Se pusieron a un lado los objetivos declarados en la primera etapa de la campaña de guerra norteamericana —de responder al pedido de la monarquía saudita de que la defendieran de la agresión iraquí— a medida que los gobernantes estadounidenses intentaban alcanzar una capacidad militar ofensiva en el Golfo.

Lo que le siguió fue más allá de lo que Bagdad habría podido esperar: Washington quitó más de la mitad de las fuerzas y tanques que tenía en Europa y movilizó de forma masiva a sus unidades regulares y de la reserva en Estados Unidos. Para principios de 1991 se había llevado al Golfo una formación de guerra de más de medio millón de tropas norteamericanas (que llegaban a 200 mil a principios de noviembre) acompañadas del mejor equipo blindado, artillería mecanizada, el armamento de la más avanzada tecnología, bombarderos y aviones de guerra, buques de guerra y portaviones.

Para poder obtener una pantalla diplomática para su inexorable marcha hacia la guerra, Washington combinó sus maniobras militares con varias iniciativas de "paz", incluyendo la oferta de parte de Bush de organizar conversaciones entre el secretario de estado James Baker y el ministro del exterior iraquí Tariq Aziz, y que se celebraron en Ginebra a principios de enero. Sin embargo, el régimen baasista no supo leer ninguna de estas maniobras diplomáticas, interpretándolas como titubeos e indecisión de parte de Estados Unidos y no como camuflaje político para preparar los próximos pasos en la marcha hacia la guerra. La lógica de las amenazas vacías y de las bravadas palidecen al lado de la lógica de una campaña bélica imperialista.

Saddam Hussein también subestimó las consecuencias políticas que supone el continuo predominio militar de Washington dentro del sistema imperialista. A fines de 1990 tanto París como Bonn tomaron algunas iniciativas independientes con Bagdad para demarcar sus propios terrenos diplomáticos. Sin embargo, en última instancia, los rivales de Washington tuvieron que tomar la decisión central: unirse a la campaña bélica sin titubeos, poner sus fuerzas militares bajo el comando de Washington (o pagar tremendas sumas de dinero como lo hicieron Bonn y Tokio) y mantenerse en línea diplomáticamente . . . o sufrir las consecuencias de lo que Washington pudiese imponer más adelante.

Bagdad cometió un error de juicio con respecto al nivel de la crisis de la burocracia soviética y con respecto a las consecuencias que ésta tendría sobre la política exterior de Moscú. El régimen stalinista le dio una mayor prioridad a las promesas de poder obtener una mayor integración dentro del sistema capitalista mundial, que a cualquier ventaja diplomática secundaria que haya obtenido en el transcurso de los años a raíz de sus lazos con Bagdad.

Finalmente, el ardid del régimen de Iraq de que envolvería a Israel en la guerra también fracasó en su objetivo de obligar a Washington a llegar a un acuerdo. Cuando a mediados de enero los gobernantes norteamericanos forzaron a Bagdad a que pusiera las cartas boca arriba e iniciaron su ataque asesino, Bagdad no pudo hacer más que responder lanzando unos cuantos misiles Scud contra Israel y Arabia Saudita. Obviamente Saddam Hussein tenía esperanzas de que lo que había hecho como acto de demagogia de alguna forma le daría resultado. Sin embargo, en esta instancia también subestimó la capacidad de Washington de impedir que Tel Aviv hiciera cualquier cosa que obstruyera los planes y las operaciones norteamericanas.

Este rumbo dejó a la población de Iraq sin preparación alguna para enfrentar cada etapa de la campaña bélica y la guerra. Cuando comenzaron a caer las bombas sobre Bagdad, Basora y sobre otras ciudades, pueblos y aldeas, quedaron materialmente sorprendidos, en estado de shock.

El deseo del pueblo iraquí de hacer que cesara el bombardeo aliado y de evitar que hubiera más destrucción a causa de una guerra para defender la salvaje subyugación de Kuwait, se demostró con las celebraciones populares que irrumpían en las calles de la capital cada vez de que el régimen baasista hacía una declaración indicando que se retiraría. Las masas explotadas reconocieron correctamente que ésta era la única manera de que Iraq pudiera salvarse de otra aventura militar de Saddam

Hussein como la que duró ocho años contra Irán. Pero en cada ocasión, el pueblo de Iraq descubrió que eran simplemente peones en la cínica trayectoria de avaricia y fanfarronadas que Bagdad persiguió desde el 2 de agosto.

El aislamiento internacional de Bagdad

Respondiendo a la campaña de guerra del imperialismo en el Golfo, las organizaciones comunistas alrededor del mundo como el Partido Socialista de los Trabajadores, junto con sus miembros y simpatizantes, se pronunciaron inmediatamente en solidaridad con Iraq y los pueblos oprimidos y explotados que viven y laboran en ese país y por toda la región.

Otra voz que denunció la campaña de guerra norteamericana contra Iraq fue la del gobierno de Cuba y la dirección de su Partido Comunista. Como acto fundamental de solidaridad, Cuba insistió en que unos 200 voluntarios médicos cubanos permanecieran en Iraq durante el transcurso de la guerra.

En el Partido Socialista de los Trabajadores ofrecimos nuestra solidaridad para con Iraq y el pueblo iraquí de forma *incondicional* y de esa misma forma los defendimos ante la embestida armada de Washington. No cometimos el error de identificar al régimen represivo capitalista en Bagdad con el mismo Iraq —un país oprimido del tercer mundo— ni con los trabajadores de Iraq, hermanos y hermanas nuestros. Nosotros fuimos intransigentes en nuestra defensa de Iraq contra los ataques del imperialismo, al mismo tiempo que condenamos sin reserva alguna la invasión y anexión de Kuwait de parte del régimen de Saddam Hussein, así como toda su trayectoria política y las brutalidades y opresiones monárquicas de las familias rentistas gobernantes kuwaití y saudita.

Sin embargo, a pesar de la importancia de esta solidaridad para con los trabajadores que se encontraban el 2 de agosto en Iraq, Kuwait y Arabia Saudita, el panorama más general era bastante distinto. Ante el despiadado ataque imperialista, el pueblo iraquí contaba con menos apoyo internacional que cualquier otro pueblo que haya tenido que enfrentar una destrucción tal desde la segunda guerra mundial. Ningún gobierno ni ninguna fuerza de gran envergadura en el movimiento obrero internacional ni organización de liberación nacional en ninguna parte del mundo hizo un llamado —ni hablar de comenzar a organizar tal cosa—

para que se dieran movilizaciones de masas en solidaridad con el pueblo de Iraq. No se lanzó ningún esfuerzo político organizado para romper con el bloqueo y para conseguir los abastecimientos que necesitaba el pueblo iraquí. No hubo ningún llamado para organizar tropas voluntarias de otras partes de la región y del mundo para luchar junto a los soldados y pueblo iraquíes contra la invasión imperialista que se avecinaba.

En el norte de Africa y en el Oriente Medio se organizaron varias manifestaciones y huelgas de protesta por un día, algunas de las cuales contaron con el apoyo de gobiernos o de partidos y organizaciones políticas de oposición. Sin embargo, no hubo nada más. Y aun éstas en gran medida fueron someras, a pesar de la solidaridad genuina del pueblo trabajador y de la juventud que participaron en ellas. Pero en ninguna parte ningún gobierno u organización de masas alguna planteó una perspectiva clara que demostrase que —fuera cual fuera su opinión sobre Bagdad o sus acciones— estaban incondicionalmente resueltos a movilizar la oposición al horror que Washington estaba causando a Iraq y a su pueblo, y a continuar esta campaña hasta que parase.

Durante la guerra de Vietnam sucedió algo distinto. Correctamente reconocemos el mérito del pueblo vietnamita por haberse liberado, pero también sabemos que hubo un movimiento internacional de solidaridad importante para con Vietnam. No me refiero simplemente o principalmente al movimiento contra la guerra que se dio en sus postrimerías en Estados Unidos y en otros países. Vietnam recibió abastecimientos y otra ayuda de los gobiernos del tercer mundo y de los estados obreros. Voluntarios de otros países y de otros movimientos de liberación nacional fueron a Vietnam para ayudar en las labores de construcción y de defensa.

Al pueblo de Nicaragua se le prestó una solidaridad internacional similar desde el último año de la lucha por derrocar la dictadura de Somoza que contaba con el apoyo de Washington hasta los años de la lucha contra la guerra contrarrevolucionaria. El apoyo vino no sólo de otras organizaciones de liberación nacional y de grupos políticos de toda América Latina, sino también del general Omar Torrijos en Panamá y de Cuba.[16]

Existen muchos otros ejemplos. En 1973 se movilizó apoyo internacional para ayudar a que los gobiernos del Oriente Medio se pudieran defender del ataque militar de Israel.[17] Hubo solidaridad internacional para con los luchadores de la libertad en Sudáfrica, El Salvador y en otras partes del mundo.

Pero fundamentalmente *el pueblo iraquí estuvo solo.* Estaba solo desde la perspectiva de los gobiernos y de cualquiera de las organizaciones de masas.

Como se señaló anteriormente, una razón fue que el régimen iraquí conscientemente rehusó hacer ningún llamado serio para pedir solidaridad y ayuda a nivel regional o internacional. Esto no estaba dentro de los planes de Saddam Hussein; él y sus compinches estaban en contra de esto. En primer lugar, el régimen iraquí contaba con que jamás se daría una guerra. En segundo lugar, los llamados para la realización de movilizaciones revolucionarias hubieran amenazado con desestabilizar a otros regímenes capitalistas en la región a los cuales Bagdad mira como posibles vías para llevar a cabo tratos diplomáticos con el imperialismo.

EN TERCER LUGAR, y lo más importante, cualquier llamado revolucionario por la solidaridad internacional no se podría haber mantenido aislado de los obreros y campesinos que se encontraban dentro del propio Iraq. Lo último que deseaba la pandilla gobernante en Bagdad era que el pueblo trabajador y los jóvenes de pensamiento revolucionario —del Oriente Medio o de cualquier otra parte— comenzaran a inundar Iraq. Eso le hubiera abierto el camino al pueblo iraquí mismo para comenzar a organizar oposición contra el ataque aliado. Podrían haber luchado por abastecer a las tropas en el campo de batalla y organizar la ayuda para las áreas devastadas por los bombardeos y el embargo. Los luchadores que estaban dispuestos a dirigir a sus hermanos soldados en la batalla podrían haber salido al frente. Se podrían haber hecho llamados para que se le dieran armas a la población, junto con demandas de que Bagdad hiciera disponible toda la gama de sus mejores armamentos para revertir el ataque imperialista. Sin embargo, Saddam Hussein no quería saber nada de esto. Como consecuencia de tales movilizaciones el pueblo iraquí simplemente podría haber barrido con el régimen, como se demostró con las extensas rebe-

liones que se dieron en las semanas que le siguieron al cese de
la ofensiva de Washington.

El hecho de que las acciones de Bagdad en Kuwait carecían
de toda intensión progresista también minó la solidaridad con
Iraq. La ocupación de Kuwait fue un acto reaccionario llevado a
cabo por un régimen bonapartista burgués. Le dio a Washington el pretexto para poder lanzar una campaña bélica imperialista en el Golfo.

Sin embargo, la falta de solidaridad activa para con Iraq y
contra la agresión imperialista también nace de otra realidad en
la política mundial que los revolucionarios deben entender
para poder trazar un rumbo eficaz: En ninguna instancia desde
finales de la segunda guerra mundial ha sido tan grande la
brecha que existe entre las aspiraciones de las masas oprimidas
por la soberanía nacional, la democracia y la justicia social y las
perspectivas políticas de las corruptas direcciones burguesas en
todo el Oriente Medio, lo que ha sido durante las últimas dos
décadas. Este hecho indica que históricamente están agotadas
las corrientes no proletarias que estaban a la cabeza de las
luchas democráticas y antimperialistas de las masas explotadas y
de sectores de las clases medias en Egipto, Iraq, Argelia, Yemen,
Libia y en otros lugares desde la década de 1940 hasta la década
de 1960. Indica que hoy día no llevan a ningún lado los esfuerzos de avanzar estas metas en el nombre de la unidad "pan-arábiga" o "pan-islámica", unidad que estos liderazgos burgueses
rompen a su antojo para obtener ventajas nacionales y posiciones políticas que les sean provechosas.

Hoy día, el marco de referencia en el que se desenvuelve la
lucha por la liberación nacional y contra la dominación imperialista está marcado por la consolidación de los distintos *estados
separados* en la región. Esta cuestión no es nueva. No surge como
resultado de la guerra estadounidense en el Golfo. Es fruto de
la etapa de desarrollo capitalista en que se encuentron estos
países y de su integración dentro del sistema capitalista internacional. Es producto de la consolidación de una burguesía nacional y de una clase media sustancial, del desarrollo de clases
modernas y de la polarización de clases que se dan a nivel
interno. Estos regímenes burgueses usan su poder estatal —incluyendo la violencia y la agresión abiertas— para promover sus
intereses de clase contra los regímenes rivales, al igual que

contra los obreros y campesinos en sus propios países. Y todos ellos lo hacen usando el pretexto de la "unidad árabe", ya sea en el caso de Bagdad, para racionalizar su toma de tierra en Kuwait; El Cairo y Damasco, para justificar su alianza con Washington en una guerra contra Iraq; o Ammán, para escurrirse y revolotear y sobrevivir por un día más y así poder vivir como reyes a expensas de las masas oprimidas.

Como hemos demostrado una vez más durante la guerra del Golfo, a los comunistas no nos es difícil reconocer lo necesario que es la solidaridad incondicional para con una nación oprimida —sea cual sea el carácter de clase de su gobierno— contra los ataques imperialistas. Asimismo, los comunistas y otros en la vanguardia de la lucha por la verdadera independencia y soberanía nacional —ya sea en Iraq o en cualquier otro lugar en la región— deben reconocer y actuar partiendo de que dentro de estas naciones oprimidas existen clases con intereses opuestos.

Golpe contra la lucha palestina

Los palestinos se encuentran entre las principales víctimas de la falsedad de estos gobiernos burgueses en la región, cada uno de los cuales falsamente dice hablar y obrar en beneficio de ellos. Los palestinos no sólo han recibido golpes de los regímenes traidores en Egipto, Siria y Arabia Saudita o del desesperado rey Hussein de Jordania, que de convenirle apuntaría sus armas nuevamente contra los palestinos como lo hizo en septiembre de 1970.[18] Igual daño les hizo la demagogia reaccionaria de Bagdad, que se presentó como el defensor el de los pueblos palestino, árabe y musulmán, mientras que en realidad minó su capacidad de lucha antimperialista. Bagdad cínicamente hizo un llamamiento para que se vinculara la retirada parcial iraquí de Kuwait con las demandas de los palestinos por su autodeterminación.

Al brindarle su apoyo a este vínculo demagógico y que se dio después del hecho de la invasión, la dirección de la Organización para la Liberación de Palestina también le causó un gran daño a la lucha palestina. Al seguirle la corriente a Bagdad, los líderes palestinos quedaron políticamente desarmados para explicar el *verdadero vínculo* que sí existe con la lucha palestina; la necesidad apremiante de *acciones* de solidaridad con Iraq ante el ataque imperialista; el carácter reaccionario de la salvaje invasión de Bagdad contra Kuwait; y la lucha contra el imperialismo por toda la región y por todo el mundo.

La incapacidad de la OLP para trazar un rumbo revolucionario de este tipo refleja su creciente aburguesamiento. Esta evolución se hizo más *evidente* con la agresión norteamericana en el Golfo, pero no *surgió* a causa de la guerra. La degeneración política de la dirección central de la OLP se ha estado dando desde hace tiempo.

Durante los últimos 10 ó 15 años se ha pagado un precio político como resultado de la continua dispersión del pueblo palestino. Todo un sector de jóvenes palestinos se ha criado fuera de las tierras que históricamente constituyen Palestina. El aparato de la OLP se ha construido por todos los países del Oriente Medio y del norte de Africa, patrocinado y financiado por los regímenes burgueses en la región. Algunas fracciones de la OLP han estado dispuestas a servir de instrumentos de estos gobierno. Los golpes que durante las décadas pasadas han recibido las fuerzas de la OLP en el Líbano a manos del régimen israelí, del régimen sirio y de las distintas fuerzas políticas burguesas libanesas, han tenido un impacto adicional que ha contribuido a desorientar y a desmoralizar a ciertos sectores de la dirección, llevándolos a adoptar una perspectiva que los aleja de las masas palestinas tanto dentro como fuera de Israel. Se ha abierto una brecha entre el aparato de la OLP y los luchadores palestinos jóvenes dentro de las fronteras del "Gran Israel", que es donde se ha centrado cada vez más la lucha libertaria.

Sin embargo, este proceso no ha concluido. La OLP sigue siendo un movimiento nacionalista revolucionario que cuenta con una dirección predominantemente pequeñoburguesa. El resultado de la evolución política de la OLP sigue entrelazado con la lucha viviente del pueblo palestino que ni se ha acobardado ni ha sido derrotado. Una mayor parte de la dirección del movimiento palestino se ha volcado hacia los territorios ocupados de la Ribera Occidental, a Gaza, a Jerusalén y hacia adentro de las fronteras de Israel de antes de 1967, especialmente desde que comenzó la intifada hace más de tres años. Los que están tratando de avanzar la lucha por la tierra, por la igualdad, por la autodeterminación, por un estado palestino con soberanía plena, están jugando un creciente papel de dirección, y en el proceso están ayudando a transformar el mundo.

Algunos dirigentes palestinos sacan las importantes lecciones políticas de la forma en que la demagogia del régimen de Saddam Hussein ha dañado su lucha. Uno de los ejemplos se puede encontrar en la entrevista a Hanan Ashrawi que apareció en el *Militant* en su edición del 3 de mayo de 1991 [y en el número de mayo de *Perspectiva Mundial*]. Ashrawi formó parte de una delegación de dirigentes palestinos que se reunieron con el secretario de estado James Baker cuando estuvo en Jerusalén Oriental en marzo y nuevamente en abril. Ella enseña inglés en la Universidad de Bir Zeit (cuando el ejército israelí no la tiene cerrada) en la Ribera Occidental. El 9 de abril le concedió una entrevista por teléfono desde Ramallah en la Ribera Occidental a Argiris Malapanis y a Derek Bracey, corresponsales del *Militant*.

Ashrawi reaccionó a las declaraciones hechas por algunos partidarios de la OLP en el sentido de que el enfrentamiento entre Bagdad y Washington en el Golfo hizo que la cuestión palestina cobrara más realce a nivel mundial y que avanzara su lucha por obtener reconocimiento internacional. "No es cuestión de logros", dijo ella. "No hubo ningún logro [como resultado de la guerra del Golfo]. La cuestión palestina cobró importancia a nivel internacional gracias a la intifada, que es la voz humana de la resistencia palestina. La resistencia popular".

Y continuó:

> Es el destino desdichado de la cuestión palestina que históricamente los liderazgos árabes la manipulen y utilicen para sus propios fines. Forma parte de las "credenciales" de todo líder árabe. Y la mayoría de los líderes árabes han logrado oprimir a sus propios pueblos, valiéndose del pretexto de una causa nacional que es la causa palestina. Nos han manipulado para sus propios fines, sean estos económicos, políticos, regionales o internacionales.

Haciendo hincapié en el apoyo popular por Saddam Hussein que se generó entre muchos palestinos a fines de 1990 y principios de 1991, Ashrawi continuó:

> En cierta forma fue como un retroceso al enfoque mesiánico. En vez de depositar la fe en el poder de su

propio pueblo y en la determinación del movimiento popular, uno la deposita en un individuo, lo cual va contra el rasgo distintivo de la intifada. La intifada, los palestinos y la OLP habían logrado arrebatarle la causa palestina al patrocinio y a la manipulación árabes, y habían logrado ubicarla bajo sus propias condiciones en manos palestinas y bajo soberanía palestina. Hablamos por cuenta propia.

La retórica y demagogia pro OLP, pan-arábiga, y pan-islámica de Saddam Hussein le asestó un golpe a cada una de las luchas de los palestinos, árabes, islámicos y otros pueblos de la región oprimidos por el imperialismo. Cada una de estas luchas en vez de sacarle beneficio, sufrió como resultado de ser vinculada por Hussein con su anexión expansionista de Kuwait, cosa que le dio al imperialismo una oportunidad de oro para intervenir contra los pueblos de la región como no lo había podido hacer por muchas décadas. Lejos de traerle a estas causas más popularidad o mayor apoyo, la postura reaccionaria de Hussein desorientó y desmovilizó a los oprimidos, retrasando una lucha común contra los opresores y explotadores tanto allí como en el exterior.

Mucho antes del 15 de enero, la "fecha límite" dictada por el Consejo de Seguridad para que Iraq se retirara de Kuwait, Washington estaba bien enterado, debido a la información recopilada por sus fuentes de espionaje, de que Bagdad no estaba organizando al pueblo y a las fuerzas armadas iraquíes para defenderse del implacable bombardeo o para resistir una invasión blindada de gran envergadura apoyada por las misiones bombarderas de Estados Unidos y de sus aliados.

El resto de nosotros no contábamos ni con tanta información ni con la prontitud con la que contó el Pentágono, así es que nos llevó más tiempo comenzar a darnos cuenta de lo que se estaba desarrollando. Sin embargo, después de que el bombardeo estadounidense se había llevado a cabo por algún tiempo, prestamos atención cuando se supo que Bagdad estaba enviando sus mejores aviones de guerra a Irán. Esto fue indicio de que Saddam Hussein no tenía planes de proveerle protección aérea a sus tropas ni de hacer que la fuerza aérea norteamericana pagara de manera alguna por el desastroso bombardeo que día y noche estaba infligiendo sobre el pueblo iraquí. Y se hizo evidente de que tampoco se le proveería ninguna protección aérea a los soldados iraquíes que trataran de resistir la invasión terrestre imperialista.

HUBIERON OTROS HECHOS sobre los que no había forma de que supiéramos antes de que comenzaran a surgir tras la ocupación estadounidense del sur de Iraq. Ahora sabemos que antes de la invasión Bagdad había comenzado a retirar de Kuwait y del frente sur sus mejores tanques y otro equipo blindado. Fueron retirados los helicópteros de ataque, otra señal de que no habría un contraataque aéreo contra el equipo blindado aliado que ayudase a abrir espacio para que las tropas terrestres iraquíes pudieran pelear. Y para las últimas dos semanas previas a la invasión, todo intento de proveerle a las tropas alimentación y vestimenta y equipo adecuado había cesado y hasta había comenzado a decaer el insumo calórico de los soldados. No se hizo nada para mantener el tipo de red de comunicación que necesita un ejército estructurado y cuyos comandantes tienen planes de hacerle frente a la situación.

Y finalmente, Bagdad organizó a gran parte del cuerpo de oficiales para que se retirara de la zona de batalla. Para cuando Washington invadió, la masa de las tropas regulares iraquíes había sido abandonada por el régimen de Saddam Hussein sin helicópteros de ataque que tuvieran armamento antitanques, sin protección aérea, sin vías de comunicación ni coordinación, sin tácticas defensivas, sin organización ni disciplina y sin una estructura de comando. *Ya no eran soldados que estaban organizados en un ejército,* ya no eran algo que pudiera funcionar como una fuerza de lucha. Simplemente se habían vuelto obreros y campesinos que como individuos estaban enfrentando el masivo bombardeo y el cañoneo imperialistas, sentados en sus trincheras, algunos de ellos ligeramente armados y uniformados .

De haber habido en esas trincheras algún revolucionario, algún comunista junto con esos trabajadores iraquíes, nosotros habríamos sabido lo que se le estaba haciendo a la estructura, a los abastecimientos y a la moral del ejército. Habríamos sabido cuál sería el desenlace inevitable no de una guerra, sino de una carnicería de peones a los que una dirección cobarde les dio la espalda. Ante semejantes condiciones durante la invasión estadounidense, habríamos ayudado a organizar a nuestros hermanos obreros y campesinos a encontrar una manera de regresar a Iraq y de rendirse, de ser ésta la única manera de conseguirlo. Les habríamos ayudado a salir de los campos de muerte. Les habríamos ayudado a sobrevivir para poder pelear en otra ocasión. Habríamos explicado lo que sucedió y por qué ello demostraba que es necesario luchar para impulsar nuestros propios intereses de clase, de luchar contra todos nuestros enemigos de clase, tanto contra los explotadores y los opresores imperialistas que estaban llevando a cabo la carnicería, así como contra los explotadores y opresores iraquíes cuya aventura reaccionaria nos habían preparado para caer en la trampa. Nosotros habríamos explicado las cosas y habríamos organizado.

En esa situación sería inimaginable que los comunistas adoptasen cualquier otra táctica o rumbo político. Cualquier otro rumbo hubiera representado un golpe contra la lucha por la soberanía nacional iraquí, un golpe a la lucha contra el imperialismo, un golpe a la lucha por liberar al pueblo trabajador iraquí de la opresión y de la explotación.

Esos obreros y campesinos no podían defender a Iraq contra el imperialismo simplemente luchando. Un régimen que no tenía plan alguno para defender a Iraq, sólo a sí mismo, que les había quitado toda capacidad de luchar. Esos trabajadores iraquíes no estaban equipados para defender nada. Bagdad simplemente se los entregó al imperialismo. Las consecuencias militares de la trayectoria política de este régimen burgués traidor le costó la vida a más de 100 mil iraquíes. Y a Saddam Hussein y a la clase que él representa no le importó un comino. Este es un ejemplo amargo de por qué la clase obrera necesita su propia política militar y obtener su propia independencia de clase para conseguirla.

El comando baasista organizó la retirada de la privilegiada Guardia Republicana para que sirviera como su guardia pretoriana, para que actuara como una masiva y asesina fuerza policial contra las rebeliones internas. Los miembros de la Guardia Republicana reciben mejor salario, comida, viven bajo mejores condiciones y tienen un mejor equipo militar. Muchos de sus cuadros salen del gobernante partido baasista. Mantienen vínculos estrechos con las unidades secretas especializadas de la policía y del ministerio del interior. Los regímenes burgueses represivos emplean este tipo de fuerza élite para aplastar rebeliones internas. Fueron usados por Bagdad contra los soldados del ejército regular que huyeron y que se unieron a las rebeliones de los obreros y campesinos en el sur de Iraq tras la invasión estadounidense. Y son las fuerzas que ahogaron en sangre a la rebelión curda y que expulsaron a millones, ¡millones!, de curdos de sus hogares.

UNA VEZ MAS, debemos entender el rumbo político seguido por el régimen de Saddam Hussein —desde sus planes de anexar a Kuwait hasta la invasión norteamericana misma— se basó totalmente en jamás tener que librar una guerra contra el imperialismo estadounidense. Los revolucionarios entendieron desde un principio de que este plan terminaría en el desastre, que desde fecha tan temprana como septiembre Washington había trazado un rumbo directo hacia la guerra. Dijimos una y otra vez que existía un sola manera de frenar la marcha imperialista hacia una guerra terrible: *que el régimen de Saddam Hussein retirase todas sus tropas de Kuwait.* Cuando por fin lo hizo, fue para protegerse contra el pueblo de Iraq y no para salvarlo de la furia total con que culminó la orgía asesina de Washington.

A fin de cuentas, después de juzgar desacertadamente una tras otra las medidas de Washington, la meta de Saddam Hussein de no entablar una guerra al fin "dio resultado", pero sólo después de la invasión norteamericana. Bagdad nunca intentó librar una guerra, y al final no lo hizo. Desde el punto de vista del régimen de Bagdad uno podría decir que, en cierto sentido, Hussein ganó. Su intento de apoderarse de un mayor terreno al estilo gángster por el momento fue postergado. Sin embargo, sigue intacta la médula de su régimen, con muchas de sus mejores tropas, fuerza aérea, artillería y otro equipo que necesita para defenderse del pueblo iraquí y con el cual poder matonear el día de mañana a los jeques y emires del Golfo.

Hussein le ordenó a sus generales que dejaran Kuwait en llamas. Pocos días antes de la invasión norteamericana, comenzaron a incendiar los yacimientos de petróleo kuwaitíes (más de

500 en total). En cuestión de días, se echó a andar uno de los
peores desastres ecológicos que se hayan dado en la historia. El
cielo quedó cubierto por espesas nubes de humo negro y graso-
so. Dos meses después de la invasión sólo se había extinguido
un puñado de los yacimientos incendiados. La temperatura
promedio de Kuwait ha bajado en 10 grados debido a que el
humo impide el paso de los rayos de sol, y los camioneros y otros
choferes a menudo tienen que prender las luces de sus vehículos durante el día. Los trabajadores que viven en toda la región
sufrirán directamente a causa de los efectos: las nubes cargadas
de ácidos han traído lluvias negras desde Irán hasta Turquía, a
las orillas occidentales del Mar Negro.

En su conferencia de prensa del 27 de febrero e inmediatamente después de que Washington declarara la pausa en las
operaciones ofensivas, el general Norman Schwarzkopf hizo
alardes de que la "victoria" militar se podría deber al éxito que
tuvo lo que presentó como el "plan secreto" del comando aliado, al cual se refirió como "la jugada [de fútbol norteamerica-
no] Ave María". Se estaba refiriendo a la decisión del comando
norteamericano de hacer que sus fuerzas terrestres avanzaran
por el sur de Iraq hacia el Río Eufrates y Basora, "flanqueando"
por el norte a las concentraciones de la Guardia Republicana,
situadas cerca de la frontera con Kuwait, y a las unidades del
ejército regular iraquí en el propio Kuwait.

Sin embargo, este plan nada tenía de "secreto". Durante meses se había discutido en la televisión y publicado en los periódicos. Semanas antes habían aparecido mapas en los medios de
difusión que delineaban exactamente el rumbo seguido por las
fuerzas invasoras estadounidenses.

El general Colin Powell, jefe del Estado Mayor, resumió la
estrategia militar de los gobernantes norteamericanos con una
exactitud, si bien concisa, brutal, una semana después de que
comenzara el bombardeo: "Primero lo vamos a aislar y luego lo
vamos a matar". Eso fue exactamente lo que hizo Washington.
Sin embargo, no se lo hizo a un ejército ni a un pueblo movilizado.

Para el cuarto día de la invasión, Washington actuaba creyen-
do que tenía más que asegurado un protectorado norteamericano en Bagdad. Bush podía aparecer en la televisión y declarar
una victoria militar contra un ejército iraquí de medio millón y

con sólo unas pocas muertes estadounidenses. Y, como lo planteamos antes, lo único que a los gobernantes norteamericanos les quedaba por hacer era esperar a que algún sector del régimen dominante y del cuerpo de oficiales baasistas depusiera o asesinara a Saddam Hussein y formase un gobierno que fuera más acomodadizo con Washington. Eso era lo que se daba por sentado.

La administración Bush paró la carnicería después de 100 horas porque estaba convencida de que *había* conseguido las metas de guerra de los gobernantes norteamericanos en el Golfo hasta donde le resultaba posible, sin minar su objetivo —al cual dichas metas estaban relacionadas— de acabar en Estados Unidos con el "síndrome de Vietnam". Podía empezar a "traer a nuestros muchachos de regreso al país".

EN LOS DIAS SUBSIGUIENTES decenas de miles de explotados en Iraq se movilizaron en las ciudades del norte y del sur. Vieron en la situación de vulnerabilidad que enfrentaba el régimen la oportunidad de sacarle cierto espacio en el cual podrían desenvolverse y asestarle golpes al aparato represivo del gobierno de Hussein. El pueblo curdo enseguida tomó control de una gran parte del norte de Iraq, ya fuera ganándose a parte del ejército o forzándolo a retirarse. Decenas de miles tanto en el norte como en el sur, sin organización, experiencia revolucionaria alguna y en la mayoría de los casos sin mucho liderazgo, se manifestaron y enfrentaron la primera etapa del ataque de la Guardia Republicana. Sin embargo, sin titubear ni un minuto, Hussein organizó a la guardia para que arremetiera contra el pueblo iraquí con el mismo poderío blindado y aéreo que se negó a usar para defender a Iraq.

Washington no estaba predispuesto contra ninguna figura u organización en Iraq que pudiera surgir y fuera lo suficientemente fuerte como para reemplazar a Hussein. Sin embargo, los intereses fundamentales del imperialismo y de sus aliados en la región (empezando con Arabia Saudita) y los del régimen baasista en Bagdad coincidían todos en ciertos aspectos: ninguno deseaba que continuaran las movilizaciones en Iraq; ninguno deseaba que se diera una lucha más amplia para ningún tipo de autonomía curda; ninguno deseaba que se abriera más espacio político para que los obreros y campesinos iraquíes pudieran organizarse, ofrecer resistencia y servir de ejemplo para otros oprimidos en la región; ninguno deseaba que hubiera un periodo prolongado de inestabilidad política en Iraq.

Los gobernantes norteamericanos no previeron el alcance de las rebeliones de los curdos y de otros trabajadores oprimidos en Iraq ni la sangrienta represión que desencadenó Saddam Hussein ni el efecto vergonzoso que tendrían en Estados Unidos los reportajes de prensa. Sin embargo, la cuestión más importante es que de una manera u otra, tales asuntos jamás formaron parte de los cálculos de Washington. Los gobernantes estadounidenses no tienen ningún interés en los derechos nacionales de los curdos. No tienen la menor idea de lo profundo que son el orgullo y la determinación nacional del pueblo curdo (como tampoco los entienden en el caso de los palestinos o de otros pueblos en lucha); eso siempre los agarra por sorpresa. Al contrario, Washington está interesado en forjar lazos más fuertes de dominación imperialista con un gobierno iraquí subyugado y con otros que históricamente han asesinado a los curdos: el gobierno turco, el gobierno sirio y, en el grado que le ha sido posible, el gobierno iraní.

Washington tampoco tenía una fuerza política iraquí "democrática" que estuviera acicalando para instalar en Bagdad. A los gobernantes estadounidenses no les interesa la democracia en Iraq.

En una conferencia de prensa el 27 de febrero, Schwarzkopf desechó la idea de que Washington tuviese planes para la soberanía iraquí. Se ufanó de que si el comando estadounidense hubiera decidido seguir con su avanzada, ya que no existía "nada entre nosotros y Bagdad", las fuerzas norteamericanas lo habrían podido haber hecho mientras arrollaban el país. No obstante, no existe ningún indicio de que Washington considerase que eso fuera necesario para alcanzar sus metas. Y a pesar de las pretensiones de Schwarzkopf de que a las fuerzas norteamericanas no les habría costado nada entrar a la capital iraquí, esto nunca se puso a prueba.

Ya que las tropas norteamericanas nunca se encaminaron hacia Bagdad, la invasión nunca llegó al punto donde los intereses del régimen de Saddam Hussein por su propia supervivencia convergieran, aunque fuera temporalmente, con los intereses de los soldados y los civiles iraquíes en defender a Iraq contra la agresión imperialista. Bajo tales condiciones, el régimen de Bagdad podría haber desplazado los armamentos y el equipo necesarios y haber organizado a lo que quedaba del ejército regular y a la Guardia Republicana para que entraran en combate con las fuerzas aliadas invasoras. Sin embargo, nunca se dio tal convergencia y nunca se les dio a los obreros y campesinos de Iraq la oportunidad de pelear. Su capacidad para ofrecer resistencia —de haber estado organizados y equipados para hacerlo— jamás fue puesta a prueba.

Esto no era inevitable. El tener que cargar con una dirección política, gobierno o estructura de comando que sea contrarrevolucionaria no significa que las masas oprimidas estén condenadas a no luchar, o incluso de que, en algunos casos excepcionales, no puedan salir victoriosas.

POR EJEMPLO, durante toda la década de 1930 el estado obrero soviético quedó seriamente debilitado por la contrarrevolución política de la casta privilegiada dirigida por Stalin. Millones de revolucionarios y otros obreros y campesinos fueron víctimas del terror policiaco masivo. Fue Moscú quien organizó las derrotas sangrientas de las revoluciones por toda Europa y Asia. Stalin dividió a Polonia en un trato con la Alemania imperialista de Hitler, entregándole a las bandas asesinas y a los campos de concentración de los nazis miles de obreros y campesinos comunistas y revolucionarios. La alta oficialidad del ejército soviético fue exterminada a través de los juicios de la purga comenzada en 1937 y que siguió hasta la víspera de la invasión imperialista alemana de la Unión Soviética en junio de 1941. Cuando Alemania invadió, Stalin al principio se negó a organizar una lucha. ¡Se negó a creerlo! El ejército alemán capturó más de un millón de kilómetros cuadrados de territorio de la Unión Soviética y comenzó a amenazar la existencia del régimen mismo.[19]

De este modo, los obreros y campesinos soviéticos entraron a la guerra para defender su soberanía nacional y las conquistas económicas y sociales del estado obrero con una dirección traicionera que los puso en una posición extremadamente vulnerable desde la cual tener que resistir. Sin embargo, ya que los ejércitos de Hitler evidentemente no iban a parar antes de la conquista y la destrucción total del gobierno soviético, el régimen encabezado por Stalin organizó a las fuerzas armadas y le permitió a los trabajadores que rechazaran y derrotaran a las fuerzas imperialistas invasoras. La guerra bajo el dominio de Stalin nunca se libró con los métodos revolucionarios que le podrían haber asestado los golpes más severos a la clase enemiga con el menor número de bajas para los trabajadores. No se libró como se libró la campaña revolucionaria de 1918 a 1920 que encabezaron Lenin y Trotsky.[20] Sin embargo, para febrero de 1943, con la derrota decisiva de las fuerzas armadas alemanas en la batalla de Stalingrado las cosas se tornaron a favor de los obreros y campesinos.

Incluso durante la invasión norteamericana de Panamá en diciembre de 1989, inicialmente los Batallones de la Dignidad ofrecieron una resistencia organizada en los barrios obreros. La lucha fue esporádica y fue aplastada de forma relativamente rápida a medida que el cuerpo de oficiales de la Guardia Nacional del general Manuel Noriega rehusó pelear y se rindió ante las fuerzas de ocupación imperialistas, con Noriega a la cabeza de la jauría. Noriega estaba al frente de un régimen burgués corrupto y putrefacto. Sin embargo, en Panamá aún no se había apagado la llama de las movilizaciones antimperialistas y de las rebeliones sociales de la década de 1960 y principios de la década de 1970, el periodo asociado con el general Omar Torrijos. Aquellos habían sido años de una lucha intensa por retomar el Canal de Panamá de manos del imperialismo norteamericano; años donde se envolvió más profundamante a las masas oprimidas de Panamá en la vida política, especialmente a los de origen africano e indígena; años en los que se elevó la conciencia de los panameños como panameños. Ese ímpetu —a pesar de años de degeneración bajo Noriega— incluso permitió que se forjaran los Batallones de la Dignidad, y dio paso a la capacidad de las masas oprimidas para desarrollar formas de enfrentar la agresión norteamericana. Aunque al final fueron derrotados, muchos veteranos de esa oposición salieron con vida para poder luchar en el futuro, y se les presentará la oportunidad de hacerlo. Los luchadores de toda América y del mundo entero vieron lo que los Batallones de la Dignidad lograron hacer durante varios días y esto les sirvió de inspiración.[21]

Sin embargo, en Iraq no había nada semejante. No habían Batallones de la Dignidad. Por su parte, las fuerzas norteamericanas no encontraron el tipo de resistencia que durante la invasión de Granada les ofrecieron unos cientos de obreros de la construcción cubanos y de artilleros granadinos, lo que más tarde fue descrito tan claramente por Schwarzkopf.

LOS OBREROS Y CAMPESINOS de pensamiento revolucionario en el Oriente Medio y en el resto del mundo acertadamente comienzan a percibir que al pueblo iraquí nunca se le dio la oportunidad de pelear, y que jamás se le organizó para oponerse a la arremetida imperialista. Los luchadores se horrorizan de masacres como la carnicería que Washington llevó a cabo en el camino a Basora; y aumentan tanto el odio que siente nuestra clase contra todos los explotadores como nuestra determinación de ponerle fin de una vez por todas a su opresión y terror. Sin embargo, el impacto que tales carnicerías tienen sobre la moral de los luchadores a nivel mundial no es ni por cerca igual de abrumador como cuando los opresores le infligen una derrota a una revolución o a las masas oprimidas organizadas y combativas forzándolas a someterse, o por el hecho de que un ejército forjado por estas masas oprimidas no haya podido dar una buena lucha.

El pueblo iraquí ha sufrido golpes horribles a manos de los carniceros en Washington, así como a manos del despreciable régimen capitalista en Bagdad. Sin embargo, nunca tuvieron la oportunidad de ofrecer resistencia. Fueron atacados como individuos; enfrentaron el fuego imperialista, como individuos. Su lucha no fue vencida, sino que sólo ha sido pospuesta.

Ellos van a luchar al igual que los palestinos y otros trabajadores en la región y en el resto del mundo. De los luchadores proletarios y campesinos saldrán los revolucionarios; y de los revolucionarios se pueden forjar comunistas. Y ellos pueden vencer.

V. LOS OBREROS–BOLCHEVIQUES HACEN CAMPAÑA CONTRA EL IMPERIALISMO Y LA GUERRA

PARA LA MAYORIA del pueblo trabajador en Estados Unidos, la guerra en el Golfo fue la primera guerra que han experimentado en un mundo de crecientes crisis y fracasos económicos en el sistema capitalista, similar al de la gran depresión que se dio a nivel internacional en la década de 1930. Tanto la guerra de Estados Unidos en Corea como la guerra en Vietnam se realizaron durante el largo periodo de expansión económica capitalista internacional que se dio después de la segunda guerra mundial. La guerra norteamericana contra Iraq, por el contrario, no sólo se dio durante una recesión sino, y más fundamentalmente, durante un segmento de la curva de desarrollo capitalista con una dinámica marcadamente distinta de la anterior.

El segmento por el cual estamos viviendo hoy día está marcado sobre todo por la evolución del capitalismo mundial hacia una depresión y crisis social, evolución anunciada por la caída del mercado de valores en 1987 y por las crecientes presiones sobre el sistema bancario imperialista. Esta evolución excluye la posibilidad de aliviar la esclavitud de la deuda estructural que se le debe al imperialismo y que ahoga a la mayoría de los países semicoloniales que siguen siendo capitalistas. Condena a la mayor parte de Europa oriental y a la Unión Soviética a un decadente mundo de crisis permanente mientras los trabajadores —desprovistos de toda continuidad comunista como resultado de la represión y de la desorientación stalinistas— luchan por adquirir experiencia y amplitud política.

El impacto acumulativo de la recesión actual en Estados Unidos, Gran Bretaña, Canadá, Francia, Australia, Nueva Zelanda y en otros países imperialistas está poniendo mayores presiones aún sobre el sustento de cientos de millones de trabajadores. Las masas explotadas del mundo semicolonial enfrentan condiciones especialmente graves. En su mayoría, estos países jamás lograron librarse de las condiciones de depresión que se aceleraron a causa de las bajas económicas que tuvieron lugar en 1980, 1981 y 1982. El sólo mantenerse al día con los pagos por concepto de intereses sobre la enorme deuda externa del tercer mundo (que asciende a más de 1.3 billones de dólares), ha tenido consecuencias desastrosas sobre las condiciones alimenticias, de salud, vivienda, educación y otras más de tipo económico y social de los campesinos y de los obreros. El último infortunio es la epidemia de cólera que apareció primero en Perú y que hoy día se está esparciendo por el resto de Sudamérica, la primera en muchas décadas. El cólera ha vuelto a aparecer también en Iraq, como resultado de la destrucción de las instalaciones de purificación de agua y de sanidad a manos del salvaje bombardeo norteamericano.

En Estados Unidos siguen decayendo los salarios reales, las condiciones de trabajo, las vacantes y los servicios subvencionados por el gobierno, causándole especial penuria a los sectores de la clase obrera que de por sí se encuentran en las peores condiciones. Los gobernantes usan una vez más la excusa de la creciente "crisis fiscal" en que se encuentran los gobiernos estatales y administraciones de varias ciudades grandes para desatar ataques contra los trabajadores públicos y recortes en los servicios, mientras que al mismo tiempo los banqueros y accionistas llenan sus cofres con los ingresos estatales y municipales. Las condiciones de vida que enfrentan grandes sectores de la clase trabajadora que en su mayoría son de la oprimida nacionalidad africano-norteamericana se han deteriorado aún más. El creciente número de trabajadores inmigrantes sigue enfrentando la desigualdad, la discriminación y el hostigamiento sistemáticos. Los tribunales, el Congreso y las legislaturas estatales siguen intentado eliminar el derecho y el acceso adecuado de la mujer a tener un aborto. Se están minando los derechos democráticos a medida que los patrones y el gobierno por un lado extienden la censura y, por otro, derogan los derechos de los presos y de los que enfrentan cargos judiciales.

Dada esta realidad, ¿cuál era el estado en que se hallaban el movimiento obrero norteamericano, la política norteamericana y la lucha de clases a medida que Washington inició su campaña bélica contra Iraq en agosto? ¿Cómo se ha desenvuelto desde entonces?

Como lo discutimos unos meses atrás, a pesar de la continua ofensiva capitalista contra los obreros y los oprimidos, los patrones no han logrado sacar a los trabajadores del centro de la escena política en Estados Unidos.[22] No han logrado quebrar la resistencia que como pueblo trabajador ofrecemos a sus ataques contra nuestro nivel de vida, condiciones de trabajo y derechos democráticos. No han logrado disolver la solidaridad de la clase obrera para con cualquiera que libre una verdadera lucha.

Los mineros del sindicato UMWA entre 1989 y 1990, libraron una exitosa lucha durante casi once meses en su huelga contra la compañía de carbón Pittston. La huelga contó con el amplio apoyo de los trabajadores de todo el movimiento obrero. Desde marzo de 1989 hasta enero de 1991, los miembros del sindicato de torneros IAM libraron una huelga de 22 meses. La batalla resultó en la derrota de los intentos de parte de la patronal (encabezada primero por Frank Lorenzo y luego por Martin Shugrue, el síndico nombrado por el tribunal de bancarrota) de eliminar el sindicato y establecer una aerolínea no sindicalizada. A finales de 1990, tras un cierre patronal premeditado por los gerentes del *Daily News* en Nueva York, los obreros de dicho periódico lucharon para defender su sindicato, enfrentándose a los matones de la compañía y a sus tácticas rompehuelgas. Cientos de miles de trabajadores en la ciudad manifestaron su solidaridad con la huelga al negarse a comprar el periódico esquirol, logrando sacarlo de los puestos de periódicos en toda el área metropolitana.

En sus luchas venideras, los obreros de vanguardia podrán obtener experiencias iniciales y sacar lecciones valiosas de diversos elementos importantes de estas luchas, como el desarrollo de las aptitudes directivas de los miembros de las bases de las huelgas de la Eastern y de la Pittston, la resolución manifestada por los obreros de luchar a pesar de los obstáculos impuestos por la cúpula sindical, la solidaridad ofrecida por otros obreros y sindicalistas. El libro publicado recientemente por la Pathfinder bajo el título *The Eastern Airlines Strike: Accomplishments of the Rank-and-File Machinists* (La huelga contra la aerolínea Eastern: los logros de los miembros de base del sindicato de torneros) da no sólo una buena idea de lo que aconteció durante estas huelgas sino también una explicación política del lugar que ocupan en la evolución del movimiento obrero norteamericano durante la última década. En él Judy Stranahan, corresponsal del *Militant*, recopila 22 meses de reportajes presenciales, y Ernie Mailhot, uno de los dirigentes de la huelga en el aeropuerto de La Guardia en Nueva York, da una evaluación de los logros de la dirección que se desarrolló compuesta por miembros de base.

Acabamos de ver otro ejemplo de cómo los trabajadores en este país están a la mira de una lucha a la que se puedan unir para repeler la ofensiva patronal. En los días anteriores al 17 de abril de 1991, fecha en que vencía el "periodo de enfriamiento" del contrato que abarcaba a 235 mil obreros ferroviarios (que ya se habían estado "enfriando" por tres años), los sindicalistas organizaron discusiones, mítines y otros eventos en distintas áreas. Los patrones de los ferrocarriles, con el apoyo del gobierno, han continuado sus intentos de eliminar reglas de trabajo, minar los niveles salariales, intensificar la producción y minar el control que ejercen los sindicatos sobre las condiciones de seguridad en el trabajo. Al final sus intentos fueron tan fuertes que los altos funcionarios sindicales convocaron a una huelga nacional en abril, bajo presión de los miembros del sindicato para que no dieran más concesiones en torno a las condiciones de trabajo y salariales. (En enero, poco después de que comenzara el bombardeo de Washington sobre Iraq, Dick Kilroy, presidente del sindicato de comunicaciones TCU, uno de los sindicatos ferroviarios, abiertamente había prometido no irse a huelga mientras durara la guerra. "Como gesto patriótico, no iremos a la huelga y no interrumpiremos el esfuerzo de guerra", dijo Kilroy. Los otros burócratas de los sindicatos ferroviarios también se unieron a la campaña patriotera bipartidista.)

Es evidente que otros sindicalistas y trabajadores le habrían dado su apoyo a cualquier lucha que hubiesen librado los obreros del ferrocarril. Estaban sedientos de que se diera una lucha de este tipo. Sin embargo, el Congreso, por medio de un voto bipartidista y como lo ha hecho desde la segunda guerra mundial, a unas horas de comenzar la huelga del 17 de abril adoptó una legislación declarándola ilegal. No queriendo desafiar a "los amigos de los obreros" en el Congreso ni asumir la responsabilidad de organizar una lucha, el liderazgo sindical rápidamente le ordenó a los obreros que regresaran al trabajo. Ahora una junta "neutral" establecida por las leyes del Congreso ha sido investida de poderes para imponerle un contrato a los sindicatos en un plazo de 65 días si se niegan a someterse a alguna variante de las demandas de los patrones del ferrocarril.

Los miembros del sindicato automotriz UAW están discutiendo sobre los intentos que están haciendo la General Motors y los otros patrones de esa industria para forzar al sindicato a reabrir las negociaciones en torno a los contratos que fueron firmados apenas el año pasado y así imponer mayores concesiones. La General Motors ha amenazado con que si los obreros automotrices no aceptan, pronto se quedará sin dinero para pagar beneficios de desempleo a los miembros del sindicato que estén cesantes.

A MEDIDA QUE LA CLASE obrera ofrece resistencia a la ofensiva patronal, hay sectores de obreros jóvenes y de estudiantes que han manifestado cada vez más interés en las ideas radicales. Por ejemplo, esto se refleja en el aumento de las ventas de libros y folletos con discursos de Malcolm X y en el número de gente que participa en reuniones y conferencias para discutir su legado y ejemplo políticos. Se manifiesta en la sed que existe entre las jóvenes por conocer más acerca del carácter y las raíces de la opresión de la mujer y de cómo se puede adelantar la lucha por la igualdad y la emancipación totales. Se manifiesta en el tamaño y en la seriedad de las reuniones en las que los comunistas procedentes de Cuba explican el rumbo de su revolución y el importante papel que juega para los que se encuentran en los frentes de lucha alrededor del mundo. Esta apertura a las ideas radicales es lo que atrajo a muchos estudiantes de secundaria y universitarios no sólo a participar en las acciones de protesta contra la guerra que se estaba librando contra el pueblo iraquí, sino también a salir en busca de foros, libros, folletos y periódicos para poder aprender más acerca del origen de las guerras imperialistas y de discutir y debatir sobre éstas y por qué la clase obrera necesita trazar un rumbo que pueda arrebatarle el poder a los guerreristas.

Al mismo tiempo, el movimiento obrero en Estados Unidos bajo su actual liderazgo colaboracionista continúa en retirada. Sigue decreciendo el porcentaje de obreros que están organizados en sindicatos. El número de huelgas realizadas el año pasado fue el más bajo desde que esta cifra ha sido registrada oficialmente. El objeto de una huelga es usar el poder sindical para paralizar la producción para poder avanzar un grupo concreto de metas durante el proceso de negociación con el patrón y, en el proceso, fortalecer al sindicato. Sin embargo, para una capa cada vez más grande de obreros, irse a la huelga hoy día en realidad se ve como el equivalente de tomar la decisión de que los esquiroles (lo que los patrones llaman "obreros de reemplazo permanente") van a ser contratados para mantener la producción en marcha y que uno y sus compañeros de trabajo van a tener que buscar cómo librar una tremenda lucha para conseguir que les devuelvan sus empleos, ni hablar de obtener ninguna de sus reivindicaciones.

Este es uno de los frutos de la perspectiva de colaboración de clases que persigue la dirigencia sindical, que ata a los sindicatos cada vez más estrechamente a la "cooperación con la gerencia" para aumentar las ganancias y protegerlos de sus competidores. Asimismo los encierra cada vez más en el marco más amplio de la política burguesa y de la política de los intereses del imperialismo estadounidense.

Como ejemplo clásico de la colaboración de clases, voy a leer unas líneas de un artículo que apareció en la edición del 10 de marzo de 1991 del *Miami Herald*, escrito por Charles Bryan, presidente del distrito 100 del sindicato IAM, el distrito al cual pertenecían los huelguistas de la Eastern. Bryan no menciona ni una palabra sobre la dura lucha que libraron los miembros del IAM durante dos años. Ni una palabra. En vez de eso recuerda con anhelo cómo a principios de la década de 1980 los altos funcionarios del IAM eran uña y carne con la gerencia de la Eastern, perspectiva que le granjeó a Bryan un puesto en la junta de directores de la compañía y que debilitó al sindicato a tal punto de que para finales de la década Lorenzo pensó que podía aplastarlo. Criticando lo que él llama la "tragedia de la Eastern", Bryan le echa la culpa a los "que llegaron al final y orquestaron la caída de la Eastern", refiriéndose a Lorenzo y a Shugrue, quienes "no van a admitir que de 1984 hasta febrero de 1986 habíamos creado un modelo de cooperación obrero-patronal que había resuelto los problemas económicos de la Eastern. Por un periodo glorioso y breve", dice Bryan, "en la aerolínea Eastern hubo un Camelot".

Ese "Camelot" sintetiza la perspectiva de colaboración de clases que subordina las necesidades e intereses de la clase obrera y del movimiento obrero a la patronal, a sus partidos Demócrata y Republicano y a su gobierno. Nos convierte en parte de la "familia Eastern" y no en parte de la clase obrera. Obstaculiza el paso de los trabajadores, impidiéndoles usar su poder sindical en defensa de los intereses de la clase obrera en su conjunto: para librar huelgas eficaces, oponerse al uso de esquiroles y a los intentos de aplastar a los sindicatos, organizar las crecientes filas de los no sindicalizados, movilizar solidaridad para con los huelguistas y luchadores envueltos en otras luchas sociales, actuar contra las guerras de Washington, eliminar las presiones de ver a los obreros en otros países como "ellos" y no como "nosotros", y tomar cualquier medida que conduzca hacia la acción política obrera independiente.

ESTE "CAMELOT" SIGUE siendo la realidad que enfrentan los trabajadores que desean luchar, impulsar las tácticas que movilicen a los miembros de base a oponerse a los ataques de la patronal, y fortalecer los sindicatos hasta donde les sea posible. Hemos aprendido en la práctica —fomentando la solidaridad para con los huelguistas de la Pittston, tomando responsabilidad como parte de la dirección de las bases de la huelga de la Eastern y a través de otras experiencias del movimiento sindical— cuáles son estas limitaciones, y cómo en algunos casos se pueden combatir para darle a las bases más espacio para luchar.

Se darán más luchas, a medida que los patrones sigan ejerciendo presión y tanteando la situación. Dentro de la clase obrera existen cada vez más tensiones y presiones. Millones de obreros en este país están en busca de una huelga que sea capaz de desafiar a los patrones, paralizar la producción, derrotarlos y tras la cual los trabajadores regresen a sus labores con un sindicato más fuerte. Cuando crean que existe la oportunidad los trabajadores se unirán a cualquier lucha, y otros trabajadores en el resto del país y en el mundo les van brindar su apoyo.

El primer ejemplo de una huelga que se salga del marco de la última década podrá electrificar al movimiento obrero, alzar los ánimos de combatividad y de confianza de las filas y servir de ejemplo para ser emulado. No tenemos la menor idea de dónde ni cuándo se romperá la tensión, ni bajo exactamente qué circunstancias. Sin embargo, las condiciones para que se den estas luchas mejorarán a medida que salgamos de la actual recesión y que se debilite la ventaja que tienen los patrones para oponer a los trabajadores entre sí sacándole de esa manera más concesiones a nuestra clase y debilitando a nuestros sindicatos.

Lo que es más, varias de las medidas tomadas por muchos capitalistas durante la década pasada para tratar de desacelerar o revertir la baja en sus cuotas de ganancia los han vuelto más vulnerables a las acciones de huelga de los obreros. El sistema de inventario "justo a tiempo" adoptado por la patronal en el sector automotriz y en otras industrias hacen que la clase patronal sea más dependiente de la producción ininterrumpida de sus proveedores y del transporte de carga ferroviario, terrestre o aéreo. La combinación de los empleos de los trabajadores de oficina con los del personal administrativo para cortar gastos de la planilla le hace más difícil a la gerencia el utilizar a estos empleados para mantener la producción o el transporte de carga durante una huelga.

Las luchas que irrumpen en torno a una amplia gama de cuestiones sociales y políticas inmediatas que reflejan los intereses del pueblo trabajador y de los oprimidos, también pueden ayudar a poner al movimiento obrero en una mejor posición para revertir su reflujo político. La lucha contra la brutalidad policiaca es de interés esencial para toda organización que hable en nombre de la clase obrera. La demanda de "¡Gates se debe ir!" debe ser adoptada por los sindicatos no sólo en Los Angeles sino por todo Estados Unidos.[23] Lo mismo es cierto respecto a toda batalla, en cualquier parte del país, que se libre en defensa del derecho de la mujer al aborto o para impulsar cualquier aspecto de la lucha por los derechos y la emancipación de la mujer o por defender el espacio que existe para que podamos ejercer nuestros derechos a la libre expresión, asociación y organización.

Los luchadores de vanguardia de nuestra clase comenzarán a avanzar en el transcurso de un auge de las luchas obreras y de otras luchas sociales, y con nuevos avances en la solidaridad obrera a nivel internacional y nacional. Es decir, avanzar más allá de tener que encontrar un poco de espacio táctico en dónde maniobrar, para extender la solidaridad *dentro* de la camisa de fuerza de la colaboración de clases impuesta sobre los sindicatos por la cúpula sindical y comenzar a buscar formas de trazar una estrategia clasista y un rumbo hacia la acción política independiente del movimiento obrero.

Estas presiones y tensiones contradictorias que se dan en la política norteamericana y la lucha de clases ya se estaban desarrollando *antes* de que comenzara la marcha hacia la guerra de Washington contra Iraq en agosto de 1990. En vista de tales presiones y tensiones el Partido Socialista de los Trabajadores respondió a la campaña de guerra organizando una campaña contra el imperialismo y su marcha hacia la guerra en el Oriente Medio. Hicimos campaña yendo simultáneamente a lo profundo de los sindicatos y tratando de alcanzar de forma más amplia a todo luchador que deseara actuar contra la campaña bélica, que deseara el regreso de las tropas y hacer que Washington dejara tranquilos a los pueblos del Oriente Medio.

DESDE UN PRINCIPIO, claramente comenzamos a explicar los hechos acerca del carácter imperialista de la campaña de guerra y de cómo surge de la crisis y la decadencia del sistema capitalista mundial. Explicamos cómo la lucha contra las guerras de los patrones va hombro con hombro con la oposición a su ataque contra los obreros y agricultores del país y cómo los métodos que usan en el exterior son parte de la sarta de brutalidades que hoy día le imponen a algunos trabajadores en Estados Unidos, y que el día de mañana intentarán usar cada vez más.

Explicamos que toda medida tomada por Washington por lo menos desde septiembre —no sólo cada nueva escalada de la campaña de guerra, sino también cada medida falsa de "paz"— podría culminar en un sólo desenlace: una invasión masiva y sangrienta de Iraq perpetrada por las fuerzas aéreas, navales y terrestres norteamericanas que tendría resultados desastrosos para todas las masas oprimidas que residen en la región. Y dijimos que fuera cual fuere el desenlace militar preciso de tal guerra, los gobernantes norteamericanos se romperían los dientes a causa de las consecuencias políticas de la guerra. La guerra le crearía más problemas a Washington en el Oriente

Medio; más conflictos de clases, nacionales y de estados; más inestabilidad política y social para el sistema imperialista.

Hemos estado haciendo campaña en torno a las demandas políticas centrales: "¡Traigan las tropas de regreso al país ya!"; "¡Alto al bloqueo criminal, incluyendo el embargo de alimentos y medicinas, de Iraq y de Kuwait!" y "¡Tropas extranjeras fuera del Oriente Medio!". Estas demandas pasaron la prueba de los acontecimientos en cada una de las etapas de la trayectoria sangrienta de Washington en el Golfo. Nosotros adoptamos la consigna de "¡Ni una gota de sangre para las compañías de petróleo!" que alzaban los jóvenes que luchaban contra la guerra, captando de forma popular un aspecto concreto del carácter imperialista de la guerra. En enero y febrero, cuando las fuerzas aliadas estaban destruyendo Iraq desde el aire, nosotros exigimos "¡Que cese el bombardeo!".

Dados los resultados de la carnicería norteamericana y de la política salvaje de Bagdad, ahora hemos extendido la demanda de que Washington acabe con el bloqueo, para que también abarque la demanda de que se le abran las fronteras norteamericanas al pueblo curdo y a todos los refugiados de guerra que busquen asilo. Nosotros exigimos que el gobierno norteamericano provea asistencia masiva para ayudarle a los pueblos de Iraq y de Kuwait a que reconstruyan sus viviendas, sus vidas y sus países que han sido destruidos por la guerra.

Aunque tanto la opinión política sobre la campaña bélica como la orientación del partido en oposición a ella eran totalmente correctas, el reto que se nos presentó de comenzar realmente a emprender una *campaña* contra la marcha guerrerista de Washington inicialmente resultó ser difícil de realizar. Nos llevó cierto tiempo dejar de lado lo rutinario y comenzar a emprender una campaña política contra la guerra de forma audaz, no de forma frenética sino de la forma en que un partido de obreros lleva a cabo una campaña centralizada y disciplinada. Tuvimos que volver a conquistar la forma de funcionar que dentro del movimiento comunista se conoce como de un "partido de campaña".[24] Y cada uno de los miembros y los comités del partido tuvo que absorber esto en lo más profundo para poder llevar a cabo esta campaña con confianza.

El partido ha cobrado cierta experiencia importante en el transcurso de los últimos años haciendo campaña para obtener justicia para Mark Curtis, un sindicalista y miembro del PST que está cumpliendo una condena de prisión en Iowa debido a cargos fabricados de violación.[25] Durante las huelgas de los mineros del carbón de la Pittston y de los miembros del IAM de la aerolínea Eastern, en el partido hicimos campaña para lograr solidaridad para con esas luchas: en nuestros sindicatos, en las líneas de piquete y en las manifestaciones, vendiendo el *Militant*, en foros públicos y con las campañas electorales del partido. No obstante su importancia, estas luchas no jugaban un papel que fuera lo suficientemente central a la política internacional como para organizar una campaña a través de la cual pudiéramos alcanzar a todas las luchas y a todos los demás luchadores para explicarles los otros acontecimientos que se dan en la política y en la lucha de clases. La lucha contra el imperialismo y la guerra es la cuestión central en la política del mundo moderno y *requiere* de tal campaña.

Esta campaña la hemos realizado por medio de la estructura doble del partido: las ramas, que son nuestras unidades fundamentales en ciudades por todo el país; y en las comisiones sindicales locales, compuestas por los cuadros del partido que militan en los sindicatos industriales. Hemos atraído a los miembros de la Alianza de la Juventud Socialista y a los simpatizantes y amigos del partido a que participen en la campaña activamente como parte de un movimiento comunista común. La creciente energía que se dio para la campaña se ha reflejado sobre todo en las experiencias de las comisiones sindicales, donde se ha experimentado la más rápida ampliación del liderazgo.

Hemos estado bien armados con las armas políticas necesarias para llevar a cabo la campaña: los periódicos, revistas, libros y folletos que se han producido y distribuido por decenas de miles. Le hemos prestado atención especial a la expansión de la base de suscriptores del periódico el *Militant*, o sea, a incrementar el número de personas que lo leen semanalmente. En diciembre sacamos un número especial del *Internacional Socialist Review* (Reseña Socialista Internacional) que apareció también en español en la edición de enero de *Perspectiva Mundial* con el artículo "Una campaña de la clase obrera contra la marcha imperialista hacia la guerra" [que aparece en este tomo bajo el nombre de "Una campaña clasista contra el imperialismo y la guerra"]. Este artículo fue difundido por varios meses entre los trabajadores y la juventud. Nosotros vendimos ampliamente el nuevo libro de la Pathfinder, *¡EE.UU. fuera del Oriente Medio! Cuba habla en Naciones Unidas*, que de forma eficaz refuta muchas de las mentiras y pretextos que utilizó Washington para justificar su marcha asesina hacia la guerra contra Iraq.

Armados con estas y otras armas políticas, nos hemos estado organizando para dar a conocer la verdad sobre la guerra y sus resultados y para entablar discusiones con otros obreros en los centros de trabajo y en los sindicatos; durante las ventas semanales en las puertas de fábrica y en las entradas a las minas; con los soldados y sus familiares; con obreros jóvenes y estudiantes de secundaria y universitarios. Hicimos campaña entre los huelguistas, los obreros víctimas de cierres patronales, trabajadores agrícolas, pequeños agricultores, los que se oponen a la brutalidad policiaca, los que luchan por los derechos de los negros, los que apoyan el derecho de la mujer al aborto, y entre todos los que tratan de defender los sindicatos y los derechos democráticos y sociales.

En todo el transcurso de la campaña, también hemos estado vendiendo la revista mensual *Perspectiva Mundial* y la trimestral *L'internationaliste* para llegar a los trabajadores de habla hispana y francesa. Nosotros hemos estado vendiendo *New Internacional*, que pronto incluirá una versión editada de esta charla. Hemos estado vendiendo *Nouvelle Internationale* en francés y pronto en español *Nueva Internacional*.

Hemos puesto otros libros y folletos a la disposición de los que se han visto atraídos a la lucha contra la guerra y que están interesados —o han llegado a interesarse— en una amplia gama de cuestiones de importancia política para los obreros y luchadores y para el movimiento comunista. Hemos vendido libros como *Malcolm X Talks to Young People* (Malcolm X se dirige a los jóvenes), *Cosmetics, Fashions, and the Exploitation of Women* (Los cosméticos, la moda y la explotación de la mujer) y *The Changing Face of U.S. Politics: The Proletarian Party and the Trade Unions* (El panorama cambiante de la política norteamericana: el partido proletario y los sindicatos); las obras de dirigentes veteranos del movimiento obrero y del movimiento comunista en Estados Unidos como James P. Cannon y Farrel Dobbs; libros y folletos de Carlos Marx, Federico Engels, V.I. Lenin, León Trotsky y Che Guevara; y muchos más.

El Foro Obrero Militante ha atraído a trabajadores y a jóvenes a las discusiones sobre la guerra que allí se dan. En ese proceso, ha crecido la cantidad de ciudades en el país donde actualmente se celebran estos foros todas las semanas.

Por medio de planillas amplias de candidatos de los Trabajadores Socialistas para cargos municipales y estatales, se ha podido explicar más ampliamente la manera en que los trabajadores nos podemos organizar para enfrentar los ataques de los capitalistas contra nuestros derechos y niveles de vida aquí en el país combatiendo el sistema imperialista responsable por la guerra, la explotación, el racismo, la opresión de la mujer y demás formas de opresión.

AL LLEVAR A CABO ESTA CAMPAÑA, hemos evitado conscientemente caer en la trampa política de funcionar como obreros comunistas durante tiempos de paz para luego actuar como pacifistas radicales en tiempos de guerra. Actuamos como comunistas integrantes de la vanguardia de la clase obrera en todo momento y bajo todas las condiciones. Estamos seguros de que una campaña clasista que se lleve a cabo de esta manera será atractiva políticamente para los luchadores —especialmente dentro de la juventud, cual sea su origen social— y atraerá a los luchadores que se oponen a la guerra, que desean entender las raíces de tales guerras y que desean encontrar formas de *actuar* partiendo de sus convicciones.

Partiendo de ese enfoque, durante los siete meses de la guerra de Washington nos unimos con otros en fomentar acciones unidas para organizar manifestaciones y mítines de protesta a nivel local, regional y nacional. Comprendimos lo importante que son las protestas públicas para defender el espacio necesario para la organización y la acción políticas, tanto contra la guerra como en torno a cuestiones sociales y obreras. Reconocimos que estos eventos eran áreas donde los comunistas podían conocer y entablar discusiones políticas con grandes cantidades de jóvenes que pueden captarse a una perspectiva política clasista y a las tradiciones de lucha del movimiento obrero comunista.

Desde un principio, como señalé antes, las comisiones sindicales de los militantes del partido en los 10 sindicatos industriales norteamericanos han estado dando un impulso y energía especiales al esfuerzo de poner al partido en un pie de campaña. Estos obreros-bolcheviques son miembros del sindicato de la costura y textiles ACTWU; del sindicato de torneros IAM; del sindicato de la ropa ILGWU; del sindicato de obreros electrónicos IUE; del sindicato de obreros en la industria atómica y petroquímica OCAW; del sindicato automotriz UAW; del sindicato de los obreros de la alimentación UFCW; del sindicato de mineros UMWA; del sindicato de obreros siderúrgicos USWA; y del sindicato del ferrocarril UTU.

Estos obreros comunistas se dirigieron a donde las cosas estaban calientes, en busca de cualquier oportunidad en el trabajo y en los sindicatos para explicar y discutir la esencia del imperialismo y de su campaña bélica y para organizar oposición a ella. Nos unimos a nuestros compañeros de trabajo y a otros sindicalistas en las protestas contra la guerra y seguimos trayéndolos a las reuniones para discutir la guerra, sus consecuencias actuales y otras cuestiones políticas.

Desde el comienzo de la época imperialista a principios de siglo, ir a la guerra nunca ha sido algo popular dentro de la clase obrera. Sin embargo, el sentimiento antiguerra nunca le ha impedido a los imperialistas lanzarse a la guerra. Como lo han hecho en lo que va del siglo, usaron sus preparativos para la guerra contra Iraq, especialmente el comienzo mismo del bombardeo en enero, para revertir la oposición a la guerra y obtener el apoyo de la mayoría. En Estados Unidos, durante los siete meses que duró la campaña bélica, incluso dentro de la clase obrera, la opinión pública burguesa se fue hacia la derecha, de una manera incoherente y diferenciada, pero no obstante, hacia la derecha. El apoyo por la guerra aumentó, en especial después de que las fuerzas norteamericanas y aliadas comenzaron su guerra aérea asesina, o sea, después de que se desplazaran tropas estadounidenses para la batalla.

Sin embargo, este sentimiento pro-guerra era superficial. Durante el transcurso de la guerra, los obreros comunistas pudieron seguir desarrollando discusiones en un tono civil tanto en el trabajo como en los sindicatos, y vendiendo cantidades sustanciales de material explicando las raíces de la guerra y describiendo concretamente su evolución y sus implicaciones para el pueblo trabajador. Ante los intentos del gobierno, de la patronal y de los funcionarios sindicales y compañeros de trabajo superpatrióticos de limitar el espacio abierto a la disidencia, los socialistas nos dimos cuenta que muchos obreros, incluyendo los que decían apoyar la guerra o ciertos aspectos de ella, apoyaron nuestro derecho de expresar y defender opiniones antiguerra y de distribuir literatura.

LA CAMPAÑA GUERRERISTA llevó a que se diera una polarización política dentro del pueblo trabajador. Mientras que las actitudes de la mayoría se fueron hacia la derecha, muchos obreros y agricultores, no obstante, titubeaban o tenían dudas sobre las políticas de Washington. Desde el principio hubo millones de obreros y gente joven que deseaban discutir lo que estaba en juego en la guerra y que estaban dispuestos a tomar en cuenta las explicaciones sobrias sobre las raíces, la esencia y las implicaciones del imperialismo. Las manifestaciones contra la guerra —que se enfocaban en demandas que eran objetivamente antimperialistas tales como "¡Traigan a las tropas de regreso ya!"— comenzaron desde temprano en la guerra, incluyendo las acciones que contaron con cientos de miles de participantes.

Los gobernantes lograron limitar el espacio disponible para la discusión y las protestas "legítimas". Y ganaron terreno las presiones patrióticas de "apoyemos nuestras tropas cuando comience el fuego". No obstante, los que están en el poder no lograron movilizar apoyo popular para hacer que las cosas fueran mucho más severas. Tan pronto como las operaciones militares ofensivas norteamericanas fueron suspendidas a finales de febrero, el impulso hacia la derecha alentado durante la guerra por los políticos burgueses y la prensa ya no se pudo sostener y comenzó a virar para el otro lado. Para los que nunca habían cedido terreno en las discusiones y debates políticos, se les abrió el espacio para tener intercambios de ideas aún más amplios, tanto en el lugar de trabajo como fuera de él.

Dentro de la gran mayoría de la población norteamericana

existen menos manifestaciones de regocijo con respecto a la "victoria" estadounidense en la guerra. El otro día, un periodista del *New York Times* citó al general Schwarzkopf de haber alardeado de que en la capital de Kuwait las fuerzas norteamericanas habían derrotado a 42 divisiones iraquíes. "Cualquiera que se atreva a insinuar que no obtuvimos una gran victoria", dijo Schwarzkopf, "obviamente no sabe de qué diablos está hablando". Sin embargo, sí saben de que están hablando y tienen la razón.

En realidad, para los gobernantes norteamericanos una de las consecuencias más grandes y no proyectadas de la guerra del Golfo es que el resultado ha hecho que muchos trabajadores en Estados Unidos estén un poco más al tanto de la relación que existe entre las condiciones y las luchas en el país y los acontecimientos más amplios a nivel de política internacional. Los problemas políticos que enfrenta el imperialismo norteamericano después de la guerra y la verdad que está saliendo a luz pública con respecto a la devastación que Washington ha causado contra los pueblos de Iraq y de la región del Golfo, han creado oportunidades más amplias para que la vanguardia de la clase obrera pueda desempeñarse políticamente en el movimiento obrero. Ha abierto la posibilidad para que la vanguardia de la clase obrera pueda conquistar un espacio todavía más grande del que tenía antes de agosto de 1990, si nos organizamos audazmente para tomarlo y usarlo.

Con estas aperturas políticas, hoy día los obreros que somos comunistas le estamos ayudando a otros luchadores de nuestra clase a comprender nuestra lucha contra la ofensiva patronal en este país desde el punto de vista de la lucha de clases mundial, y no al contrario. Nos dirigimos a los luchadores en este país y discutimos y debatimos con ellos el mundo, y cómo nuestras propias luchas forman parte de ese mundo.

El entender esto nos permite defender de una forma más eficaz toda lucha justa que se dé en este país, haciéndolo como ciudadanos del mundo. Nos podemos poner en el lugar de un obrero en otro país, y tratar de ver la política y la lucha de clases como la vería él o ella, ya sea en Iraq, Kuwait, la Unión Soviética, Alemania, Japón, Sudamérica o en cualquier otro lado. Esto nos arma para utilizar nuestra imaginación internacionalista para entender cómo organizar, quiénes son nuestros enemigos de clase, adónde acudir para obtener solidaridad y cómo utilizar nuestro poder colectivo.

Algunos obreros ferroviarios, por ejemplo, hoy pueden ver más claramente por qué la promesa de no irse a huelga, hecha por los altos funcionarios de los sindicatos ferroviarios durante la guerra del Golfo, le restó poder potencial a su lucha. La orden de que regresaran al trabajo que el Congreso bipartidista emitió en abril fue una recompensa por su colaboracionismo de clases, por la "paciencia" patriótica. Pero a fin de cuentas, el permitirle a los patrones y a su gobierno que durante un par de meses mataran a los trabajadores en otra parte del mundo no logró que los "amigos de los obreros" en el Partido Demócrata fueran más generosos con los trabajadores aquí en el país.

Si los sindicatos ferroviarios se hubieran metido de lleno en la lucha contra la guerra, si hubieran movilizado solidaridad para con sus hermanos trabajadores y con las masas oprimidas en el Golfo, entonces ahora los sindicatos estarían mejor preparados para enfrentar a la patronal del ferrocarril, al gobierno norteamericano y a los políticos imperialistas en los partidos Demócrata y Republicano. Estarían en una posición más ventajosa para poder explicarle su lucha a amplios sectores del pueblo trabajador tanto dentro como fuera de las fronteras norteamericanas y para obtener su solidaridad. Esto resulta más fácil de ver hoy de lo que fue hace unas semanas.

Es un poco más fácil de ver por qué si la trayectoria procapitalista y proimperialista de la cúpula sindical no se revierte en su totalidad, llevará al movimiento obrero al desastre. Por qué la clase obrera y el movimiento obrero necesitamos de nuestra propia política exterior y de nuestra propia política militar. Hoy día para algunos obreros más tiene más sentido por qué los sindicatos quedan paralizados cuando nuestros amigos no son otros trabajadores aquí y en el exterior, sino los "amigos" que tenemos en los partidos políticos de la clase explotadora. Y tiene más sentido también la necesidad de que haya un partido obrero independiente construido sobre la base de los sindicatos y con una orientación internacionalista y clasista.

O para citar otro ejemplo, tomemos la lucha contra la brutalidad policiaca. El tipo de paliza que en marzo le dieron a Rodney King en Los Angeles no fue un incidente aislado. Los obreros enfrentan la brutalidad policiaca todas las noches, a toda hora y en todas partes del país. Muchos obreros han visto las cintas de video de la paliza. Muchos también habrán visto imágenes de las prácticas de Washington del "tiro al blanco" en la carretera que conduce de ciudad Kuwait hasta Basora. Muchos ya han visto escenas de las tropas turcas golpeando y disparando contra los refugiados curdos en la frontera entre Iraq y Turquía.

Estos incidentes están relacionados. El cuerpo de oficiales norteamericano en el Golfo usó a los comandantes de los tanques y al cuerpo de oficiales de la fuerza aérea como los encargados de castigar en Iraq y Kuwait, es decir, que actuarían como jueces y verdugos. De igual manera, el trabajo de la policía aquí en el país no consiste en investigar y detener, sino en servirle a los gobernantes aplicándole castigos (justicia "burguesa") *allí mismo* a los obreros día tras día. Las palizas que propicia o los tiroteos que la policía lleva a cabo en este país son formas con las que la clase patronal disciplina a los trabajadores, nos trata de enderezar, trata de que simplemente hagamos nuestro trabajo y nos callemos la boca. Uno no necesita haber hecho nada "malo", basta con que uno esté en el lugar equivocado a la hora equivocada.

Si los gobernantes norteamericanos son capaces de hacer lo que le hicieron al pueblo de Iraq, entonces también y *ahora mismo,* están actuando con una brutalidad más consciente hacia el pueblo trabajador aquí en este país de lo que cualquiera de nosotros podría estar al tanto. En vez de sobrestimar, subestimamos el número de Rodney Kings, de Mark Curtises y de otras víctimas de la policía y de los tribunales de los gobernantes que se encuentran en la cárcel, en la prisión o en la tumba.

En este sentido no hay ninguna diferencia entre el general Colin "cortémoslos y matémoslos" Powell, el general Schwarzkopf y el comandante de policía de Los Angeles Daryl Gates. Todos ellos están al servicio de los patrones y le administran castigos arbitrarios a los explotados, al azar y para enviarle un mensaje a todos los que se atrevan a desafiar el orden establecido. Sienten el mismo desprecio por el pueblo trabajador al que consideran menos que humano. Poco antes de la invasión norteamericana, Schwarzkopf dijo ante el programa de la ABC "Nightline", que el pueblo de Iraq "no era parte de la misma raza humana". Al igual que Gates explicó una vez que los negros

quizás sean biológicamente más propensos a morir a causa de
un estrangulamiento que la "gente normal".

Esto nos ayuda a comprender más plenamente cómo la política exterior de los gobernantes imperialistas norteamericanos es
una extensión de su política interna, y no a la inversa. En
cualquier momento dado pueden haber grandes diferencias
respecto a la cantidad de fuerza que los gobernantes crean que
deben aplicar de una manera concentrada afuera y dentro del
país, dependiendo de lo grave que sea la crisis económica y
social y la oposición de las masas explotadas. Sin embargo,
todos los métodos que usan los gobernantes contra las masas
explotadas en el exterior, de ser necesario, los usarán contra los
obreros y los agricultores aquí en Estados Unidos y los agrega-
rán a los que ya están usando. Los gobernantes no tienen un
paquete de condiciones para el pueblo trabajador de Basora y
otro para el pueblo trabajador de Brooklyn, Des Moines y Los
Angeles.

El reciente destino de los primeros sólo indica cuál es el
futuro de los últimos, si es que los explotados no le arrebatan el
poder a los explotadores.

'Nosotros' contra 'ellos'

Los grandes medios de difusión, los políticos capitalistas y los
altos funcionarios sindicales conscientemente han estado tratando de confundir al pueblo trabajador acerca de quiénes
somos "nosotros" y quiénes son "ellos" cuando pensamos sobre
la guerra norteamericana y sus consecuencias para el pueblo de
esa región y del mundo, y cuando discutimos qué hacer respecto a ella. Un elemento central que le permite a los obreros
bolcheviques llevar a cabo una campaña eficaz contra el imperialismo y la guerra ha sido el tratar de explicar claramente esta
confusión, y las distintas formas en que se manifiesta, y de
plantear argumentos contra ella.

Por ejemplo, la tremenda disparidad que existe entre el puñado de norteamericanos muertos en combate en el Golfo y la
carnicería y mutilación de cientos de miles de iraquíes, resalta la
desorientación política y el chauvinismo que refuerzan los que
en las organizaciones y coaliciones contra la guerra enfocaron
su oposición a la campaña de guerra basados en la posibilidad
de que regresasen del Golfo grandes cantidades de bolsas plásti-

cas con restos norteamericanos. ¡Esto era precisamente con lo que contaban los guerreristas bipartidistas en Washington! Para los que se oponen incondicionalmente a la campaña bélica estadounidense, el punto de partida debía ser qué era lo que el ataque imperialista significaría para *todo* el pueblo trabajador en el Golfo, tanto con o sin uniforme, fuera cual fuera el país de donde vinieran. Nosotros nos negamos a hacer una distinción entre la vida de un soldado o un civil iraquí y la de un soldado o civil norteamericano o la de un trabajador yemení, filipino, palestino, egipcio, paquistaní o sirio que haya estado allí en el lugar equivocado a la hora equivocada.

Los obreros del mundo somos parte de una clase internacional, junto con nuestros aliados entre los oprimidos y explotados de todos los países. El imperialismo es un sistema mundial. Sus víctimas, *y sus sepultureros*, son las masas explotadas que la expansión capitalista ha aunado en un solo mundo durante el último siglo. Durante casi toda la historia de la humanidad, las masas explotadas del mundo permanecieron casi totalmente aisladas las unas de las otras, no obstante, el sistema imperialista mundial nos ha atado a nosotros y a nuestros destinos.

Cuando a finales de febrero Washington declaró una pausa en la ofensiva, estoy seguro de que la mayoría de nosotros al principio oímos decir a nuestros compañeros de trabajo, familiares y otras personas algo como: "Bueno, por lo menos fue rápido. Al menos no muchos de nuestros muchachos resultaron muertos. Fue una cosa horrible, y no estoy seguro de que deberíamos de haber estado por allá. Pero al menos la cosa terminó rápido". Pero cualquier actitud de este tipo termina siendo una racionalización de los horrores infligidos por los gobernantes norteamericanos contra millones de iraquíes, para quienes la guerra y sus resultados terribles no tienen nada de "rápido" y están lejos de acabarse. Se termina viendo al pueblo de Iraq como menos que humano.

Noté que las ediciones de abril de varias revistas incluían un anuncio de una página entera de la Corporación Northrop, la que produce los bombarderos Stealth B-2. En él se muestra una gran foto del avión junto con la siguiente cita de un ingeniero de la Northrop: "Nuestra gente se ha tomado una enorme cantidad de tiempo para hacer que la superficie del B-2 sea la más fina, siendo cada ángulo el más preciso. Sin embargo, todo

eso forma parte del secreto del Stealth. *Y el Stealth salva vidas*".
[El énfasis es nuestro.]

Cuando leí el anuncio, me asombró de que en cierto sentido repite lo que hemos escuchado de boca de muchos liberales y radicales de clase media dentro del movimiento antiguerra. ¿Cuál es el mensaje de la Northrop? Apela a los mismos sentimientos patrióticos que hemos estado discutiendo. El Stealth acaba las guerras de forma rápida. El Stealth impide que muchos pilotos norteamericanos sean derribados. El Stealth permite que tengamos que enviar menos de "nuestros muchachos" a pelear una guerra terrestre. El Stealth tira bombas "inteligentes" y reduce a un mínimo el "daño colateral".

Todo esto es una mentira, por supuesto. El Stealth y los otros armamentos similares, lejos de salvar vidas, fueron usados por las fuerzas armadas norteamericanas para llevar a cabo uno de los *sacrificios de vidas* más grandes que se hayan dado en la historia.

Desde agosto, el ceder ante la campaña patriótica de los gobernantes ha tomado una gran variedad de formas. Hemos tenido que debatir y aclarar cada una de ellas, a la vez que resistimos los intentos de los liberales burgueses y de los radicales pequeñoburgueses de desviar políticamente la lucha contra la guerra.

• Le explicamos a nuestros compañeros de trabajo y a otros más por qué el gobierno norteamericano no es "nuestro" gobierno sino el gobierno de los patrones, de los capitalistas, de los imperialistas que explotan y oprimen al pueblo trabajador alrededor del mundo, "su" gobierno. Por lo tanto, nada que hagan "su" gobierno y "su" ejército puede ayudar a *nuestros* hermanos y hermanas de clase —compañeros trabajadores en el Golfo— a deshacerse de la tiranía de los regímenes capitalistas terratenientes en la región, ya sea Saddam Hussein en Iraq, otros regímenes bonapartistas capitalistas como el de Egipto y Siria o las distintas monarquías en Arabia Saudita, Kuwait y Jordania.

• Nos opusimos a los que sostenían que "nuestro gobierno" tiene el derecho de llevar a cabo un bloqueo de Iraq y Kuwait, o de intervenir en los asuntos del pueblo que sea en cualquier parte del mundo. Señalamos los resultados desastrosos que este acto de guerra tuvo para las vidas del pueblo trabajador hermano en el Golfo. Explicamos que el bloqueo era parte de los preparativos de guerra de Washington que culminarían inevitablemente en el bombardeo e invasión organizados por Washington contra Iraq. Hacemos llamados por que se elimine el bloqueo y por la exención inmediata de los alimentos y medicamentos. Explicamos cómo es que el bloqueo afecta a la gente ordinaria de Iraq, no a los privilegiados ni a su gobierno.

• Explicamos por qué cualquier versión de las consignas como "¡Apoyemos a nuestros muchachos, devuélvanlos a casa!" representa una concesión a la propaganda patriótica de los gobernantes y explicamos por qué tiene un efecto desorientador. Los soldados en su gran mayoría vienen de nuestra clase y de sus aliados; son obreros y agricultores en uniforme. Sin embargo, las fuerzas armadas norteamericanas son "sus tropas", las tropas del gobierno imperialista norteamericano y del puñado de familias capitalistas adineradas a las cuales representa. (También debemos señalar que en comparación con la guerra de Vietnam, hubo un número mucho más elevado de "muchachos" en el Golfo que en realidad eran mujeres, un 6 por ciento. En la época de la guerra de Vietnam el 1.5 por ciento de las fuerzas armadas norteamericanas eran mujeres, hoy día la cifra ha subido al 11 por ciento.)

• Nosotros insistimos que los listones amarillos, sin importar quién los llevara prendidos o por qué razón en particular, juegan el mismo papel que la bandera estadounidense en reforzar el apoyo patriótico para la guerra. No importa si la persona que lleva prendido el listón (o la bandera) es un obrero, un abogado o un capitalista; blanco, negro, puertorriqueño o chino. No importa si fue un vecino quién lo persuadió a él o ella a ponérselo o que esté preocupado o preocupada por un hijo o hija que se encuentre en el Golfo, cosa que es de entenderse. Nosotros nos opusimos a los liberales y a los radicales entre los altos funcionarios sindicales o en las distintas coaliciones que sugerían que la gente se pusiera listones amarillos junto con sus chapas contra la guerra o que usaran listones de diferentes colores. Objetivamente esta es una cuestión política. El significado práctico de los listones y el impacto que ejercen sobre la política no es nada más que ceder ante la presión patriótica y pro-guerra que viene revestida de sentimentalismo. El obrero puede o no cambiar de opinión, pero el listón no puede cambiar su función.

• Los comunistas explicaron que tampoco a nivel internacional existe un "nosotros" que encubra las divisiones de clases que existen entre los explotadores capitalistas y los obreros y agricultores explotados o entre las naciones oprimidas y las naciones opresoras. No pueden existir soluciones a las guerras en el Oriente Medio ni en ninguna otra parte del mundo que sean puestas en vigor por una "comunidad internacional" o una "organización internacional" que carezcan de clase. Esto es así estemos hablando de Naciones Unidas o de alguna "fuerza de paz árabe", cuyo verdadero papel, en ambos casos, ha sido expuesto por la guerra norteamericana en el Golfo.

Durante la escalada de la guerra norteamericana, durante el bombardeo y la invasión misma, estas presiones patrióticas se dejaron sentir cada vez más sobre las corrientes radicales que dominaban políticamente las direcciones de varias coaliciones antiguerra a nivel local y nacional. Esto se vio especialmente después de las grandes manifestaciones que se celebraron en Washington y en San Francisco el 26 de enero, cuando estas fuerzas se alejaron cada vez más de una perspectiva de movilizar acciones unidas contra la guerra. Fue entre los jóvenes que se manifestó la oposición más grande contra la guerra de Washington. Los comités dirigidos por los jóvenes y los estudiantes estaban a la vanguardia de los esfuerzos por organizar protestas constantes y públicas, como los mítines del 21 de febrero y los mítines en las universidades y ciudades y pueblos por todo el país.

Cuando pararon la ofensiva norteamericana se dio un colapso

Las distintas corrientes pequeñoburguesas en el movimiento obrero en Estados Unidos quedaron perplejas, impresionadas y atemorizadas por lo que hizo el imperialismo durante su guerra contra Iraq. Ellos se tragan todo lo que dicen Bush, Powell y Schwarzkopf de que la guerra del Golfo demostró que el imperialismo norteamericano es todopoderoso. Tal vez entre los muchos que he visto, el ejemplo más claro es un artículo por Irwin Silber que apareció en la edición de abril de 1991 de la revista *Crossroads*.

Silber dice que como resultado de la guerra en el Golfo, "no hay duda alguna que Estados Unidos se ha vuelto a establecer como una superpotencia". La exhibición de parte del gobierno estadounidense de su "poderío militar de alta tecnología destructiva en el Golfo y su deseo de usarlo despiadadamente", continúa, "será un factor que causará tremendo temor en todas las situaciones futuras donde Estados Unidos declare que están envueltos sus 'intereses vitales'.

"El 'síndrome de Vietnam' ha sido relegado, a lo sumo, a jugar un papel secundario entre los factores que intervienen en los cálculos de la política exterior norteamericana", dice Silber, y "Ahora Estados Unidos es, más que nunca, la fuerza dominante en el Oriente Medio". Lo desanima que la Unión Soviética (él quiere decir el régimen stalinista de Gorbachov) "cuenta con una capacidad que se ha disminuido cualitativamente para tener algún efecto sobre la dirección y el resultado de los acontecimientos mundiales". Calificando el vil apoyo que en el Consejo de Seguridad de la ONU Moscú le brindó al bloqueo económico contra el pueblo de Iraq, como "una decisión que no era irrazonable", Silber agrega que el gobierno soviético, no obstante, "tampoco resultó beneficiado concretamente por su apoyo a la guerra. . . . Estados Unidos no sólo ha reconquistado su condición como superpotencia, sino que hoy día es la única superpotencia".

Por último, Silber concluye que "George Bush se ha establecido claramente como la figura dominante en la política nacional", esta es tal vez la perspectiva más triste de todas para Silber, para quien Camelot es una toma de la Casa Blanca y del Congreso por parte de los Demócratas.

No es cuestión simplemente de que Silber esté totalmente equivocado, cosa que lo está. Lo más cobarde es que Silber se está tragando todita la imagen que desean proyectar de sí mismos los gobernantes imperialistas norteamericanos. Al no reconocer que Bagdad no tenía intensión alguna de organizar a las masas explotadas para que lucharan contra el imperialismo estadounidense, él confunde la destrucción que Washington desató sobre Iraq con una gran victoria militar, y se horroriza y queda abrumado ante ella. Silber ha sido tan servil y ha esperado por tanto tiempo que el régimen stalinista de Moscú provea la salvación, que termina descorazonado ante algo que simplemente refleja la continua trayectoria de colaboración de clases de la casta privilegiada ante su creciente crisis. No dice ni una palabra sobre los curdos o sobre otros pueblos oprimidos en Iraq, cuyas rebeliones habían comenzando a desarrollarse. Y parece que Silber no tenía la menor idea respecto al fiasco que se le estaba planteando a Washington en el Golfo en el momento de que su artículo fue a la imprenta.

El periódico mensual de otro grupo radical norteamericano publicó la siguiente cita a modo de subtítulo en uno de sus artículos principales analizando los resultados políticos de la guerra: ". . . habiendo establecido un ejército de ocupación en la región del Golfo, las fuerzas militares norteamericanas se encuentran en una posición excelente para intimidar y abrumar cualquier rebelión revolucionaria en las áreas en las que se corra peligro de perder el control".

Sin embargo, lo último que Washington está en posición de hacer es de "intimidar y abrumar" a una rebelión *revolucionaria* que se dé en el Oriente Medio o en cualquier otro lado. Lo que sucedió en el Golfo es exactamente lo opuesto, a menos que uno piense que existe algún contenido progresista, ni hablar de revolucionario, en la anexión reaccionaria de Kuwait por parte de Bagdad y en toda su trayectoria política anterior y posterior. Pero simplemente tomemos en cuenta el precio político que los gobernantes norteamericanos tendrían que estar dispuestos a pagar, en el exterior e interior del país, para usar su fuerza militar contra la intifada palestina, por ejemplo, o contra los luchadores por la libertad en Sudáfrica. Como ya lo hemos planteado es por esta razón que hoy día tras la guerra norteamericana en el Golfo, un ataque militar imperialista contra Cuba o Corea del Norte tiene menos y no más posibilidades de ocurrir, a pesar del empeoramiento de las relaciones de Washington con los gobiernos de estos dos estados obreros.

Asimismo, otras fuerzas entre los radicales pequeñoburgueses dentro del movimiento obrero norteamericano han reaccionado a lo que ellos perciben como la casi omnipotencia del imperialismo norteamericano, volcándose más hacia el régimen stalinista en Moscú y poniendo sus esperanzas en él. Por ejemplo, unas semanas después de que terminaran las operaciones ofensivas de Washington en el Golfo, el semanario el *Guardian* sacó un titular de primera plana en que se leía: "Los soviéticos le dicen que 'sí' a la unión". El artículo aplaudía los resultados del plebiscito organizado por Gorbachov en marzo. Este plebiscito fue un intento de evitar la desintegración de la "Unión Soviética" por medio de la fuerza y de seguir negándole el derecho de autodeterminación a las naciones y a los pueblos oprimidos dentro de la URSS. Sin embargo, el pueblo iraquí —víctima del voto que Moscú dio a favor de cada una de las resoluciones del Consejo de Seguridad que inició Washington para encubrir su campaña de guerra— podría ser un mejor juez que el *Guardian* de lo confiable que es el gobierno soviético como promotor de la paz y de la justicia social para las masas oprimidas del mundo.

¿'Distracción' de las cuestiones internas?

Otra reacción que comparten las corrientes stalinistas, las socialdemócratas y las centristas en torno a la "victoria" imperialista en la guerra del Golfo, ha sido la de haberle dado la espalda a los millones de víctimas de la guerra norteamericana bajo el pretexto de que hay que concentrarse en "asuntos internos". Muchos dan la impresión falsa de que los gobernantes norteamericanos iniciaron la guerra para alejar la atención de los problemas económicos y sociales importantes que existen en Estados Unidos. Repiten el charlatanismo de los altos funcionarios sindicales norteamericanos de que "Estados Unidos va primero", "la caridad empieza en casa".

Por ejemplo, apenas una semana después de que Bush anunciara la suspensión temporal de las operaciones ofensivas, el *People's Weekly World*, el periódico del Partido Comunista, publicó un titular en su primera plana en el que se leía: "¡Basta de guerras! ¡Reconstruir el país [Estados Unidos]!". Uno tiene que pensar en lo que el pueblo trabajador en Estados Unidos ya conoce sobre la destrucción que el gobierno norteamericano descargó sobre Iraq y Kuwait, así como las políticas de Bagdad, y entonces uno tiene que pensar en el titular: "¡Basta de guerras! ¡Reconstruir el país!". ¿Y qué hay de reconstruir Iraq? ¿Y qué hay de reconstruir Kuwait? ¿Y qué hay de ayudar a las poblaciones de refugiados por todo el Golfo?

A los lectores del *People's Weekly World* no se les dejó con dudas sobre cómo responder a tales preguntas. Todo lo que tenían que hacer era abrir el periódico y leer un artículo informando que cientos "Marchan por reconstrucción de Brooklyn, no de Kuwait". ¡Este es el encabezado en las páginas de un periódico que dice ser comunista, que dice ser internacionalista! Pero, ¿es que a los comunistas en Estados Unidos les interesan menos las condiciones que enfrentan las masas oprimidas en Kuwait que las que enfrentan las masas oprimidas en Brooklyn? ¿Es que se puede decir que Kuwait es equivalente a la monarquía reinante al-Sabah? De ser así, entonces por qué no decir que los residentes de Brooklyn son equivalentes a las familias adineradas que rigen sobre Estados Unidos. Hay que pensarlo. Hay que pensar sobre las implicaciones chauvinistas que hay detrás de ese titular.

El artículo mismo del *People's Weekly World* explica aún con más detalle esta línea reaccionaria. Es un artículo de noticias sobre una línea de piquete frente a las oficinas de Stephen Solarz, un representante demócrata de Brooklyn ante el Congreso norteamericano. El último párrafo cita a uno de los participantes en la protesta. Según el artículo: "'¿A quién es que Solarz representa, a Kuwait o a Brooklyn?', preguntó Serafín Flores, residente de toda la vida en esa comunidad, quien dijo que sus vecinos están indignados porque su representante se ha concentrado más en los 'problemas externos abandonando su distrito'".

Sin embargo, desde el punto de vista de los comunistas, desde el punto de vista de los internacionalistas proletarios, desde el punto de vista de la clase obrera, el crimen que cometen los políticos de los partidos Demócrata y Republicano como Solarz no es que le presten demasiada atención a los "problemas externos" del mundo a costa del pueblo trabajador norteamericano. Su crimen consiste en que representan los intereses de los gobernantes imperialistas en Washington a costa de la opresión y explotación brutal del pueblo trabajador, ya sea en Brooklyn, Bagdad, ciudad Kuwait o en cualquier otra parte del mundo. Al contrario, los comunistas reconocen que la lucha contra todas las manifestaciones de la explotación u opresión interna sólo se puede impulsar como parte de una lucha internacional contra el imperialismo y los horrores que le inflige a las masas oprimidas por todo el mundo.

Durante las últimas semanas me he quedado asombrado al ver que prácticamente ninguna de las primeras planas de los periódicos de la "izquierda" norteamericana resaltan la información que se está dando a conocer respecto a la destrucción que Washington le causó a Iraq, los horrores que le están siendo infligidos al pueblo curdo u otros aspectos de los resultados que se están dando a raíz de la guerra norteamericana. En cambio, casi todos contienen alguna versión de la línea de, "Basta de distraernos con la guerra, retornemos a los problemas económicos y sociales que enfrentamos aquí en el país".

Yo he visto artículos y tablas en la prensa liberal y radical que señalan que con el precio de una de estas bombas "inteligentes" se podrían construir tres escuelas en Estados Unidos. Sin embargo, en estos momentos esto es exactamente lo que no debemos de señalar. No, el desembolso inicial de una bomba inteligente es de obreros y campesinos iraquíes muertos, lisiados y sin vivienda. El precio que se pagó por un buque de guerra en el Golfo no es un proyecto de vivienda pública que se podría haber construido. El pago inicial por ese buque de guerra es la carnicería de todos nuestros hermanos oprimidos que fueron blanco de sus cañones.

POR SUPUESTO, existe otra falacia liberal detrás de tales planteamientos. Los capitalistas ya tienen miles de millones de dólares que se podrían usar para aumentar el salario social y las condiciones de vida del pueblo trabajador en este país y alrededor del mundo, ganancias que exprimen del fruto de nuestra labor. Cualquier dinero que ahorren los políticos burgueses al no gastarlo en la guerra va para abultar más aún estas ganancias, para satisfacer a los ricos accionistas de la deuda nacional y no para incrementar "los gastos internos". Esa, además, es la respuesta a la pregunta que últimamente todos los radicales liberales y de clase media se han estado haciendo con dolor: "¿Qué pasó con el 'dividendo de paz'?". Los servicios sociales que benefician al pueblo trabajador en este país se han obtenido como resultado de luchas políticas de masas como las que devinieron en la formación de los sindicatos industriales en la década de 1930 y las que aplastaron el sistema de segregación Jim Crow a finales de la década de 1950 y principios de la de 1960.

Contraponer las condiciones, intereses y luchas de los trabajadores del área del Golfo a los de los trabajadores en Estados Unidos es hacer lo opuesto a lo que nos señala el método revolucionario, el método comunista. Es como si existiera una escala calibrada especialmente para medir el valor y los sufrimientos de los seres humanos según su lugar de origen: un valor para los ciudadanos norteamericanos, otro para los iraquíes, los curdos, los kuwaitíes, los sudafricanos, etcétera.

El periódico del Partido Comunista el *People's Weekly World*

recientemente tuvo otro ejemplo de este enfoque político antin-
ternacionalista, uno que corresponde bien con su línea política
a favor de la "Reconstrucción de Brooklyn, no de Kuwait". En
un número de finales de abril el periódico sacó un artículo
principal denunciando los intentos de la administración Bush
de eliminar una serie de barreras comerciales existentes con
México como parte de lo que se conoce como el "Acuerdo
norteamericano de libre comercio". Utilizando los mismos argumentos chauvinistas de los funcionarios de la AFL-CIO el
periódico del Partido Comunista afirma que si se eliminan
algunas de estas medidas proteccionistas "los trabajos de obreros americanos" se irán a México (¿Es que los obreros mexicanos no son americanos también?). Sin embargo, partir de ideas
como la de proteger los trabajos de "americanos" de los "obreros mexicanos mal pagados" le impide a los trabajadores —ya
sea en Estados Unidos, México, Japón, Haití o en cualquier otra
parte del mundo— trazar un rumbo de lucha común contra los
opresores dentro y fuera del país.

Todo esto está diseñado, todo está escrito de tal manera como
para dividir a la raza humana, y a las masas oprimidas dentro de
la raza humana, en categorías de mayor o menor humanidad. Y
todo esto se hace supuestamente en nombre de virar nuestra
atención hacia los problemas internos o de encaminarnos hacia
la lucha de clases. Pero todo esto no es más que una manifestación de un oportunismo, colaboración de clases y economismo
de lo más retrógrado, sindicalismo amarillo estrecho, socialismo nacional. No tiene nada que ver con el comunismo ni con
los intereses de la clase obrera en Estados Unidos ni en ninguna
otra parte del mundo.

La guerra en el Golfo *no fue* librada por los capitalistas norteamericanos para distraer la atención de los norteamericanos de
sus profundos problemas sociales internos. Las guerras lanzadas
por los imperialistas norteamericanos nunca han sido una "distracción", sino que siempre han sido una *extensión* de su política
interna y un mensaje adelantado de lo que nos espera en el país
si no nos organizamos para detenerlos. Los esfuerzos de los
capitalistas norteamericanos para dominar y explotar a los trabajadores del mundo tienen como raíz la misma sed rapaz de
ganancias que los hace cortar nuestro salario social, destruir
nuestros sindicatos y movilizar esquiroles, y que termina en las

golpizas que la policía le propicia diariamente a los obreros. La "distracción" viene de los dirigentes falsos y colaboracionistas del movimiento sindical y de los corruptos dirigentes liberales, radicales y pacifistas que tratan de distraer al pueblo trabajador y a los jóvenes de la realidad de que somos parte de una lucha común, y que tenemos que unirnos con nuestros hermanos oprimidos aquí y alrededor del mundo para resistir el imperialismo y sus guerras.

Este es uno de los principios fundamentales del comunismo. Nuestro movimiento tuvo que defender este principio a finales de la década de 1920 contra los esfuerzos de los stalinistas para destruir el corazón internacionalista proletario del programa de la Internacional Comunista que se forjó bajo la dirección de Lenin. En 1928, León Trotsky al comentar sobre una nueva versión del programa para la Internacional Comunista propuesta por aquellos que estaban abandonando el rumbo trazado por Lenin escribió:

> Un programa comunista internacional nunca es la suma total de los programas nacionales o una amalgama de sus características comunes. El programa internacional debe partir directamente del análisis de las condiciones y tendencias de la economía mundial y del sistema político mundial como un todo, con todas sus conexiones y contradicciones. . . . En la época actual [imperialista], más que nunca antes, la orientación nacional del proletariado debe y puede fluir sólo de una orientación mundial y no al revés. Aquí precisamente yace la diferencia fundamental y primordial entre el internacionalismo comunista y todas las variedades de socialismo nacional.[26]

Esto es correcto. Es esto lo que los trabajadores comunistas en Estados Unidos deben explicarle a otros en la vanguardia de nuestra clase. Es esto lo que todos nosotros estamos aprendiendo de nuevo.

Más profundamente hacia los sindicatos

Si hubo un momento en el que debimos de haber intensificado nuestra campaña, fue en la mañana del 28 de febrero cuando Bush anunció el cese unilateral de la invasión. Eramos la única corriente política en este país que le explicó a sus compañeros de trabajo, a los jóvenes luchadores contra la guerra y a otros durante los siete meses anteriores, que Washington marchaba inevitablemente hacia una guerra sangrienta. Y éramos los únicos que podíamos explicar a finales de febrero por qué el imperialismo norteamericano iba a comenzar a romperse los dientes con los resultados de su llamada "victoria militar".

Nuestros compañeros de trabajo necesitaban saber por qué nada de lo que leían o escuchaban de boca de Bush, Schwarzkopf y la prensa capitalista era verdad. Necesitaban entender que para los iraquíes la guerra no había durado 100 horas, si no siete meses de privaciones, brutalidades y muerte, con más consecuencias por venir. Necesitaban escucharnos decir "Sigan observando y verán cómo se desenvuelve el fiasco político de la carnicería y la destrucción causadas por los gobernantes norteamericanos en el Golfo". Por otra parte, las consecuencias de la devastación causada por Washington y la represión salvaje contra los curdos por parte de Bagdad —que comenzaron días después del anuncio de Bush— imponían sobre nosotros y sobre otros trabajadores conscientes, obligaciones internacionalistas para continuar explicando, discutiendo y haciendo campaña.

Mientras que estos eran los puntos políticos que se explicaban y resaltaban semana tras semana en el *Militant,* en la práctica las ramas y las comisiones industriales hicieron una pausa, vacilaron y disminuyeron sus campañas inmediatamente después de que se terminó la ofensiva norteamericana. Esta pausa reforzó las presiones para regresar a las pautas de trabajo político que existían antes de la campaña, a la rutina. Comenzamos a perder parte del territorio ganado durante la campaña cuando logramos establecer una actitud políticamente disciplinada y centralizada; la actitud requerida de un partido de campaña con un ritmo semanal de discusión y actividad política que pueden mantener los obreros-revolucionarios; una actitud que aumenta la fuerza de nuestros golpes y nos hace más efectivos y dignos de confianza en el movimiento obrero.

Hay una explicación política de por qué hicimos esta pausa inicial en nuestra campaña. Llevó un poco de tiempo generalizar a través de nuestro movimiento un entendimiento concreto y correcto de la serie de sucesos que resultaron en la retirada total y forzada por el gobierno norteamericano de las fuerzas iraquíes sin librar una lucha. Como otros opositores revolucionarios del imperialismo, los cuadros de nuestro movimiento querían que hubiera una resistencia organizada a la agresión brutal de Washington. Nos llevó un poco de tiempo recopilar los hechos y darnos cuenta de que, dado el rumbo seguido por el régimen baasista en Bagdad, a los trabajadores iraquíes nunca se les dio la oportunidad de resistir, que fueron desposeídos de todo lo que necesitaban para que hubieran podido luchar. Teníamos que deshacernos de todo vestigio de la ilusión de que existía aunque sea una minúscula cantidad de deseo de luchar contra el imperialismo detrás del rumbo expansionista seguido por el régimen de Saddam Hussein y su abuso demagógico de los sentimientos nacionalistas, pan-árabes, y pan-islámicos de los pueblos de la región como racionalizaciones para sus maniobras pragmáticas y reaccionarias.

ESTA PAUSA EN NUESTRA campaña puso en peligro el terreno conquistado. En aquellas ciudades donde organizamos reuniones especiales de las ramas del partido el 28 de febrero para discutir colectivamente la acción de Bush y organizar una respuesta (como las reuniones que tuvimos el 15 de enero en la víspera del inicio del bombardeo) pudimos responder más rápidamente y con más confianza. Si no nos hubiéramos dado cuenta de este problema, si no lo hubiéramos discutido y revertido, hubiéramos perdido la oportunidad de acaparar y usar el creciente espacio político abierto a los trabajadores de vanguardia en el movimiento sindical y en el movimiento político en general. El espacio político sólo se puede usar si se acapara.

En este sentido, todo nuestro movimiento sacó provecho de las discusiones políticas y de las perspectivas que salieron de las recientes reuniones nacionales de cada una de las diez comisiones sindicales industriales del partido que se dieron en abril (la segunda serie de reuniones nacionales en darse durante el curso de la campaña). La campaña contra el imperialismo y la guerra está politizando a las comisiones industriales del partido y haciéndolas más proletarias.

La conclusión más importante a la que se llegó en cada una

de las diez reuniones recientes —basada en la experiencia de las comisiones en los últimos seis meses— fue que había la necesidad de que los obreros-bolcheviques profundizaran su trabajo en los sindicatos, que confrontaran toda lucha en el trabajo, todo asunto sindical, toda cuestión social y política desde el punto de vista de esta campaña contra el imperialismo y la guerra. Es así como las comisiones se pueden convertir más y más en comisiones de nuestra clase en los sindicatos. Es así como, a medida que las presiones y tensiones se profundizan en la lucha de clases, podemos vincular cuestiones políticas que hemos planteado respecto al resultado de la guerra de Washington con las lecciones de las huelgas de Pittston y de la Eastern. Así es como podremos ponernos en una mejor posición para responder como un partido disciplinado de obreros industriales a las nuevas huelgas que se darán en alguna parte de este país a medida que los sindicalistas continúan oponiéndose a las demandas de los patrones por concesiones y sus intentos de destruir los sindicatos. Estaremos en una mejor posición para responder y participar en las luchas en contra de la brutalidad policiaca y en defensa de los derechos de la mujer; para unirnos a los estudiantes en protestas en contra de los recortes en los programas de educación o los incrementos en las matrículas, para defender las demandas de los desempleados.

Los resultados de la guerra de Washington en el Oriente Medio —sobre lo que hemos estado escribiendo en el *Militant*, la Reseña Socialista Internacional y sobre lo que hemos estado hablando con nuestros compañeros de trabajo, con jóvenes y demás— continúan desarrollándose a una velocidad acelerada. Esto está abriendo las puertas para poder ahondar la discusión y el debate. Nos hemos ganado el respeto político de un sector importante de nuestros compañeros de trabajo, sindicalistas y otros porque nos mantuvimos firmes y no nos echamos para atrás; presentamos nuestros puntos de vista durante la guerra a pesar de las presiones de los patrones, de los funcionarios sindicales, y de pequeños grupos de trabajadores derechistas. Saben que no solamente tenemos principios de solidaridad proletaria sino que los mantenemos cuando las presiones son grandes, y que pueden contar con que nos comportaremos de igual manera en otras luchas.

Muchos de nuestros compañeros de trabajo han estado escuchando lo que estamos diciendo, y miles han comprado ejemplares del *Militant,* la Reseña Socialista Internacional, *¡EE. UU. fuera del Oriente Medio!* y otros materiales, y los han leído. Muchos compraron el número de abril de la Reseña Socialista Internacional que contiene el informe de una comisión de Naciones Unidas que describe detalladamente la destrucción de Iraq. Ahora que la verdad sobre la "victoria" de Washington comienza a salir a la luz pública, muchos de nuestros compañeros de trabajo están más abiertos a nuestros puntos de vista que en cualquier otro momento desde el 2 de agosto de 1990. La gran mayoría todavía no está de acuerdo con nosotros. Pero es precisamente en los asuntos más importantes en los que no habrá acuerdo inmediato. Este tipo de cuestiones políticas no las "resolvemos" en una sola discusión. Los estimulamos a que lean el *Militant,* y entonces regresamos a la discusión, que lean la *Nueva Internacional* y entonces volvemos a entablar la discusión; esperamos a que se acumulen más experiencias para regresar de nuevo a la discusión.

MAS Y MAS TRABAJADORES piensan que quizás teníamos razón en uno o dos aspectos sobre las metas de Washington en la guerra y sus resultados inevitables. Muchos tienen menos confianza ahora sobre la veracidad de lo que dicen el gobierno, los oficiales militares y la prensa. Algunos sospechan que habrían sabido más y quizás habrían pensado de una manera diferente si Washington no hubiese restringido tanto la libertad de prensa durante la guerra, y si la prensa burguesa no se hubiese sometido tan dócilmente a esta censura y si no hubiese promovido tan activamente la fiebre patriótica. ¿Qué pasará con *otros* derechos, como el derecho a la huelga, en la próxima guerra? ¿Es que la patronal también tiene estos derechos en su mira?

Hoy día muchos trabajadores están menos dispuestos que antes a compartir la responsabilidad por "la guerra de nuestro país" y sus consecuencias horrorosas para los pueblos de Iraq, Kuwait y de toda la región.

Esta continua atención política e interés en la guerra y sus consecuencias nos da la oportunidad de ayudar a otros trabajadores a ver los aspectos de la lucha de clases que nos afectan directamente en la fábrica, en una ciudad o en un país dados, a través del lente de los cañonazos iniciales de la tercera guerra mundial. Los trabajadores en Estados Unidos no tienen la alternativa de seguir aislados del resto del mundo; es lo que los capitalistas tienen que hacer para defender sus intereses de clase lo que termina acercándonos implacablemente al resto del mundo. Todos podemos entender más concretamente la necesidad de ver la política en términos internacionales y de clase, a pensar socialmente y actuar políticamente.

Venderle a un compañero de trabajo el número de la *Nueva Internacional* con el artículo "Los cañonazos iniciales de la tercera guerra mundial", o un ejemplar de *The Eastern Airlines Strike: Accomplishments of the Rank and File Machinists* (La huelga contra la aerolínea Eastern: Los logros de los miembros de base del sindicato de torneros) o *Malcolm X Talks to Young People* (Malcolm X se dirige a los jóvenes), es una de las cosas que los obreros-bolcheviques están haciendo como parte de su campaña contra el imperialismo y la guerra. Los compañeros de trabajo y otros luchadores que se suscriben al *Militant,* pueden leer semana tras semana las noticias y el análisis sobre lo que está pasando en el Golfo, sobre las protestas en contra de la golpiza a Rodney King, sobre la orden de regresar al trabajo que el Congreso le dio a los obreros ferroviarios, sobre nuevos ataques al derecho de la mujer al aborto y la oposición a estos ataques, sobre las protestas en contra de los aumentos de las matrículas escolares en Nueva York, sobre los esfuerzos de Washington para regresar a los curdos a Iraq, sobre los esfuerzos de Gorbachov para aplastar la oposición de los trabajadores y de las nacionalidades oprimidas, sobre la lucha dirigida por el Congreso Nacional Africano por la democracia y la justicia social en Sudáfrica.

Siguiendo esta perspectiva, el movimiento comunista atraerá trabajadores militantes y sindicalistas, luchadores contra el racismo y por los derechos de la mujer y jóvenes que se envuelven en la luchas contra las guerras y otros horrores del capitalismo y que se sienten atraídos por ideas radicales. A través de nuestra campaña en contra del imperialismo y la guerra hemos atraído jóvenes trabajadores a nuestro movimiento y a la Alianza de la Juventud Socialista, y en las semanas y meses próximos se podrá atraer y se atraerá, a más de ellos.

Para ser captados al comunismo, para ser reclutados e integrados a un partido proletario comunista como el PST, estos jóvenes luchadores deben ser educados y entrenados sistemáticamente en las experiencias políticas y la continuidad del movimiento obrero revolucionario. Si se los atrae al partido, a su orientación proletaria, a su historia y política comunistas, hacia sus tradiciones de combate disciplinado y clasista *a través* de la AJS, entonces podemos captarlos como obreros revolucionarios.

En el grado que sus fuerzas le permiten, una organización de jóvenes como la AJS necesita desarrollar su propia identidad organizativa, tener sus propias reuniones, sus propios dirigentes, literatura propia, sus insignias y camisetas políticas. Pero la AJS no tiene una *identidad política separada* del partido comunista, del PST. Es sólo a través del partido que se puede atraer a estos jóvenes a que entiendan y se identifiquen con las experiencias y lecciones históricas de la clase trabajadora. Los miembros del partido deben ayudar a los miembros de la AJS a abrir la puerta a dicha continuidad revolucionaria.

Los miembros de la ajs necesitan leer y estudiar los libros de James P. Cannon como *History of American Trotskyism* (Historia del trotskismo norteamericano), *The Struggle for a Proletarian Party* (La lucha por un partido proletario) y *Wall Street enjuicia al socialismo*, que explican cómo una organización comunista se preparó para seguir impulsando la lucha de clases a pesar de la amenaza de la segunda guerra mundial y en el proceso forjó un partido proletario más fuerte. Necesitan estudiar *Teamster Rebellion* (La rebelión Teamster) el primero de una serie de libros de Farrell Dobbs que relata cómo los comunistas se comportaron dentro del movimiento sindical en los años 30 para tratar de construir un núcleo de dirección clasista que pudiera utilizar la fuerza del movimiento sindical para luchar contra la patronal capitalista y su sistema imperialista y sus guerras. Tienen que aprender que los comunistas han defendido intransigentemente las luchas de todos los explotados y oprimidos durante las guerras imperialistas, a pesar de los corruptos dirigentes sindicales y de otras organizaciones que instaban a los trabajadores a "sacrificarse" y a "posponer" nuestras demandas durante los tiempos de guerra, lecciones que se encuentran en libros como *Fighting Racism in World War II* (Combatiendo el racismo en la segunda guerra mundial).

Si los revolucionarios proletarios trabajan conscientemente con los jóvenes luchadores que se han acercando a la AJS, si participan al lado de ellos en las luchas, los convencen de que lean literatura revolucionaria del tipo descrito, y paciente pero francamente discuten con ellos como seres políticos, entonces se pueden ganar nuevos cuadros a la clase obrera y a sus métodos de trabajo y de lucha. Se pueden forjar nuevos cuadros para el partido comunista en este país y en el movimiento comunista mundial.

❖

Con la guerra de Washington contra el pueblo iraquí hemos presenciado los cañonazos iniciales de crecientes batallas de clases y conflictos nacionales e interimperialistas. Estos son inevitables. Lo que está lejos de ser inevitable es el que estas batallas culminen en una tercera guerra mundial que retrasaría el progreso de la humanidad más allá de lo que podemos imaginarnos. Eso dependerá del resultado de las batallas de clases en los años venideros. En el curso de estas batallas los trabajadores y los agricultores tendremos nuestra oportunidad, la oportunidad de lograr victorias revolucionarias y arrancarles a las clases dominantes imperialistas la capacidad de hacer guerras.

Tales victorias sólo serán posibles si se construyen partidos comunistas proletarios como parte de la dirección revolucionaria internacional de los trabajadores. Tal partido se puede y debe construir aquí en Estados Unidos, donde se debe desafiar el poder de la clase gobernante imperialista más violenta y se debe reemplazar con un gobierno revolucionario de obreros y agricultores.

Por eso es que los comunistas en Estados Unidos vamos a donde se dan las luchas de los obreros y sus aliados. Siempre estamos a la búsqueda de luchadores de nuestra clase o luchadores que se puedan conquistar a nuestra clase. La historia nos enseña que no se pueden construir partidos comunistas buscando "comunistas", buscando gente con "buenas ideas". Se construyen por comunistas que son luchadores y revolucionarios que buscan a otros luchadores. Durante las experiencias de las batallas de clases, estos luchadores también se pueden convertir en revolucionarios. De revolucionarios de acción, que están listos para pensar y tomar en cuenta las lecciones de las luchas anteriores, se pueden forjar los cuadros obreros de un partido comunista y un movimiento mundial comunista seguros de sí mismos.

Fue ese el camino por el cual los luchadores que a principios de los años 50 se encaminaron a derrocar a la dictadura de Batista en Cuba, que contaba con el apoyo norteamericano, dirigieron una revolución victoriosa en 1959 y forjaron un Partido Comunista con dirigentes revolucionarios del calibre de Fidel Castro y Ernesto Che Guevara. Es a través de una lucha intransigente contra la opresión imperialista y la explotación capitalista que se los conquistó a Maurice Bishop de Granada y a Thomas Sankara de Burkina Faso a una perspectiva comunista. Durante el último año de su vida Malcolm X llegó a adoptar conclusiones políticas anticapitalistas y de naturaleza cada vez más socialista a través de su lucha intransigente contra la opresión de los negros en Estados Unidos y de su solidaridad internacionalista para con todos aquellos que luchan en contra del imperialismo y la dominación racista a nivel mundial. Es a través de la vanguardia de luchadores del Congreso Nacional Africano y su batalla por una república democrática y no racial que se forjará una dirección comunista en Sudáfrica.

Los cuadros revolucionarios de un movimiento comunista en estados unidos también se forjarán en la batalla —cualquiera que sea la forma concreta en que esto suceda— y surgirán de los obreros, agricultores explotados y jóvenes combativos.

Los miembros del Partido Socialista de los Trabajadores nos estamos transformando al hacer campaña contra el imperialismo y la guerra. Somos comunistas que respondimos como revolucionarios de acción al ataque imperialista contra nuestros hermanos explotados en todo el Golfo. Estamos respondiendo como luchadores que tratan de encontrar a otros luchadores dentro de la clase obrera, y entre otros que se oponen a las guerras de Washington y a sus ataques contra las condiciones y los derechos de los obreros y campesinos aquí y en el exterior. En el proceso estamos transformándonos en mejores luchadores, con más confianza en nosotros mismos, más disciplinados, más políticos: cuadros de un partido obrero políticamente más fuerte y con una mayor confianza en sí mismo.

¡Unanse a nosotros!

NOTAS

1. Durante la guerra civil española la fuerza aérea alemana le brindó ayuda a las fuerzas fascistas españolas. Bombardearon y ametrallaron a **Guernica**, una aldea pesquera, en abril de 1937 matando a más de 1 600 hombres, mujeres y niños. Cerca de mil personas resultaron heridas. Los habitantes de **Hiroshima** en Japón fueron las primeras víctimas de la bomba atómica lanzada por la fuerza aérea norteamericana el 6 de agosto de 1945. Washington fue responsable de la muerte y mutilación de más de 100 mil personas y la destrucción del 90 por ciento de la ciudad. Durante la primavera de 1945 cinco ataques aéreos contra **Dresde**, una ciudad alemana de poco significado militar, resultaron en la muerte de más de 100 mil civiles, y los incendios prácticamente destruyeron la ciudad sólo semanas antes de la rendición incondicional del gobierno alemán. Después que sus casas habían sido dinamitadas e incendiadas, unos 500 hombres, mujeres y niños desarmados fueron fusilados en la aldea vietnamita de **My Lai** por las fuerzas norteamericanas el 16 de marzo de 1968, bajo las órdenes de los oficiales del ejército estadounidense.

2. En septiembre de 1864, las tropas del gobierno norteamericano bajo el comando del general de la unión William T. Sherman capturaron la ciudad de Atlanta, uno de los centros de abastecimiento de los 11 estados de la llamada Confederación que se habían separarado de los estados del Norte. Las tropas gubernamentales dejaron gran parte de la ciudad en cenizas. Bajo el comando de Sherman unas 60 mil tropas iniciaron después una marcha de más de 300 kilómetros hacia el Océano Atlántico dividiendo en dos lo que quedaba de las fuerzas de la Confederación y destruyendo todos los recursos económicos que se encontraron en el camino. Esta derrota para la Confede-

ración ayudó a preparar la derrota militar final del régimen de los esclavistas en la primavera de 1865.

3. Este artículo fue publicado inicialmente en diciembre de 1990 en inglés en el suplemento *International Socialist Review* del semanario el *Militant* y en español en el número de enero de 1991 de *Perspectiva Mundial.* Se reproduce en este tomo bajo el título "La campaña clasista contra el imperialismo y la guerra".

4. La *intifada* es el levantamiento sostenido de los palestinos y sus partidarios en Israel y en los otros territorios árabes ocupados por Israel después de la guerra de junio de 1967. La intifada comenzó en diciembre de 1987 e incluye protestas, huelgas, mítines y resistencia a las confiscaciones de tierra.

5. En junio de 1967 el gobierno israelí invadió Egipto, Jordania y Siria. Para cuando se dio el cese al fuego después de seis días de lucha, las fuerzas israelís ocupaban el este de Jerusalén, la Ribera Occidental del río Jordán, las Alturas de Golán, la Franja de Gaza y la Península del Sinaí. Cerca de mil soldados israelíes murieron y unos 4 500 resultaron heridos. Unos 4 mil soldados árabes fueron muertos y 6 mil resultaron heridos.

La guerra de 1973 duró del 6 de octubre de 1973, cuando fuerzas egipcias y sirias atacaron a las unidades israelíes que ocupaban la Península del Sinaí y las Alturas de Golán, hasta que se dio el cese al fuego el 24 de octubre. Participaron también contingentes de Jordania, Marruecos, Arabia Saudita e Iraq. En el curso de la guerra murieron unos 2 800 israelíes y 7 500 resultaron heridos. Más de 8 mil árabes murieron, 19 mil fueron heridos y unos 8 mil fueron tomados prisioneros.

El 17 de septiembre de 1987 el presidente egipcio Anwar al-Sadat y el primer ministro israelí Menachem Begin firmaron unos acuerdos bajo los auspicios del presidente norteamericano James Carter en la residencia presidencial en Camp David, en el estado de Maryland. Bajo los términos de un subsecuente tratado de paz firmado en Washington el 26 de marzo de 1979, El Cairo le dio reconocimiento diplomático formal al estado israelí, Tel Aviv retiró sus tropas de la Península del Sinaí en 1982.

6. El régimen curdo mantuvo el poder por casi un año. Cuando la monarquía iraní se movilizó para derrocar a los dos gobiernos y retomar las áreas ocupadas en diciembre de 1946, el gobierno soviético se opuso a los esfuerzos de resistencia del pueblo curdo y del pueblo azerbeiyani. Esto resultó en una

escisión en la dirigencia azerbeiyani. La mayoría siguieron el dictado de Stalin y ordenaron un cese a la resistencia armada. La dirigencia stalinista en Azerbeiyán cedió sin luchar. La caída del gobierno azerbeiyani rápidamente llevo a la caída de la república curda. Sin embargo, las fuerzas curdas libraron una lucha al retirarse.

La retirada fue organizada por Mustafa Barzani, el comandante de la república curda de Mahabad, que antes había dirigido la unión de los curdos de Iraq, con la república curda en el norte de Irán encabezada por Ghazi Muhammad. Luchando contra los ejércitos del sha cruzaron la frontera con Iraq, donde fueron atacados por las fuerzas armadas de la monarquía iraquí con el apoyo del imperialismo británico. Entonces Barzani dirigió sus fuerzas en una retirada bajo combate a través de Turquía e Irán hacia la Unión Soviética. Allí se quedaron hasta julio de 1958 cuando una revolución derrocó a la monarquía iraquí. Regresaron al Curdistán iraquí a continuar su lucha por la autodeterminación.

7. Gerónimo, un guerrero apache fue un dirigente extraordinario de la lucha de los indígenas norteamericanos contra la política genocida del gobierno norteamericano. En mayo de 1885 junto con sus seguidores logró salir de la reserva de San Carlos en Arizona a donde habían sido forzados a permanecer por las tropas gubernamentales. Fueron a México donde eventualmente los alcanzaron 5 mil tropas norteamericanas (una tercera parte del total de la fuerza de combate norteamericana) así como miles de tropas del ejército mexicano. Gerónimo y algunas decenas de seguidores finalmente se rindieron en septiembre de 1886. Todos ellos fueron deportados a Fort Marion, Florida.

8. Para más información sobre el auge y caída del gobierno obrero y campesino de Nicaragua vea el artículo "¿Qué condujo a la derrota del gobierno obrero y campesino en Nicaragua?" en *Perspectiva Mundial* de Octubre de 1990. En inglés este artículo fue publicado en el semanario el *Militant* en su edición del 7 de septiembre de 1990. Discursos y escritos selectos de varios dirigentes sandinistas se pueden encontrar en el libro de la editorial Pathfinder *Sandinistas Speak* (Hablan los sandinistas, Nueva York: Pathfinder, 1982). Este libro incluye el Programa Histórico del Frente Sandinista de Liberación Nacional de 1969. Tam-

bién vea *Nicaragua: The Sandinista People's Revolution* (Nicaragua: La Revolución Popular Sandinista, Nueva York: Pathfinder, 1985).

9. Una explicación sobre la revolución granadina en las palabras de su dirigente central se encuentra en *Maurice Bishop Speaks: The Grenada Revolution and Its Overthrow, 1979–83* (Habla Maurice Bishop: La revolución granadina y su derrocamiento, 1979–1983. Nueva York: Pathfinder, 1983). Para una evaluación detallada del legado político de la revolución granadina y de las lecciones de su derrocamiento vea la introducción al libro *Maurice Bishop Speaks* por Steve Clark (publicada en español bajo el título: "Lecciones de la revolución granadina" en el número del 16 de abril de 1984 de *Perspectiva Mundial*) y el discurso de noviembre de 1983 de Fidel Castro que se encuentra en el apéndice a dicho libro. También vea "The Second Assassination of Maurice Bishop" en el número 6 de *New International,* págs. 11–96. Este artículo, "El segundo asesinato de Maurice Bishop", apareció en el número de agosto de 1987 de *Perspectiva Mundial. La revolución granadina, 1979–1983* con discursos de Maurice Bishop y Fidel Castro.

10. *Granma Internacional,* 24 de marzo de 1991.

11. Al comenzar la guerra de Corea (1950–53) el Consejo de Seguridad de Naciones Unidas aprobó una serie de resoluciones dándole el visto bueno diplomático a la intervención militar imperialista norteamericana en defensa del régimen capitalista y de los terratenientes de Corea del Sur. Cuando se dieron estas reuniones, la Unión Soviética, que como miembro permanente del Consejo de Seguridad pudo haber vetado las medidas, se encontraba boicoteando las reuniones del Consejo de Seguridad a modo de protesta contra el rechazo de Naciones Unidas de aceptar a la República Popular China como miembro.

12. Las 18 enmiendas fueron propuestas por Cuba a la Resolución 686 del Consejo de Seguridad, que describe las condiciones de Washington para aceptar un rendimiento de Bagdad. La resolución fue adoptada el 2 de marzo de 1991 y todas las enmiendas cubanas fueron derrotadas. Una de estas requería que: "todos los estados miembros, Naciones Unidas, las agencias especiales, así como otras organizaciones internacionales den, de manera urgente, asistencia humanitaria incluyendo alimentos y medicinas a Iraq y Kuwait". Esta enmienda fue derrotada

con 5 votos a favor (Cuba, Ecuador, India, Yemen y Zimbabwe), 0 en contra y 10 abstenciones. Según la Carta de las Naciones Unidas se requieren nueve votos a favor para que una resolución sea adoptada por el Consejo de Seguridad. Otra enmienda que demandaba la libertad inmediata de todos los prisioneros de guerra fue derrotada con 2 votos a favor (Cuba y Yemen), 0 en contra y 13 abstenciones. Otra, demandando la retirada inmediata de las tropas militares extranjeras de Iraq fue derrotada con el mismo número de votos. El gobierno soviético siguió la dirección norteamericana absteniéndose en todas las enmiendas. China se abstuvo en todas menos una. Cuando se dio el voto sobre la Resolución 686 Cuba emitió el único voto en contra. China, India y Yemen se abstuvieron.

13. Las **islas Kuriles** son una cadena de islas situadas al norte de Japón. Fueron colonizadas por Tokio a finales del siglo pasado y principios del presente, y fueron tomadas por la Unión Soviética después de la segunda guerra mundial. Durante la visita de Gorbachov a Japón en abril de 1991, él señaló que la soberanía de estas islas podía discutirse en negociaciones entre ambos países.

En septiembre de 1990 la Unión Soviética estableció relaciones diplomáticas con el gobierno de **Corea del Sur** y en abril de 1991 el presidente Gorbachov realizó una visita. Gorbachov acogió con gusto la "nueva relación" entre los dos gobiernos. Esta "nueva relación" incluye una promesa a Moscú de 3 mil millones de dólares en ayuda económica por parte de Seúl. Durante su visita los funcionarios soviéticos declararon que si el gobierno de Corea del Norte se niega a una inspección internacional de su reactor nuclear en Yongbyon, Moscú dejará de proveerles combustible nuclear y tecnología. Gorbachov indicó también que si Pyongyang continuaba oponiéndose a la entrada separada de las dos Coreas a Naciones Unidas, la Unión Soviética apoyaría la entrada de Seúl.

También en septiembre de 1990 el gobierno soviético e **Israel,** que habían roto relaciones diplomáticas después de la guerra de 1967, decidieron restablecer consulados respectivos en sus países. En febrero de 1991 la Unión Soviética y **Sudáfrica** anunciaron el acuerdo de abrir secciones de intereses en ambos países.

En enero de 1991, por primera vez en tres décadas, la Unión

Soviética comenzó a exigir que muchas de las transacciones financieras con **Cuba** se den en moneda convertible y a precios del mercado internacional. Aunque se negociaron algunos acuerdos para disminuir el efecto de estos términos en 1991, las ventajas se están reduciendo progresivamente. También han habido problemas y retrasos cada vez más frecuentes en la entrega de petróleo, trigo y otros artículos importados de la Unión Soviética. Este deterioro repentino en la magnitud y en los términos de intercambio económico entre la Habana y su asociado económico más importante han resultado en mayores escaseces y dislocaciones de la economía cubana.

14. La revolución húngara de 1956 comenzó a finales de octubre después de que la policía secreta húngara y las tropas soviéticas atacaron manifestaciones que demandaban derechos democráticos. Los trabajadores formaron consejos revolucionarios, tomaron control de una gran parte del país y lucharon contra varias divisiones de tropas soviéticas. El levantamiento fue aplastado por Moscú en unas cuantas semanas aunque continuaron dándose huelgas hasta mediados de diciembre. También en 1956, una rebelión obrera en Polonia fue aplastada con una combinación de represión armada y el establecimiento de un régimen de "reforma" bajo Vladislav Gomulka. Tres años antes, en junio de 1953, las tropas soviéticas y sus vehículos blindados aplastaron un levantamiento en Alemania oriental que incluyó una huelga general de más de 200 mil trabajadores.

Para cuando se dieron estas rebeliones en los años 50, los regímenes y partidos stalinistas, a través de una combinación de represión asesina y desorientación política, ya habían logrado decimar todo vestigio que existiera de dirección comunista de la clase obrera en estos países. Estas rebeliones fueron las últimas en Europa oriental que involucraron a sectores de obreros de pensamiento socialista y que en su juventud fueron conquistados a la perspectiva comunista antes de la consolidación de la contrarrevolución stalinista de la Unión Soviética y de la Internacional Comunista en los años 30.

La Primavera de Praga en Checoslovaquia fue un periodo de radicalización de masas que se dio a principios de 1968 y que inicialmente logró obtener algunas concesiones democráticas y espacio político del régimen stalinista. Fue aplastada por un ejército de más de 650 mil tropas de la Unión Soviética y otros países de Europa oriental en agosto de ese año. Durante esta rebelión no existía una dirección comunista que organizara la resistencia de los obreros y de los estudiantes o que pudiera forjar un núcleo de vanguardia revolucionaria internacionalista de la clase obrera después de la derrota.

15. Para más información sobre el significado de la caída de la bolsa de valores en 1987 y sobre las recesiones mundiales de 1974–75 y 1981–82 vea las resoluciones del Partido Socialista de los Trabajadores citadas en la nota 1 del artículo "En este Número". También vea *Un programa de acción para enfrentar la crisis económica que se avecina* (Nueva York: Pathfinder, 1988); y en inglés por Jack Barnes, *The Changing Face of U.S. Politics: The Proletarian Party and the Trade Unions* (El panorama cambiante de la política norteamericana: El partido proletario y los sindicatos; Nueva York: Pathfinder, 1981).

16. Panamá fue el primer país en reconocer al gobierno provisional del Frente Sandinista de Liberación Nacional el 16 de junio de 1979, establecido en territorios liberados del régimen somocista que contaba con el apoyo de los Estados Unidos. Entre las brigadas internacionalistas que lucharon junto con los sandinistas se encontraba la brigada panameña Victoriano Lorenzo, dirigida por Hugo Spadafora, el viceministro de salud de Panamá. Cuba ayudó al nuevo gobierno revolucionario con miles de maestros, médicos, técnicos y asesores militares, además de una ayuda substancial en alimentos, materiales para la agricultura y la construcción y provisiones médicas.

17. Uno de los actos de solidaridad para con los pueblos árabes vino de Cuba, que envió un contingente de tropas voluntarias para ayudar a defender a Siria de la agresión israelí.

18. En septiembre de 1970, el ejército del rey Hussein, con el apoyo de Tel Aviv y Washington, lanzó un ataque de gran envergadura contra los campamentos de refugiados y las comunidades palestinas en Jordania para tratar de aplastar la creciente militancia de los luchadores por la libertad palestinos y para mantener relaciones estables con Israel. Más de 8 mil palestinos fueron muertos durante los ataques, una matanza que se conoce con el nombre de "Septiembre Negro".

19. Para un recuento y análisis del debilitamiento del estado obrero soviético bajo Stalin en los años 30, vea *La Revolución Traicionada* por León Trotsky (Barcelona: Editorial Fontamara,

1977) y en *En defensa del marxismo* por León Trotsky (Barcelona: Editorial Fontamara, 1977).

20. Una guerra civil comenzó unos meses después del triunfo de la revolución de octubre en 1917 como resultado de los intentos de los capitalistas y terratenientes rusos de recuperar el poder. Apoyadas por las tropas de una docena de países, incluyendo los gobiernos imperialistas de Estados Unidos, Gran Bretaña y Francia, las fuerzas contrarrevolucionarias desataron la guerra en numerosos frentes. En respuesta, la joven república soviética movilizó a los obreros y campesinos a través del recién constituido Ejército Rojo y logró defender al gobierno revolucionario. V.I. Lenin era el dirigente central del gobierno soviético y del Partido Comunista, León Trotsky, dirigente del partido, fue el comandante en jefe del Ejército Rojo.

21. Vea Cindy Jaquith et al., *Panama: The Truth about the U.S. Invasion* (Panamá: la verdad acerca de la invasión norteamericana, Nueva York: Pathfinder, 1990).

22. Vea la sección "La marcha hacia la guerra y la depresión" en el artículo titulado "La campaña clasista contra el imperialismo y la guerra" en este tomo.

23. El 3 de marzo de 1991, en Los Angeles, una banda de más de dos docenas de policías golpeó salvajemente a Rodney King, un obrero de la construcción desempleado negro. Este ataque brutal que fue filmado en video por un residente del área y trasmitido por televisión por todo Estados Unidos y el mundo, resultó en protestas demandando la renuncia de Daryl Gates, jefe de policía de Los Angeles.

24. El rumbo tomado para construir un partido de campaña de la clase obrera modelado en el partido bolchevique de Lenin fue codificado en una serie de resoluciones adoptadas por el Partido Socialista de los Trabajadores entre 1938 y 1940. Este rumbo continúa al centro de los principios políticos y organizativos del partido. La resolución política adoptada por el PST en su congreso de julio de 1939 dice: "Para que el partido avance seriamente en el movimiento de masas es necesario que adopte el principio de trabajo de campaña. Tal y como en una campaña militar, una campaña política significa que todas las fuerzas existentes se concentran y coordinan para avanzar hacia el logro de un objetivo o grupo de objetivos concretos y definidos. Desde el punto de vista del partido significa integrar a toda la organiza-

ción a nivel nacional y cada aspecto de sus actividades . . . en una unidad única trabajando en torno al eje específico de la campaña". James P. Cannon y otros, *The Founding of the Socialist Workers Party* (La fundación del Partido Socialista de los Trabajadores, Nueva York: Anchor Foundation, un libro de Pathfinder, 1982), pág. 346.

Otras obras de dirigentes comunistas y documentos de organizaciones revolucionarias que explican cómo se puede construir un partido de la clase obrera combativo incluyen: *The Struggle for a Proletarian Party* (La lucha por un partido proletario, Nueva York: Pathfinder, 1972) y *Letters from Prison: The Communist Campaign against Wartime Repression* ambos por James P. Cannon (Cartas desde prisión: La campaña comunista contra la represión en tiempos de guerra. Nueva York: Pathfinder, 1973), *The Structure and Organizational Principles of the Party* por Farrell Dobbs (La estructura y los principios organizativos del partido; Nueva York: Pathfinder, 1971), la resolución del PST de 1965 *The Organizational Character of the Socialist Workers Party* (El carácter organizativo del Partido Socialista de los Trabajadores; Nueva York: Pathfinder, 1970) y *The Changing Face of U.S. Politics: The Proletarian Party and the Trade Unions* por Jack Barnes (El panorama cambiante de la política norteamericana: El partido proletario y los sindicatos; Nueva York, Pathfinder, 1981).

25. Mark Curtis, un empacador de carne, luchador antiguerra y miembro del Partido Socialista de los Trabajadores, se encuentra en prisión en Iowa cumpliendo una sentencia de 25 años. Su lucha por obtener justicia ha recibido apoyo amplio por todo el mundo. Los hechos de este caso se encuentran detallados en *The Frame-Up of Mark Curtis* por Margaret Jayko (El caso fabricado contra Mark Curtis, Nueva York: Pathfinder, 1989).

26. *The Third International after Lenin* por León Trotsky (La tercera internacional después de Lenin, Nueva York: Pathfinder, 1970), pág. 4.

El manifiesto comunista

por Carlos Marx y Federico Engels
El programa del movimiento revolucionario de
la clase obrera. 110 págs., $3.00

Del socialismo utópico al socialismo científico

por Federico Engels
Explica los orígenes de la perspectiva
mundial materialista del movimiento obrero
comunista. 80 págs., $4.00

Crítica del Programa de Gotha
por Carlos Marx
En forma de debate, plantea
cuestiones fundamentales en la
transición del capitalismo al
socialismo.
$3.00

El estado y la revolución
por V.I. Lenin
Escrito a finales de la primera
guerra mundial describe el estado
capitalista (con su policía,
cárceles, sistema judicial) como
instrumento de explotación de la
clase obrera y la necesidad de
destruirlo para asegurar que no
se repitan los horrores de la
guerra.
$5.95

En defensa del marxismo
por León Trotsky
Aborda el tema del carácter social
de la URSS como estado obrero,
la naturaleza de la burocracia
soviética y el método marxista.
$13.95

EN INGLES

The Revolution Betrayed
por León Trotsky
*La revolución traicionada: ¿Qué es la
Unión Soviética y hacia adónde va?*
Un estudio clásico de la
degeneración burocrática de la
Unión Soviética bajo Stalin.
Explica las raíces de la crisis
social y política que sacude
actualmente a la Unión Soviética.
314 págs., $18.95

For a workers' and Farmers' Government in the United States
por Jack Barnes
Por un gobierno obrero y
campesino en Estados Unidos.
Plantea las cuestiones
estratégicas que enfrenta el
pueblo trabajador en la transición
del capitalismo al socialismo. 61
págs., formato 8"x11", $7.00

LIBROS CONTRA EL IMPERIALISMO Y LA GUERRA
LA BUROCRACIA TEAMSTER

*La campaña sindical contra
la segunda guerra mundial*
Por Farrell Dobbs
Cómo los líderes clasistas del sindicato de
Teamsters (camioneros) de Minneapolis
organizaron a los trabajadores antes y durante
la segunda guerra mundial para oponerse
a la guerra imperialista y a los ataques de la
patronal en el país. 304 págs., $17.95

¡FUERA YA!
*El relato de un participante del movimiento en
Estados Unidos contra la guerra de Vietnam.*
Por Fred Halstead
756 págs., $29.95

COMBATIENDO EL RACISMO DURANTE LA SEGUNDA GUERRA MUNDIAL
Por C.L.R. James y otros
Un relato semana a semana de la lucha contra
el racismo y la discriminación racial en Estados
Unidos de 1939 a 1945. 376 págs., $19.95

CARTAS DESDE LA PRISION
*La campaña comunista contra la represión
en tiempos de guerra*
Por James P. Cannon
Las cartas de un líder comunista desde prisión.
Cannon discute el desafío que plantea
organizar un partido revolucionario en tiempos
de guerra. 362 págs., $19.95

El panorama cambiante de la política norteamericana
El partido proletario y los sindicatos
por Jack Barnes

"Cuando decimos que la clase obrera se mueve hacia la palestra en la política norteamericana, queremos decir dos cosas estrechamente interrelacionadas:

"Primero, que los obreros industriales son el objetivo central de la ofensiva de los gobernantes. Para impulsar sus ganancias, los patrones tiene que lidiar con los enormes sindicatos industriales, que son las instituciones más poderosas de los oprimidos y explotados.

"Segundo, queremos decir que la clase obrera se mueve hacia el centro en la resistencia a la ofensiva".

"La contradicción fundamental que enfrenta el imperialismo norteamericano es que debe ser capaz de intervenir militarmente alrededor del mundo, de lo contrario el capitalismo será derrocado poco a poco. Sin embargo, para hacerlo la clase dominante debe confrontar a la clase obrera norteamericana, que más y más ve que sus intereses no tienen nada que ver con las aventuras militares de Washington en el exterior. Y es ésta la contradicción más decisiva en la política mundial".

Los informes y resoluciones aprobadas por el Partido Socialista de los Trabajadores examinan el proceso de la construcción de un partido obrero revolucionario en el actual mundo de guerras imperialistas, crisis económicas y ataques contra la clase obrera: un mundo donde las bases combativas del movimiento obrero jugarán un papel cada vez más central. En inglés, 346 págs., $18.95

VEA LA PAGINA 2
PARA LOS DISTRIBUIDORES

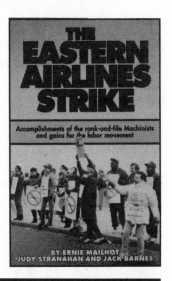

LA CAMPAÑA CLASISTA CONTRA EL IMPERIALISMO Y LA GUERRA

Por Jack Barnes

EL COMITE NACIONAL del Partido Socialista de los Trabajadores publicó una declaración el 1 de noviembre de 1990 haciendo un llamado al pueblo trabajador de todo el mundo a "poner al centro de sus actividades políticas una campaña contra la terrible guerra para la que Washington, Londres, París y sus aliados se preparan en el Oriente Medio". El comunicado enfatizó, "No podemos hacernos ilusiones. Los preparativos de guerra se están acelerando".

Hoy podemos confirmar la veracidad y urgencia de esa declaración. Es más, los sucesos acontecidos desde entonces nos han acercado aún más a una asesina guerra en el Oriente Medio.

El Consejo de Seguridad de la Organización de Naciones Unidas (ONU) adoptó una resolución el 29 de noviembre dando licencia a Washington para que desate su masiva fuerza militar después del 15 de enero, fecha tope para que el régimen de Iraq se retire de Kuwait.

Las resoluciones previas del Consejo de Seguridad habían condenado la invasión de Kuwait del 2 de agosto y exigido la inmediata retirada de las tropas iraquíes; demandaron que Iraq anulase su anexión de Kuwait del pasado 8 de agosto; instaron al gobierno de Bagdad a que ponga en libertad a todos los

---

Este artículo está basado en charlas dadas por Jack Barnes el 17 de noviembre de 1990 en la ciudad de Washington, D.C., y el 1 de diciembre de 1990 en Nueva York. Originalmente apareció en el International Socialist Review *(Reseña Socialista Internacional) como suplemento del número del 21 de diciembre de 1990 del* Militant. *En español, fue publicado en el número de enero de 1991 de* Perspectiva Mundial. *Barnes es el secretario nacional del Partido Socialista de los Trabajadores.*

ciudadanos de otros países sin hacerles daño; exigieron la revocación de la orden de cerrar todas las embajadas y consulados en Kuwait, y el fin de las violaciones de la inmunidad diplomática del personal de las mismas; y condenaron el maltrato de los ciudadanos de Kuwait y de otros países a manos de la fuerza de ocupación iraquí.

La medida adoptada el 29 de noviembre a iniciativa de Estados Unidos reafirmó estas demandas planteadas en previas resoluciones del Consejo de Seguridad. Sin embargo, también hizo algo más. La nueva medida no sólo autorizó a que todos "los estados miembros . . . utilicen todos los medios necesarios" para "hacer valer y llevar a la práctica . . . todas las resoluciones pertinentes", sino también "para restablecer la paz y la seguridad internacionales en la región". El Consejo de Seguridad instó a "todos los estados que proporcionen apoyo adecuado para las medidas" adoptadas por Washington y sus aliados.

La letra del documento, redactado por Estados Unidos, provee al gobierno norteamericano con una base más amplia y más abierta aún para racionalizar una guerra contra Iraq so pretexto de hacer valer las decisiones de la ONU. "Paz y seguridad" en el Oriente Medio tiene un sólo significado para los gobernantes estadounidenses: paz y seguridad para los intereses imperialistas. Requeriría la imposición de un régimen en Iraq que sea en gran parte, en términos políticos, un protectorado de Estados Unidos en la región. Requeriría una derrota masiva de las fuerzas armadas iraquíes y el derrocamiento del gobierno actual. El objetivo mínimo de Washington es un Iraq mucho más débil, vulnerable a los mandatos y continuas amenazas militares de Washington.

El secretario de estado norteamericano James Baker dijo ante el Comité del Senado para Asuntos Exteriores el 5 de diciembre que si las condiciones exigidas por la ONU no son cumplidas y se inicia la guerra contra Iraq, Washington atacará de manera "repentina, masiva y decisiva".

Abdala Saleh al-Ashtal, representante en jefe de Yemen ante la ONU, no pudo haberse expresado mejor cuando dijo ante el Consejo de Seguridad el 29 de noviembre que "en los anales de Naciones Unidas esto será recordado por largo tiempo como la resolución de guerra". Eso es lo que fue.

También fue una conclusión que se esperaba de antemano.

Prácticamente, todos los detalles de los procedimientos en el Consejo de Seguridad habían sido preparados cuidadosamente por Washington a través de reuniones previas con otros partidarios de la marcha hacia la guerra contra Iraq. Estos partidarios incluían al ministro de relaciones exteriores de la Unión Soviética, Eduard Shevardnadze, quién fingió indignación al amenazar al gobierno de Iraq: "Si aunque sea un sólo ciudadano soviético sufre algún daño, no puedo mencionar cuáles van a ser las consecuencias, pero serían muy, muy serias". (Poco después, el régimen de Bagdad anunció que todos los ciudadanos soviéticos en Iraq tenían la libertad de salir del país. Unos días después a todos los extranjeros que habían sido detenidos como rehenes hasta ese entonces se les permitió partir de Iraq.)

El gobierno de Cuba se opuso fuertemente a la medida del Consejo de Seguridad catalogándola como un nuevo y peligroso paso en la masiva concentración militar de Washington y sus preparativos de agresión. Parafraseando el título de una novela de Gabriel García Márquez, el ministro de relaciones exteriores de Cuba, Isidoro Malmierca, tituló la resolución como la "Crónica de una guerra anunciada".

EL RUMBO BIPARTIDISTA DE WASHINGTON HACIA LA GUERRA

EL 29 DE NOVIEMBRE, el día del voto sobre la resolución de guerra en el Consejo de Seguridad, las tropas estadounidenses, británicas y sauditas se declararon en el máximo alerta antes de combate. Ya se llegó a un acuerdo de que las tropas británicas y sauditas pelearán bajo el comando de Estados Unidos una vez que comiencen los disparos.

El día después del voto en Naciones Unidas, el presidente [de Estados Unidos George] Bush intentó eliminar una posible debilidad en su racionalización de guerra al tomar los pasos necesarios para "agotar todos los canales" antes de recurrir a las armas. Bush anunció que estaba invitando a Washington al primer ministro de relaciones exteriores de Iraq, Tarik Aziz, y que enviaría al secretario de estado Baker a Bagdad. El trabajo de Baker es ver a Sadam Hussein a los ojos y decirle: "No hay manera de salir de esta situación 'salvando las apariencias'. O cumples al pié de la letra con cada una de las resoluciones de Naciones Unidas, o de lo contrario . . .".

Al día siguiente, 1 de diciembre, funcionarios del Pentágono anunciaron que otros 300 caza-bombarderos estaban siendo enviados al Golfo Arábigo-Pérsico, aumentando el total de aviones de guerra norteamericanos en la región a unos 1 900 —sin incluir los cientos de aviones más que han sido provistos por Arabia Saudita, Gran Bretaña, Francia, Canadá, Holanda, Italia y otros países. (Esta es la primera vez desde la guerra de Corea que el gobierno canadiense ha enviado fuerzas de combate a participar en una guerra imperialista. A diferencia de Australia y otros gobiernos, Ottawa no envió tropas a combatir junto a Washington en Vietnam.) Se calcula que la fuerza aérea de Iraq, en comparación, cuenta con unos 600 aviones, menos modernos.

Incluido todo, Washington ha movilizado más poderío aéreo en la región del Golfo que en los momentos de mayor afluencia durante las campañas de bombardeos de saturación en las guerras de Corea y Vietnam. Todos los oficiales representantes de la fuerza aérea y del Pentágono que se han presentado ante el Comité del Senado para Asuntos Militares, atestiguaron que las fuerzas dirigidas por Estados Unidos son capaces —sólo en la primera semana y media de bombardeo intensivo— de lanzar más poder destructivo contra Iraq que todo el que fue usado durante toda la guerra de Corea. Las unidades de asalto aéreo que han estado entrenando desde su llegada a Arabia Saudita, han sido trasladadas más cerca de la frontera en semanas recientes.

Gran Bretaña anunció poco antes de que la resolución en Naciones Unidas fuera aprobada, que extendería el número de tropas cometidas de 15 mil a 30 mil, con el apoyo de los principales líderes de los partidos Tory (Conservador) y Laborista. Esta cifra representa un 10 por ciento del total de sus fuerzas en servicio activo. En comparación, según los cálculos más altos del número de tropas de infantería empleado por Gran Bretaña en su asalto contra las Islas Malvinas de Argentina en 1982, es de 8 500 (aunque contó con una armada sustancialmente más grande de 30 ó 40 buques británicos). Además, Londres planea enviar prácticamente todos los tanques que tiene actualmente en Europa continental, y más tanques desde Gran Bretaña misma.

En seguida del voto en el Consejo de Seguridad, el gobierno del Partido Nacional de Nueva Zelanda anunció que enviaría personal militar al Golfo en un primer contingente de 300.

El presidente Turgut Özal ha propuesto que el gobierno de Turquía, además de cooperar ya con 100 mil tropas a lo largo de su frontera con Iraq, despache pronto un contingente a Arabia Saudita para unirse a las fuerzas comandadas por Estados Unidos. Dijo también que daría a Washington acceso a la base aérea de Incirlik en el sur de Turquía si la guerra estalla. El gobierno de Paquistán anunció recientemente un envío adicional de 10 mil tropas a Arabia Saudita, aumentando así su fuerza de combate a 15 mil antes del 15 de enero.

EL MINISTRO DE DEFENSA sirio fue citado en reportajes noticiosos de las cadenas de televisión ABC, NBC y CNN del pasado 1 de diciembre, afirmando en una conferencia de prensa que su gobierno estaba preparado para designar medio millón de tropas al combate si la guerra llega a reventar. Eso además de las 19 mil tropas en divisiones blindadas que ya tiene destacadas o en camino a Arabia Saudita.

Para finales de enero el gobierno de Estados Unidos tendrá allá cerca de 450 mil tropas; el total de fuerzas norteamericanas y de sus aliados sumarán 650 mil. Un 40 por ciento del ejército norteamericano y cerca de la mitad de sus tropas de combate están en la región o en camino. Esto incluye a más de la mitad de las unidades del ejército norteamericano estacionadas anteriormente en Europa. Unos dos tercios de las unidades de combate del Cuerpo de Infantería de Marina estarán en el Golfo. La mitad de las fuerzas blindadas que Estados Unidos tenía en Europa están siendo enviadas a Arabia Saudita, extendiendo el número de tanques norteamericanos modernos a 1 200. Seis portaviones y sus escoltas de buques de guerra estarán desplazados en las aguas aledañas a la Península Arábiga.

Al mismo tiempo que acumula tropas y equipo pesado de forma incesante, Washington acentúa las maniobras militares realizadas en cercana proximidad de las fuerzas iraquíes. Tal es el caso de la Operación Trueno Inminente, realizada a fines de noviembre. Estos operativos masivos con cientos de caza-bombarderos y unidades de asalto aéreo, con simulacros de desembarcos de fuerzas invasoras, no son primordialmente ejercicios de entrenamiento. Su objetivo es hacerlos imposibles de distinguir de los movimientos iniciales de un verdadero ataque militar. Cuanto más tiempo duren, tanto más provocadores serán. Con cada día y cada semana que pasa, las funestas decisiones que las fuerzas armadas de Iraq enfrentan se hacen cada vez más difíciles en vista de las provocaciones.

Si el combate no revienta pronto, o si Washington no es capaz de lograr una victoria relativamente rápida, no va a ser posible sostener una movilización de la envergadura con que ésta se ha llevado a cabo sin imponer nuevamente la conscripción militar. El porcentaje de tropas de combate que Estados Unidos ha designado a la operación en el Golfo Arábigo-Pérsico es tan grande, que no hay otra manera de hacer posible el reemplazo y relevo de tropas a largo plazo. Algunos políticos —especialmente los Demócratas liberales— ya comenzaron a plantear el llamado a que se reinstituya la conscripción capitalista so pretexto de lidiar con el desbalance de clase y racial que existe dentro de las fuerzas armadas. Pero, como será obvio para todo el que piense por un segundo acerca de las tropas norteamericanas que pelearon en Vietnam, un ejército capitalista conscripto no va a estar compuesto por menos trabajadores o por menos negros o latinos que el actual ejército voluntario. Los obreros comunistas mantenemos nuestra posición histórica: ¡Ni un centavo, ni un hombre —o mujer— para el ejército imperialista!

El brutal bloqueo impuesto por Estados Unidos
Paralelo a la actual concentración militar imperialista y a las maniobras diplomáticas para justificarla, se ha hecho cumplir el bloqueo económico contra Iraq. Buques de guerra de Estados Unidos y de sus aliados continúan usando su poder armado para evitar que barcos petroleros y mercantes puedan importar o exportar productos de los puertos de Iraq.

Es fácil olvidar que éste es el embargo más efectivo —es más, el único verdadero bloqueo económico— impuesto a un país en décadas. Su envergadura y la desigualdad entre el poder económico y militar de ambos bandos, son únicos en la historia moderna. De acuerdo a cualquier definición, es un acto de guerra.

Se ha dicho algunas veces que Iraq es el tercer país que ha sido objeto de semejantes medidas sancionadas por el Consejo de Seguridad desde que se fundara Naciones Unidas en 1945, siendo los otros dos países Rodesia del Sur durante los años de dominio de la minoría blanca y la Sudáfrica del apartheid de hoy.[1] Pero las acciones de Naciones Unidas contra estos dos regímenes racistas sólo han incluido sanciones y no un bloqueo. Washington mismo violó las sanciones abiertamente. No habían mecanismos para hacer valer las sanciones en lo absoluto, ¡ya no digamos la masiva fuerza naval, aérea y terrestre del más poderoso país imperialista en la tierra!

A menudo hablamos del "bloqueo" contra Cuba. Pero no hay un bloqueo naval o aéreo contra Cuba tampoco, aunque el brutal bloqueo que ha orquestado Estados Unidos contra el comercio y la ayuda a Cuba ha tenido consecuencias económicas y sociales mucho más devastadoras que las sanciones de Naciones Unidas contra los regímenes racistas de Africa austral. (*Hubo* un bloqueo naval impuesto por Estados Unidos a Cuba por unos días en octubre de 1962, cuando Washington declaró sus intenciones de interceptar y forzar el regreso de buques soviéticos que transportaran cohetes armados de ojivas nucleares.)[2]

Aún durante la guerra contra Vietnam, el gobierno de Estados Unidos nunca intentó interceptar barcos soviéticos, chinos o europeos cargados de armamentos y otros pertrechos a Vietnam del Norte. De hecho, la fuerza aérea norteamericana trató de evitar hacerle daño a tales buques durante sus repetidos bombardeos al puerto de Haifong.

En el caso de Iraq, por otro lado, *hay* un verdadero embargo. Cualquier barco que insista en atravesar el bloqueo corre el riesgo de ser hundido con la bendición de la Resolución 665 del Consejo de Seguridad, la cual eufemísticamente hace un llamado a los gobiernos "que están desplegando fuerzas marítimas en la región a que utilicen las medidas proporcionadas a las circunstancias concretas que sean necesarias . . . para detener to-

LAS NOTAS PARA ESTE ARTICULO COMIENZAN EN LA PAGINA 244.

do el transporte marítimo que entre y salga". Con esa realidad en mente, no ha habido barco iraquí ni ningún otro barco petrolero o comercial, que haya pasado por el bloqueo una vez que se le indicara parar, aunque varios han sido blanco de disparos de advertencia antes de acceder a regresar a puerto o a ser abordados por las fuerzas imperialistas.

El gobierno norteamericano calcula que el bloqueo ha suprimido el 90 por ciento de las importaciones de Iraq y el 97 por ciento de sus exportaciones, y ha recortado su producción económica no militar en un 40 por ciento desde septiembre. Aún si estas cifras fueran exageradas, los efectos de este bloqueo brutal ya están cobrando un alto precio de la gente de Iraq y de Kuwait. Como explicara el ministro de relaciones exteriores de Cuba Malmierca ante el Consejo de Seguridad el 29 de noviembre, la aprobación de "una resolución de bloqueo total que no excluyó los alimentos ni las medicinas convirtió en rehenes del hambre y la muerte a millones de ancianos, mujeres y niños.

"Ya hay niños y enfermos de la población civil de Iraq que han fallecido por falta de medicamentos en los hospitales", dijo Malmierca. "La presencia de más de 200 médicos y enfermeras cubanos, que desde hace más de doce años vienen prestando gratuitamente sus servicios en el país nos permite dar testimonio de esta realidad".

Ya existe una escasez de leche que es vital para la salud infantil en Iraq, y su precio ha aumentado un 400 por ciento. Los precios de otros alimentos básicos también han subido agudamente.

Desde el comienzo de los esfuerzos orquestados por los imperialistas para imponer el bloqueo en agosto, Cuba socialista ha ocupado la eminencia moral en torno a esta cuestión. El embajador cubano ante la ONU Ricardo Alarcón explicó en el Consejo de Seguridad en septiembre: "Para Cuba es totalmente inadmisible la idea misma de que se pueda pretender utilizar el hambre al privar al pueblo de lo que es un derecho absolutamente fundamental de cada persona humana en cualquier parte del mundo y bajo cualquier circunstancia, es decir, de su derecho a alimentarse adecuadamente y de su derecho a tener una atención médica adecuada.

"No creemos que nadie tenga ni la autoridad política ni jurídica ni moral para aplicar ninguna medida de carácter inhumano como serían aquellas que tienen efectos sólo y exclusivamente sobre personas civiles inocentes".[3]

Consecuentemente con esa posición, el gobierno cubano se ha negado a suspender sus acuerdos de exportación de alimentos con Iraq o a retirar su brigada de voluntarios médicos de los hospitales iraquíes.

El desplazamiento forzoso de poblaciones

La invasión de Iraq a Kuwait del 2 de agosto y la subsecuente marcha hacia la guerra organizada por Estados Unidos han resultado en la destitución y desplazamiento forzosos de poblaciones enteras.

En la sesión del Consejo de Seguridad el 29 de noviembre, el embajador de Yemen informó que a unos 900 mil trabajadores yemenitas —muchos de ellos habiendo vivido y trabajado en Arabia Saudita todas sus vidas— el gobierno saudita les revocó repentinamente sus permisos de trabajo y les ordenó que empacaran y regresaran a Yemen en los pasados dos meses. ¿Por qué? Porque a la monarquía saudita no le gustó la manera en que el gobierno de Yemen votó sobre las resoluciones del Consejo de Seguridad.

"A manera de comparación", explicó el embajador de Yemen, "es como si en Estados Unidos regresarán 30 millones de norteamericanos sin trabajo en un corto período de dos meses. Se pueden imaginar la dificultad económica que este trastorno demográfico va a provocar".

La comparación es mucho más contrastante cuando se toma en consideración el bajo nivel de desarrollo económico y los ya paupérrimos niveles de vida en Yemen. Es más, los gobiernos de Arabia Saudita, los emiratos del Golfo, y otros países árabes que forman parte de la coalición de Washington, prácticamente han cortado toda asistencia económica a Yemen desde agosto. Y para colmo de desdicha, según informó el *New York Times* en su edición del 2 de diciembre, que sólo minutos después de que el embajador de Yemen anunciara su voto en contra de la resolución de guerra iniciada por Estados Unidos, "un diplomático norteamericano de alto rango fue instruido a decirle al embajador: 'Ese fue el voto más caro que hayas emitido en tu vida'. En otras palabras, el voto resultaría en el fin de más de 70 millones de dólares en asistencia económica norteamericana a Yemen".

Además de los trabajadores yemenitas que fueron expulsados de Arabia Saudita, muchos trabajadores jordanos y palestinos han compartido la misma suerte a manos de los regímenes monárquicos de Arabia Saudita y del resto del Golfo. La gente palestina también ha sido maltratada por el gobierno de Bagdad. Más de 180 mil ciudadanos jordanos que estaban trabajando en Kuwait, muchos de ellos palestinos, han sido expulsados por las fuerzas de ocupación iraquíes.

También se calcula que hay otros 2 millones de extranjeros en Kuwait e Iraq, una mayoría significativa en contra de su voluntad, que no tienen un gobierno o agencia internacional que estén dispuestos a pagar el traslado a sus patrias respectivas. De ellos, 98 por ciento proceden de países del tercer mundo. Estos incluyen a 15 mil de Bangladesh, 5 mil de China, 6 mil de Filipinas, 20 mil de la India, 55 mil de Líbano, 90 mil de Paquistán, 65 mil de Sri Lanka, y casi 14 mil de Vietnam.

La meta de Washington: Un protectorado norteamericano
Cuando el régimen iraquí se tragó despiadadamente a Kuwait en agosto de 1990, los gobernantes estadounidenses vieron que Saddam Hussein les había servido en bandeja de plata la mejor oportunidad en diez años de alcanzar sus metas estratégicas en la región. Estas metas tienen que ver con defender la seguridad y el fomento de los intereses económicos y estratégicos de Washington en el Oriente Medio, no tienen nada que ver con defender la soberanía nacional de Kuwait ni la de nadie más. El objetivo de los gobernantes de Estados Unidos es cambiar a su favor la correlación entre las fuerzas de clase en el Oriente Medio, y recuperar algo de lo que han perdido en las pasadas tres décadas. El más reciente golpe de gran envergadura que Washington sufrió en la región lo constituyó la victoria de la revolución iraní de 1979.

Antes de que fuera derrocado el sha, Irán había sido uno los estados clientes más confiables de Washington. En medio de la configuración de gobiernos apuntalados por el imperialismo en la región, el "trono de pavo real" del sha era el tercer pilar de un trípode. Los otros dos pilares eran Israel —muchísimo más fuerte que los otros, dada su capacidad como poder imperialista menor, masivamente armado— y las monarquías saudita y del resto del Golfo formaban el pilar más débil.

Los gobernantes de Estados Unidos han estado tratando de recuperar por más de diez años parte de lo que perdieron con el derrocamiento de la monarquía en Irán. Para este fin dieron aliento a la guerra de Saddam Hussein contra Irán durante gran parte de la última década, y apoyaron las iniciativas de sus aliados imperialistas, especialmente las del gobierno francés, para suplir las armas que Iraq necesitaba para la guerra. Ese conflicto, iniciado por Iraq en 1980 con una invasión masiva en el sur de Irán, ha sido uno de los conflictos más carniceros de este siglo, con cientos de miles de muertos y heridos.

Sin embargo, a pesar de la mal disimulada asistencia y consuelo que Washington dio a Bagdad, la asesina guerra de ocho años no acercó a los gobernantes norteamericanos a su meta de establecer otro régimen servil en la región directamente ligado a los intereses imperialistas y dependiente del apoyo militar imperialista.

Desde agosto, no obstante, los gobernantes de Estados Unidos —con el apoyo bipartito de demócratas y republicanos— han aprovechado la oportunidad que se les presentó.

Las direcciones de los partidos republicano y demócrata están de acuerdo en que sus metas justifican una acción militar, incluida una guerra abierta contra Iraq si es necesario. Ellos apoyan la política explícita de la administración Bush de rechazar negociaciones con el gobierno de Iraq (aunque conversaciones extraoficiales sin duda se han estado llevando a cabo desde el comienzo, así como se realizan antes de —y durante— la mayoría de conflictos armados).

El Congreso declaró su apoyo a la decisión tomada en agosto por la administración Bush de comenzar a verter masivamente las fuerzas terrestres, aéreas y marítimas de Estados Unidos en Arabia Saudita y en la región del Golfo Arábigo-Pérsico. Ambos partidos estuvieron de acuerdo con la decisión de Washington de organizar a sus aliados imperialistas, a varios regímenes burgueses de la región y a otros gobiernos —32 en total a estas alturas— para que metieran tropas, fuerzas blindadas, aéreas y navales, pertrechos de guerra, y que apoyaran económicamente esta gigantesca movilización militar.

Más que nada, ha habido apoyo de ambos partidos para la brutal y unilateral guerra organizada por Estados Unidos que ya ha venido realizando Washington en el Golfo: la guerra de desgaste guiada a someter por hambre a los obreros y campesinos de Iraq y Kuwait por medio del criminal e inhumano bloqueo de importaciones y exportaciones, incluyendo alimentos y medicinas.

Tanto republicanos como demócratas han colmado de elogios a la Casa Blanca por haber ganado el apoyo internacional para su agresión unilateral a través del patrocinio de las resoluciones de Naciones Unidas para cada nuevo paso norteamericano ya consumado, gracias a la unánime ayuda de los otros cuatro miembros permanentes del Consejo de Seguridad: China, Francia, Gran Bretaña y la Unión Soviética. Los políticos imperialistas de ambos bandos del Congreso han alabado a Washington por haber enganchado a los regímenes burgueses de Arabia Saudita, los estados del Golfo, Egipto, Siria, Turquía y otros que van a remolque en esta operación militar dirigida por Estados Unidos para aplastar a Iraq. Ellos han estado muy animados por el éxito del imperialismo en sortear todas las alianzas pasadas y los agudos y exacerbantes conflictos entre las clases dominantes burguesas que rigen en Oriente Medio.

Una guerra en la que se van a romper los dientes
El principal problema de los imperialistas no es de carácter militar. Es cierto que no hace muchas décadas Washington y otras potencias imperialistas estaban acostumbradas a confrontar países del tamaño de Iraq con un puñado relativo de infantes de marina, unas cuantas cañoneras, varios aviones y unos pocos traidores vendidos. Hasta hubo a quien se le ocurrió un término para describir esta práctica: "la diplomacia de cañoneras". ¡Esos tiempos se acabaron!

Pero, como ha sido ilustrado por el descomunal tamaño, por el carácter moderno y rapidez de la movilización de Washington en el Oriente Medio, un declive relativo del poderío militar de Washington no es la fuente de su debilitamiento. Al contrario, el poderío militar de los gobernantes norteamericanos continúa siendo la ventaja más importante que tienen sobre sus aliados imperialistas y sobre otros gobiernos. El problema que tienen es de doble filo.

Primero, vemos cómo secciones de la clase dominante tienen dudas de la capacidad de Washington de ganar una guerra contra Iraq que produzca más ganancias que pérdidas para el imperialismo norteamericano debido a las incontrolables fuerzas políticas y sociales que serán desatadas. ¿Cuál será el resultado de esa guerra más allá de las fronteras de Iraq y Kuwait? ¿No terminaría una victoria militar empeorando precisamente los mismos fracasos del imperialismo en la región que para comenzar hicieron necesario que los gobernantes norteamericanos iniciaran esta guerra? ¿Será una victoria pírrica?

En última instancia, la respuesta a estas preguntas no está sujeta al control de Washington. Este dilema marca las consecuencias del cambio que está sucediendo en la correlación de fuerzas de clase a nivel internacional en perjuicio del imperialismo norteamericano. Los gobernantes del decadente imperio capitalista norteamericano enfrentan la perspectiva de jamás poder volver a ganar una victoria inequívoca en una guerra prolongada, como lo hicieron en la primera y segunda guerras mundiales durante la primera mitad del siglo veinte.

El segundo principal problema que confrontan los gobernantes norteamericanos al tiempo que se preparan para una guerra en el Oriente Medio es: ¿cómo van lograr —o más bien, pueden lograr— una victoria militar lo suficientemente rápida para prevenir las consecuencias desestabilizadoras tanto políticas como sociales a nivel nacional? ¿Cuánto tiempo puede durar esa guerra, cuántos cadáveres pueden ser retornados al país? Muchos políticos de la clase dominante quieren saber la respuesta a estas preguntas antes de que una oposición organizada contra la guerra reemplace al apoyo a regañadientes o al fatalismo actuales de la clase trabajadora, y antes de que el precio político de la operación sea mucho más caro que los frutos que saquen de ella. ¿Cuánto tiempo pueden aguantar antes de verse obligados a reinstituir la conscripción militar?

Los gobernantes capitalistas no se retraerán de comenzar una guerra debido a los sentimientos antiguerra entre la población; jamás ha sido así en este siglo, en Estados Unidos o en cualquier otro lugar del mundo. Pero tanto los políticos burgueses como el cuerpo de oficiales militares están unidos en su determinación de que si se lanza una guerra contra Iraq, ésta tiene que ser completada rápida y exitosamente. La clase dominante imperial estadounidense le está dando un significado distinto a la consigna de los que se oponen a las guerras de Estados Unidos: *¡No más Vietnams!*

Los gobernantes de Estados Unidos proclaman que no van a permitir que una guerra contra Iraq se convierta en otro Vietnam, pero su principal problema es la incertidumbre misma de si tal guerra se realizará en la forma y con la rapidez que ellos esperan e intentan lograr. Esa es la fuente de sus divisiones tácticas y de sus incertidumbres, así como de sus frecuentemente acalorados debates que, entre agasajos y alardes, nos muestran en las pantallas de televisión.

Para los que se oponen a la marcha del imperialismo hacia la guerra es importante tomar en cuenta estas consideraciones para protegernos de la desorientación y la consiguiente desmovilización de la que somos objeto por el diario oscilar en los debates en torno a las tácticas de la clase dirigente y a las maniobras diplomáticas por parte de las fuerzas beligerantes en el Oriente Medio; para evitar ser manipulados por la opinión pública burguesa. Sólo a través de una clara comprensión de los objetivos y los problemas de los gobernantes norteamericanos pueden los comunistas mantener constancia en su campaña independiente y clasista contra el creciente peligro de una guerra organizada por Washington: una guerra cuyas consecuencias en términos de muerte y destrucción serán horribles para las clases trabajadoras —ya sea que vistan o no uniformes— en el Oriente Medio, Estados Unidos y en todo el mundo.

El "sector pro paz" en Washington

Aunque la "oposición leal" en Washington jamás puso en tela de juicio la concentración por parte de Estados Unidos de unos 230 mil efectivos en la región del Golfo entre mediados de agosto y principios de noviembre, algunos han expresado sus dudas acerca de las posteriores decisiones por parte de la administración Bush en lo que se refiere a duplicar el tamaño y el poder destructivo de la formación de guerra para finales de enero.

Las acciones de Bush no son un misterio. El poderío militar concentrado en la región del Golfo a principios de noviembre estaba lejos de ser suficiente para lograr una victoria rápida en una guerra contra el régimen iraquí. No contaban con los suficientes efectivos, tanques, bombarderos y cazas, helicópteros, buques de guerra, unidades logísticas, etcétera. Las fuerzas organizadas por Estados Unidos no eran todavía una amenaza palpable para el régimen de Saddam Hussein.

Las diferencias tácticas entre los partidos gemelos en el gobierno y la alta oficialidad del ejército *no giran* en torno a si es justificable una acción militar o si en un determinado momento la conflagración bélica aparece como el paso más correcto y necesario. En torno a estas cuestiones existe un acuerdo absoluto.

El debate táctico auténtico existente entre los gobernantes —que refleja sus diferentes formas de sopesar los pros y los contras en torno a los dos problemas fundamentales que enfrentan— se puede resumir de la forma siguiente: *¿Cuánto tiempo tomará para que el bloqueo impuesto por Estados Unidos contra Iraq debilite al régimen lo suficiente como para hacer posible una victoria militar en una forma relativamente más rápida o, tal vez, alcanzar los objetivos de Washington en alguna otra forma?*

En primer lugar, Washington debe intentar "exprimir [a Saddam Hussein] hasta doblegarlo" a través del embargo y, sólo entonces, "si esto fracasa, [poner en práctica] una alternativa militar viable", explicó en un programa noticioso de televisión el 9 de diciembre Sam Nunn, dirigente del Partido Demócrata y presidente del Comité del Senado para Asuntos Militares. Dos semanas antes, en las deliberaciones de ese mismo comité, Nunn había descrito lo que en su opinión significa una "alternativa militar viable". Para él la guerra se iniciaría lanzando un ataque "que cubriría el horizonte con el poder aéreo", es decir, un bombardeo masivo y sostenido de las ciudades y los lugares donde se concentran las tropas iraquíes para minimizar las consiguientes pérdidas estadounidenses en un ataque por tierra.

El almirante William Crowe, ex presidente de la Junta de Jefes del Estado Mayor, respaldó también ante el Comité para Asuntos Militares el reforzar por medios militares el estrangulamiento económico del pueblo iraquí antes de una ofensiva bélica. Su testimonio fue acompañado por el del general David Jones, también ex presidente de la Junta de Jefes del Estado Mayor. Después de dar al bloqueo algo más de tiempo para asfixiar a Iraq, señaló Jones, "si aceptamos la opción militar, no vamos a parar en Kuwait".

Caspar Weinberger, secretario de defensa bajo la presidencia de Ronald Reagan, escribió en un artículo en el *New York Times* a principios de diciembre que el bloqueo "doblegará a Iraq si tanto nosotros como nuestros aliados tenemos la paciencia para mantenerlo ajustado y esperar a que se hagan sentir con todo vigor sus efectos".

Weinberger añadió que, "por supuesto, debemos mantener nuestro poderío militar . . . en posición y estar preparados para utilizarlo si es necesario. Las objeciones contra el presidente Bush por el reciente fortalecimiento de nuestras fuerzas no tienen mucho sentido. Si estamos en el Golfo porque es nuestro deber, cualquier consideración militar nos dicta que estemos allí con la más poderosa de las fuerzas".

Y por último tenemos a Edward Kennedy, el más formidable de los senadores que se oponen a la guerra. El propone un regalo de aniversario para el pueblo de Iraq: después de un año completo de impedir que les lleguen alimentos, Kennedy sugiere que se lance una ofensiva bélica después del 2 de agosto de 1991, pero sólo si el régimen iraquí no se ha retirado todavía de Kuwait.

¡Estas son las voces más prominentes en el "sector pro paz" entre los políticos demócratas y republicanos y en el Pentágono! Estos son los más vocales partidarios de imponer los horrores de un prolongado sitio económico contra Iraq, mantenido en vigor por medio de la más gigantesca armada que se haya concentrado desde finales de la segunda guerra mundial. Estos son también, vale añadir, los partidarios más vocales del restablecimiento del servicio militar obligatorio imperialista.

Como señala Bush mordazmente, sus críticos en el Congreso no quieren siquiera ser convocados a otra sesión del Congreso.

Sin embargo, para aquellos que se oponen a la guerra imperialista lo más importante que tienen que reconocer —y con lo que pueden preparar tanto a sus compañeros de trabajo como a otros— es el hecho de que cuando comiencen los cañonazos los dos partidos capitalistas del Congreso cerrarán filas tras la bandera.

Lo que marcará la década de 1990

Estos no son problemas que los dirigentes de Estados Unidos confrontan sólo por el momento o sólo en una parte del mundo. Son dilemas permanentes de la política exterior y militar del imperialismo norteamericano en este preciso momento de su declinar. Esto será lo que marcará la década de 1990.

De hecho, uno de los elementos no tomados en consideración por aquellos que en el Congreso y en el Pentágono recomiendan continuar cerrando el cerco contra Iraq antes de lanzarse a la guerra es el hecho de que el resto del mundo no permanecerá inmóvil ante la situación, los regímenes de Iraq e Israel tampoco permanecerán inmóviles. La profundización de la crisis de las economías capitalistas del mundo y del sistema imperialista continuará impulsando a los dirigentes de Estados Unidos y a sus aliados a la guerra, si no en el Oriente Medio en Asia, y si no en Asia en cualquier otro lugar. Y en Washington continuará la angustia.

Poderío militar es la principal ventaja con la que cuentan los gobernantes de Estados Unidos en su decadencia relativa a sus competidores imperialistas y a los explotados del mundo. A pesar de que el capitalismo estadounidense tiene todavía un enorme poderío económico, su posición ha decaído sustancialmente en las últimas décadas respecto de Alemania, Japón y otros rivales. Más aún, el sistema capitalista mundial en su totalidad es hoy más vulnerable y sufre más crisis que desde los tiempos de la Gran Depresión.

Sin embargo, Washington no ha sufrido nada parecido a un debilitamiento comparable al de estos países en su relativo poderío militar estratégico a nivel mundial. Un hecho es suficiente para ilustrar este punto: es imposible concebir a otra potencia imperialista —o incluso a una coalición formada por otras potencias imperialistas— capaz de montar una operación militar en la región del Golfo para enfrentarse al régimen de Iraq y contar con una probabilidad razonable de obtener una victoria militar.

El imperialismo británico, el anterior poder colonial en Iraq y Kuwait (así como en Egipto y Palestina, lo que ahora es Jordania e Israel) es ciertamente incapaz. El gobierno [de la primera ministra Margaret] Thatcher no habría podido derrotar al régimen argentino en la guerra de las Malvinas sin el transporte, servicio de inteligencia y apoyo logístico decisivos prestados por Washington. De forma análoga con el imperialismo francés, el anterior poder colonial en Siria y Líbano.

Lo que es más, las clases dirigentes de Alemania y Japón no están intentando engañar a nadie con trucos inteligentes al no comprometerse a enviar sus fuerzas armadas a la región del Golfo. No están en la periferia esperando a tomar parte del botín una vez que la guerra haya terminado. No es por falta de deseos que las clases dirigentes alemanas y japonesas no están más involucradas. Es simplemente que son demasiado débiles, políticamente, como para hacer frente a las consecuencias que en sus respectivos países traería intentar, por primera vez en medio siglo, participar con grandes efectivos militares en el exterior. Y por esa debilidad van a pagar un precio en sus relaciones políticas imperialistas internacionales, de la misma forma que los gobernantes británicos y franceses obtendrán una cierta ventaja por el papel relativamente grande —aunque lejos de ser decisivo— que están jugando sus tropas, tanques, aviones y buques de guerra en esta operación.

Los anteriores preparativos de guerra por parte de Washington en este siglo no se han caracterizado por una falta de confianza semejante. De hecho, antes de la primera guerra mundial, los principales protagonistas de todos los lados de la contienda pensaban que sabían cuál iba a ser el desenlace: iban a triunfar y a obtener enormes beneficios como resultado.

L O MISMO OCURRIO antes del comienzo de la segunda guerra mundial. En Estados Unidos, Wall Street y sus representantes de ambos partidos en el Congreso tenían objetivos concretos que con confianza esperaban alcanzar al aplastar a sus rivales imperialistas japoneses y alemanes. Por supuesto y a pesar de su victoria sobre Tokio y Berlín, resultó que no obtuvieron exactamente todo lo que habían esperado. No habían contado con no ser capaces de aplastar la revolución china, por citar un solo ejemplo. O con la magnitud de las luchas anticoloniales que, impulsadas por el conflicto interimperialista, se extendieron por toda Asia, el Oriente Medio, Africa y el continente americano. A pesar de esto, los gobernantes de Estados Unidos contaban con una abrumadora unidad y confianza al encaminarse a aquella guerra.

Lo mismo ocurrió antes de las guerras de Corea y de Vietnam. En cada una de ellas los gobernantes de Estados Unidos se sentían confiados en poder alcanzar la victoria, en continuar promoviendo sus intereses estratégicos y en reorganizar estos países y regiones para mayor beneficio del imperialismo. En Corea pensaban que podrían revertir las expropiaciones de las propiedades imperialistas y capitalistas en el norte (e incluso tal vez intervenir en China). En Vietnam pensaban que al menos podrían mantenerlos a raya en el paralelo 17. Por supuesto, y como ya sabemos, ni Corea ni Vietnam terminaron satisfaciendo las espectativas iniciales de Washington. Pero la clase dirigente se embarcó en ambas guerras con confianza.

Esto no es así hoy. No tienen confianza en que conocen los resultados de la guerra que están preparando. Y por lo tanto, la clase dominante de Estados Unidos continúa debatiendo los dos aspectos de sus diferencias tácticas.

La clase gobernante estadounidense logró una victoria fácil en Granada en octubre de 1983 debido a que el popular gobierno obrero y campesino dirigido por Maurice Bishop, ya había sido derrocado en una contrarrevolución sangrienta de la fracción stalinista dirigida por Bernard Coard. Las masas trabajadoras de Granada, que sólo unas semanas antes habrían luchado con las armas en la mano para defender su revolución, habían sido desarmadas —física y políticamente—, desmovilizadas y desmoralizadas por las acciones asesinas de la banda de Coard.[4]

La clase dirigente norteamericana pudo revertir el gobierno obrero y campesino de Nicaragua sin recurrir al uso de sus tropas gracias a que la dirección del Frente Sandinista de Liberación Nacional —después de haber organizado a los trabajadores para derrotar militarmente a los contras organizados por Estados Unidos— dio la espalda al curso revolucionario y persiguió un rumbo de acomodamiento con los capitalistas y los terratenientes.[5]

Washington derrotó con facilidad a la Guardia Nacional en Panamá en diciembre de 1989 y a principios de enero de 1990, porque la dirección corrupta y cobarde en torno al general Manuel Noriega se negó a organizar la lucha. Dejó a los obreros y campesinos de pensamiento antimperialista y movilizados en los Batallones de la Dignidad sin apoyo o dirección organizados, mientras Washington utilizaba su masivo poder de fuego para superar la valiente resistencia interpuesta durante los primeros días de la invasión en muchos barrios de clase obrera.[6]

En cada uno de estos casos, la clase gobernante norteamerica-

na pudo alcanzar sus objetivos bipartidistas por medios militares, sin un conflicto del tamaño y duración que o bien amenaza-
ra sus más amplios intereses de clase en la región o minara de
una manera apreciable la estabilidad política y social en Estados
Unidos.

Pero nadie en la clase gobernante estadounidense espera que
un asalto contra Iraq sea otra Granada u otra Panamá, así como
no esperan encontrar un ejército de 500 mil contras, fuertemente armados capaces de hacer el trabajo.

¿Estabilidad en el Oriente Medio?
Las acciones tomadas hasta la fecha por Bagdad y Washington
han conmovido irreversiblemente el duradero alineamiento político que existía en el Oriente Medio.

Las esperanzas, a menudo traicionadas, que históricamente
mantenían los trabajadores e incluso sectores de la clase media
de la región en una amplia unidad árabe en la lucha contra la
dominación imperialista y el despojo de los palestinos por parte
de Israel, han sufrido un revés aún mayor.

El régimen iraquí tomó posesión brutalmente de un país
vecino de gobierno árabe y ahora hace frente a lo largo de sus
fronteras a una fuerza militar imperialista mucho mayor —y
muchas veces más mortal en términos modernos de poder
destructivo— que la que se movilizó para la invasión de Nor-
mandía en 1944.

El gobierno de Arabia Saudita —que a pesar de su ya duradera convergencia política con Washington nunca antes había
permitido que Estados Unidos u otras fuerzas armadas extranjeras pusieran pie en su territorio— cuenta ahora con alrededor
de medio millón de efectivos listos para atacar a Iraq. Lo que es
más, los gobernantes sauditas han puesto sus propios soldados
bajo el mando de Estados Unidos en caso de guerra. Y con ello
se han topado con el primero de los muchos problemas que no
pueden resolver.

Los gobernantes estadounidenses han conseguido también
que los gobiernos de Egipto y Siria —hasta hace poco enconda-
dos enemigos en la Liga Arabe— se alíen bajo un mismo aparato, ambos llevando a sus pueblos a una guerra en alianza con el
imperialismo. Como parte del trato, Washington ha concedido
su tácita bendición a la sangrienta división del Líbano entre los

regímenes sirio e israelí. Siria ha movilizado una fuerza masiva a lo largo de su frontera sudoriental con Iraq, poniéndose en posición de abrir un segundo frente de guerra e incluso de anexarse algún territorio. El cada vez más dividido gobierno de Turquía ha seguido estos mismos pasos en su frontera con Iraq.

Los gobiernos de Paquistán, Bangladesh y otros países de población mayoritariamente musulmana han sucumbido a la marcha del imperialismo norteamericano. Por otra parte, el rey Hussein de Jordania, con anterioridad uno de los más flexibles colaboradores de Washington, teme el precio que ha de pagar en estos momentos por su abierta participación en la operación organizada por Estados Unidos, dado lo que perdería entre la población mayoritariamente palestina del país. El gobierno de Yemen —estrangulado por las familias gobernantes sauditas debido a su negativa a seguir los pasos de los otros países— no puede menos que dudar de las honrosas intenciones de Arabia Saudita hacia la soberanía yemení, y eso sólo en el mejor de los casos. Y la lista es interminable.

Independientemente de lo que suceda, los cambios operados recientemente en la región significan que de ahora en adelante se verá con más claridad que antes la falsedad del papel que juega la Liga Arabe como instrumento para la defensa de los intereses comunes y de las aspiraciones de las masas trabajadoras del Oriente Medio.

La Organización de Países Exportadores de Petróleo (OPEP) y las relaciones entre las clases dirigentes y gobiernos que la forman jamás serán las mismas. Washington y las familias capitalistas que poseen los monopolios petroleros de Estados Unidos han afianzado su posición respecto de las clases dirigentes de todos los países exportadores de petróleo, y en particular en relación a sus competidores japoneses y alemanes dependientes del petróleo del Oriente Medio.

Los pactos entre los dirigentes estadounidenses y los distintos regímenes burgueses árabes también incluyen a Israel. Pero, por supuesto, ninguno de ellos se atreve a admitirlo por temor a las consecuencias en sus respectivos países. Sin embargo, muchos de estos gobiernos están preparados a reconocer el Estado de Israel. Confían en que se pueda alcanzar un acuerdo por el que se alteren algunas de las fronteras de los llamados territorios ocupados. Quieren deshacerse de una vez por todas de la cuestión palestina. A fin de cuentas, no hay un solo régimen burgués entre ellos —de ambos lados del conflicto bélico que se avecina— que no tenga sangre palestina en sus manos: los sirios, los jordanos, los egipcios, los iraquíes, los sauditas: ni uno solo.

Sin embargo, el imperialismo norteamericano cuenta con un problema a la hora de cumplir con su parte del trato: los israelíes pueden tal vez no aceptarlo. Por lo tanto, este camino no es tampoco el más directo para conseguir una mayor estabilidad en la región.

Washington también teme lo que los dirigentes israelíes mismos puedan hacer si las fuerzas dirigidas por Estados Unidos se lanzan a la guerra contra Iraq. El gobierno norteamericano quiere que el gobierno de Israel se quede al margen del conflicto, debido a que su participación amenazaría la estabilidad interna de los regímenes árabes aliados de Washington. Los gobernantes israelíes mismos no están muy seguros de lo que quieren hacer, ya que también ellos reconocen las fuerzas incontrolables que desatarían, y que actuarían en detrimento de los intereses de la clase dirigente capitalista de Israel.

Al mismo tiempo, los gobernantes israelíes tienen sus propias razones militares directas y estratégicas en impedir un posible ataque de parte del régimen de Saddam Hussein si comienza la guerra, en cuyo caso no aceptarán órdenes de nadie. Y utilizarán cualquier fuerza militar que puedan reunir —con excepción de su arsenal nuclear estratégico— para impedir tal ataque. Si tienen la convicción de que los bombardeos norteamericanos iniciales no han eliminado los misiles capaces de alcanzar Israel, serán ellos mismos los que los eliminen: sean cuales sean las consecuencias.

Los gobernantes de Estados Unidos, por un lado, están altamente complacidos consigo mismos por lo que han sido capaces de conseguir en tan corto espacio de tiempo. ¿Quién hubiera imaginado, incluso hace unos meses, que todo esto fuera posible sin un cataclismo social en el Oriente Medio, o sin que cayera más de un gobierno?

Pero, por otro lado, la partida todavía no ha terminado. Los gobernantes de Estados Unidos se han formulado las interrogantes: ¿Cómo podemos estabilizar Siria y las relaciones norteamericanas con el régimen sirio, con el gobierno de Turquía, con el régimen egipcio?

Ninguno de los políticos demócratas o republicanos tiene respuesta alguna a los enraizados problemas económicos y sociales que producen y reproducen crisis por toda la región. Ninguno de ellos cuenta con una sola propuesta que pueda convertir a estos países en sociedades estables y prósperas que garanticen un cierto grado de espacio político en el que la gran mayoría de la población pueda organizarse y participar. Y no es que les preocupen las condiciones de las masas trabajadoras. Sino que, sencillamente, ninguno de ellos ofrece ni siquiera una propuesta al respecto.

La estructura de explotación y dominación

La estructura de explotación y dominación imperialistas y la profundización de la crisis del capitalismo mundial impiden encontrar soluciones dentro del marco burgués. Por lo tanto, lo único que los políticos en el Congreso pueden proponer son distintas alternativas militares tácticas. Es posible que salgan de una guerra en peores condiciones de estabilizar el capitalismo en la región. Pero los representantes políticos de un imperio que decae no tienen mucho más que ofrecer.

Para los que se oponen a la guerra que se avecina, este problema que enfrenta la clase dirigente de Estados Unidos sirve para subrayar que el argumento "¿quién quiere luchar hasta la muerte en defensa del feudalismo y restaurar a una familia real en su trono?" ni es de peso ni es convincente.

Y no es que no debamos recordarle a la gente que en esta aventura el aliado más cercano de Washington en la región —el gobierno de Arabia Saudita— no ilegalizó la esclavitud sino hasta 1962. O que la familia en el gobierno de este país ha convertido en ofensa contra el estado el que una mujer conduzca un vehículo. O que la familia gobernante de Kuwait concedía el derecho al voto a menos del 10 por ciento de la población, privando de los más elementales derechos y libertades civiles a la inmensa mayoría de aquellos que trabajaban y producían la riqueza del país.

Sin embargo, la carnicería preparada por Washington no será una guerra que se libre en favor de estas familias gobernantes reaccionarias y explotadoras. No será una guerra por el feudalismo. *Será una guerra por el capitalismo:* una guerra para extender los intereses económicos, políticos y militares del imperialismo norteamericano en el Oriente Medio contra las masas trabajadoras de la región.

En estos momentos, en esta etapa de la campaña de guerra de los gobernantes, el mayor peligro que enfrenta la vanguardia de la clase obrera —incluyendo en ella a los comunistas— es, tal vez, el peligro de la incredulidad.

Estos peligros son aún mayores para aquellos que son golpeados por los cambios diarios y las divisiones tácticas reflejadas en la opinión pública burguesa. Un día los medios de comunicación cubren una rueda de prensa en la que Bush se expresa con firmeza: ¡Significa guerra! Al día siguiente se produce un agitado intercambio de opiniones en una audiencia del Congreso entre Baker y varios senadores: ¡La guerra se ha evitado! El Consejo de Seguridad de la ONU aprueba una nueva resolución: ¡Significa guerra! El régimen iraquí libera a los rehenes: ¡La guerra se ha evitado! Varios de los rehenes liberados llaman a que se bombardee Bagdad: ¡Significa guerra! Y así sucesivamente.

La vanguardia obrera debe fortalecerse

La vanguardia política de la clase obrera debe fortalecerse para no padecer de reflejos tan fácilmente afectados. El movimiento obrero siempre ha enfrentado un doble problema en la víspera de cada guerra imperialista.

Por una parte, los políticos burgueses y capitalistas que son los que preparan la guerra siempre alegan estar actuando en beneficio de la paz, y de la libertad, la democracia y la soberanía nacional. ¡Son los que más *fervientemente* se oponen a la guerra! Agonizan públicamente, mientras las cámaras filman la escena y los periodistas se sacian de apuntes. Los patrones y políticos hacen esto para mantener el apoyo a las campañas que deben acometer para preservar su sistema social.

Pero no es sólo la propaganda burguesa lo que le hace a uno perder la orientación. Tanto individuos como corrientes de la pequeña burguesía —a veces debido al profundo choque que sufren al saber de los horrores de la guerra y al temor de sus consecuencias— pierden ancla y terminan hundiéndose en la resaca de uno u otro de los sectores que promueven la guerra y de sus partidos políticos.

Estas corrientes de la clase media tienen un impacto directo más importante sobre los sectores de obreros y agricultores combativos, ya que —a diferencia de la patronal y la mayoría de los políticos burgueses— a menudo operan en el interior o en la periferia del sector laboral y en torno a círculos radicales más amplios. Frecuentemente hacen causa común con los burócratas pequeñoburgueses en los sindicatos y otras organizaciones obreras, ya sean socialdemócratas, stalinistas, o la variedad casera de sindicalismo empresarial estadounidense. Estos sectores de la clase media, sean bien intencionados o incurablemente corruptos, sirven de cultivo para el crecimiento de todo tipo de ideas y presiones burguesas dentro de la clase obrera y el movimiento sindical.

Más próximos a la guerra

Basados en los hechos, los comunistas pueden proveer con una respuesta independiente y clasista a la pregunta de si los gobernantes capitalistas nos están acercando cada vez más a la guerra. La respuesta es sí. El peligro de una carnicería sangrienta en el Oriente Medio es hoy más grande, y la necesidad de una campaña clasista contra la marcha imperialista hacia la guerra es más urgente.

La guerra está más cerca, en primer lugar, porque Washington está más cerca de tener destacadas en la región del Golfo las fuerzas necesarias para librarla y ganarla militarmente.

Hay una segunda razón. Como marxistas entendemos que las relaciones económicas —o con más precisión, las relaciones sociales de producción que constituyen la estructura económica de la sociedad— son en último lugar el factor determinante en la evolución de la historia. Pero las acciones específicas que dan origen a la historia en un momento determinado son el producto de decisiones políticas realizadas por seres humanos.

Aunque a la política se la ha denominado correctamente "economía concentrada", no se puede determinar con precisión el momento en que maduran las contradicciones sociales y económicas que determinan cuándo o en qué forma se hará una decisión política determinada. Los grandes acontecimientos vienen determinados, tanto en el momento en que se producen como en el carácter de su estallido, no por el entramado de elementos económicos y sociales que los motivan sino por las decisiones políticas de las organizaciones e individuos que reflejan los intereses antagónicos entre las distintas clases sociales que operan en un marco histórico más amplio. Y esto incluye "accidentes".

Todos nosotros podemos encontrar ejemplos específicos: revoluciones sociales que estallan cuando las clases revolucionarias son todavía jóvenes y débiles en términos históricos; huelgas que hacen erupción antes de que las condiciones sean las adecuadas o, a la inversa, mucho después del momento más idóneo; trabajadores en principio aturdidos por el impacto de una embestida contra sus condiciones de vida y que sólo más tarde comienzan a ofrecer resistencia a medida que aumenta la presión y se acumulan las oportunidades. Existen innumerables ejemplos de esta irregularidad en la política y la lucha de clases.

A este respecto, hay algo más que debemos recordar mientras seguimos día a día la continua concentración de fuerzas por parte de Washington en el Oriente Medio y su rígida ejecución del embargo.

De la misma manera que la política es economía concentrada, el uso del poderío militar es la forma de ejecutar la política por medios específicos: violentos y explosivos. Y estos medios pueden, también, tener su propia inercia a corto plazo. De hecho, durante el último mes el peso, apresuramiento y carácter masivo mismos de la formación de combate que el gobierno de Estados Unidos está destacando en la región del Golfo, desplazan la política y los conflictos de la región hacia su resolución por medios militares. Jamás en este siglo una clase gobernante imperialista ha sido capaz de reunir una fuerza militar tan gigantesca sin que sus preparativos culminaran en una guerra de gran envergadura.

Fuera de nuestro alcance

Los acontecimientos que hoy llevan a la humanidad a una carnicería y a un cataclismo en el Oriente Medio ya han sido activados por Washington. Estos acontecimientos han producido cambios permanentes y potencialmente explosivos en la correlación de fuerzas entre las distintas clases en la región. No hay nada pesimista o fatalista en reconocer esta realidad. Al contrario, sólo tomándola en consideración y rehusando a vacilar ante ella es como los combatientes de vanguardia de la clase obrera en Estados Unidos y en otros países pueden prepararse para participar de una manera eficaz contra la marcha hacia la guerra.

Las alternativas promovidas por todos los sectores entre los políticos burgueses y la alta oficialidad militar en Washington no tienen nada en común con los intereses de los obreros y agricultores en Estados Unidos, en el Oriente Medio, o en cualquier otro lugar del mundo. Como explica Mary-Alice Waters en la introducción del libro de la Pathfinder *¡EE.UU. fuera del Oriente Medio! Cuba habla en Naciones Unidas:*

"Esta marcha hacia la guerra y sus resultados están siendo orquestados por el gobierno bipartidista de Estados Unidos. Sin embargo, las personas en cuyo nombre se está haciendo —aquellos cuyas condiciones económicas de vida serán destrozadas y cuyos hijos e hijas morirán en combate— no tienen ni voz ni voto en el asunto.

"No existe ningún partido político del pueblo trabajador representado en el Congreso ni mecanismo que le dé a los ciudadanos de Estados Unidos —vistan o no el uniforme del ejército— el derecho a debatir esas cuestiones y a votar sobre una declaración de guerra. Tal prerrogativa está reservada para los representantes de los partidos imperialistas gemelos que controlan el Congreso y la Casa Blanca.

"Después de mucha discusión y debate sobre alternativas tácticas —y disertaciones unánimes sobre un deseo de paz— esos mismos partidos han arrastrado al pueblo de Estados Unidos hacia cuatro espantosas guerras mundiales este siglo: en 1917, 1941, 1950 y 1964. Están a punto de hacerlo otra vez, con todas las consecuencias indescriptibles que acarrearán en el Oriente Medio y en Estados Unidos mismo".[7]

APUNTALANDO UN IMPERIO DECADENTE

¿CUALES SON los lineamientos y dinámica del mundo en que estos preparativos de guerra se están llevando a cabo? Los trabajadores de vanguardia debemos comprender esto si es que nos vamos a organizar de forma eficaz contra la marcha imperialista hacia la guerra.

Cuando hablé en la ciudad de Nueva York en noviembre, durante el periodo de discusión fue planteada una pregunta muy buena, la que proporciona un contexto útil para analizar el estado de la política mundial y de la lucha de clases. En esa ocasión contesté brevemente la pregunta, y quisiera volver a ella esta noche. Fue una pregunta con tres partes que trataré de repetir.

La primera parte era: "¿Acaso la capacidad de Washington de llevar a cabo este tipo de movilización militar, y conseguir el apoyo de tal coalición amplia de gobiernos, indica que tal vez estemos viviendo a través del desarrollo inicial de un nuevo orden mundial? O, ¿no es eso al menos lo que los imperialistas norteamericanos y otros están tratando de conseguir y piensan que podrán hacerlo?". La frase "nuevo orden mundial" ha sido usada en años recientes por Gorbachov y por Reagan, Bush y varios comentaristas relacionados con ambos partidos Demócrata y Republicano.

La segunda parte de la pregunta era: "Si lo anterior es cierto, entonces algunas figuras destacadas de la clase dominante y del gobierno norteamericanos deben creer que ganaron la Guerra Fría. ¿No es acaso como interpretan la desintegración de los partidos y regímenes stalinistas a través de Europa oriental y el recrudecimiento de la crisis y degeneración sociales de la Unión Soviética? ¿No están los imperialistas tratando de sacar ventaja de lo que ellos perciben como un giro, aumentando lo que está en juego en el Oriente Medio más de lo que lo harían en otra situación?".

Finalmente, la tercera parte de la pregunta era: "¿Acaso la clase dominante norteamericana y algunos de sus aliados imperialistas no están entonces funcionando sobre la base de una perspectiva 'triunfalista' con respecto a su posición mundial? ¿No registra esto la culminación de los éxitos proclamados durante la década de 1980 de lo que se vino a ver como el capitalismo de 'mercado libre' al estilo Reagan y Thatcher, un capitalismo además agresivo internacionalmente? ¿No están operando los imperialistas desde una posición más fuerte? ¿No tienen los comunistas que enfrentar tal realidad?". (Los límites del "éxito" del Thatcherismo son probablemente negados un poco menos que antes, tras su derrota personal y repliegue de primera ministra a miembro común del Parlamento inglés en noviembre de 1990.)

El contestar a estas preguntas nos ayudará a pensar más claramente sobre el lugar que el bloqueo militar y la marcha hacia la guerra ocupan en la lucha de clases a nivel mundial, sobre algunas de las implicaciones más amplias del rumbo de guerra profundamente compartido por ambos partidos, y sobre las divisiones tácticas de la clase dominante norteamericana. ¿Qué deben anticipar los trabajadores que organizan oposición a la guerra en relación al impacto de tal conflicto sobre la política norteamericana y mundial? ¿En qué forma nos puede ayudar esto para explicarle a otros trabajadores con los que luchamos hombro a hombro contra la ofensiva patronal interna, las razones por las cuales nuestras luchas están interrelacionadas con la oposición incondicional tanto a la guerra imperialista como a la deuda esclavizante y la explotación del sistema salarial?

Buscando la salvación del viejo orden

Primero, lo que la clase dominante norteamericana está haciendo en el Oriente Medio es de hecho lo opuesto de cualquier intento por establecer un nuevo orden mundial. Lo importante no son las palabras que ellos usen o no, sino la realidad económica, social y política que yace detrás de esas palabras.

En diferentes ocasiones de la historia, órdenes mundiales *han* sido estructurados por clases explotadoras. Han sido construidos después de derrotas masivas del pueblo trabajador y de sus ascensos revolucionarios. Han sido consolidados y extendidos sobre la base de periodos sostenidos de expansión económica. Algunas veces, bajo estas condiciones, los grupos dominantes han sido capaces de mantenerse por décadas en el poder, influir sobre el curso de la política mundial, y asestarle golpes adicionales a trabajadores que luchan por libertades democráticas, por su liberación, por el socialismo, o simplemente por la justicia más elemental.

Pero lo que la clase dominante norteamericana está haciendo al recurrir al poder militar para establecer un virtual protectorado en Iraq no tiene nada que ver con el establecimiento de un nuevo orden mundial. Por el contrario, está diseñado para tratar de evitar desmoronamientos adicionales del viejo orden capitalista mundial.

Después de la segunda guerra mundial los imperialistas tuvieron éxito en el Oriente Medio, al igual que en muchos otros lugares del mundo, en ajustar su sistema de dominación mundial a la nueva situación que se les presentó con la victoria de la descolonización y el crecimiento de movimientos de liberación nacional. Las antiguas colonias fueron transformadas en un conjunto de países políticamente independientes con relaciones sociales y clases dominantes burguesas integradas al sistema capitalista mundial. Estos nuevos regímenes capitalistas frecuentemente asimilaron —y colocaron al servicio de explotadores nacionales y extranjeros— elementos sustanciales de carácter feudal, semifeudal y otras formas previas de organización social.

Pero la organización y explotación del trabajo en estos países permanece subordinada al sistema mundial de despojo imperialista. Las clases dominantes capitalistas y terratenientes —incluso en lugares como Irán, Corea del Sur o Brasil, lugares donde se ha dado un grado relativamente sustancial de industrialización— mantienen su propio poder y privilegios a través de la imposición brutal de un sistema social neocolonial que condena a los trabajadores a condiciones económicas y sociales peores que las de los países imperialistas más débiles. La crisis de la deuda es solamente una manifestación espectacular de esta realidad.

En efecto, la brecha en el desarrollo económico y niveles de vida entre un puñado de países imperialistas y los de la gran mayoría del llamado tercer mundo se ha ampliado en las últimas dos décadas, como también se han ampliado la diferenciación y polarización de clases dentro de ellos. La estructura capitalista neocolonial de estos países representa un obstáculo permanente para una democracia burguesa estable y duradera o para cualquier equilibrio político y social. Algunos sectores de las clases dominantes nacionales unas veces entran en conflicto con los imperialistas, y otras conspiran con ellos para hundir a estos países cada vez en más deuda a expensas de los campesinos y obreros cuyo trabajo es superexplotado salvajemente para cubrir los abrumadores pagos de intereses. Estos países y sus masas trabajadoras son quienes sufren más brutalmente las explosiones inflacionarias, los intempestivos aumentos de los precios del petróleo, la intensificación del proteccionismo por las potencias imperialistas más fuertes y por los bajones de la economía capitalista mundial.

La gran mayoría de la humanidad enfrenta esta amarga realidad del sistema imperialista mundial. El capitalismo crea las condiciones mismas que resultan en colapsos crecientes e inestabilidad social; que resultan en la incapacidad de la gran mayoría de estos países para desarrollarse, y la consiguiente desintegración social; que profundizan la polarización de clases y conducen al auge de las luchas de obreros y campesinos incluso en el puñado de países del tercer mundo que experimentan un desarrollo industrial. Es la dinámica expansionista de las clases dominantes neocoloniales mismas la que explota en disputas limítrofes, hurtos de tierras y guerras.

En la actualidad, estos países también enfrentan la amenaza de una depresión mundial, que tendrá un impacto devastador en Asia, Africa y en el continente americano: las áreas del mundo que ya han atravesado el suplicio de un descenso económico en la década de 1980. Todas estas condiciones creadas, reproducidas y perpetuadas por el imperialismo desestabilizan cada vez más a sus países capitalistas más pobres bloqueando su desarrollo.

La deuda masiva del tercer mundo se combina con el enorme globo de la deuda corporativa y los resultados de una década de especulación sobre bienes raíces en los países imperialistas, amenazan con el colapso del sistema bancario internacional. Las campañas de austeridad impuestas por los regímenes capitalistas neocoloniales y respaldadas por los imperialistas para extraer los pagos de intereses con sudor y sangre de los trabajadores resultan en explosiones inesperadas. Tales condiciones son producto de la decadencia y desintegración del antiguo orden mundial, no del surgimiento de uno nuevo. Son lo que constituye la base real de la crisis política que hace inevitable la marcha norteamericana hacia la guerra en el Oriente Medio.

El régimen capitalista en Iraq

En Iraq, los imperialistas no enfrentan a un gobierno obrero y campesino que tratan de aplastar para revertir la tendencia hacia la expropiación de la propiedad capitalista. En ese sentido, Iraq no es otra Corea, Vietnam, Nicaragua o Granada. El gobierno de Saddam Hussein es un régimen capitalista corrupto, brutal y expansionista: un régimen, en gran parte, obra misma de la democracia imperialista.

A pesar de los agudos conflictos ocasionales de los capitalistas iraquíes con los imperialistas sobre la división de los frutos del saqueo de los trabajadores iraquíes, el régimen —al igual que muchos otros regímenes neocoloniales— ha servido allí como una agencia para organizar la explotación y represión de los trabajadores y campesinos en interés de Wall Street y Washington y otras potencias imperialistas. Asimismo, le ha ayudado al imperialismo como gendarme de los trabajadores de la región, no sólo llevando a cabo una guerra sangrienta para debilitar la revolución iraní sino también organizando represiones consecutivas de militantes palestinos y de todo dirigente obrero con conciencia de clase que trate de organizarse.

Pero Saddam Hussein encabeza también el gobierno de una clase capitalista en Iraq con sus propios intereses nacionales, los cuales intenta avanzar a costa de sus rivales en la región y —en la medida de lo posible— arrancando concesiones de las burguesías imperialistas. Eso fue lo que condujo a la invasión de Kuwait. Esto no es complicado. Los gobernantes capitalistas iraquíes, al igual que todas las clases dominantes capitalistas, piensan y actúan pragmáticamente, no sobre las bases de la ciencia o la teoría. Ellos realizan aquello con lo que creen se pueden salir con la suya en un momento dado para reforzar sus ganancias, ampliar su base, y defender y avanzar sus intereses de clase nacionales.

Con la invasión de Kuwait, los capitalistas iraquíes esperaban ganar lo que cualquier clase capitalista espera ganar cuando se lanza a la guerra. Ellos quieren el petróleo de Kuwait, su territorio y su puerto de alta mar. De manera que, cuando pensaron que era el momento adecuado, se los tomaron. (Resultó que, después de todo, estaban errados. Incluso, pudieron haber sido entrampados por el Departamento de Estado norteamericano.)[8]

Ellos se quedarán con Kuwait en tanto piensen que pueden hacerlo. Han tenido a Kuwait desde agosto; ahora ellos tienen otras seis semanas, o algo así, hasta el 15 de enero. Al menos eso es lo que ellos creen. Ellos negociarán y regatearán, verán que sucede, y entonces tratarán de tramar algo más. Esperan un acuerdo, tal vez ofrecer algunas concesiones territoriales. Actuarán pragmáticamente, al igual que Bush y compañía. La historia de la humanidad a través de los últimos siglos nos enseña que las guerras —frecuentemente iniciadas debido a "cálculos erróneos"— son resultado de este expansionismo capitalista pragmático y manipulaciones en busca de ventajas. Que son los obreros y campesinos, vistan o no el uniforme de cualquiera de ambos bandos, quienes siempre pagan el precio más alto.

El régimen de Saddam Hussein inició la guerra contra Irán en 1980 por las mismas razones. Sí, los gobernantes burgueses iraquíes se sintieron amenazados por la revolución y de haber podido les habría gustado asestarle un golpe. Pero también querían el petróleo de Irán, sus refinerías y sus puertos para buques tanque, y esperaban que la reciente desintegración del ejército del sha les favorecería. Ellos contaban asimismo con una ventaja tremenda: estaban respaldados y, hasta cierto punto, armados por las potencias imperialistas, las cuales temían sobre todo que la revolución iraní se profundizara o extendiera. Entonces los dirigentes iraquíes lanzaron una guerra de ocho años con un costo horroroso en muertos, heridos y en destrucción. ¿Qué lograron en última instancia? Una faja de territorio relativamente pequeña. Y se la regresaron a Irán un mes después de la invasión a Kuwait para lograr algunas ventajas diplomáticas y relajar las presiones militares en su frontera oriental dada la concentración imperialista de fuerzas.

ES IMPORTANTE NO PENSAR mecánicamente que las únicas guerras que suceden en la época capitalista son guerras imperialistas. Ellas comprenden sólo una minoría de los conflictos armados, aunque por lo general los más grandes. El capitalismo en sí es un sistema social expansionista. Hubo guerras capitalistas de conquista y saqueo desde antes de la consolidación del sistema moderno del imperialismo, y han habido muchas otras desde entonces, incluidas las guerras entre las clases dominantes capitalistas de países oprimidos por el imperialismo.

Así, a pesar de los servicios prestados por Saddam Hussein al imperialismo, su régimen ha resultado ser de poco confiar, demasiado impredecible y demasiado desestabilizador en una región del mundo donde el imperialismo tiene intereses económicos enormes —*sobre todo petróleo*— y en donde toda la gama de conflictos nacionales, sociales y políticos son demasiado explosivos con consecuencias que pueden resultarle muy caras a los imperialistas.

Los gobernantes norteamericanos necesitan en Iraq un gobierno que puedan dominar mucho más directamente. Esto se debe a lo que Washington ha sido incapaz de obtener, por las debilidades del imperialismo, no por su vigor. Pero aunque Washington tenga éxito en imponer tal régimen servil, dicho nuevo régimen no sería más capaz que su antecesor de conseguir el desarrollo y la estabilidad para Iraq o para la región.

Los gobernantes norteamericanos, en búsqueda de sus propios intereses de clase, bien pudieran someter al pueblo iraquí a un baño de sangre gigantesco. Y el resultado sería el restablecimiento de una nueva versión del régimen capitalista neocolonial que les ha fallado y les condujo a tal situación para empezar. Otro régimen como el de Singman Rhee: colocado como presidente de Corea del Sur por las fuerzas armadas norteamericanas en 1948, mantenido en el poder a través de una guerra masiva organizada por Estados Unidos, sólo para caer una década después ante un levantamiento popular. Otro Guillermo Endara: juramentado como presidente de Panamá en una base militar norteamericana.[9]

Eso es lo que una victoria sangrienta de Washington establecería en Bagdad, otro régimen encargado de brutalizar a los obreros y campesinos en un grado por encima de nuestra imaginación, otra serie de promesas cínicas y sin cumplir de desarrollo económico, otro fracaso del sistema capitalista mundial.

De manera que la acelerada marcha de Washington hacia la guerra contra Iraq no es el resultado de algún fortalecimiento del sistema imperialista, algún nuevo periodo de expansión y estabilización. Es todo lo contrario.

Tampoco descansa en la capacidad de los gobernantes en Washington, Londres y otros centros imperialistas, de aplastar a la clase trabajadora y al movimiento obrero en sus países, como lo lograron los capitalistas en Italia, en Alemania, en otras partes de Europa y en Japón en las décadas de 1920 y 1930.[10]

Ni se basa en la capacidad que tengan los imperialistas para ofrecer concesiones económicas y sociales sustanciales a ciertos sectores de la clase obrera para poder asegurar de esa manera una relativa paz social durante la próxima década. Eso fue lo que la clase gobernante norteamericana logró llevar a cabo después de la segunda guerra mundial sobre la base de un período ininterrumpido de expansión económica capitalista en las décadas de 1940, 1950 y 1960. Este a su vez fue producto de varios factores: el haber aplastado previamente al movimiento obrero en Europa; la victoria del imperialismo norteamericano en la guerra; y al haber burocratizado, limitado y desviado de su trayectoria política al movimiento social que se estaba gestando, ejemplo del cual era el movimiento sindical industrial del CIO (Congreso de Organizaciones Industriales).

Actualmente no existe nada que se pueda comparar a estas situaciones pasadas para la clase imperialista dominante. En la década de 1980 la patronal tanto en Estados Unidos como en otros países imperialistas sí lograron asestarle grandes golpes al movimiento obrero y lograron bajar las condiciones de vida y de trabajo para la clase obrera. Sin embargo, la ofensiva antiobrera de los imperialistas en ninguna instancia logró lo suficiente ni para romper la resistencia de la clase trabajadora ni para aplastar sus instituciones elementales de defensa —los sindicatos— y así sentar las bases para un periodo prolongado de expansión económica capitalista y de estabilidad política. No han logrado eliminar la tendencia que tienen los trabajadores de encontrar la forma de luchar contra la ofensiva antiobrera.

La revolución 'Reagan-Thatcher' fue un fracaso

Lo que los comentaristas burgueses aplaudieron como la "revolución Reagan-Thatcher" de la década de 1980, ha fracasado. Acabamos de ser testigos de un pequeño capítulo en la historia aún no concluida, con la retirada de Thatcher de su puesto como primera ministra británica, en medio de una creciente tasa de desempleo, alta inflación y alta tasa de interés.

Los gobernantes norteamericanos han entrado en una recesión a la vez que le endeudamiento de las sociedades anónimas, la banca, el enorme negocio de las compañías de seguro, el de los bienes raíces comerciales y la bolsa de valores se encuentran en el peor estado que hayan enfrentado previo a un receso económico desde la Gran Depresión de la decada de 30. Es seguro que esta recesión se dará a nivel mundial y que estará llena de potencial para fracasos y quiebras repentinas que podrían hacer trastabillar a la banca internacional.

En otras palabras, en el Oriente Medio, Washington se está sumiendo en la primera gran guerra del siglo veinte preparada por los gobernantes norteamericanos desde una postura de

debilidad relativa, no de fuerza. Una postura de debilidad que
se manifiesta tanto a nivel económico, como social y político.

El imperialismo norteamericano y la Guerra Fría

Y esto nos trae a la segunda parte de la pregunta: ¿No era que el
imperialismo norteamericano ganó la llamada Guerra Fría?

La respuesta es no, y con cada semana y mes que pasan la
evidencia de esto se hace cada vez más fuerte.

A finales de noviembre se llevó a cabo una conferencia en
Francia entre los jefes de estado de Estados Unidos, Canadá y de
32 países europeos, incluyendo a las potencias imperialistas, a
todos los gobiernos de Europa oriental (con la excepción de
Albania, aunque ellos llegarán pronto) y la Unión Soviética.
Con gran sensación firmaron una "Carta de París para una
nueva Europa". Nos dicen que estas 34 firmas en un pedazo de
papel representaban el final formal de la Guerra Fría, y —su-
pongo— abrieron las posibilidades para "un nuevo orden mundial" (aunque el término es menos popular en Europa, donde
cobró una mala connotación en las décadas de 1930 y 1940).

Pero en verdad, para las clases capitalistas lo que se está
desenvolviendo en Europa no es un nuevo orden sino una
debacle total. Hace tan sólo unos meses era común escuchar
por la televisión y ver en las páginas financieras de los principales periódicos o en revistas como *Business Week*, la *Economist* de
Londres y la *Newsweek*, de cómo los capitalistas de Alemania
occidental iban camino de convertirse en la potencia económica mundial producto de la reunificación con Alemania oriental.
Se suponía que esto le daría una gran ventaja a una Alemania
unida para las inversiones y el comercio con Europa oriental y la
Unión Soviética. Se suponía que esto representaría el rumbo a
seguir para el capitalismo a nivel mundial, una poderosa loco-
motora de crecimiento prolongado.

Sin embargo, hoy día, las exclamaciones de júbilo se están
desvaneciendo. Las clases gobernantes de Alemania y de otros
países de Europa occidental ven a Europa oriental como si fuera
una enorme prole de familiares pobres que vinieron de visita y
la extendieron demasiado tiempo. Y esto no es una simple frase,
sino que es literalmente verdad. La preocupación principal que
tienen hoy día los gobernantes capitalistas de toda la Europa
occidental —los que hace un año supuestamente ganaron la

Guerra Fría— es cómo impedir la masiva migración del pueblo trabajador de la Unión Soviética y de Europa oriental que buscan huir de las condiciones económicas y sociales que se deterioran de forma acelerada en esos países.

En lugar del Muro de Berlín que fue derrumbado hace poco más de un año (acto que supuestamente simbolizaba el "nuevo orden mundial"), los gobiernos capitalistas hoy día están hablando de construir un nuevo muro político para dividir a la Europa occidental del resto de lo que yace a su oriente. El propósito de este nuevo muro —compuesto de restricciones sobre la inmigración puestas en vigor por la policía fronteriza, redadas y deportaciones— es impedir la libertad de viajar, la libertad de poder buscar un empleo, la libertad de residir y de laborar donde uno desee. Para impedir que se den las mismas libertades que fueran prometidas al pueblo trabajador hace apenas unos meses atrás. (Las camisetas que han aparecido en Berlín impresas con el mensaje cínico y reaccionario de "Devuélvanme el muro" es un presagio de estas restricciones venideras.)

Como lo reconocieron desde un principio los comunistas, ahora es evidente que no se ha establecido ni se establecerá en el futuro cercano ningún régimen de carácter estable ni en Europa oriental ni en la misma Unión Soviética. Lo que queda de las castas burocráticas gobernantes, y esas capas privilegiadas en algunos países que en mayor o menor grado las han reemplazado (o incorporado) en las altas esferas gubernamentales, tratarán de retener el grado de poder centralizado que necesiten para mantenerse en el poder. Mantendrán fuerzas policiales, militares y paramilitares fuertes para preservar su poderío ante la creciente inestabilidad económica, social y política.

Estos regímenes y el personal privilegiado que los administran siguen con las esperanzas de que serán integrados cada vez más al sistema capitalista internacional. No cuentan con ningún otro plan para que estos países salgan de la crisis económica y social en la que se encuentran.

Asimismo, ninguno de estos países se encuentra más cerca hoy día, de lo que estaban hace un año, de poder restablecer relaciones de propiedad capitalista estables en los medios básicos de producción industrial y en el comercio al por mayor, o de obtener la aceptación de las relaciones sociales de producción que las deben acompañar. Los esfuerzos mismos de los grupos gobernantes de mantenerse en el poder y de asegurar su constante acceso a las comodidades de la vida diaria que son posibles gracias a la labor de los obreros y de los campesinos, crean constantes obstáculos hacia el establecimiento de las condiciones necesarias para la restauración del capitalismo.

Resulta decisivo el hecho de que antes de que se pueda reimponer el sistema capitalista, la clase obrera misma en estos países tendrá que ser combatida y derrotada. Recientemente se dio una de las primeras huelgas importantes en lo que era anteriormente Alemania oriental. Fue una huelga de obreros ferroviarios contra las cesantías masivas planeadas por el gobierno y exigiendo paridad salarial con los obreros del ferrocarril en la parte occidental del país. La determinación de parte del régimen del canciller alemán Helmut Kohl de que sean los obreros alemanes los que paguen por el fiasco en ese país tampoco será recibido con agrado. A medida que las capas gobernantes privilegiadas en Polonia, Hungría, la Unión Soviética y en otros países tratan de que el pueblo trabajador cargue con el peso de la crisis y de la creciente dependencia de parte de estos regímenes en los métodos del mercado capitalista, han habido huelgas, manifestaciones de agricultores y otras protestas.

La acelerada desintegración de la Unión Soviética

La crisis en la Unión de Repúblicas Socialistas Soviéticas se sigue acelerando, así como el ritmo de la desintegración de la llamada Unión Soviética misma. Hace décadas que la URSS ni ha sido soviética ni ha estado yendo rumbo al socialismo. Ni tampoco ha sido una república obrera desde finales de la década de 1920. Ahora corre el peligro incluso de dejar de ser una unión. En realidad puede ser que sea el país con el nombre más equivocado del mundo.

El rumbo comunista trazado por la dirección bolchevique en los primeros años de la república soviética —un rumbo que por supuesto garantizaba el derecho a la libre determinación de los campesinos y obreros que se encontraban en la prisión de naciones del zar— fue revertido por la contrarrevolución stalinista a finales de los años 20 y principios de los 30. Los stalinistas construyeron una nueva prisión de naciones, no sólo dentro de la Unión Soviética sino también, hasta cierto grado, en cada uno de los estados obreros de Europa oriental. Hoy día esa "unión" involuntaria se está desbaratando.

La crisis social y económica en la Unión Soviética también se está agravando. La escasez de alimentos y de otros productos básicos se está tornando más aguda. Siguen teniendo lugar manifestaciones y huelgas defensivas contra las desastrosas consecuencias que sufre el pueblo trabajador a raíz de esta espiral descendente.

Ante esta creciente inestabilidad, debemos estar preparados a que el régimen de Gorbachov ahonde su rumbo bonapartista y reparta golpes a diestra y siniestra y cada vez con más violencia y represión contra la resistencia de los obreros y campesinos.[11]

Gorbachov ha desatado ataques asesinos contra nacionalidades oprimidas, hasta el momento casi todos contra aquellos que viven en las partes no europeas de la Unión Soviética como Azerbeiyán. El gobierno central también ha usado el sabotaje y el chantaje económicos contra las aspiraciones nacionales de los pueblos de Estonia, Latvia y Lituania.[12]

Más recientemente —tras el velo de la demagogia populista de luchar contra los acaparadores— Gorbachov ha sentado las bases para darle legitimidad a la organización de matones paramilitares y soltarlos contra los que protestan la escasez de alimentos, contra los huelguistas y contra otros que puedan ser tachados de "saboteadores económicos". Ha preparado el camino para que las unidades militarizadas de la policía se puedan utilizar con más audacia.

No obstante, aun está por verse cuánto tiempo pueda sobrevivir el mismo Gorbachov dada la agravante crisis social y política. No es difícil imaginar que por las noches Saddam Hussein goza pensando que a pesar del difícil cuadro que le depara no sería inconcebible que pueda sobrevivir al traidor de Gorbachov.

Y Gorbachov y los stalinistas no son los únicos que desacreditan la erupción de demandas por la libre determinación en la Unión Soviética y en Europa oriental. Los que redactan los editoriales para el *New York Times* y muchos otros portavoces de la clase dominante también han hecho advertencias sobre las consecuencias desestabilizadoras que resultarán para el sistema capitalista mundial con la desintegración de la Unión Soviética y las fuerzas nacionalistas que este desarrollo podría impulsar en otras partes del mundo. Hace unos días Flora Lewis, una de las redactoras reconocidas del *New York Times*, escribió un artículo bajo el título: "La maldición de las naciones". Hablando sobre la "nueva división que amenaza a Europa", Lewis cita favorablemente a un alto "dirigente occidental" (a quien no nombra) y quien advierte contra el "riesgo de una nueva 'fragmentada Europa de estados tribales'".

Sin embargo, las demandas de derechos nacionales son hoy día inevitables. Son el resultado de lo que el capitalismo y el imperialismo han forjado en el transcurso del último siglo. Son fruto de lo que los stalinistas llevaron a cabo al cambiar completa y sangrientamente los esfuerzos que los bolcheviques hicieron para forjar una mayor unidad internacionalista entre los explotados de todas las naciones y nacionalidades por medio de una lucha intransigente contra el chovinismo y la opresión nacionales.

El capitalismo y el sistema imperialista reproducen y agravan las desigualdades económicas y sociales entre los pueblos de diferentes regiones, nacionalidades, colores de piel, lenguas, etcétera. Esto se da con más severidad que nunca durante periodos de declive y crisis económica como el actual. La desintegración de la Unión Soviética y de los regímenes en Europa oriental forzosamente condujo hacia una explosión en las demandas nacionales de los pueblos que desde hace rato estaban oprimidos por naciones más poderosas.

A medida que el viejo orden mundial se desintegra, habrá un auge de la demanda por los derechos nacionales. Es de suma importancia que en el movimiento comunista sigamos fieles a lo que hemos dicho muchas veces en el pasado: que en el mundo de hoy, la importancia de la cuestión nacional no disminuirá sino que aumentará; y que el abogar intransigentemente por el derecho a la libre determinación de las naciones y de las nacionalidades oprimidas es una condición preliminar para cualquier avance revolucionario hacia el socialismo y el internacionalismo proletario.

Este derecho se le debe garantizar no sólo a aquellos que son una nación en el sentido social y económico, sino a todos los oprimidos por el capitalismo y el imperialismo que, por medio de las luchas contra esa opresión, llegan a reconocerse como pueblo o nacionalidad. Por cierto, esta es una de las lecciones tomadas de Lenin y de los bolcheviques que fue reforzada por la revolución nicaragüense y el papel central que jugó en ella el proceso de autonomía entre los negros y los pueblos indígenas de la Costa Atlántica.

Regímenes de crisis permanente

Lo que existe por toda Europa oriental (y en la Unión Soviética misma en un grado cada vez más acelerado) son regímenes de crisis permanente, con un aspecto desintegrante en todos ellos. Lejos de ser un beneficio para las economías imperialistas, esto amenaza con imponer nuevas presiones y dislocaciones económicas al sistema capitalista mundial.

Por lo tanto la respuesta es no: las clases imperialistas gobernantes de Estados Unidos y de Europa no salieron victoriosas de la Guerra Fría. En realidad, con la continua desintegración de los partidos stalinistas y el debilitamiento de estos regímenes burocráticos, han sufrido una derrota histórica. Esto sucede porque este proceso no estuvo acompañado ni por una derrota decisiva de los trabajadores, ni por la "aparición" de las relaciones de propiedad capitalista, ni por un aumento en el número de obreros de pensamiento revolucionario que pongan sus esperanzas en el régimen soviético y por lo tanto puedan ser engañados políticamente por éste. Lo que ocurrió fue todo lo contrario.

La Guerra Fría se impuso sobre los imperialistas durante los años posteriores a la segunda guerra mundial debido a su incapacidad —en base a la correlación de fuerzas a nivel internacional— de llevar a cabo por medio de una guerra caliente, una guerra con balas, su meta de restaurar el capitalismo en la Unión Soviética y en otros países donde después de la guerra había sido derrocado. No eran lo suficientemente fuertes como para hacerlo inmediatamente después de la segunda guerra mundial, esto se debió en parte a la resistencia organizada de los soldados norteamericanos a ser utilizados como carne de cañón en China y en Europa oriental en vez de ser dados de baja y devueltos a casa.[13]

El fracaso de los gobernantes norteamericanos en alcanzar sus metas durante la guerra de Corea en 1950–53 fue otra prueba —que se dio relativamente temprano— de las limitaciones en torno a lo que Washington podía lograr a través de la fuerza militar directa. En vez de revertir el derrocamiento de las relaciones de propiedad capitalista, en realidad la guerra intensificó la profundización de la revolución anticapitalista en Corea y en China.

Así que durante lo que se llegó a conocer como la Guerra Fría, las relaciones entre los gobernantes norteamericanos y las castas privilegiadas en los estados obreros de la Unión Soviética, China y Europa oriental estaban en un punto muerto. Las clases capitalistas gobernantes vieron a los regímenes stalinistas romper la continuidad del movimiento obrero en esos países, acabar con las movilizaciones del pueblo y desmoralizar al pueblo trabajador, alejándolo del internacionalismo y aislándolo de las luchas de los obreros y campesinos del resto del mundo. Esto correspondía profundamente a los intereses de los imperialistas.

Las castas contrarrevolucionarias intentaron tener relaciones estables con el imperialismo. Ayudaron a las luchas revolucionarias contra el imperialismo sólo hasta el grado que fuera necesario para defenderse a sí mismas y para obtener ventajas diplomáticas. En realidad, la corrupción política y la mala dirección de los stalinistas —el producto de exportación por excelencia de la Unión Soviética, "los bienes invisibles" que llegaban con la ayuda— se convirtieron en el obstáculo más grande en el mundo para forjar las direcciones revolucionarias capaces de organizar a los obreros y campesinos para derrotar a sus enemigos de clase y llevar a cabo la eliminación definitiva de la opresión imperialista y la explotación capitalista.

Durante todo este periodo, Washington y sus aliados siguieron librando guerras calientes, lanzando agresiones armadas y organizando ejércitos mercenarios por todo el tercer mundo: en Corea, Vietnam, Argelia, el Congo, República Dominicana y Nicaragua, para nombrar los ejemplos más conocidos. Entre tanto, esperaban de que la presión ejercida sobre los estados obreros por medio de la correa de transmisión que representan las castas burocráticas —lo que se llegó a conocer como la Guerra Fría— debilitaría a estos estados lo suficiente como para que en algún momento futuro pudieran ser derrocados militarmente y restablecer en ellos el capitalismo por la fuerza de las armas.

Como hemos presenciado durante el año que transcurrió, las cosas no terminaron así. Los regímenes brutalmente represivos que bloquearon el ingreso de los obreros y los campesinos de estos países en la actividad política y que actuasen en función de sus propios intereses de clase, se están desmoronando. Los regímenes que los han substituido se encuentran en crisis irresolvibles. Y los imperialistas no tienen ninguna posibilidad de restaurar un capitalismo estable ni siquiera de obtener un equilibrio social razonable, sin entablar una lucha contra los explotados: lucha cuyas consecuencias no pueden prever.

En todos estos países se agravará la crisis. Las cosas empeorarán. Se intensificarán los ataques contra el nivel de vida, o sea, contra lo que los obreros y campesinos han llegado a reconocer en esos países como derechos sociales.

Sin embargo, el pueblo trabajador resistirá estos ataques. Y por medio de estas batallas defensivas los obreros en estos países encontrarán formas de vincularse con las luchas de otros trabajadores, no sólo en otras partes de Europa, sino en el resto del mundo, oportunidad que les fue negada por estos gobiernos por medio siglo.

La crisis permanente y la falta de estabilidad, las crecientes luchas de los obreros y campesinos, son lo que marcará los meses y años venideros en Europa oriental y en la Unión Soviética. Como sucede en el resto del mundo, el desenlace se decidirá en la lucha.

Por otra parte, los corruptos dirigentes stalinistas (no sólo de estos países sino también de los países imperialistas y de todo el tercer mundo), cuentan con menos capacidad que nunca antes para desorientar y traicionar a los obreros revolucionarios que recurren a ellos con la ilusión de que sus políticas apuntan el rumbo para salir de la opresión y la explotación y hacia el socialismo.

Guerra imperialista
Teniendo en cuenta esta concepción del mundo, podemos ver con mayor claridad por que la palabra *triunfalista* no describe con exactitud la posición de los imperialistas en el mundo.

En cierto sentido la guerra que Washington está preparando en el Oriente Medio es una guerra "post-Guerra Fría". Eso es porque al contrario de lo que han preparado desde 1945, los gobernantes norteamericanos no pueden presentar esta guerra como parte de la batalla contra el comunismo o contra la amenaza soviética. Es más, este hecho también estará presente de aquí en adelante. Las guerras que librará Washington serán guerras más abiertamente imperialistas (imperialistas en todo el sentido de la palabra).

Imperialistas, en primer lugar, en el sentido más popular: como la Roma imperial y sus legiones. Las legiones de una potencia dominante que exagera sus contribuciones a las ideas y cultura humanas para así racionalizar su marcha hacia el dominio de otras partes del mundo. Una guerra librada por un ejército imperial, reclamando derechos y privilegios imperiales para una raza imperial. Una guerra contra paganos ilógicos que veneran dioses extraños. Una guerra diseñada para agotar económicamente, oprimir políticamente y subyugar militarmente a otro pueblo. Una potencia imperial que reclama (a menudo con experimentados portavoces llenos de retórica altanera) el derecho a ejercer el cargo de gendarme del mundo.

Es bueno usar el término de esta manera. No hay nada errado ni "anticientífico" en ello. *Es* una guerra imperialista en ese sentido más clásico, en ese sentido más popular. Se remonta a miles de años atrás y le suena familiar a los pueblos de todo el mundo.

Por otro lado, resulta exacta también en otro sentido. Porque Washington —la última de las masivas y brutales potencias imperiales— hoy día está iniciando una serie de guerras finales para tratar de contener un orden que se está desmoronando, el orden capitalista. Y en el transcurso de estos conflictos (dejando a un lado cuánto tiempo tome) ese imperio será derrotado por los golpes combinados de los obreros y campesinos tanto a nivel nacional como internacional.

La guerra por las grandes compañías petroleras

Es una guerra imperialista también en el sentido económico popular: una guerra por petróleo. Es una guerra para garantizar que las ganancias derivadas de la organización y el control del petróleo se mantengan en las manos del Gran Petróleo, de los monopolios y los gobiernos imperialistas que defienden sus intereses. Ese es el sentido que le da la gente cuando dice, "No estoy seguro que valga la pena ir a dar ni una vida allá por el petróleo".

Tampoco debemos huirle al uso de la palabra *imperialista* en ese sentido. Hay mucho de cierto tras la aseveración de que la guerra es en torno al petróleo. Es una batalla en torno a recursos. Una batalla que libran los gobernantes norteamericanos para impedir que otra clase capitalista, en este caso los capitalistas iraquíes, obtenga demasiado control sobre estos recursos, directa o indirectamente.

Debemos recordar que los capitalistas norteamericanos —por su cuenta— usan el 26 por ciento de la producción mundial de petróleo. Por otro lado, todos los aspectos del mercado mundial del petróleo, incluso a nivel de la gasolinera, están altamente monopolizados por un pequeño número de familias capitalistas adineradas en Estados Unidos, Gran Bretaña y en otros países imperialistas.

Aunque el precio del barril de petróleo se encuentra bien por encima de lo que costaba hace cuatro meses, hoy día se está produciendo sustancialmente más, y también sustancialmente más se está enviando por los oleoductos y cargando en los buques petroleros que antes de la invasión de Iraq a Kuwait. En realidad, la producción mundial de petróleo en noviembre alcanzó el punto más alto en seis meses. Washington ha resaltado los informes de cómo el gobierno de Arabia Saudita está cargando con gran parte del peso al financiar la concentración militar norteamericana en ese país. Sin embargo, las ganancias inesperadas que las familias sauditas en el poder derivaron del aumento en el precio del petróleo a partir del 2 de agosto les han producido cinco veces más ingreso que lo que les ha costado la Operación Escudo del Desierto.

Sin embargo, no es el trono saudita ni las clases dominantes de los países de la OPEP que han resultado los grandes ganadores en esta extorsión de precios (aunque sí se benefician y lo hacen a expensas de los obreros y campesinos en sus respectivos países y en los países no productores de petróleo por todo el tercer mundo).

Las grandes ganadoras son las familias adineradas dueñas de los monopolios petroleros imperialistas. Ellas más que nadie —más que la OPEP— deciden el precio del petróleo a nivel mundial. Esto es así aún cuando, desde la segunda guerra mundial a la fecha, la mayoría de los yacimientos de petróleo del Oriente Medio han sido nacionalizados al igual que en muchos otros países semicoloniales. Los monopolios propiedad de los imperialistas no sólo son dueños y manejan sus propios enormes depósitos de petróleo, sino que también dominan a nivel mundial la capacidad de refinamiento del petróleo, su transportación y su red de distribución. El gobierno de la Unión Soviética, el productor más grande de petróleo en el mundo, también le ha sacado provecho a los recientes incrementos en el precio del petróleo. Esto le ha ayudado a compensar por la caída de ingresos provocada por la baja en la producción de su industria petrolera en crisis.

Económicamente, los grandes perdedores son los trabajadores en Estados Unidos y en el resto del mundo, ya no se diga a raíz de la masacre que se está preparando. La mayoría de la humanidad, aquellos en el mundo semicolonial, son los que están sufriendo más intensamente a raíz del salto en los precios del petróleo manipulados por los monopolios. El tercer mundo está siendo devastado. El pueblo trabajador de Europa oriental es también una víctima especial. Ellos han sido azotados por el aumento de precios, por el cese del suministro de petróleo de Iraq, el fracaso de parte del gobierno soviético de cumplir con los suministros acordados, y (comenzado el primero de enero de 1991) por tener que pagar en divisas convertibles a precios del mercado mundial por el petróleo soviético por primera vez en décadas. Entonces, la guerra que está siendo preparada es también una guerra imperialista en ese sentido: una guerra por el Gran Petróleo.

Una guerra por el capital financiero

Hay un tercer sentido en que es también una guerra imperialista: el sentido en que los marxistas hemos usado el término durante la mayor parte de este siglo. Es una guerra librada por el capital financiero. Es una guerra sobre la dominación y el control económicos —la redivisión— de una gran parte del mundo semicolonial. Es una guerra contra otras clases propietarias en otros países en pos del dominio de materias primas, mercados y el acceso a la superexplotación de la mano de obra mal remunerada.

Tiene incluso aspectos de una guerra para redividir el poder y la influencia mundiales entre las clases dominantes rivales. A pesar del vasto apoyo que las familias gobernantes del mundo capitalista le dan a la marcha hacia la guerra, la masiva operación militar en el Golfo no es el esfuerzo de una "coalición". No se trata de un arreglo entre iguales. El imperialismo norteamericano es quien lleva la batuta.

Sin embargo, en última instancia esta será una guerra en la que todas las potencias imperialistas —sobre todo el imperialismo norteamericano— tendrán algo que perder. No va a ser una guerra de una potencia imperialista que avanza, sino una que decae.

REVOLUCIONARIOS Y COMUNISTAS

CON ESTA comprensión de la actual crisis del imperialismo mundial, y de cómo la guerra que Washington está preparando encaja dentro de su decadencia demoledora, debemos examinar la dirección política que la clase obrera necesitará para avanzar hacia la liberación nacional y el socialismo. Ya que el capitalismo mundial no se disolverá en socialismo por cuenta propia no importa cuán lleno de crisis se torne. Las clases dominantes imperialistas y las distintas agencias burguesas de explotación y opresión alrededor del mundo tendrán que ser remplazadas en el transcurso de las luchas revolucionarias.

Por lo tanto, no estamos simplemente repitiendo una buena frase cuando señalamos lo correcta que es la declaración del presidente cubano Fidel Castro de que "en el mundo de hoy y de mañana ser revolucionario es, y será cada vez más, ser comunista, y ser comunista en el más cabal sentido revolucionario". No estamos simplemente repitiendo lo que siempre han dicho los comunistas sobre la necesidad de una dirección proletaria.

Hoy día, para ser y seguir siendo un revolucionario, ser comunista es cada vez más indispensable. Ese es un juicio político. Y emana de nuestra valoración de la evolución del sistema mundial de explotación capitalista y de opresión imperialista, del peso de esta evolución en la política internacional y en la lucha de clases, del estado de crisis de los partidos stalinistas, y de las tareas que enfrentan los revolucionarios en esta etapa del siglo veinte.

Esta valoración es la razón fundamental de la necesidad de forjar una dirección revolucionaria de los obreros y campesinos en todas partes del mundo. No obstante, los problemas particulares y los retos que se enfrentan para llevar a cabo esta tarea (el peso y la prioridad de las diferentes demandas), difieren sustancialmente dependiendo de la estructura de clase en un país dado, el grado de agotamiento de las direcciones y las direcciones corruptas pasadas, y la continuidad viviente de la experiencia comunista en el movimiento obrero.

Por ejemplo, en la Unión Soviética y en Europa oriental, hoy día en ninguna parte existe continuidad de dirección revolucionaria. No existen corrientes comunistas y no existe ningún eslabón histórico con las experiencias de una dirección comunista en la clase obrera que no haya sido roto. En realidad, el material humano que representaba la continuidad comunista quedó diezmado, desmoralizado o doblegado en las décadas de los años 30, los 40, los 50 y los 60. Tendrá que ser reconstruido. En el transcurso de las grandes batallas de clase por venir, los obreros y campesinos en estos países forjarán lazos con los luchadores y revolucionarios de otras partes del mundo, y eso contribuirá al proceso de forjar una dirección comunista a nivel internacional.

El mundo semicolonial

En el mundo semicolonial no es menos desafiante la tarea de forjar direcciones revolucionarias. Allí, la batalla por la liberación nacional ha evolucionado de forma especial, y ha sufrido importantes cambios durante el transcurso del siglo veinte. Estos cambios acumulativos han alterado a cada etapa el carácter de clase y el calibre de la dirección necesarios para dar el siguiente paso en la lucha contra el dominio imperialista, la opresión semifeudal y la explotación capitalista.

Hace sólo 50 años, con el inicio de la segunda guerra mundial, comenzó a extenderse por el mundo un gran movimiento descolonizador. Al inicio de esa guerra la gran mayoría de los que ahora son países independientes eran colonias. Al ser creada en las postrimerías de la guerra, a fines de 1945, Naciones Unidas contaba con tan sólo 51 miembros; hoy cuenta con 159.

Esta independencia política no la otorgaron los colonizadores imperialistas en virtud de la bondad de sus corazones. La independencia fue conquistada en la lucha de los pueblos de India e Iraq para derrocar el dominio británico; de los pueblos indochinos, argelino y sirio contra el dominio francés; del pueblo filipino contra el dominio colonial norteamericano; del pueblo indonesio contra el imperialismo holandés; del pueblo congolés contra el colonialismo belga; de los pueblos angolano y mozambiqueño contra el dominio portugués, y de muchos otros.

Si uno no considera a Hong Kong como colonia —y yo ya no lo hago; podemos dar por descontada su integración rápida a China, incluso antes de finalizar los trámites formales programados para 1997— la colonia más grande que queda en el mundo de hoy es Puerto Rico. De por sí esto hace que cobren una mayor importancia las luchas anticoloniales todavía sin resolver, en particular de las numerosas islas en el Caribe, el Pacífico, el Océano Indico, etcétera. No obstante, resulta impresionante la amplitud de las conquistas descolonizadoras del periodo posterior a la segunda guerra mundial.

Si bien en cada caso hubo sectores de terratenientes, mercaderes capitalistas y otros explotadores nativos que colaboraron con las potencias coloniales hasta el final, los movimientos descolonizadores lograron movilizar frentes unidos amplios en apoyo a la lucha por la independencia nacional. Representantes de clases diferentes, con intereses sociales directamente contrapuestos, participaron de manera considerable en esas batallas.

Hubo luchas independentistas que fueron libradas e incluso resultaron victoriosas a menudo bajo direcciones burguesas o pequeñoburguesas tanto en sus programas como en su composición social. Los combatientes más abnegados fueron los trabajadores y los campesinos, cuyos batallones eran los más valientes y sin los cuales no habría podido ganarse la batalla. Pero en la gran mayoría de los casos la dirección política dominante no era ni proletaria ni comunista. La mayoría de los regímenes que asumieron el poder fueron gobiernos burgueses, no de obreros y campesinos.

Las victorias del movimiento de descolonización dieron ímpetu a una segunda serie de conquistas en la lucha por la liberación nacional, conquistas a menudo entrelazadas con la misma lucha anticolonial. Fue esta la lucha por arrancar de manos de intereses imperialistas la propiedad directa sobre los recursos e infraestructura básicos —el patrimonio nacional— de los países del tercer mundo. Estas luchas marcaron gran parte de las décadas de 1950 y 1960 extendiéndose hasta finales de los años 70 con la revolución iraní.

En 1956 el gobierno egipcio encabezado por Gamal Abdel Nasser recobró el Canal de Suez de manos del capital financiero británico y francés, para citar un ejemplo. A través del Oriente Medio, Latinoamérica y otros lugares del mundo, hubo regímenes que nacionalizaron campos petroleros y el derecho básico sobre la riqueza minera de sus países. Estas batallas tuvieron un carácter clasista mucho más marcado que la misma lucha por la descolonización, ya que habían sectores explotadores nativos cuyos intereses estaban directamente ligados a los principales bancos y monopolios de propiedad imperialista. Los obreros y campesinos a menudo se aprovecharon de estos enfrentamientos con el imperialismo para ejercer mayor presión sobre los gobiernos neocoloniales en demanda de reformas agrarias y derechos laborales, ganando en este proceso un mayor espacio para organizarse y participar de la política.

Sin embargo, en la mayoría de los casos los recursos recobrados del dominio y explotación directa de los imperialistas cayeron bajo el dominio de las ascendentes clases capitalistas locales, ya sea directamente a manos privadas o por intermedio de los regímenes neocoloniales que éstas controlaban. Una vez más, los conflictos que culminaron en la nacionalización de las otrora propiedades imperialistas se dieron principalmente bajo direcciones burguesas y pequeñoburguesas y sin el establecimiento de regímenes de obreros y campesinos.

Sin embargo, las tareas más importantes que hoy día enfrentan los obreros y campesinos de la mayoría de los países del tercer mundo requieren, si han de tener éxito, de una dirección cuyo carácter clasista y calibre sean de un tipo diferente. Las tareas de liberación nacional, de lograr la liberación definitiva de los oprimidos por el dominio y la superexplotación imperialistas, no podrán avanzar sin además luchar contra las clases terratenientes y capitalistas locales, cuyos intereses están completamente entrelazados con los de los imperialistas. El reto político que tienen ante sí los movimientos de liberación nacional al hacerle frente a la siguiente tanda de tareas históricas requiere de una mayor claridad política y de una dirección proletaria.

Ese es el camino que conduce hacia el desarrollo económico

y social duradero. Es así como se librarán estos países de las estructuras e instituciones sociales que garantizan su sometimiento permanente al imperialismo. Es la única manera de evitar que los logros que puedan surgir incluso de un limitado desarrollo económico y social caigan en manos de una pequeña capa de capitalistas, de la burocracia gubernamental y del cuerpo de oficiales de las fuerzas armadas, mientras que la gran mayoría de los trabajadores y campesinos se hunden cada vez más en la pobreza y son brutalmente reprimidos cuando ofrecen resistencia. Es la única manera de llevar a cabo las reformas agrarias a plenitud, sin que simplemente terminen —gracias al mecanismo del sistema capitalista de rentas e hipotecas, y al dominio de esa clase sobre el crédito, el mercadeo y las fuentes de equipos e implementos agrícolas— reproduciendo el despojo masivo de tierras y la diferenciación de clases en el campo.

Sostenes del dominio imperialista

Estas urgentes tareas que enfrentan los luchadores antimperialistas en la mayoría de los países semicoloniales hoy en día son el producto de la crisis misma del sistema imperialista, del fracaso del capitalismo. Es el capitalismo el que ha robado de los obreros y campesinos que por todo el mundo han luchado valerosamente —y a costa de grandes sacrificios— por su independencia, sólo para verse hoy esclavizados por las deudas a los bancos imperialistas, sólo para verse sometidos a los dictados de los grandes conglomerados petroleros, los gigantes mercaderes de cereales y otros intereses imperialistas.

Al enemigo imperialista no se le puede combatir con éxito de la misma manera que en décadas pasadas. La independencia colonial ha sido conquistada en la mayoría de los países. El patrimonio nacional representado por la tierra y otros recursos minerales en muchos casos ha sido nacionalizado.

En el sentido más directo e inmediato, el problema que enfrentan los oprimidos no es que los partidos y organizaciones burguesas y pequeñoburguesas sean instrumentos ineficaces en la lucha por el socialismo; eso siempre ha sido cierto. La realidad social que sobre todo impone la necesidad de una dirección proletaria es que las clases gobernantes burguesas se han transformado en los principales sostenes del dominio imperialista sobre sus países en esta etapa histórica incluso cuando periódicamente entran en graves conflictos con tal o cual potencia imperialista. De manera que es imposible llevar a cabo la lucha definitiva por la liberación nacional bajo su dirección; deben ser combatidas y reemplazadas.

Hay que ver no más la absoluta incapacidad de cualquiera de estas direcciones burguesas de siquiera presentar un frente unido ante los bancos imperialistas y proclamar: "¡No! No pagaremos ni un centavo más para cubrir los intereses que están desolando a nuestros países. ¡Cancelen la deuda!". En 1985 el presidente cubano Fidel Castro lanzó una campaña internacional para convencer no sólo a los movimientos populares y sindicatos obreros sino también a los jefes de estado de varios países latinoamericanos y de otros gobiernos del tercer mundo de unir fuerzas en una campaña a favor de esta reivindicación. No hubo precondición alguna, ni se ejerció presión alguna para incluir otras cuestiones: tan sólo una posición colectiva rehusando pagar la deuda externa que estrangulaba a estos países.

Se perdió una oportunidad histórica

Pero Castro no encontró ni uno solo que aceptara. Y se perdió una oportunidad histórica para enfrentar al imperialismo en un momento en que éste se encontraba vulnerable, como Castro mismo subrayó varios años después. Las clases dominantes neocoloniales no pueden ni están dispuestas a ayudar a encabezar la lucha por eliminar la deuda, porque tal campaña pone en peligro los mismos mecanismos bancarios y crediticios capitalistas de que se valen y de los cuales dependen estos mismos explotadores locales.

El tipo de lucha necesaria para asumir las próximas tareas de liberación nacional requiere de la organización política de los obreros y campesinos independientemente de los capitalistas y terratenientes, quienes son los que impiden el progreso y desarrollo de la nación. Requiere de una fuerte alianza obrero-campesina. Requiere luchar por el espacio político necesario para organizarse y librar batallas. Requiere de una orientación internacionalista hacia las luchas de otros oprimidos, no sólo en otras partes del tercer mundo, sino también en los países imperialistas y por toda Europa oriental y la Unión Soviética. Requiere de un programa anticapitalista y de una dirección proletaria.

Y requiere de la lucha por reemplazar a los regímenes burgueses neocoloniales actuales con gobiernos de obreros y campesinos.

Es por eso que estamos convencidos (1) que las luchas por llevar a cabo la liberación nacional definitiva serán una fuerza más poderosa, y no más débil, en la política mundial en los años venideros; y (2) que en la gran mayoría de estos países, ser un revolucionario eficaz hoy y mañana es ser un comunista. En las tres últimas décadas hemos visto cómo tales liderazgos pueden y van a desarrollarse en el transcurso de las luchas revolucionarias contra la opresión nacional.

Por un lado, hemos visto cómo el desarrollo mismo del capitalismo en los países semicoloniales —aunque sea de una forma limitada y distorsionada— sigue creando una clase obrera más fuerte y nuevas capas de oprimidos en la ciudad y el campo de las cuales surgirán nuevas generaciones de combatientes para formar organizaciones revolucionarias.

Al mismo tiempo, hemos visto emerger de las cruentas luchas de liberación nacional alrededor del mundo una dirección comunista de calibre mundial. Hemos visto a la dirección del Movimiento 26 de Julio en torno a Fidel Castro y Ernesto Che Guevara forjar un partido comunista a la par que dirigía a los obreros y campesinos de Cuba en la lucha por liberar por completo a ese país de la explotación y opresión yanquis.

Hemos visto la formación de destacados dirigentes comunistas tales como Maurice Bishop en Granada y Thomas Sankara en Burkina Faso. Aquí mismo en Estados Unidos hemos conocido de cerca la evolución de Malcolm X —en su lucha incladudicable contra la opresión nacional de los negros y su oposición revolucionaria a la opresión de los pueblos de Africa y otras partes del tercer mundo— hacia posiciones políticas abiertamente anticapitalistas y cada vez más prosocialistas.

Estos ejemplos por sí solos, y habrá muchos otros, son prueba suficiente de que nuevos avances en la lucha de liberación nacional contribuirán poderosamente a la creación de una dirección del calibre necesario para reconstruir un movimiento comunista mundial.

No reconocer de manera inequívoca el carácter reaccionario del expansionismo del régimen iraquí en su campaña por apoderarse de tierras y petróleo en Kuwait retrasa la creación de una dirección revolucionaria en la lucha por la liberación nacional. Los luchadores antimperialistas, comunistas y otros obreros y campesinos con mentalidad revolucionaria de todo el mundo exigen la retirada inmediata de todas las fuerzas norteamericanas y extranjeras del Oriente Medio. Abogan por la victoria de Iraq frente al bloqueo organizado por los ejércitos, armadas y fuerzas aéreas imperialistas y sin lugar a equívocos mantendrán esta posición si estalla la guerra. Pero estarán luchando contra los invasores imperialistas *a pesar* de Saddam Hussein, no con él. Ellos saben —y de no saberlo lo aprenderán rápidamente— que este régimen burgués con su cuerpo de oficiales desorganizará y debilitará una verdadera defensa de Iraq frente a tal embestida.

Esto no representa nada nuevo para los comunistas y otros opositores incondicionales del imperialismo en este siglo. Activamente apoyamos la derrota del imperialismo alemán cuando invadió la Unión Soviética durante la segunda guerra mundial. Pero lo hicimos a pesar de Stalin, cuya trayectoria contrarrevolucionaria habría garantizado la derrota de no haber sido por el sacrificio y firmeza de millones de obreros y campesinos soviéticos que lucharon y murieron por defender las conquistas de la revolución rusa de octubre de 1917. Luchamos contra la invasión imperialista desde el seno de los ejércitos comandados por Stalin sólo porque la vanguardia de la clase obrera estaba demasiado débil para reemplazarlo con una dirección proletaria. Nunca desistimos de nuestra perspectiva de reemplazar con una dirección de obreros y campesinos al liderazgo que había decapitado a las masas oprimidas.

Los comunistas y otros revolucionarios luchamos por la derrota del imperialismo japonés cuando invadió a China en los años 30, pero lo hicimos a pesar de que el ejército chino estaba siendo dirigido por ese asesino reaccionario Chiang Kai-chek.

Esa es hoy nuestra posición frente al régimen de Bagdad y en defensa de Iraq contra el imperialismo. Nosotros decimos: "¡Saquen a las tropas imperialistas ahora! ¡Alto al bloqueo! ¡Dejen pasar medicinas y alimentos!". Una derrota del imperialismo abriría la mayor posibilidad de que los obreros y campesinos se liberen de la corrupta dirección burguesa y erijan su propio poder y sus propias organizaciones. Los Saddam Hussein del mundo se sirven de la presión imperialista para justificar tanto el cierre del espacio político como la brutal represión de los sindicatos, organizaciones campesinas y partidos políticos del pueblo trabajador.

El golpe más grave asestado por la ocupación iraquí de Kuwait y por el trato que allí han dado a los trabajadores (una minoría de los cuales son kuwaitíes) lo ha sufrido la lucha del pueblo palestino por su autodeterminación nacional. En un momento en que la *intifada* le abría millones de puertas de apoyo y simpatía para con su lucha en los años recientes, las acciones del régimen iraquí sacaron al movimiento palestino del centro de la atención política en el Oriente Medio. La invasión de Kuwait ha desviado la atención ante el aumento de la brutal represión israelí: una oportunidad que no pasó desapercibida y sobre la que inmediatamente actuaron los gobernantes israelíes. La invasión debilitó la campaña que se estaba llevando a cabo en el Oriente Medio para colocar las negociaciones con los palestinos al centro de todas las demandas contra Israel y sus partidarios.

La demagogia de Saddam Hussein de que se haga un *"linkage"* (una conexión) entre la invasión iraquí de Kuwait y la ocupación israelí de territorios palestinos no podría ser más cínica. Representa un obstáculo, y no una ayuda, a los esfuerzos del pueblo palestino por conseguir respaldo para sus reivindicaciones entre los trabajadores, campesinos y gente de pensamiento democrático del mundo.

¿Qué posible "conexión" puede haber entre las justas demandas de los palestinos por su soberanía nacional habiendo sido desposeídos de su patria por Israel, y el asalto reaccionario de Bagdad contra la soberanía nacional kuwaití? Absolutamente ninguno. Son contrarios.

Hussein alega que lanzó la invasión de Kuwait para mejorar las posibilidades de una "solución" de la cuestión palestina. Esto es una mentira de cabo a rabo. El quería petróleo. Quería territorio. Quería su botín. Es lo que ha perseguido todo el tiempo que ha estado en el poder. Las tropas iraquíes sometieron a los trabajadores palestinos en Kuwait al mismo trato cruel y despiadado que sufrieron otros cientos de miles de trabajadores inmigrantes en ese país. Hacer cualquier conexión entre estas acciones y la lucha palestina por la autodeterminación nacional distrae criminalmente de esa lucha.

El golpe asestado por el régimen iraquí a los palestinos ha sido complicado por la negativa de la dirección de la Organización para la Liberación de Palestina a condenar sin lugar a equívocos la invasión de Kuwait, exigir la retirada inmediata de las tropas iraquíes y, sobre ese firme principio, declarar ante el mundo que la OLP luchará hasta la muerte hombro a hombro con sus hermanos y hermanas iraquíes contra cualquier ataque imperialista. El daño ha sido agravado por las declaraciones del presidente de la OLP Yaser Arafat quien ha expresado su respaldo a la propuesta del régimen de Bagdad de ligar las conversaciones sobre la retirada de Kuwait a "una solución general" de los conflictos en el Oriente Medio. Dada la simpatía de que goza el pueblo palestino tras décadas de valiente resistencia, la posición asumida por la dirección de la OLP ayuda a maquillar la imagen del régimen burgués iraquí y siembra confusión entre otras capas de combatientes en el mundo.

Cuba encabeza la lucha contra quienes impulsan la guerra

El papel desempeñado hoy en día en la política mundial por el gobierno revolucionario y el Partido Comunista de Cuba es un ejemplo del profundo efecto que tienen el carácter y la orientación clasista de una dirección en la lucha por la liberación nacional, así como en la lucha contra una guerra imperialista.

Es por esto que una de las armas políticas más eficaces en una campaña de la clase obrera contra la marcha de Washington hacia la guerra es el libro de la editorial Pathfinder titulado: *¡EE. UU. fuera del Oriente Medio! Cuba habla en Naciones Unidas.* Como explicara Mary-Alice Waters en el prefacio:

"La meta de los que se preocupan por el futuro de la humanidad es la de movilizar la opinión pública mundial, y particularmente la opinión pública en Estados Unidos, para contrarrestar la campaña guerrerista de Washington. Es por eso que el papel que actualmente juegan los representantes del gobierno cubano en el Consejo de Seguridad de Naciones Unidas es tan importante. Como ya antes lo han hecho, los líderes de la revolución cubana están utilizando a Naciones Unidas como una tribuna desde la cual se pronuncian y trazan un rumbo de acción en defensa de los intereses del pueblo trabajador del mundo entero".

El libro contiene 10 resoluciones introducidas por Estados

Unidos y adoptadas por el Consejo de Seguridad de la ONU entre principios de agosto y finales de octubre, de 1990 seguidas de discursos pronunciados por el representante de Cuba ante la ONU Ricardo Alarcón. En estos discursos Alarcón explica la oposición de su gobierno a la invasión iraquí de Kuwait al tiempo que denuncia sin ambages la marcha de Washington hacia la guerra y el bloqueo de que se ha valido para negarle alimentos y medicinas al pueblo iraquí. El libro también contiene varias cartas sobre el tema escritas por Fidel Castro y parte de uno de sus recientes discursos.

El discurso pronunciado el 29 de noviembre por Isidoro Malmierca, ministro de relaciones exteriores de Cuba, reafirma estas posiciones y condena en los términos más severos la nueva resolución de guerra de la ONU.[14]

Antes de esa sesión del Consejo de Seguridad, Malmierca se reunió en Nueva York con el secretario de estado norteamericano James Baker: la reunión a alto nivel gubernamental de mayor duración entre Estados Unidos y la República de Cuba desde 1960. En noviembre el gobierno de Estados Unidos ocupaba la presidencia del Consejo de Seguridad, por lo que Washington tenía la obligación formal de reunirse por lo menos una vez con cada miembro del consejo para tratar de llegar a un acuerdo sobre la resolución. Es una norma diplomática que la delegación de Estados Unidos se veía obligada a cumplir. Y era el mismo Baker quien ocuparía la presidencia en esa sesión especial.

Fue tal vez el único aspecto de toda la reunión del Consejo de Seguridad que no entraba en los planes de Washington: tener que celebrar la primera reunión formal en treinta años con el canciller cubano. La mayoría de las otras reuniones sostenidas por Baker le fueron útiles al gobierno norteamericano, llegando a un acuerdo sobre la fecha exacta en que vencería el plazo otorgado a Bagdad, redactando un texto que no pusiera en apuros a varias de las delegaciones en sus países de origen, etcétera. Eran como esos almuerzos de negocios donde se fija el precio y se cierra el trato.

Pero la reunión con Malmierca fue diferente. El canciller cubano habló con Baker, tras la reunión sencillamente le indicó a la prensa que Cuba votaría en contra de la resolución y seguiría trabajando en pos de una solución pacífica. Es más, a diferencia de los gobiernos de algunos de los otros miembros · del Consejo de Seguridad, Cuba no recibió nuevas invitaciones de Baker para continuar las conversaciones en Washington. Pero Cuba tampoco se vio obligada a celebrar una conferencia de prensa a los pocos días para negar cualquier conexión entre su voto sobre la resolución de la ONU y algún repentino nuevo paquete de ayuda o un nuevo préstamo procedentes del Fondo Monetario Internacional.

Dirigiéndose a la reunión del 29 de noviembre del mismo Consejo de Seguridad, Malmierca reiteró la oposición inclaudicable de Cuba a la invasión y anexión iraquí de Kuwait así como a la detención de extranjeros como rehenes. Estas acciones, dijo Malmierca, debilitan "la unidad y solidaridad que [los países del tercer mundo] tanto necesitamos para enfrentar el desafío de vencer el subdesarrollo".

Malmierca condenó además las maniobras de Washington en caminadas a una guerra contra Iraq, maniobras ratificadas por el Consejo de Seguridad, incluido el inhumano embargo. Expresó la consternación de Cuba "por la enorme y creciente concentración de fuerzas militares de los Estados Unidos y sus aliados en la zona del Golfo y el peligro del estallido de una guerra que . . . traería enorme destrucción a los países de la región, comenzando por Kuwait e Iraq y sus vecinos, más las pérdidas de las fuerzas atacantes".

Malmierca reiteró la duradera solidaridad de Cuba con la · lucha por los derechos nacionales del pueblo palestino y condenó la hipocresía del gobierno de Estados Unidos al tratar de impedir que el Consejo de Seguridad considerase una resolución —elaborada por Cuba junto con Colombia, Malaysia y Yemen— pidiendo que una comisión de Naciones Unidas investigue el trato que el gobierno israelí da a los palestinos en los territorios que ocupa. Al mismo tiempo, dijo Malmierca, Cuba continúa rechazando "establecer un '*linkage*' entre la retirada iraquí de Kuwait y los territorios árabes ocupados por Israel".

El canciller cubano señaló entonces el ejemplo de Corea para enfatizar las horribles consecuencias que tuvo para la humanidad la última vez que el Consejo de Seguridad dio su bendición a una guerra organizada por Estados Unidos. El caso de Corea, dijo Malmierca, "ejemplifica cómo el uso de la fuerza bajo la bandera de las Naciones Unidas concluyó, luego de tres años de guerra, de cientos de miles de víctimas y de cuantiosa destrucción material, en un armisticio que todavía hoy mantiene a ese país dividido como antes de que estallara el conflicto y con decenas de miles de soldados y bases militares extranjeras en la parte sur de este territorio".

Finalmente, Malmierca concluyó con las palabras que cité antes, llamando a la resolución de la ONU la "Crónica de una guerra anunciada".

El curso trazado por los revolucionarios cubanos desde el comienzo de la situación en el Golfo ha sido valiente, consecuente, de principios e internacionalista. Es correcto no sólo porque representa una posición comunista que hace avanzar la lucha por el socialismo, si bien es cierto que representa la única posición imaginable que un comunista podría tomar. Pero uno no tiene que ser comunista para defender y promover este curso hombro a hombro con los revolucionarios cubanos.

La posición asumida por Cuba es correcta sobre todo porque es el curso que puede hacer avanzar la lucha contra el imperialismo en el Oriente Medio, porque es la única posición de principios en nombre de la lucha por la liberación nacional. Es la única posición correcta y revolucionaria para cualquier luchador antimperialista y cualquier movimiento de liberación nacional en cualquier parte del mundo.

Grandes riesgos para los revolucionarios

Los revolucionarios cubanos saben que sufrirán las consecuencias por esta posición de principios frente al guerrerismo encabezado por el imperialismo estadounidense. Saben que Washington hará lo posible para hacer la situación más difícil para ellos y que si desencadena una guerra contra Iraq, las cosas se van a poner aún más duras. Más que cualquier otro pueblo sobre la faz de la tierra, los revolucionarios cubanos saben lo que una guerra masiva y sangrienta en el Oriente Medio significará para cada luchador en cualquier parte del mundo que se enfrente a la opresión y rapiña imperialistas. Saben la presión que tendrán que soportar los revolucionarios, incluso en Estados Unidos. Saben que se reducirán cada vez más los derechos democráticos y el espacio para organizarse y resistir. Saben de los nuevos peligros que implican en otras partes del mundo las maniobras militares imperialistas.

Una guerra imperialista en el Oriente Medio le abriría el camino a la pandilla bipartidista en Washington para darle mayor respaldo aún al régimen asesino que protege la propiedad y los privilegios de los terratenientes y los capitalistas en El Salvador. Ejercería mayores presiones, tanto políticas como militares, sobre el Frente Farabundo Martí para la Liberación Nacional, el cual continúa librando su lucha revolucionaria contra el régimen respaldado por Estados Unidos en ese país.

Una guerra en el Oriente Medio inevitablemente disminuiría más aún la supuesta buena voluntad de los gobiernos imperialistas para con el Congreso Nacional Africano y la lucha que éste encabeza para destruir de una vez por todas el sistema de apartheid en Sudáfrica.

Tal guerra asestaría un golpe a la lucha por la reunificación de Corea donde la presencia de unas 45 mil tropas norteamericanas, junto con bases militares y buques equipados con armas nucleares, hace de esta zona hoy por hoy la segunda con el más grande poderío militar imperialista norteamericano después de la región del Golfo. *Rodong Sinmun*, el diario de Corea del Norte, señaló esta realidad en un informe analítico en que destaca el peligro de guerra que la reciente resolución del Consejo de Seguridad representa. "La adopción de la resolución que aprueba el uso de las fuerzas armadas contra Iraq en condiciones de una aguda confrontación de medios bélicos ultramodernos e inmensas fuerzas armadas aglutinadas en la región del Golfo", explicó el artículo norcoreano, "no puede ser sino una advertencia del peligro de que estalle la guerra en la región. . . . Si estalla la guerra en la región del Golfo, se creará allí una situación irrevocable y representará un grave peligro para la paz y seguridad mundiales".

Un modelo ejemplar
Que nosotros sepamos, los trabajadores iraquíes encaran hoy la perspectiva de una brutal embestida imperialista sin la existencia de ninguna corriente revolucionaria organizada en la vanguardia de los obreros, campesinos y los jóvenes. Los militantes con ideas revolucionarias en Iraq se enfrentan a condiciones sumamente represivas: encarcelamiento, tortura, asesinatos.

Hay, sin embargo, un ejemplo en la historia reciente de la

región de cómo los comunistas se comportaron frente a una guerra respaldada por los imperialistas. Durante los primeros años de la guerra contra la revolución iraní iniciada en 1980 por el gobierno iraquí con la bendición de Washington, existía una organización comunista en la clase obrera de Irán llamada Partido de Unidad Obrera (en el idioma farsí Hezb-e Vahdat-e Korigarán, el HVK). El HVK fue víctima de la represión por parte del gobierno capitalista en Irán; sus miembros sufrieron hostigamiento de manos de los matones organizados por el gobierno y con frecuencia fueron encarcelados.

Entre los conscriptos y voluntarios de las fábricas que lucharon y murieron combatiendo la agresión reaccionaria del régimen iraquí contra la revolución iraní se encontraban los miembros del HVK. Ellos actuaron conforme a la convicción de que los comunistas debían ser los mejores combatientes en defensa de los logros que las masas explotadas en Iran conquistaron con el derrocamiento revolucionario del régimen del sha que el imperialismo apoyaba.

Al mismo tiempo, estos mismos cuadros del HVK aumentaron su participación en las luchas en las fábricas contra los intentos del gobierno capitalista de intensificar la explotación de los trabajadores, bajo el cínico pretexto de la necesidad de sacrificarse por la campaña guerrerista, mientras que los capitalistas por su parte acumulaban abundantes ganancias. El HVK defendió la lucha de los campesinos por la tierra y para que el gobierno proporcionara los medios para trabajarla. Nada podría haber incrementado de forma más aguda la determinación de los campesinos de resistir la invasión iraquí auspiciada por el imperialismo. El HVK se unió a la lucha por los derechos democráticos frente a la represión cada vez más brutal del gobierno contra todo tipo de expresión y organización política independientes de parte de los explotados.

Al mismo tiempo, el HVK dio su apoyo incondicional a los derechos nacionales del pueblo curdo y otros pueblos oprimidos por el régimen capitalista iraní. Explicó que la lucha cada vez más profunda de los obreros y campesinos por sus intereses de clase era la única forma de consolidar las conquistas de la revolución iraní e impedir que la guerra defensiva contra Iraq se convirtiera en un estancamiento destructivo que drenara la sangre y las energías de los revolucionarios más valientes y abnegados. Señalaron la necesidad de crear un gobierno obrero y campesino para poder llevar a cabo la tarea de liberar a Irán de la opresión y explotación del imperialismo y todas sus agencias, dentro y fuera del país.

Este rumbo comunista se explica en una resolución aprobada por el HVK en 1981. Fue traducida al inglés y publicada ese año en la revista *Intercontinental Press*.[15] Es un magnífico ejemplo para revolucionarios, luchadores antimperialistas y comunistas en todas partes del mundo.

LA MARCHA HACIA LA GUERRA Y LA DEPRESIÓN

L A MISMA SEMANA de noviembre de 1990 en que el Consejo de Seguridad de la ONU aprobó la resolución de guerra de Washington, altos funcionarios del gobierno norteamericano se vieron obligados a reconocer por fin de que la recesión que ya se estaba dando en Canadá también había comenzado en Estados Unidos. (Algunos expresaron su temor de que podía resultar ser profunda tanto para Norteamérica como para gran parte del mundo.)

Fue esa misma semana que el gobierno federal anunció que este era el cuarto año consecutivo que la esperanza de vida promedio de la población negra en Estados Unidos había *disminuido*, disminuido en términos absolutos. Este año esa disminución fue lo suficientemente grande como para resultar en una baja en el promedio total de la esperanza de vida en Estados Unidos. Es más, esta baja está muy vinculada a las divisiones de clase, siendo el resultado del veloz deterioro de las condiciones de salud entre las capas menos privilegiadas de la clase obrera, sin limitarse a los trabajadores negros.

El hecho en sí de que el promedio en la esperanza de vida se redujera en la última década del siglo veinte en la potencia imperialista más rica del mundo —y que pueda disminuir por cuatro años seguidos para el pueblo trabajador de una nacionalidad oprimida— es un indicio de la profundidad de la subyacente crisis económica del capitalismo. Tanto la intensificación de la explotación, como la polarización de clases cada vez más profunda se ven reforzadas conforme el capitalismo continuamente regenera las instituciones de opresión racista a medida que reproduce las relaciones sociales de producción necesarias para su propia existencia.

Detrás de esta estadística hay muchas otras, y todas ellas señalan la verdad acerca de lo que se avecina, acerca del carácter de la crisis social internacional hacia la cual nos encaminamos, y lo que está en juego para el pueblo trabajador en las batallas venideras. No podemos predecir el ritmo exacto ni cómo se irán dando los acontecimientos, pero sí podemos decir con certeza que las clases gobernantes imperialistas están haciendo marchar a los obreros y agricultores hacia la guerra y la depresión.

Aparte de entrar en la actual recesión, los miembros de la clase trabajadora de Estados Unidos ya hemos sido víctimas de una ofensiva que ha durado más de una década por parte de la clase patronal contra nuestras condiciones de vida y de trabajo. Sólo en la última década los salarios reales de los trabajadores han disminuido en un 10 por ciento. Nuestro poder adquisitivo se ha reducido tan drásticamente a partir de 1973 que ahora se encuentra al nivel que estaba en 1961. Desde 1980 nuestras pensiones, prestaciones de salud y protección mediante los seguros han decaído en un promedio del 15 por ciento en términos monetarios reales. Como resultado de las presiones que este atentado contra los ingresos de los trabajadores implica, han aumentado vertiginosamente las deudas que deben sobrellevar las familias trabajadoras que buscan desesperadamente la forma de protegerse de los ataques contra su nivel de vida.

Frente a un desempleo que aumenta agudamente, sólo la tercera parte de los que carecen de empleo en este país reciben actualmente prestaciones de desempleo, debido en gran parte a recortes de gran magnitud realizados por el gobierno. Estos recortes han tomado la forma de requerimientos más estrictos para tener derecho a las prestaciones. El número de desempleados que hoy gozan de prestaciones contrasta con más de tres cuartas partes de los obreros desempleados durante la recesión de 1974–75 y con alrededor de la mitad durante el profundo descenso capitalista de 1981–82.

A los pequeños agricultores les espera otra ronda de endeudamiento acelerado, bancarrotas y cierres de hipotecas. La crisis agrícola capitalista que expulsó de sus tierras a decenas de miles de productores explotados a comienzos y mediados de la

década de 1980 —la peor época desde las décadas de 1920 y
1930— está lejos de encontrar remedio.

Los capitalistas se ven presionados por una enorme estructura
deudaria que alcanzó niveles históricos durante la década de
1980. La inversión en la extensión de la capacidad productiva de
plantas y equipo se estancó en el mismo periodo. Al mismo
tiempo, hubo una explosión en la especulación de bienes raíces,
compras y fusiones empresariales financiadas con deudas y con
los títulos de propiedad de alto riesgo (*junk bonds*), así como una
creciente inestabilidad de los mercados de valores y de mercancías. La deuda del tercer mundo sigue aumentando a niveles
espantosos, devastando a obreros y campesinos en esos países y
añadiendo tensiones a la estructura bancaria imperialista. Los
bancos, las instituciones de ahorro y préstamo y las grandes
compañías de seguros en Estados Unidos —así como los fondos
de que disponen en la actualidad las agencias gubernamentales
que supuestamente protegen a los depositantes y beneficiarios—
se encuentran en la situación más precaria en décadas.

Quebrantos súbitos o crisis parciales en uno o varios de estos
frentes —cada uno de los cuales es más vulnerable debido al
descenso capitalista actual— amenazan con convertir una recesión en un colapso del sistema bancario internacional que puede sumergir al mundo en una depresión y una crisis social de
gran magnitud.

La ofensiva antiobrera

Los patrones, su gobierno y los políticos de los partidos Demócrata y Republicano siguen presionando con su ofensiva antiobrera y por la destrucción de los sindicatos. La solución final a
todos los problemas del país, ellos insisten, es garantizarle a los
obreros el "derecho" a trabajar en un "ambiente libre de sindicatos". Con más frecuencia actúan como si el único obrero
bueno fuese un obrero que "reemplace permanentemente" a
otro.

Los patrones siguen exigiendo contratos llenos de concesiones —como los recientes pactos firmados por los funcionarios
del sindicato automotriz UAW— que profundicen las divisiones
en la clase trabajadora al aceptar salarios bajos, peores condiciones laborales y menos oportunidades de empleo para obreros
más jóvenes y nuevos empleados, a cambio de la quimera de la

"garantía de empleos" para un número cada vez más reducido de miembros sindicales con más antigüedad. Los patrones siguen impulsando sus recortes a los beneficios de salud y de jubilación, acelerando el ritmo de producción con menos control sindical sobre la seguridad en el trabajo, y destruyendo el medio ambiente.

Los gobiernos municipales y estatales por todo el país —como a mediados de la década de 1970— se quejan del "descenso de sus ingresos de impuestos" y de los "reducidos presupuestos", y "contra su voluntad" indican la necesidad de recortar agudamente las planillas de empleados públicos e imponer contratos laborales con concesiones. Los gobernadores y los alcaldes están recortando gastos en los servicios básicos de salud, educación, cuidado infantil y otros programas sociales de los que dependen millones de trabajadores. Los puentes y los caminos se siguen deteriorando peligrosamente.

De manera que en la actualidad los obreros y los agricultores enfrentan en este país una marcha doble: una marcha hacia una guerra terrible y una marcha no sólo hacia la recesión sino a lo que parece ser una inexorable depresión y crisis social a nivel mundial.

Esta realidad la perciben sectores cada vez más numerosos del pueblo trabajador. Y le presenta enormes desafíos y responsabilidades a todo obrero consciente, a todo militante sindical de base, y a todo comunista.

La clase trabajadora y el movimiento obrero norteamericanos han sufrido reveses; nuestros sindicatos han sido debilitados más aún debido al rumbo colaboracionista de clases y proimperialista del liderazgo sindical; y la embestida acelerada de la patronal en la década de 1980 nos ha puesto a la defensiva. Sin embargo, no hemos sido derrotados. El movimiento obrero no ha sido expulsado del centro de la política en este país. Nuestra capacidad de resistir no ha sido doblegada.

Conforme la resistencia de la clase trabajadora y de los sindicatos en Estados Unidos ha evolucionado a partir de mediados de la década de 1980, ha surgido también, una pauta. A pesar de las dificultades, a pesar de los reveses, los obreros y sindicalistas en Estados Unidos puestos entre la espada y la pared por los ataques de los patrones han hallado formas de luchar. Una capa tras otra ha evadido el simplemente quedarse maniatados, encadenados y obstaculizados para organizarse y defenderse a sí mismos. Han resistido aún cuando los patrones y los burócratas sindicales se han unido para evitar que utilizaran tácticas sindicales básicas que han hecho posibles las victorias del movimiento obrero a través de la historia, es decir, incluso cuando no se les permite organizar el poder y la solidaridad sindicales para parar la producción.

A MEDIDA QUE los obreros han decidido actuar en vista de estas adversidades, otros trabajadores han expresado su solidaridad con sus batallas. Una pequeña vanguardia de luchadores del movimiento obrero ha empezado a acumular experiencias importantes y ricas en lecciones sobre cómo forjar la unidad, superar las divisiones y librar una lucha eficaz. Estos esfuerzos defensivos son librados desde una posición de debilidad. Las bases no se encuentran en una posición lo suficientemente fuerte como para hacer a un lado al actual liderazgo sindical y reemplazarlo con otra dirección con un estrategia alternativa de lucha de clases. Sus esfuerzos tienen que llevarse a cabo en gran parte dentro de los límites de la estrategia impuesta por la burocracia momificada. Este hecho, sin embargo, no vuelve menos relevantes ninguna de estas experiencias, las cuales constituyen el terreno en el que los luchadores miembros de base se puedan conocer entre sí y ponerse a prueba el uno al otro.

Todo esto está ocurriendo mientras se da la huelga en el periódico *Daily News* en el área metropolitana de Nueva York. Esta es una huelga que se inició como uno de los cierres patronales preparados con más frialdad, brutalidad y precisión militar por parte de la gerencia en años. Los miembros de base de los sindicatos de conductores de camiones, operadores de imprenta y otros empleados sindicalizados se vieron forzados a embarcarse en la lucha sin ninguna preparación por parte de los funcionarios sindicales, los cuales ansiaban que no se diera el enfrentamiento. Los miembros de base no tienen estructuras sindicales democráticas por medio de las cuales organizarse, tomar decisiones, debatir tácticas, luchar por una mayor unidad entre ellos, buscar conseguir una amplia solidaridad del resto del movimiento obrero. Carecen de estructuras sindicales que les permitan hacer que se sienta el verdadero potencial de su poder sindical.

La gerencia, por otro lado, estaba bien preparada. La producción nunca se detuvo. El *Daily News* no dejó de tirar ninguna edición. Tenía alineados a los esquiroles con meses de anticipacón para hacerlo todo: desde la redacción, a la composición e impresión de los periódicos, hasta su transporte por toda el área metropolitana. Tenían esquiroles en sus puestos de trabajo en cuestión de minutos, junto con matones armados para arremeter contra los sindicatos. El resto de los medios informativos de Nueva York se unió a la campaña difamatoria acusando de violencia a los sindicatos.

Sin embargo, sucedió algo que la gerencia no había anticipado. Ellos lograron redactar el periódico, imprimirlo y cargarlo en los camiones con "reemplazantes permanentes". ¡Pero no pudieron hacer que el pueblo trabajador lo comprara! La clase trabajadora del área de Nueva York se unió para mantener al *Daily News* fuera de los estantes de periódicos. Han puesto presión sobre los dueños de los quioscos de ventas para que no vendan el periódico esquirol, debaten con ellos y tratan de convencerlos. Algunos de estos pequeños comerciantes han montado rótulos de solidaridad en los que anuncian: "¡Aquí no se vende el *Daily News*!".

Los trabajadores debaten con sus compañeros de trabajo para que no compren ese diario, y lo hacen también con familiares y amigos. Han convertido el hecho de comprar el *Daily News* en un acto inmoral, corrupto e injustificable para cualquier trabajador con una pizca de decencia, de sentimiento humano y de solidaridad. Los sindicalistas se han ofrecido de voluntarios para ir de casa en casa pidiendo a las personas que cancelen sus suscripciones.

Hay miles de comerciantes que venden diarios en el área metropolitana de Nueva York. Antes de la huelga, el *Daily News* era el diario metropolitano segundo en ventas en el país. No obstante, hoy día es difícil encontrar un puesto de periódicos que lo venda. Esto no se logró por medio de una organización centralizada. Se requirió de la acción de decenas de miles de trabajadores y sindicalistas. Los dueños de puestos de ventas aprendieron que muchos de sus clientes regulares consideraban como un insulto el que vendieran el *Daily News*: personas

que ellos conocen, de las que son amigos, y de quienes depend-
en para mantener un negocio regular. Este tipo de factores
ejerce un papel importante en las luchas obreras y de carácter
social, y están teniendo un gran impacto en la huelga del *Daily
News*.

Las bases necesitan el espacio para poder funcionar

Aquí no se trata de predecir el desenlace de la huelga, dados el
carácter de los funcionarios de estos sindicatos y el estado general del movimiento obrero.[16] Para poder seguir avanzando contra la gerencia del *News*, el liderazgo de los sindicatos involucrados debe seguir abriendo el espacio para que las bases puedan
funcionar. Las bases deben también tener tiempo para hallar
formas de organizarse y estructurarse, como vimos que sucedió
en la huelga contra la aerolínea Eastern. La capacidad para
obtener solidaridad de otros sindicalistas y obreros —sobre la
base del creciente odio de la clase obrera al asalto antisindical—
abre cierto espacio inesperado aún si la huelga no tiene la
capacidad de parar la producción. Otras expresiones de lucha y
solidaridad no substituyen la huelga, sino que la complemen-
tan. Se vuelven una forma en que las bases se manifiestan y
demuestran que la destrucción de sindicatos no garantiza la
victoria para los patrones. En este momento, todo esto tiene
mucha importancia —y merece el apoyo activo de todo trabajador— no importa su duración o el desenlace ansiado del esfuerzo.

La huelga del *Daily News* es sólo el más reciente ejemplo de la
pauta que ha surgido de las luchas obreras en este país en los
últimos años. Es una pauta accidentada, con brechas y roturas.
La pauta es, sin embargo, más clara hoy día de lo que fue
cuando comenzó a ser trazada en agosto de 1985 con la huelga
de los obreros empacadores de carne contra la compañía Hormel y las otras batallas en la industria de la carne que se dieron
en los 18 meses subsiguientes.[17]

Desde entonces han habido otras luchas: de los trabajadores
de la industria del papel, de productos enlatados, de los mineros del carbón en los campos del este y oeste del país, de los
empleados de teléfonos y de los empleados de hospitales. Todas
han sido luchas de carácter defensivo, libradas por obreros cada
vez más asediados por los patrones. Han tenido diversos desen-

laces: algunas han resultado en reveses sustanciales, otras en puntos muertos y unas cuantas en victorias. La victoria de mayor peso en el periodo más reciente ha sido la obtenida por los miembros del sindicato de mineros UMWA y sus partidarios sobre el intento de la compañía carbonera Pittston de destruir su sindicato.[18]

Pero en todas estas luchas uno puede observar no sólo el impacto acumulativo de los asaltos, sino también el efecto acumulativo que tiene el esfuerzo de los obreros por hallar formas de resistir un poco más, o de sorprender a los patrones un poco más a través de lo que logran conquistar, y de esa forma darle una mayor confianza a otras capas de la clase trabajadora que se van a ver en situaciones de lucha.

La huelga de los miembros del sindicato de torneros IAM contra la aerolínea Eastern que comenzó en marzo de 1989 ha sido un poco diferente de las demás. Allí, a través de los primeros meses de lucha, surgió de las filas del sindicato una dirección de la huelga que tuvo el tiempo suficiente para estructurarse. A la vez que buscaba mantener la mayor unidad posible, apelaba a una amplia solidaridad de todos los sectores del movimiento obrero. Estos huelguistas manifestaron su capacidad para resistir los golpes y soportar las sacudidas que se les interpusieron, y para durar más y pelear mejor que los patrones. Y no se enfrentaron a un patrón cualquiera. Frank Lorenzo era el hombre que la clase patronal consideraba el destructor de sindicatos de la década, para todos ellos un modelo.

Los huelguistas de la Eastern no permitieron que Lorenzo les impusiera el tipo de operación sin sindicato que le había forzado a aceptar a los trabajadores de la aerolínea Continental en 1983. En realidad, fueron los huelguistas del IAM quienes expulsaron a Lorenzo de la industria de las aerolíneas, y su lucha de casi dos años ha llevado a ambas partes del antiguo imperio Texas Air de Lorenzo —la Eastern y la Continental— a la bancarrota. Ellos han hecho que el gobierno intervenga y abiertamente asuma la responsabilidad directa por el futuro de la Eastern, ante el horror de sus accionistas y acreedores. Esto ha hecho que otros patrones, abastecedores y bancos —dentro y fuera de la industria de las aerolíneas— se sientan menos confiados de que la destrucción descarada de sindicatos, el *Lorenzismo*, llegue a ser lo que a mediados de la década pasada pareció que se convertiría en el camino hacia las superganancias.[19]

El movimiento obrero no se halla a la ofensiva contra la patronal. No existe en ninguno de los sindicatos un desarrollo que represente los inicios organizados de una estrategia alternativa de lucha de clase. El movimiento obrero todavía está siendo debilitado por el rumbo de colaboración de clases del liderazgo sindical ante la incesante ofensiva patronal. Todo eso es correcto.

Pero eso no es todo el cuadro. La pauta de resistencia de parte de los obreros y sindicalistas durante el último lustro, la búsqueda de vías para hacer sentir el peso de la solidaridad de clase, la disponibilidad a ir más allá de ellos mismos, más allá del movimiento sindical, más allá de las fronteras para pedir y brindar solidaridad, todos estos hechos también deben ser incluidos en el cuadro. Y ellos se encuentran entre los hechos *decisivos* sobre los cuales los obreros comunistas, que formamos parte de esta vanguardia de la clase obrera, debemos elaborar nuestra estrategia y tácticas: incluida entre ellas la campaña contra la marcha imperialista hacia la guerra.

Acción política independiente de clase obrera

Estas luchas la dan más experiencia a la capa proletaria de vanguardia que, a su vez, la predispone más aún a verse como parte de una clase con intereses distintos y opuestos a los de los patrones, los partidos políticos de los patrones y el gobierno de los patrones. La unidad que los obreros han necesitado forjar para poder avanzar sus propias luchas, y la solidaridad que han buscado, ayudan a eliminar algunas de las divisiones y prejuicios reaccionarios promovidos por los patrones. Esto aumenta la capacidad de reconocer intereses comunes con otros trabajadores tanto dentro del país como alrededor del mundo.

Estos giros son importantes para los obreros comunistas, porque ofrecen nuevas oportunidades —fundadas en las experiencias comunes de militantes sindicales de base— para comprender mejor la necesidad de tener un movimiento obrero que funcione sobre las bases de democracia, solidaridad de clase y acción política independiente de la clase obrera. La necesidad de un movimiento obrero que rechace las limitaciones del sindicalismo como lo percibe el tímido liderazgo, y que luche por un movimiento que piensa socialmente y actúa políticamente, con la vista fija en los intereses de su clase y no la de los patrones.

Esto es más necesario que nunca ante las crecientes maniobras de guerra imperialistas.

Las divisiones tácticas de la clase dominante son reales, y no nos ha costado explicar las razones que existen tras dichas divisiones. Nos permiten ver el peligroso carácter del ardid —fomentado por la prensa burguesa— de que el debate en el Congreso nos aleja de la guerra. La verdad es todo lo contrario. Son precisamente las suposiciones y metas imperialistas compartidas por los políticos de ambos partidos Demócrata y Republicano, y las políticas bipartidistas que han echado a andar, las que constituyen los ingredientes que impulsan la probabilidad de que una guerra de sitio se convierta en una masiva guerra terrestre (quizás con una devastadora guerra aérea como preludio).

Los obreros y agricultores, así como cualquiera que realmente se oponga al rumbo de Washington hacia la guerra, carecen de voz o de representación de cualquier tipo en el Congreso. En este siglo han habido divisiones y querellas tácticas entre los políticos burgueses en el Congreso, y entre el Congreso y la Casa Blanca, antes de cada una de las guerras imperialistas. También se ha dado un aumento de la concentración del poder gubernamental en la rama del ejecutivo. Pero sin excepción, cada vez que un presidente ha pedido el apoyo del Congreso para una guerra, obtuvo un apoyo bipartidista abrumador; ya sea en la forma de una declaración de guerra como sucedió en 1917 y en 1941, o por medio de la resolución del Golfo de Tonkín en 1964, o simplemente financiando al ejército. Esta vez no va a ser diferente.

Lo que el movimiento de la clase obrera necesita es espacio para organizar un amplio debate público sobre la conexión que existe entre las políticas de guerra de la clase dominante en el país y en el exterior; espacio para organizar una oposición activa a dichas políticas en las fábricas y a través de nuestros sindicatos; espacio para unirnos a todos los que estén dispuestos a debatir las cuestiones pertinentes de una forma cortés, y a llevar nuestras protestas en las calles; espacio para participar en la política en defensa de los intereses de clase de obreros, agricultores, campesinos y de nuestros aliados aquí y alrededor del mundo.

Sobre todo, este debate deberá ser organizado entre el casi medio millón de ciudadanos soldados que han sido enviados al desierto árabe por los amigos de Frank Lorenzo en Washington. Aquellos que van a tener que luchar, y morir, en cualquier guerra lanzada por los gobernantes bipartidistas de este país deberían poder decidir, directamente, si tal guerra se declara o no. Al considerarlo, esto sencillamente resulta justo y decente. Pero tras de esta proposición se encuentra una realidad más profunda, ya que plantea el problema más serio que enfrenta la clase obrera: el hecho de que no tenemos una organización política independiente, no tenemos una voz política propia, carecemos de propuestas políticas que avancen nuestros intereses de clase en contra de aquellos responsables por la explotación, la opresión y la guerra.

L A CLASE OBRERA no tiene su propia política exterior. El movimiento obrero no tiene política exterior. El *liderazgo* obrero promueve fielmente la política exterior de los patrones y hace lo que estos le piden. Pero el *movimiento* obrero —los obreros, las bases de los sindicatos, que son quienes realmente constituyen los sindicatos— no tiene una política exterior. Las clases que mueren en las guerras lanzadas por los partidos y el gobierno de los patrones —y a las que, en tales guerras, se nos obliga a luchar contra otros trabajadores de otros países— no tienen una política exterior propia.

Muchos trabajadores están totalmente de acuerdo en que sería inaceptable que los patrones monopolizaran toda una serie de políticas: las políticas que gobiernan nuestros sindicatos; las condiciones de salud y seguridad en las minas y las fábricas; las reglas de trabajo; el derecho de cortar nuestro salario y echarnos a la calle; el derecho de destruir nuestros sindicatos y mantener la producción con esquiroles. Pero cuando se trata de política exterior, el monopolio de los patrones es aceptado casi como parte de la vida. Las alternativas aceptadas como válidas son decididas por sus dos partidos políticos. Más aún, la política exterior de los patrones es vista como "nuestra"; la política exterior de "nuestro" país. Pero los países no tienen políticas. Los países están divididos en clases, y son éstas las que tienen una política exterior definida. Y la política exterior de la clase capitalista en este país —y en cualquier otro país capitalista en cualquier parte del mundo— no es "nuestra", es "suya". Como Malcolm X nos enseñó, los trabajadores en este país no somos "norteamericanos", somos las *víctimas* de este tipo de norteamericanismo.

Los trabajadores tampoco tienen una política militar. El movimiento obrero no tiene una política militar. Sólo la clase gobernante tiene una política militar. Comienza con los policías y los matones a sueldo que usan para romper nuestras huelgas o conducir camiones esquiroles, como en Virginia del Oeste o en Bayside, Queens. Y termina con la organización de las masivas fuerzas armadas imperialistas.

Pero como miembros de la clase obrera necesitamos nuestra propia política militar así como necesitamos nuestra propia política exterior. Ya existen capas enteras de trabajadores que han aprendido en los últimos años el porqué de esta necesidad, aunque no hayan llegado aún a la misma conclusión o no lo formulen de la misma manera. Los huelguistas del *Daily News,* quienes han sido víctimas de las cuadrillas de matones empleados por la gerencia, están aprendiendo sobre la política militar de los patrones; también los mineros del carbón, los trabajadores de las fábricas de papel, los empacadores de carne, y otros cuyas líneas de piquete han sido atacadas por policías ya sean "públicos" o "privados". Hoy día, también aprenden sobre dicha política militar los obreros y agricultores en uniforme —la carne de cañón (un término que hoy día toma un significado concreto horrible al marchar hacia una guerra en el desierto entre tanques blindados)— que constituyen las fuerzas armadas usadas por los imperialistas para librar *sus* guerras con el fin de avanzar *sus* intereses de clase.

Mientras existan el capitalismo y el imperialismo, no habrá paz. Mientras la clase obrera no tenga su propio partido —un partido obrero construido sobre la base de los sindicatos e independiente de los partidos imperialistas Demócrata y Republicano— no tendremos una organización política de masas eficaz que pueda resistir las políticas de guerra de la patronal, contraponiéndolas a, y luchando por, nuestras propias políticas exterior y militar. Y tampoco tendremos un partido político propio para organizar una lucha contra la guerra que los patrones lanzan aquí en el país contra nuestros derechos, nuestro nivel de vida y nuestros sindicatos. Tendremos que funcionar siempre dentro del marco de alternativas políticas elegidas por *sus* partidos.

Que el pueblo vote sobre la guerra

Por estas mismas razones, los comunistas estamos promoviendo, como parte de nuestra campaña de clase obrera contra la guerra imperialista, la demanda de que la población en este país debe tener el derecho de votar sobre la guerra. El objetivo de esta demanda no es desviar a canales electorales las energías de los trabajadores, agricultores y otros que se oponen a la guerra —ya habrán suficientes referéndums con esas intenciones. El objectivo es justamente lo opuesto. Nuestra demanda es que las decisiones sobre guerra y paz sean arrancadas de manos de los politiqueros demócratas y republicanos, de manos del Congreso y la Casa Blanca, y sean llevadas a las fábricas y a las calles.

Sabemos que los imperialistas siempre tratan de restringir y limitar el espacio que tenemos para organizar y practicar la política cuando se lanzan a la guerra. Eso es lo que pasó durante la primera y la segunda guerras mundiales, durante la guerra de Corea y durante la guerra de Vietnam. Y volverá a suceder así. Muchos de nosotros recordamos las operaciones de espionaje, intentos de desorganización y de hostigamiento conocidas como Cointelpro organizadas por la FBI, la CIA, los "red squads" (escuadrones rojos) de las policías locales y otras agencias policiacas del gobierno durante el periodo de la guerra de Vietnam. El Partido Socialista de los Trabajadores fue una víctima directa de esos ataques; como lo fueron otros involucrados en la lucha contra la guerra, la lucha por la liberación de los negros, y otras luchas sociales y políticas. El reconocimiento de esta realidad nos plantea un reto especial a los trabajadores de vanguardia que valoramos y luchamos por cada centímetro de espacio político que podemos conquistar.[20]

Por eso los trabajadores conscientes prestan atención especial a cualquier grupo de individuos u organizaciones que quieren comunicarse con otros y hacer uso de sus derechos democráticos para oponerse públicamente a la marcha hacia la guerra: para discutir, para debatir, para marchar; para iniciar protestas públicas, mitines, manifestaciones y conferencias educativas. Estas actividades ayudan a crear un espacio más amplio para la discusión y la acción contra la guerra, más espacio para que la clase obrera se involucre en la política.

Esto es lo opuesto del terreno al cual los capitalistas tratan de restringir las discusiones y decisiones sobre la guerra. Nos dicen que hoy día se está dando un gran debate en el Capitolio. Pero este es un debate que a lo sumo involucra a 535 personas (536 si uno incluye al vicepresidente Quayle, presidente del Senado) la mayoría de ellos millonarios. Y todos ellos (los demócratas, los republicanos y otros que conforman su subespecie aunque se reclamen "socialistas") oponentes de la acción política independiente del movimiento obrero. Estas son las mismas personas que han arrastrado a los obreros y agricultores a todas y cada una de las guerras sangrientas de este siglo.

La claridad política es más importante que nunca

La lucha contra la guerra, así como la lucha por defender los derechos democráticos, requiere de los foros más amplios posibles para el debate público y el intercambio de puntos de vista. Los políticos burgueses tratarán de bloquear esta discusión. Como lo han hecho en el pasado, los burócratas sindicales, los pacifistas pequeñoburgueses, los stalinistas y los socialdemócratas frecuentemente participarán —usualmente apoyando tal o cual propuesta o campaña electoral de un político capitalista— en este esfuerzo reaccionario.

A la clase obrera, por otro lado, le interesa promover esa discusión. Más que nunca, la claridad política adquiere suma importancia, y tal claridad sólo se puede lograr a través de la *diferenciación política*. Por eso apoyamos dentro del movimiento obrero normas de discusión cortés: el derecho de cada uno expresar sus puntos de vista, y defenderlos sin temor de abuso verbal o de ataques físicos. Esto también quiere decir que uno tiene que atreverse a clarificar en lugar de encubrir las diferencias que existan, las cuales frecuentemente reflejan puntos de vista e intereses de clase opuestos.

Al mismo tiempo, personas con una gran gama de puntos de vista pueden actuar conjuntamente, organizarse y participar en manifestaciones contra la guerra y otras protestas públicas. Los obreros comunistas somos los partidarios más enérgicos de tales acciones unificadas en torno a metas comunes, y los oponentes más feroces a los esfuerzos de excluir de dichas acciones a individuos u organizaciones por sus puntos de vista políticos.

Buscamos atraer a más obreros, más soldados y más agricultores a estas actividades, para que aquellos que han estado luchando contra la ofensiva patronal en este país se vuelvan parte del debate y un componente cada vez más importante de la lucha contra la marcha hacia la guerra.

UNA CAMPAÑA CLASISTA

EL PST ESTA organizando una campaña para alcanzar e involucrar tanto a sindicalistas de vanguardia como a las capas más amplias posibles de la clase trabajadora y sus aliados, tanto en Estados Unidos como alrededor del mundo, en actividades que demanden: ¡Traigan las tropas a casa ya!, ¡Alto al bloqueo criminal de Kuwait e Iraq, incluido el embargo de alimentos y medicinas!, ¡Tropas extranjeras fuera del Oriente Medio!

La campaña de un partido obrero revolucionario contra los preparativos para una guerra imperialista exige que uno profundice más que nunca las relaciones con los obreros y agricultores con quienes ha luchado hombro a hombro aquí en el país. A medida que la guerra se acerca, más y más de estos trabajadores —incluso algunos en el movimiento comunista— también irán a parar a las fuerzas armadas. Es sobre todo a los obreros y agricultores, vistan o no el uniforme, a quienes buscamos informar sobre la marcha hacia la guerra y sus metas reaccionarias y a quienes buscamos movilizar contra ella.

La campaña del PST en contra de la guerra es una campaña política de un partido obrero organizado en dos estructuras paralelas: por un lado están las ramas del partido que se encuentran en muchas ciudades del país; y por otro lado, las unidades de miembros del partido que militan en varios sindicatos industriales. No es una campaña de actividad frenética basada en la ilusión de que hay algo que nosotros, como partido, podamos hacer para detener la trayectoria guerrerista de los imperialistas. En cambio, es una campaña encaminada a involucrar al partido más profundamente en la vida, en las luchas, y en la actividad y política de la única clase que —cuando sus organizaciones entran en acción en defensa de sus propios intereses—

puede y va a cambiar el curso de la historia, incluyendo las decisiones sobre la guerra y la paz.

Siendo un partido de trabajadores industriales, la campaña del PST contra los preparativos de guerra de los imperialistas nos hará penetrar más profundamente en la clase trabajadora y el movimiento obrero mismo. Es a través de nuestros compañeros de trabajo y nuestros sindicatos que encontraremos el camino hacia las capas más amplias de soldados, vale decir, otros sindicalistas, amigos o familiares de jóvenes compañeros de trabajo que están sirviendo por un par de años en las fuerzas armadas. A través de dicha campaña un partido obrero forja sus lazos más firmes con capas de agricultores y trabajadores agrícolas en lucha.

Esta campaña se llevará a cabo a través de las estructuras que ya existen dentro del partido, a través de las líneas de desarrollo de dirección ya establecidas y con nuestros instrumentos e instituciones de propaganda fundamentales, y a través de nuestra colaboración con la Alianza de la Juventud Socialista. Es por eso que el libro de la Pathfinder que es más necesario leer, volver a leer y estudiar, como parte de esta campaña es *The Changing Face of U.S. Politics: The Proletarian Party and the Trade Unions* (El panorama cambiante de la política norteamericana: El partido proletario y los sindicatos). Este libro contiene informes y resoluciones adoptados por los congresos y estructuras de dirección electas del PST. Estos informes describen los elementos fundamentales de la estrategia del partido para llevar a cabo trabajo político comunista en el movimiento obrero y construir un partido y un movimiento mundial de obreros revolucionarios.

La campaña del PST contra la marcha hacia la guerra se llevará a cabo extendiendo la base de lectores del semanario el *Militant, Perspectiva Mundial, L'internationaliste, New International, Nouvelle Internationale, Nueva Internacional* y de las otras publicaciones del movimiento comunista mundial. Los mismos huelguistas de la Eastern, mineros del carbón y otros obreros y agricultores que se han convertido en lectores y partidarios del *Militant* porque es la mejor fuente regular de información sobre las luchas claves de la clase trabajadora en este país, descubrirán que el *Militant* es también la única fuente de información y análisis correctos sobre la marcha de Washington hacia la guerra. Algunos que ya han prestado sus nombres y han hecho comentarios de promoción para los anuncios semanales de suscripción en el *Militant* tendrán ahora una razón adicional para hacerlo de nuevo.

Los trabajadores socialistas y los miembros de la Alianza de la Juventud Socialista están haciendo llegar el *Militant* y otras publicaciones a manos de sindicalistas, soldados, veteranos, reservistas, agricultores y el resto del pueblo trabajador. Están circulando estas publicaciones entre jóvenes, estudiantes y otros que participan en manifestaciones contra la marcha norteamericana hacia la guerra, que organizan solidaridad con la lucha contra el apartheid en Sudáfrica y que participan en las luchas por los derechos de los negros y por la igualdad de la mujer.

Disciplina, democracia y dirección

Un componente central para el éxito de esta campaña será la actividad de los trabajadores comunistas que son miembros de 10 sindicatos industriales en Estados Unidos y Canadá: el sindicato de trabajadores de la industria textil, ACTWU; el sindicato de torneros, IAM; el de trabajadores de la costura, ILGWU; el de electricistas, IUE; el sindicato de trabajadores de la industria petroquímica, OCAW; el de la industria automotriz, UAW; el de trabajadores de la industria de la carne, UFCW; el sindicato de mineros del carbón, UMWA; el de trabajadores del acero, USWA; y el sindicato de trabajadores de los ferrocarriles, UTU.

Estos trabajadores se reúnen para discutir y decidir colectivamente su trabajo político y sus prioridades a nivel local y a nivel nacional. En noviembre y diciembre, como parte del inicio de la campaña del partido contra los preparativos de guerra, se han realizado reuniones nacionales de los miembros del PST y de simpatizantes del partido activos en cada uno de los 10 sindicatos. Como se explicó en un breve artículo publicado en el *Militant* anunciando estas reuniones, los trabajadores que participarían en dichas reuniones "discutirán la ofensiva que por 10 años han mantenido los patrones contra el movimiento obrero, la resistencia a esta ofensiva, la creciente crisis económica para el pueblo trabajador en Estados Unidos, y cómo todo esto se relaciona con la lucha en contra de los pasos acelerados de Washington hacia una carnicería en el Oriente Medio".

Los trabajadores conscientes presienten que una guerra en el Oriente Medio acelerará en este país los ataques reaccionarios contra nuestros derechos democráticos, nuestro nivel de vida y nuestras condiciones de trabajo. Ejercerá presión sobre la lucha por la igualdad plena y contra los ataques racistas a los negros, otras nacionalidades oprimidas y contra los trabajadores inmigrantes, incluidos en este caso particular los inmigrantes del Oriente Medio. Estimulará los intentos de revertir los logros en los derechos de la mujer y hará más difícil la defensa de derechos ya ganados. Reforzará los ataques de la patronal para romper los sindicatos, encaminados a seguir reduciendo salarios y prestaciones, extender la jornada laboral, intensificar el trabajo, y hacer retroceder los logros en cuestiones de salud y seguridad en el trabajo. Aumentará el espionaje contra los trabajadores, tanto en los centros de labores como fuera de ellos. El estallido de una guerra imperialista es siempre un momento en el cual un partido obrero revolucionario se da cuenta de si lo que ha hecho en el pasado lo ha preparado adecuadamente para las experiencias más decisivas y los conflictos políticos más importantes que confrontan la clase obrera y el movimiento laboral. La guerra es una prueba de fuego de las organizaciones revolucionarias. Si uno no está fundamentalmente preparado de antemano, hay muy poco que una organización pueda hacer para remediar tal situación bajo las presiones de la guerra. Estamos convencidos que lo que los cuadros del PST han logrado en la década pasada —construyendo una organización proletaria como la que he descrito— nos ha preparado para someternos a cualquier prueba.

Por otro lado, una campaña del partido contra la guerra imperialista *requiere* que examinemos nuestras instituciones básicas y hagamos los ajustes necesarios para prepararnos para las tareas y oportunidades que enfrentaremos. Y lo hacemos abiertamente frente a compañeros de trabajo y partidarios, tanto para obtener sus puntos de vista como para darles confianza sobre la medida en que pueden contar con nosotros.

Un partido más democrático en todo aspecto
Lo que está en juego es enorme; como enormes son las oportunidades de construir el movimiento comunista y las consecuencias políticas de errores que se cometan. Por lo tanto el trabajo del partido se centraliza más, se organiza más y se disciplina más.

No es el momento de que las unidades del partido establezcan comités antiguerra y otras estructuras pertinentes. Lo que
se necesita es que los comités ejecutivos de las ramas y las
direcciones de las comisiones industriales tomen en sus manos
la campaña del partido en contra de la guerra y dirijan todos los
aspectos de dicha labor. Esto incluye esfuerzos conjuntos con
otros que están de acuerdo en que organizar protestas en las
calles es vital para alcanzar a las capas más amplias del pueblo
trabajador y aumentar su confianza para actuar.

No se puede asegurar un funcionamiento disciplinado si al
mismo tiempo el partido no se vuelve más *democrático* en todo su
trabajo. Los trabajadores comunistas activos en los sindicatos
industriales deben reunirse con más regularidad, tanto a nivel
local como a nivel nacional. Necesitan elegir sus cuerpos de
dirección a partir de los trabajadores comunistas que avanzan
en esta situación: aquellos que han demostrado cómo dirigir no
sólo en la resistencia a la ofensiva patronal sino también en la
campaña contra la guerra. Esto saldrá de las experiencias mismas de los trabajadores que lleven a cabo la campaña en su
trabajo, en sus sindicatos, al establecer contacto con agricultores y soldados o en coaliciones amplias. En el proceso tendremos experiencias comunes y asimilaremos lecciones colectivas.

Ante las crecientes presiones que los gobernantes ejercen
sobre los derechos democráticos en un periodo de guerra, los
comunistas y otros luchadores de vanguardia en la clase obrera
debemos, como la mejor manera de protección, profundizar los
lazos con nuestra clase y sus organizaciones y presionar para
obtener el espacio máximo posible para la organización y actividad políticas: desde la fábrica hasta el resto de las instituciones
de la sociedad capitalista. Necesitamos estimular el debate y la
discusión. Necesitamos estimular a nuestros compañeros de
trabajo y otros sindicalistas a que participen con nosotros —y
con otros que se opongan a la guerra— en protestas, reuniones
públicas y manifestaciones.

Cuando los patrones le fabricaron los cargos a Mark Curtis,
nosotros reconocimos que arremetieron contra él porque era
representativo de otros trabajadores que, como él, estaban resis-
tiendo los crecientes ataques de los patrones de las empacado-
ras de carne; luchando por los derechos de los trabajadores
inmigrantes; y participando en las luchas contra el racismo, la

intervención norteamericana en América Central y por los derechos de la mujer.[21] Escogieron a Mark como uno de los luchadores de vanguardia de nuestra clase y no le dieron respiro. Con el comienzo de una guerra imperialista, los patrones, la policía y el gobierno escudriñarán más que nunca para encontrar otros Mark Curtis, dentro o fuera del PST, que se encuentren explicando y organizando oposición contra esa masacre. Esto es lo que ha sucedido al principio de cada una de las guerras imperialistas.

En TALES MOMENTOS, para los trabajadores de pensamiento revolucionario es más importante que nunca reafirmar la verdad explicada en el programa que sirvió de base para fundar nuestro movimiento, *El manifiesto comunista,* cuando dice que los comunistas: "consideran indigno ocultar sus ideas y propósitos". Explicamos y abogamos por las mismas cosas tanto entre nuestros compañeros de trabajo y el público trabajador en general como entre nuestros miembros y simpatizantes.

Los miembros del partido llevarán puestos a sus trabajos y reuniones sindicales chapas antiguerra para promover discusiones y captar la atención de otros trabajadores que estén interesados en unírsenos a hacer campaña contra la guerra. Haremos promoción al *Militant* y otras publicaciones comunistas que tratan sobre la guerra desde el punto de vista de la clase trabajadora. Venderemos *¡EE. UU. fuera del Oriente Medio!* y otros libros y folletos de Pathfinder que recuentan las experiencias y lecciones de otras oposiciones clasistas a la guerra y a los otros ataques de los patrones y del gobierno contra los sindicatos y los derechos democráticos. Estas obras son también armas inapreciables para el pueblo trabajador en esta lucha.

Al inicio de una guerra, como cuando otras luchas masivas hacen erupción, es cuando los luchadores leen más: precisamente cuando están más ocupados. Leen más porque lo necesitan, porque quieren armarse políticamente para las tareas y los desafíos que enfrentan, porque quieren discutir con otros. Es entonces cuando leer es más valioso, cuando el estudio es más valioso. Es cuando uno aprende más. Así es como nuestra clase reconquista su verdadera historia, sus mejores tradiciones, las lecciones de las luchas previas, su continuidad política revolucionaria.

Las instituciones como los foros semanales del *Militant* se vuelven más importantes. Es necesario organizar estos foros para avanzar la campaña contra la guerra sobre un eje clasista. Lo que necesitamos sobre todo son foros que ofrezcan una plataforma donde los sindicalistas, agricultores y soldados puedan discutir sus diversos puntos de vista sobre la marcha hacia la guerra: cómo ésta se relaciona con otras luchas en las que están involucrados, con lo que ellos enfrentan, y con las tareas por hacer.

La participación en las elecciones con campañas socialistas y las luchas por aparecer en las papeletas electorales toman un valor especial cuando el gobierno lleva al pueblo trabajador a la guerra. Estas campañas electorales no son sólo una forma de llevar la campaña contra la marcha hacia la guerra a un público de clase obrera más amplio al sacar ventaja de las plataformas adicionales y de las oportunidades de prensa más amplias que se les abren a los socialistas en tales ocasiones. Son también un importante frente de batalla en nuestra lucha por ampliar el espacio político, por hacer valer la legitimidad de los partidos políticos de clase obrera, y por usar el espacio político que fue conquistado previamente.

Con esto en mente, el PST lanzará campañas electorales municipales en unas 25 ciudades de Estados Unidos en 1991. El PST en Chicago ya anunció un esfuerzo enorme para lograr aparecer en la papeleta electoral de las elecciones para alcalde a realizarse en la primavera que viene. También habrán campañas socialistas para las elecciones en Austin, Minneapolis y St. Paul, Minnesota; Boston y Lynn, Massachusetts; Baltimore; Birmingham, Alabama; Charleston y Morgantown, Virginia del Oeste; Cleveland; Des Moines, Iowa; Detroit; Greensboro, Carolina del Norte; Houston; Los Angeles; Miami, Miami Beach y Miami Shores; Newark; Omaha, Nebraska; Phoenix; Price y Salt Lake City, Utah; San Francisco; y Seattle, Washington.

Los obreros socialistas están llevando la lucha contra la guerra a las reuniones de sus sindicatos y a otros encuentros obreros; a los portones de las fábricas, aeropuertos y entradas de las minas; a conferencias de agricultores; a bases militares y estaciones de partida; a escuelas secundarias y recintos universitarios; y a las calles de todo el país. Colaboran también con los miembros de la Alianza de la Juventud Socialista para atraer a jóvenes obreros, soldados y estudiantes a esta lucha. Están ayudando a construir líneas de piquete y manifestaciones de protesta como la del 26 de enero en Washington, y participan en los comités y coaliciones que organizan estas acciones.

El desarrollo de la oposición antiguerra

La oposición vocal y organizada a una guerra de Washington contra Iraq se desarrollará más rápido y con una mayor participación de la clase obrera y del movimiento sindical que durante la guerra de Vietnam o alguna otra de las guerras organizadas por Estados Unidos en este siglo. Esto se debe al debilitamiento del imperialismo norteamericano, al legado en la clase obrera de una oposición masiva y organizada contra la guerra de Vietnam, a una crisis social que se profundiza en este país, y a la resistencia obrera ante la ofensiva patronal en el país.

Al mismo tiempo, los comunistas necesitan tener una visión clara de las presiones que inevitablemente se van a hacer sentir en el periodo inicial de cualquier guerra. Dada la oposición a la marcha hacia la guerra que ya notamos en muchos de nuestros compañeros de trabajo y en otras personas que conocemos —si bien lejos de que se trate de todos—, inconscientemente podemos caer en el error de pensar que los preparativos imperialistas para previas guerras en lo que va del siglo fueron substancialmente más populares entre el pueblo trabajador. Eso no es verdad. El ir a la guerra nunca ha contado con una amplia popularidad.

Antes de su ingreso a la segunda guerra mundial había un enorme movimiento contra los preparativos militares. Giraba en torno a la clase obrera y reflejaba la profunda oposición que existía entre obreros y agricultores a ir a la guerra. Contaba con una sólida base de apoyo organizado en el movimiento sindical industrial del CIO. Estaba entrelazado con sectores del incipiente movimiento por los derechos de los negros. Los primeros capítulos de Teamster Bureaucracy: *The Trade Union Campaign against World War II* (La burocracia Teamster: la campaña sindical contra la segunda guerra mundial) por Farrell Dobbs da una buena idea de lo extensa que era la oposición. Era muy fuerte. Sin embargo, tras los primeros dos años de guerra había muy poca evidencia de esa anterior oposición.

No obstante, las luchas obreras contra la guerra que Washington libraba tanto en el país como en el exterior comenzaron a reanudarse en 1943, con la huelga de los mineros del carbón y el resurgimiento de las luchas por los derechos de los negros. Y luego en 1944 un interés renovado y creciente entre los obreros por las ideas comunistas se reflejó en la extensión de las suscripciones al *Militant* y en el reclutamiento a nuestro movimiento.

Sobre todo, los comunistas no deben hacerse ninguna ilusión de que el sentimiento antiguerra puede impedir una guerra imperialista. Nunca lo ha hecho. A los que rigen no les importa lo que el pueblo trabajador piense o sienta, siempre y cuando estén convencidos de que se puedan salir con la suya haciendo lo que necesiten para defender sus ganancias y sus intereses de clase. La historia moderna le ha enseñado a los gobernantes que, en realidad, empezar una guerra siempre resulta en el reflujo del sentimiento antiguerra por un momento. Pero sólo por un momento.

El ejército en Arabia Saudita va a luchar. Inicialmente otros obreros y campesinos darán su apoyo desganado, incluso muchos que actualmente se oponen a la guerra. Especialmente dados los vivos recuerdos de la guerra de Vietnam, este fatalismo a menudo adquirirá la forma de querer acabar la guerra lo más pronto posible: para minimizar el número de muertes de amigos y familiares, y para que la vida pueda volver a la normalidad. Y por supuesto, ese es especialmente el caso entre los soldados, entre los obreros y agricultores en uniforme. Bush y la pandilla bipartidista del Congreso que lo acompañó a Arabia Saudita en noviembre sabían lo que hacían cuando se apoderaban de la consigna de "No más Vietnams". Le aseguraban a los soldados que si "nosotros" tenemos que hacerlo, vamos a ir con todo lo que tenemos para así acabar rápido.

En la etapa inicial de la guerra es normal que haya sentimientos de fatalismo entre las capas del pueblo trabajador, con y sin uniforme, pero entre eso y desear ir a la guerra hay mucha diferencia. Y a medida que las guerras se alargan, siempre se tornan cada vez menos populares y dan lugar a que surja resistencia de la clase obrera. La primera guerra mundial culminó con la formación de los consejos revolucionarios de soldados, obreros y campesinos en Rusia, Alemania y en otros lugares de

Europa central y oriental. En Rusia, los obreros y campesinos tomaron el poder. Desarrollos revolucionarios similares comenzaron a acontecer en las etapas finales de la segunda guerra mundial, muchos de ellos aplastados y desmovilizados por los esfuerzos conjuntos de los stalinistas, los socialdemócratas y las fuerzas burguesas por toda Europa. Y ya hemos explicado el auge de las luchas de trabajadores que se dieron aquí en Estados Unidos.

Si se desata una guerra en el Oriente Medio, se tendrá que pasar por ese proceso de polarización y diferenciación. Estamos convencidos de que esta vez se resolverá más rápidamente. Durante la guerra, la oposición puede desarrollarse de forma veloz. Eso es para lo que nos estamos preparando. En esta campaña de clase obrera contra la guerra, es precisamente de lo que estamos pendientes.

Un giro hacia los obreros y agricultores en uniforme

Si tomamos esta campaña en serio, entonces debemos prestarle mucha atención al lugar donde una gran sección de nuestra clase está organizada. Los hombres y mujeres en las fuerzas armadas norteamericanas se vuelven decisivos en un periodo anterior a una guerra. No los llamemos simplemente "marines" (infantes de marina), u otro término por el estilo. Hay algo más fundamental que los define. Son obreros en uniforme. Son trabajadores hermanos, parte de nuestra clase.

El movimiento obrero debe mantener una solidaridad plena con estos obreros en su lucha por ejercer sus derechos como *ciudadanos soldados:* el derecho a decir lo que quieren, leer lo que elijan, y a participar en la vida política organizada.

Estos derechos ya están siendo atropellados. Las fuerzas armadas norteamericanas han impuesto restricciones sobre el tipo de material de lectura que los soldados pueden recibir por correo; incluso los recortes de periódicos son revisados y a veces retornados al remitente. Washington ha puesto a las tropas en una virtual cuarentena en el desierto. Ni siquiera le permiten a los periodistas decir desde dónde en Arabia Saudita es que están informando cuando visitan las bases, algo que no se hizo durante la guerra de Vietnam o la segunda guerra mundial. Y los grandes consorcios de prensa no han dicho ni pío en protesta: ni la UPI, la AP, el New York Times, las cadenas de televisión

ABC, CBS, NBC, CNN, ninguno de ellos.

Esta es una de las razones por las que el Pentágono ha decidido suspender el relevo de tropas. Los que gobiernan quieren mantener en un mínimo cualquier información, discusión o debate en torno a la guerra a que estén expuestos los soldados. Los que rigen no quieren tener obreros y agricultores que vayan y vuelvan entre Arabia Saudita y Estados Unidos, yendo y viniendo, entrando en discusiones y debates con amigos, compañeros de trabajo y familiares.

Los obreros y jóvenes que se oponen a esta marcha hacia la guerra todavía pueden alcanzar a decenas de miles de soldados en este país, incluso algunos que pronto estarán camino al Golfo. Estoy seguro de que van a montar mesas con información cerca de las bases militares, en los centros de transporte, donde sea que se les ocurra. Van a entablar debates y se les va a prestar atención a sus opiniones.

Los comunistas se oponen a la resistencia individual contra el servicio en las fuerzas armadas. Nos oponemos a que un obrero que piense con claridad y que se encuentre en el ejército o en la reserva, no vaya junto con el resto de los trabajadores en su unidad adonde sea que los envíen.

Los obreros con conciencia de clase van con el resto de su clase, y son "buenos soldados" en el sentido que Farrell Dobbs, Fred Halstead y otros líderes del movimiento comunista nos han enseñado a entender ese término. Buenos soldados son los que evitan que sus compañeros sean asesinados, que los mantienen alejados del peligro. Pero eso significa insistir en todos los derechos democráticos y políticos que uno posee para leer, expresarse y organizar. Como otros soldados han aprendido en el correr del siglo, al cuerpo de oficiales no le preocupan los derechos de un ciudadano soldado —ni la vida— como tampoco le preocupan a un capataz o al personal administrativo en una planta empacadora de carne los derechos, la salud o la seguridad en el trabajo de un obrero.

Al mismo tiempo, los comunistas siempre han insistido en que el movimiento obrero defienda incondicionalmente los derechos democráticos de todo individuo que se oponga a servir, o de cualquier individuo que se resista o que objete por razones de conciencia. Nosotros nos oponemos a que el gobierno imperialista los encarcele, reprima o penalice en forma alguna. Durante la segunda guerra mundial, Jim Cannon, Farrell Dobbs y otros líderes del PST y del sindicato de los tronquistas que se oponían a la guerra fueron puestos en la misma prisión federal con un buen número de miembros de grupos religiosos, nacionalistas y otros que se negaron a servir. Cannon escribió sobre esto en el libro *Letters from Prison: The Communist Campaign against Wartime Repression* (Cartas desde la prisión: la campaña comunista contra la represión en tiempo de guerra).

PERO NOSOTROS no debemos confundir nuestra solidaridad humana para con estos individuos y nuestro apoyo a sus derechos democráticos, con un apoyo a su rumbo político, un rumbo que apunta en una dirección que se aleja de la lucha por organizar y promover los derechos de cientos de miles de obreros y agricultores que se encuentran en las fuerzas armadas y que van a luchar y a morir si se desata una guerra.

Son los obreros en uniforme los que ya están sintiendo directamente el ataque contra los derechos democráticos que acompaña a cada marcha imperialista hacia la guerra, al igual que los obreros en las mal llamadas industrias de la defensa en este país también van a empezar a ver restringidos sus derechos. Y la lucha por el espacio político para toda la clase obrera avanzará o retrocederá hoy día, dependiendo de la forma en que los que gobiernan se salgan con la suya al negarle sus derechos a los obreros, con o sin uniforme.

Los soldados van a pasar por experiencias dolorosas, y sus actitudes y opiniones van a cambiar. Su confianza en lo que pueden lograr, y en lo que deben lograr, va a cambiar. Y eso va a ser una parte decisiva de la transformación de la clase obrera en su conjunto en el curso de cualquier guerra. Será un aspecto central para organizar y movilizar la oposición de clase obrera a la guerra imperialista.

Jóvenes de pensamiento revolucionario

Es en un periodo como éste en el que una organización como la Alianza de la Juventud Socialista enfrenta los desafíos más grandes, así como las oportunidades más grandes para conquistar a jóvenes obreros, soldados y estudiantes al movimiento comunista. Siempre será entre los jóvenes en donde se encontrarán las más grandes reservas de energía, entrega y sacrificio para una resistencia organizada a la guerra imperialista.

Esto no es simplemente, ni siquiera primordialmente, debido a que son los jóvenes quienes tienen que combatir. Eso es un hecho. Los jóvenes que tienen que combatir van a discutir y a debatir la guerra, y en números crecientes se van a involucrar en organizar oposición a ella.

Pero se trata de algo mucho más grande. Los jóvenes son los menos agotados por las presiones de la sociedad burguesa, los que tienen menos ataduras de tipo familiar o financiero u otras obligaciones. Son menos cínicos, en su conjunto, menos rutinarios y más sensibles a las contradicciones que ven entre lo que es y lo que se supone debiera ser. Sin importar cuánto entienden políticamente, están más atentos a las flagrantes desigualdades y al lastre de prejuicios de la sociedad capitalista, la hipocresía de los políticos burgueses y sus apologistas, las brutalidades de la explotación, el racismo, la agresión y las guerras imperialistas.

Los gobernantes norteamericanos conducen al pueblo trabajador hacia la guerra y la depresión. Pero si lanzan esa guerra, ninguna de sus consecuencias podrá permanecer bajo su control. Habrá resistencia a la masacre imperialista: a través de todo el Oriente Medio y en los países con grandes poblaciones musulmanas; *tanto* en Europa occidental *como* en la oriental; en muchas partes del tercer mundo; y aquí mismo en Estados Unidos. La oposición que contra la guerra surge en este país se combinará con las luchas contra la ofensiva patronal, las cuales van a aumentar en el periodo de recesión y de una mayor crisis social y económica en el que ya hemos entrado.

Es la *movilización,* no el sentimiento antiguerra, de estas poderosas fuerzas sociales —el pueblo trabajador de este país— la que a fin de cuentas puede detener a los señores imperialistas que hacen guerras.

En el transcurso de estas luchas, más y más obreros, agricultores, soldados y jóvenes van a sacar conclusiones revolucionarias y a reconocer tanto la necesidad como las ventajas de ser miembros de una organización comunista, de unirse a la Alianza de la Juventud Socialista y al Partido Socialista de los Trabajadores.

Debemos estar conscientes de lo que un partido obrero revolucionario le ofrece a personas que se unen a nuestras filas a medida que el imperialismo marcha hacia la guerra. Sobre todo, el partido le ofrece a los combatientes un medio para trabajar conjuntamente de una forma democrática, colectiva y eficaz, en un momento en el que lo que se está forjando en la política mundial es tan importante que la disipación de nuestras energías como individuos —no importa cuán entregados— es inconcebible.

Hasta la fecha, lo que ha caracterizado más que nada a los luchadores de base del movimiento obrero, incluso los más conscientes y más comprometidos, es el hecho de que no han contado con una forma de actuar sostenida, disciplinada y colectiva. Se han visto ante enormes adversidades al enfrentar a los patrones de la industria de la carne, los de la aerolínea Eastern, los propietarios de las minas de carbón y a muchos otros para luchar y superar los obstáculos que les imponen los funcionarios sindicales. Y han conquistado importantes logros y surgido como mejores luchadores con una mayor conciencia de clase.

Sin embargo, siguen luchando como individuos. Habrán pasado por una, dos o más batallas. Pero sea lo que ellos y otros combatientes conquisten en una u otra batalla, contra un solo patrón, vuelven a seguir siendo militantes individuales.

El Partido Socialista de los Trabajadores tiene algo importante que ofrecerle a los compañeros de trabajo y a los jóvenes que tratan de encontrar las fuerzas en la sociedad que sean capaces de cambiarla. Nosotros ofrecemos un partido de obreros disciplinado y democrático que les puede permitir ser parte de luchas en muchos frentes contra los patrones y las guerras que desatan contra el pueblo trabajador aquí y en el exterior. Les ofrecemos el único camino para impulsar la lucha por construir un movimiento revolucionario social y político poderoso del pueblo trabajador: un movimiento que pueda arrebatarle a los capitalistas el poder de explotar y de lanzar guerras, estableciendo un gobierno de obreros y agricultores en este país.

NOTAS

1. En diciembre de 1966 el Consejo de Seguridad de la Organización de Naciones Unidas (ONU) declaró sanciones económicas parciales contra el régimen racista minoritario blanco en Rhodesia del Sur (actualmente Zimbabwe). En mayo de 1968, el organismo de la ONU aprobó una resolución decretando un bloqueo comercial contra Rhodesia. Sin embargo, no adoptó medidas para asegurar que se hiciese cumplir la resolución y las medidas adoptadas fueron pública y ampliamente ignoradas, incluso por Washington. El Consejo de Seguridad decretó un embargo de armamentos contra Sudáfrica en noviembre de 1977 que también ha sido ampliamente ignorado.

2. Durante la "Crisis de los misiles en Cuba", así llamada por la prensa norteamericana, el presidente de Estados Unidos John F. Kennedy demandó el retiro de los misiles nucleares soviéticos instalados en Cuba a solicitud del gobierno revolucionario como medida de defensa contra un ataque norteamericano. Washington ordenó un bloqueo total de Cuba, amenazó con invadir la isla y puso a todas las fuerzas norteamericanas alrededor del mundo en alerta nuclear. Sin consultar con el gobierno cubano, el primer ministro soviético Nikita Kruschef decidió retirar los misiles después de obtener de Kennedy la promesa de que Washington no invadiría a Cuba. El intercambio de cables telegráficos entre el primer ministro Cubano Fidel Castro y Kruschef, documentando los eventos, fue publicado en 1990. Ver *Resumen Semanal Granma* del 2 de diciembre de 1990.

3. Para el texto original de la respuesta de Alarcón a ésta y otras resoluciones de guerra patrocinadas por Estados Unidos en el Consejo de Seguridad de la ONU, ver Fidel Castro y Ricardo Alarcón, *¡EE. UU. fuera del Oriente Medio! Cuba habla en Naciones Unidas* (Nueva York: Pathfinder, 1990). Este libro también se puede conseguir en inglés de Pathfinder bajo el título *U.S. Hands Off the Mideast! Cuba Speaks Out at the United Nations*.

4. Para una descripción de los logros de la revolución granadina y de su derrocamiento contrarrevolucionario por fuerzas internas, ver el artículo de Steve Clark, "El segundo asesinato de Maurice Bishop", en el número de agosto de 1987 de *Perspectiva Mundial*, págs. 14-47. En inglés este artículo se encuentra en el número 6 de *New International*, págs. 11-96.

5. Para más información sobre las causas que llevaron a la caída del gobierno obrero y campesino en Nicaragua ver: "En defensa de

Nicaragua revolucionaria: La erosión de los cimientos del gobierno obrero y campesino". Esta resolución fue aprobada por el Comité Nacional del Partido Socialista de los Trabajadores en julio de 1989, y después de su adopción por el congreso de agosto de 1990 del PST apareció en el número de octubre de 1990 de *Perspectiva Mundial,* págs. 16-29. En inglés se puede encontrar en el *International Socialist Review,* suplemento al número del 7 de septiembre de 1990 del semanario el *Militant.*

6. Para una descripción del ataque norteamericano contra Panamá ver Cindy Jaquith y otros, *Panama: The Truth about the U.S. Invasion* (Panamá: la verdad en torno a la invasión norteamericana, Nueva York: Pathfinder, 1990).

7. Fidel Castro, Ricardo Alarcón, *U.S. Hands Off the Mideast!,* pág. 10-11.

8. El 24 de julio de 1990, mientras el gobierno iraquí se preparaba a invadir Kuwait, en declaraciones emitidas por la Casa Blanca, el Departamento de Estado y el Pentágono, se señaló en particular que Washington no tenía tratados formales militares o de defensa con Kuwait.

La embajadora norteamericana en Iraq April Glaspie se reunió con el presidente Saddam Hussein al día siguiente para transmitirle directamente los puntos de vista de Washington. El contenido de dicha entrevista fue publicado más tarde por el gobierno iraquí. Según este documento Glaspie le dijo a Hussein, "No tenemos ninguna opinión sobre los conflictos entre árabes, como el conflicto fronterizo entre ustedes y Kuwait". La versión iraquí de la reunión no fue disputada sino hasta el 20 de marzo de 1991, casi un mes después del cese al fuego, cuando el Departamento de Estado le permitió a Glaspie presentarse ante un comité del senado norteamericano y denunciar la transcripción iraquí como "información errónea".

Tres meses antes de la invasion de Kuwait, Washington dio señales de acercamiento en sus relaciones hacia el régimen iraquí al enviar a Bagdad un equipo bipartidista de seis senadores norteamericanos —encabezados por el dirigente republicano Robert Dole el 12 de abril de 1990— en una visita de cortesía.

9. Syngman Rhee fue nombrado presidente de Corea del Sur en julio de 1948 por una Asamblea Nacional impuesta dos meses antes bajo la ocupación norteamericana. Durante las primeras horas de la invasión norteamericana a Panamá en diciembre de 1989, Guillermo Endara fue juramentado como nuevo presidente panameño en el Fuerte Clayton, una base militar norteamericana en la zona del canal.

10. Gobiernos fascistas que destruyeron el movimiento obrero organizado fueron instalados en Italia en 1922 bajo Mussolini y en Alemania en 1933 bajo Hitler. Los movimientos fascistas japoneses estrechamente ligados al cuerpo de oficiales del ejército apoyaron al régimen semimilitar instalado en 1932 que destruyó los sindicatos y partidos obreros.

11. Los regímenes bonapartistas, originados en un periodo de crisis social, tienden a concentrar el poder ejecutivo en manos de un "hombre fuerte" —que trata de presentarse como alguien que está por encima de las clases sociales en contienda y que intenta adquirir cierta independencia de acción— con el propósito de mantener el poder de la capa social dominante. El rumbo bonapartista de Gorbachov intenta preservar los privilegios sociales y el monopolio del poder de la casta burocrática en la Unión Soviética.

12. A principios de 1991 el gobierno soviético comenzó los ataques militares contra las repúblicas bálticas. En enero, las tropas abrieron fuego contra partidarios de la independencia en Lituania y Latvia dejando 20 muertos y cientos de heridos.

13. Ver Mary-Alice Waters, "1945: Cuando las tropas norteamericanas dijeron ¡No!", en este mismo número.

14. El texto completo del discurso de Malmierca fue publicado en español en el número de enero de 1991 de *Perspectiva Mundial,* y en inglés en el número del 14 de diciembre de 1990 del semanario el *Militant.*

15. Ver: "Guerra, revolución y la lucha por un gobierno obrero y campesino en Irán", en este mismo número.

16. La huelga del diario neoyorquino *Daily News* terminó el 21 de marzo de 1991, después de que enormes perdidas financieras forzaron a la Tribune Company a venderle el periódico a un nuevo propietario. Según el nuevo contrato, los "trabajadores de reemplazo", empleados por los gerentes de la Tribune para tratar de romper la huelga, serían despedidos. Sin embargo, también eliminó 800 empleos, una tercera parte de la fuerza laboral de antes de la huelga e impuso concesiones salariales por un total de 70 millones de dólares.

17. Para una reseña de esa huelga, ver *La huelga de los obreros de la carne contra la Hormel* (Nueva York: Pathfinder, 1986) por Fred Halstead.

18. En febrero de 1990 la carbonera Pittston Coal Group firmó un nuevo contrato con mas de 1 900 mineros en Virginia, Virginia del Oeste y Kentucky, después de una huelga de 11 meses que comenzó en abril de 1989. En el transcurso de la huelga más de 40 mil miembros del sindicato de mineros UMWA en las minas del

carbón del este del país suspendieron sus labores en apoyo a la huelga. Más de 50 mil partidarios procedentes de todo Estados Unidos y de alrededor del mundo visitaron el Campamento Solidaridad, el centro organizador de la huelga en el sudoeste de Virginia.

19. La aerolínea Eastern suspendió sus operaciones el 18 de enero de 1991. Para un relato de la huelga de 22 meses realizada por los miembros del sindicato de torneros IAM, que frustró el intento de convertir la Eastern en una rentable naviera no sindicalizada, ver Ernie Mailhot y otros, *The Eastern Airlines Strike: Accomplishments of the Rank-and-File Machinists* (La huelga contra la aerolínea Eastern: los logros de los miembros de base del sindicato de torneros, Nueva York: Pathfinder, 1991).

20. Un relato de la lucha de parte de los comunistas en Estados Unidos contra el espionaje y el hostigamiento gubernamentales puede encontrarse en *50 años de guerra encubierta: el FBI contra los derechos democráticos,* por Héctor Marroquín y otros (Nueva York: Pathfinder, 1988); y en *Cointelpro: The FBI's Secret War on Political Freedom,* por Nelson Blackstock (Cointelpro: La guerra secreta del FBI contra la libertad política, Nueva York: Anchor Foundation, un libro Pathfinder, 1988).

21. Mark Curtis, un obrero de la carne y miembro del Partido Socialista de los Trabajadores, está cumpliendo una sentencia de 25 años en el estado de Iowa bajo cargos fabricados de violación y entrada ilegal. Su lucha por justicia ha obtenido un amplio apoyo alrededor del mundo. Los hechos en torno al caso están detallados en *The Frame-Up of Mark Curtis* (El caso fabricado contra Mark Curtis, Nueva York: Pathfinder, 1989) por Margaret Jayko.

22. El 26 de enero de 1991, más de 125 mil personas marcharon en Washington, D.C., 80 mil se manifestaron en San Francisco y 30 mil participaron en acciones en Canadá. La semana anterior, el 19 de enero, más de 50 mil personas marcharon en una protesta antiguerra en San Francisco y otras 25 mil marcharon en Washington, D.C. Un mes después, el 21 de febrero, miles de estudiantes en más de 250 recintos universitarios y escuelas secundarias participaron en actividades educativas y mitines, como parte de un día internacional de acciones que incluyeron protestas en Canadá, Francia, Japón y Filipinas.

OBRAS SOBRE CUBA
EN INGLÉS

En defensa del socialismo

CUATRO DISCURSOS EN TORNO AL 30 ANIVERSARIO DE LA REVOLUCION CUBANA

por Fidel Castro

Fidel Castro sostiene que no sólo es posible el progreso económico y social sin la competencia a muerte del capitalismo, sino que el socialismo es el único camino para el avance de la humanidad. Castro discute también el papel de Cuba en avanzar la lucha contra el apartheid en Africa. 142 págs., $12.95

El proceso de rectificación cubano

Dos discursos por Fidel Castro reorientando el rumbo de la revolución hacia la ruta trazada por Ernesto Che Guevara. En el número 6 de *New International,* $10.00

'Cuba jamás adoptará los métodos capitalistas'

por Fidel Castro

El proceso de rectificación en Cuba y la victoria histórica en Angola sobre el ejército del apartheid. 30 págs., $2.50

Construyendo el socialismo en Cuba

DISCURSOS DE FIDEL CASTRO, TOMO 2

Discursos que abarcan más de dos décadas y describen la lucha de la vanguardia revolucionaria para ahondar el rumbo proletario de la revolución cubana. 367 págs., $19.95

Las obras básicas de
CHE GUEVARA

Ernesto Che Guevara: Obra revolucionaria

ESCRITOS Y DISCURSOS DE ERNESTO CHE GUEVARA
La recopilación más completa, 663 págs. $20.95
Che Guevara and the Cuban Revolution, la mejor colección en inglés,
413 págs., $20.95

El pensamiento económico
de Ernesto Che Guevara

Por Carlos Tablada

Examina las contribuciones de Guevara para la construcción del
socialismo: en la teoría y en la práctica, 212 págs., $11.95. En inglés,
Che Guevara: Economics and Politics in the Transition to Socialism, 286
págs., $16.95

El socialismo y el hombre en Cuba

Por Ernesto Che Guevara y Fidel Castro

El documento clásico en que Guevara discute la economía, la
política y el desarrollo de la conciencia en la transición al
socialismo. Incluye el discurso de Castro en el vigésimo aniversario
de la muerte de Guevara. 39 págs., $3.00. En inglés, $2.50

LA GUERRA Y EL MOVIMIENTO COMUNISTA

Por Jack Barnes

MAS QUE NINGUN otro acontecimiento —aparte de la contienda revolucionaria masiva de los obreros y campesinos por el poder—, las guerras tienen el mayor impacto político sobre la clase obrera, sobre sus sectores de vanguardia y sobre las direcciones sindicales y políticas que dicen hablar en nombre de los trabajadores y actuar en pro de sus intereses.

Las guerras concentran y aceleran toda tendencia y suceso políticos. Intensifican las presiones en cada punto vulnerable y ponen a prueba al máximo a cada punto fuerte. Apresuran la deserción de los débiles y hacen resaltar capacidades inesperadas en los fuertes para asumir las nuevas responsabilidades.

Hay una profunda interconexión entre cómo un partido político encara una guerra y cómo emerge al final de ella. La historia del siglo veinte comprueba que si los trabajadores de vanguardia se conducen con claridad política, valor y determinación, entonces las guerras que los imperialistas nos imponen se pueden utilizar en contra de ellos al oponerse a ésta cada vez más trabajadores.

El movimiento comunista de este siglo es producto, por sobre todas las cosas, de la lucha por una orientación política clasista frente a la guerra imperialista:

• El porqué los comunistas no tienen una política revolucionaria para épocas de paz y una política de paz para épocas de guerra;

• Cómo se debe organizar la clase obrera para usar la lucha contra la guerra imperialista con el fin de profundizar la lucha revolucionaria por el derrocamiento del sistema capitalista res-

---

Este artículo es un fragmento de un discurso dado el 1 de diciembre de 1990 en la ciudad de Nueva York.

ponsable por estas masacres.

El comunismo moderno, el comunismo del siglo veinte, pasó su primera prueba decisiva cuando los bolcheviques bajo la dirección de V.I. Lenin, demostraron su capacidad de trazar un rumbo revolucionario durante toda la primera guerra mundial que culminó con el triunfo de la república obrera y campesina soviética en octubre de 1917. Esa victoria rápidamente le puso fin en el frente ruso a esa guerra sangrienta y apresuró el final de la masacre mayor.

Los bolcheviques abanderaron las insurrecciones de las naciones oprimidas por toda Europa, Asia y el Oriente Medio que fueron fuertemente impulsadas en el transcurso de la guerra y tras su desenlace. Los bolcheviques organizaron y sublevaron a los soldados —los campesinos y obreros reclutados en el ejército del zar— en oposición a la guerra. Sin importar cuán clandestinamente se vieran obligados a funcionar como resultado de la represión zarista, los bolcheviques nunca dejaron de realizar el trabajo revolucionario consecuente en las fábricas, minas y plantas. Nunca dejaron de organizar apoyo para las luchas de los campesinos por las tierras. Nunca dejaron de abogar a favor de la derrota de los planes de guerra zaristas y capitalistas, tanto en el interior como en el exterior del país, y de buscar formas de transformar la guerra en una lucha revolucionaria para derrocar la tiranía imperialista y llevar al poder a un gobierno de obreros y campesinos.

Tras el estallido de la guerra en agosto de 1914, la gran mayoría de aquellos a quienes en los países imperialistas anteriormente se les consideraba dirigentes del movimiento obrero revolucionario cerraron filas —en muchos casos de forma muy "crítica" y muy "renuente"— con los capitalistas y gobiernos de "sus" respectivas naciones. El movimiento marxista internacional se derrumbó envuelto en confusión, mientras la mayoría de sus antiguos dirigentes aplaudían la masacre de obreros del "otro bando".

De un movimiento socialista internacional que contaba con muchos millones antes de agosto de 1914, en un principio sólo unos pocos emergieron decididos —bajo las condiciones existentes en tiempos de guerra— a continuar haciendo todo lo posible para asegurar que sus propias clases gobernantes fueran derrotadas. De la misma forma en que antes de la guerra siempre habían luchado por derrotar a los explotadores y sus gobiernos en cada huelga, insurrección campesina y batalla política.

El dirigente revolucionario ruso León Trotsky informa en su autobiografía, *Mi Vida,* que los antiguos dirigentes de la acabada Internacional Socialista que siguieron siendo revolucionarios e internacionalistas bromeaban en los primeros años de la guerra de que cuando celebraron una conferencia en Suiza, cupieron todos en cuatro taxis para ir a la reunión.[1] Era un chiste, pero no una gran exageración.

Los comunistas buscaron todas las oportunidades de convertir la sangrienta guerra —y la creciente resistencia de parte de los trabajadores, campesinos y soldados ante sus devastadores efectos— en una lucha revolucionaria para arrebatarle *el poder de hacer guerra* a los capitalistas y terratenientes de una vez por todas.[2]

LUEGO, DESPUES de la revolución que derribó al zar en febrero de 1917, Lenin y los bolcheviques fueron responsables por una de las mayores explosiones de risa que jamás sacudiera a los soviets. (Los soviets eran los comités de representantes de distintas organizaciones obreras y campesinas que habían surgido durante la revolución.) Al principio, la mayoría de esos representantes pertenecían al ala del movimiento socialista anterior a la guerra que había rechazado el rumbo revolucionario de los bolcheviques.

Durante uno de los congresos nacionales de los soviets celebrado en junio, un dirigente de estas organizaciones dijo que no obstante las demás divergencias que pudieran existir entre los delegados, ningún partido allí representado era tan tonto como para decir que estaba listo para quitarle el poder al nuevo gobierno liberal burgués.

Lenin gritó desde el público: "¡Sí lo hay!".

La mayoría de los otros delegados se rieron. Pero cuatro meses después los bolcheviques condujeron a los trabajadores en la creación de la primera república obrera y campesina del

LAS NOTAS PARA ESTE ARTICULO COMIENZAN EN LA PAGINA 256.

mundo. Ese triunfo revolucionario alentó a otros trabajadores por todas partes del mundo a tratar de imitar a los bolcheviques y profundizar la lucha internacional por la liberación nacional y el socialismo.

Durante cada guerra a partir de entonces, el movimiento obrero ha pagado cara la mala dirección de aquellos que se reclaman comunistas pero que en la práctica desvían hacia rumbos pacifistas las luchas revolucionarias contra el capitalismo, o que directa y descaradamente le ayudan a los gobernantes capitalistas a librar las guerras y a apuntalar su sangriento sistema de explotación y opresión.

Durante la segunda guerra mundial, los líderes de los Partidos Comunistas stalinizados de muchos países se unieron con quienes se habían reagrupado en la Internacional Socialista para imponer su traición sobre la inmensa mayoría de organizaciones obreras y movimientos de liberación nacional. La dirección del Partido Socialista de los Trabajadores, sin embargo, junto con grupos pequeños de comunistas en otros países, se negó a romper con el rumbo proletario revolucionario trazado por los bolcheviques.

En la misma semana de diciembre de 1941 en que Washington declaró su ingreso a la segunda guerra mundial, 18 líderes y cuadros del PST —la mayoría líderes de la lucha de clases en el sindicato de camioneros (Teamsters) y de su ala antiguerra en la zona norte central del país— fueron sentenciados a prisión federal. Se les habían fabricado cargos con el fin de silenciar la campaña clasista que estaban librando dentro del movimiento obrero contra la guerra imperialista que se avecinaba.

Durante el periodo inicial de la guerra, el *Militant,* el periódico comunista que semana tras semana hizo campaña contra la guerra de los patrones, sus políticas racistas y su represión, fue atacado por las autoridades postales norteamericanas. La FBI [Oficina Federal de Investigaciones] aumentó su espionaje del partido, sus miembros y simpatizantes. Los miembros del PST que trabajaban en la industria y que militaban en sus sindicatos se vieron bajo una mayor presión de parte de los patrones, los policías y aquellos dentro de la burocracia sindical y en los partidos stalinista y socialdemócrata que ayudaron a capitanear el apoyo a la guerra.

Pero menos de dos años más tarde, para 1943, los mineros del carbón organizados en el sindicato UMWA habían comenzado a oponerse al congelamiento de salarios y la promesa antihuelga que les fueron impuestos en nombre de la unidad patriótica. Los trabajadores negros junto con otros que se oponían a la discriminación racial dieron inicio a una nueva etapa en la lucha por la igualdad en cuanto a oportunidades de empleo, promoción y trato en las industrias de guerra en pleno apogeo, así como en las fuerzas armadas norteamericanas aún regidas por el sistema racista conocido como Jim Crow. Desde fecha tan temprana como junio de 1942, el Movimiento pro Marcha a Washington organizó mítines masivos a favor de dichas demandas.

El periódico que las autoridades de correos norteamericanas habían intentado amordazar, estalló en las campañas de suscripción más grandes en su historia, conquistando una base de lectores de más de 30 mil para fines de 1945. Los soldados en el Pacífico organizaron movilizaciones masivas tras el armisticio, exigiendo el regreso inmediato a su país en vez de ser utilizados —según los designios de Washington— para contener las luchas de liberación nacional que se desataban en China, Vietnam y en muchas otras partes a raíz de la guerra.

EN REALIDAD, en los años de las postrimerías e inmediatamente después de la guerra en las filas del PST se dio el aumento más rápido de nuestra historia. Este crecimiento explosivo se dio en la cúspide del potencial que existió por más o menos un año para retomar el impulso del movimiento social que a mediados de la década de 1930 había dado origen al movimiento sindical industrial del CIO [Congreso de Organizaciones Industriales] y para abrir una nueva etapa en la lucha por la liberación negra. Ese potencial no se llegó a consolidar debido a factores políticos y económicos internacionales más allá del control del movimiento obrero revolucionario, debido también al liderazgo colaborador de clase y a las traiciones de los intereses de los obreros de parte de la burocracia sindical, los stalinistas y los socialdemócratas en Estados Unidos, Europa y el resto del mundo.

Un elemento de la lucha contra la marcha imperialista hacia la guerra debe ser el de estudiar las lecciones de cómo los obreros comunistas libraron una campaña de clase obrera contra una guerra anterior.[3]

NOTAS

1. León Trotsky, *Mi Vida* (*Obras de León Trotsky*, Tomo 13, México: Juan Pablos Editor, 1973), pág. 260. En inglés, *My Life* (Nueva York: Pathfinder, 1970), pág. 249.

2. Para más información sobre la forma en que los comunistas hicieron campaña contra la primera guerra mundial, ver *Lenin's Struggle for a Revolutionary International* (La lucha de Lenin por una internacional revolucionaria, Nueva York: Anchor Foundation, un libro Pathfinder, 1984), que forma parte de la serie en inglés titulada La Internacional Comunista en los tiempos de Lenin.

3. Cuatro libros que relatan cómo los comunistas hicieron campaña contra la segunda guerra mundial son: Farrell Dobbs, *Teamster Bureaucracy: The Trade Union Campaign Against World War II* (La burocracia teamster: La campaña sindical contra la segunda guerra mundial, Nueva York, Anchor Foundation, un libro Pathfinder, 1977); James P. Cannon, *Letters from Prison: The Communist Campaign Against Wartime Repression* (Cartas desde la prisión: La campaña comunista contra la represión en tiempo de guerra, Nueva York: Pathfinder, 1973); C.L.R. James y otros, *Fighting Against Racism in World War II* (Combatiendo el racismo durante la segunda guerra mundial, Nueva York: Pathfinder, 1975); y James P. Cannon, *The Socialist Workers Party in World War II* (El Partido Socialista de los Trabajadores en la segunda guerra mundial, Nueva York: Pathfinder, 1975).

New International

A MAGAZINE OF MARXIST POLITICS AND THEORY

Che Guevara, Cuba y el camino al socialismo

Este número aparecerá en septiembre de 1991 como el número 2 de *Nueva Internacional*.
  New International 8 $10.00

Artículos por Ernesto Che Guevara, Carlos Rafael Rodríguez, Carlos Tablada, Jack Barnes, Steve Clark y Mary-Alice Waters.

A continuación aparece una lista de los distintos números de *New International*. Los artículos que tienen un asterisco al lado se pueden obtener en español; ** significa que están en forma de folleto, $6.00 cada uno.

New International

A MAGAZINE OF MARXIST POLITICS AND THEORY

CHE GUEVARA CUBA AND THE ROAD TO SOCIALISM

Articles by Che Guevara, Carlos Rafael Rodríguez, Carlos Tablada, Jack Barnes, Steve Clark, Mary-Alice Waters

8

Su Trotsky y el nuestro: la continuidad comunista en la actualidad* por Jack Barnes ■ **Lenin y la cuestión colonial** por Carlos Rafael Rodríguez ■ **La rebelión de la pascua de 1916 en Irlanda: dos puntos de vista** por V.I. Lenin y León Trotsky

La lucha de la clase obrera por la paz por Brian Grogan ■ **La aristocracia laboral** por Steve Clark ■ **Las raíces sociales del oportunismo** por Gregori Zinoviev

New International 2 $8.00

El comunismo y la lucha por un gobierno popular revolucionario: de 1848 al presente por Mary-Alice Waters ■ **'La intuición por el poder': Preparando la revolución nicaragüense** por Tomás Borge ■ **La liberación nacional y el socialismo en las Américas** por Manuel Piñeiro

New International 3 $8.00

Respuesta a la crisis que enfrentan los pequeños agricultores* por Doug Jenness ■ **La lucha por un gobierno obrero y campesino en Estados Unidos** por Jack Barnes ■ **Las perspectivas revolucionarias y la continuidad leninista en Estados Unidos** Resolución del Partido Socialista de los Trabajadores ■ **La reforma agraria y las cooperativas agrícolas en Cuba** Documentos y discursos

New International 4 $9.00

Sudáfrica: La revolución en camino** por Jack Barnes ■ **El futuro le pertenece a la mayoría** Discurso de Oliver Tambo ■ **¿Por qué hay voluntarios cubanos en Angola?** Discursos de Fidel Castro

New International 5 $9.00

El segundo asesinato de Maurice Bishop* por Steve Clark ■ **El proceso de rectificación en Cuba** Dos discursos de Fidel Castro ■ **Tierra, trabajo y la revolución canadiense** por Michel Dugré ■ **50 años de guerra encubierta: el FBI contra los derechos democráticos**** por Larry Seigle

New International 6 $10.00

UNA POLITICA COMUNISTA PARA TIEMPOS DE PAZ Y PARA TIEMPOS DE GUERRA

Protesta de miles de soldados norteamericanos en la plaza enfrente de la alcaldía de Manila, enero de 1945. En la pancarta se lee: "Jamás olvidaremos lo que ustedes han hecho, las palabras salen sobrando, 'llévennos a casa'". Después de la segunda guerra mundial, los soldados estadounidenses rechazaron los planes de Washington de mantenerlos en Asia y utilizarlos para aplastar las luchas anticoloniales en Filipinas, China y en otras partes. Las acciones organizadas por los comités de soldados, y que contaron con el apoyo del movimiento obrero, forzaron la desmovilización de más de nueve millones de tropas para mediados de 1946.

INTRODUCCION

LOS COMUNISTAS no son comunistas en tiempos de paz para luego convertirse en pacifistas en tiempos de guerra. No son revolucionarios proletarios en tiempos de paz para luego volverse radicales de clase media en tiempos de guerra.

La clase obrera debe tener su propio programa antibélico frente a la política guerrerista y de militarización de los gobernantes capitalistas. Debe hacer su propia campaña contra el imperialismo y la guerra.

Los artículos que componen esta sección de *Nueva Internacional* documentan cómo ha respondido la vanguardia de la clase obrera en Estados Unidos a los desafíos políticos creados por las tres campañas imperialistas de militarización que caracterizan a los últimos cincuenta años.

En "La tercer campaña de militarización de Washington", Mary-Alice Waters explica los preparativos de guerra acelerados que comenzaron durante el último año de la administración de James Carter, del Partido Demócrata. Las dos campañas guerreristas anteriores del imperialismo norteamericano, desde 1937 hasta fines de la segunda guerra mundial y desde 1947 hasta la derrota del imperialismo norteamericano en Vietnam, se analizan a la luz de los preparativos de guerra que afrontamos en la actualidad.

"La tercer campaña de militarización de Washington" es un informe que fue aprobado en agosto de 1985 por un congreso del Partido Socialista de los Trabajadores, y que se publicó unos meses después en un *Boletín de Información* para la militancia del partido. Al editarlo para darle mayor circulación en *Nueva Internacional,* se han ampliado y profundizado de unos de sus puntos.

En 1985, el congreso del Partido Socialista de los Trabajadores aprobó también una resolución titulada "Las perspectivas revolucionarias y la continuidad Leninista en Estados Unidos". Esa resolución, publicada en inglés en el número 4 de *New International,* esboza la amplia relación entre las fuerzas de clase y la dinámica política a nivel internacional, tratada en "La tercer campaña de militarización de Washington". (También apareció en español en el número del 4 de febrero de 1985 de *Perspectiva Mundial.*)

EN AGOSTO de 1985 seguía intensificándose la guerra organizada y financiada por Estados Unidos contra el gobierno nicaragüense. El Ejército Popular Sandinista aún no había derrotado a las fuerzas contrarrevolucionarias en el campo militar, pero el rumbo de los acontecimientos comenzaba a cambiar. El gobierno de Estados Unidos se disponía a hacer uso, si fuese necesario, de sus fuerzas militares en Centroamérica para derrocar al gobierno dirigido por el Frente Sandinista de Liberación Nacional. Aunque existía un acuerdo bipartidista en Washington de no transigir con el gobierno obrero y campesino en Nicaragua, hubo reñidas discusiones tácticas sobre cómo provocar un cambio. Dentro de la clase dominante había voces influyentes que insistían en recurrir a otras opciones para doblegar al pueblo nicaragüense antes de pagar el alto precio político que supondría, sobre todo las Américas, el desatar las tropas norteamericanas y el asesino poderío aéreo directamente sobre Nicaragua.

Los preparativos de guerra acelerados y el debate táctico sobre lo aconsejable de enviar tropas norteamericanas a combatir en Centroamérica, creó un espacio político que le permitió a los adversarios de la política estadounidense organizar manifestaciones importantes contra la intervención militar norteamericana, y movilizar apoyo importante por parte de los trabajadores, incluso al interior y a través del movimiento obrero sindicalizado. Estas posibilidades se confirmaron con las marchas del 20 de abril de 1985 en Washington, D.C., San Francisco, y muchas otras ciudades de Estados Unidos, en las que participaron más de 100 mil personas. Las manifestaciones exigían un fin al apoyo estadounidense tanto al ejército contra, como al régimen apartheid en Sudáfrica.

El informe también evaluó el hecho de que desde 1980 la clase gobernante norteamericana había logrado desmovilizar la oposición al restablecimiento de la conscripción. En esas condiciones concretas, el informe proyecta un rumbo de acción para las fuerzas de la clase obrera opuestas a la conscripción al ejército imperialista. La discusión, la conscripción y sobre un programa revolucionario para millones de obreros y obreras uniformados, suscitó un nuevo interés en lo que había sucedido con los trabajadores —tanto uniformados como de civil— durante la guerra de Vietnam y la segunda guerra mundial.

"El programa comunista antiguerra del Partido Socialista de los Trabajadores, 1940 a 1969", que aquí se incluye, fue la segunda parte de una resolución titulada "La lucha contra la guerra de Vietnam" aprobada en 1969 por el congreso del PST. La resolución, basada en un memorándum redactado en junio de ese año por el secretario nacional del PST, Farrell Dobbs, esboza la política militar proletaria aprobada por el PST en vísperas de la segunda guerra mundial, que hacía un llamado al entrenamiento militar de la clase obrera bajo control sindical. La resolución explica la manera en que los cambios en la correlación de fuerzas entre las clases en las décadas de 1950 y 1960 imponían distintas demandas para lograr los mismos objetivos revolucionarios.

LA RESOLUCION orientaba a una nueva generación de comunistas que ingresaban en esa época al Partido Socialista de los Trabajadores y a la Alianza de la Juventud Socialista con relación al acontecimiento político más importante que se daba en las fuerzas armadas norteamericanas durante la guerra de Vietnam: la lucha de los soldados por defender sus derechos constitucionales como soldados-ciudadanos para poder participar en actividades políticas. La lucha contra toda manifestación de discriminación racial se iba profundizando y haciendo más militante, y cundía la oposición a la guerra. En este contexto, los soldados exigieron el derecho de elegir su lectura; de expresar sus opiniones acerca de la guerra, el racismo y otros problemas políticos; y de organizarse y participar de las acciones contra la guerra y pro-derechos de los negros cuando no estuvieran de servicio.

Con el tiempo, el movimiento antiguerrra fue cobrando una apreciación de la importancia de las acciones que aumentaron al máximo la participación del personal militar en servicio activo. Esta orientación clasista asumida por una vanguardia política del movimiento contra la guerra de Vietnam tuvo a fin de cuentas un impacto palpable sobre la capacidad de los governantes norteamericanos de llevar adelante la guerra.

EL RELATO de cómo se logró esto lo cuenta uno de los dirigentes del movimiento, Fred Halstead, en *Out Now! A Participant's Account of the Movement in the United States against the Vietnam War,* (¡Fuera ya! El testimonio de un participante en el movimiento en Estados Unidos contra la guerra de Vietnam, Nueva York: Anchor Foundation, un libro de Pathfinder, 1978 y 1991).

Halstead fue también, en 1968, candidato a presidente de Estados Unidos por el PST, y viajó a Vietnam para hablar con los soldados. Durante su campaña redactó una carta ampliamente difundida, llamada "Carta a los soldados sobre las elecciones de 1968" explicando esta perspectiva. Halstead decía:

> Nadie tiene más derecho de oponerse a la guerra que los soldados en combate. Y aunque entiendo que los soldados se encuentran en una situación difícil, sé también que no hay ninguna ley que diga que a los soldados se les debe lavar el cerebro, o que no tengan derecho a pensar por sí mismos, o a leer distintos puntos de vista sobre la guerra, o a debatir sobre la guerra.
>
> Creo también que deben tener el derecho de manifestarse en contra de la guerra. En realidad, esto ya ha sucedido antes en las fuerzas armadas norteamericanas. Inmediatamente después de terminar la segunda guerra mundial, hubo inmensas manifestaciones de soldados en el exterior que exigían regresar a su país, en vez de tener que permanecer en la zona del Pacífico e involucrarse en la guerra civil china que en ese momento se iniciaba. Yo sé de estas manifestaciones porque yo participé en ellas.

Estas acciones por parte de los soldados, y el apoyo que recibieron en su país, de hecho forzaron la desmovilización.

Todo esto sucedió sin ninguna infracción de código, orden o reglamento, y sin mayores problemas de orden legal. Este movimiento era simplemente demasiado popular y generalizado para que nadie lo detuviera.

"1945: Cuando las tropas norteamericanas dijeron '¡No!' ", por Mary-Alice Waters, relata este capítulo oculto de la historia de Estados Unidos. Editado por primera vez en 1965 en la revista *Young Socialist* —cuando se intensificaba la guerra en Vietnam y el movimiento antiguerra comenzaba a crecer—, este artículo se reeditó en un folleto de la serie Young Socialist. Durante los años 60 y comienzos de los años 70, la Alianza de la Juventud Socialista vendió miles de ejemplares del folleto durante la campaña de la militancia para crear un movimiento antiguerra capaz de atraer y movilizar a millones de jóvenes trabajadores, incluso los uniformados. El desenterrar un capítulo de la historia que la patronal y su gobierno guerrerista hubieran preferido mantener sepultado, formó parte del aprendizaje de una nueva generación para luchar de forma más eficaz contra el imperialismo y la guerra.

Cuando se escribió este artículo, Waters era directora del *Young Socialist*. Luego fue por varios años directora del *Militant* y es actualmente directora de *New International*.

Agotado desde hace mucho tiempo, este artículo se divulga una vez más a través de las páginas de *Nueva International*. El movimiento en "de regreso a casa" de los soldados e infantes de marina norteamericanos a fines de la segunda guerra mundial cambió el rumbo de la historia. Esto volverá a suceder.

LA TERCER CAMPAÑA DE MILITARIZACION DE WASHINGTON

Por Mary-Alice Waters

LA PROPAGANDA militarista, empavesada de patriotismo, es un aspecto permanente de nuestra época. Las potencias imperialistas siempre se están preparando para la guerra. En Estados Unidos el militarismo moderno data del periodo que le siguió a la Reconstrucción Radical y está entrelazado con el creciente dominio del capital industrial y bancario.[1] Este periodo culminó en el ataque de Washington contra Hawai en 1893 y luego contra Cuba, Puerto Rico y las Filipinas en 1898 durante la guerra entre España y Estados Unidos: la primera guerra imperialista librada por el coloso norteamericano.

Dentro de la época imperialista existen también campañas de militarización concretas, y hoy, en 1985, estamos en medio de una de ellas. Debido a que la hemos estado viviendo y combatiendo durante más de un lustro, resulta fácil olvidar que esta campaña de militarización tuvo un comienzo bien definido. Debemos analizarla concretamente para así poder ver qué es lo que ha logrado la clase dominante y qué es lo que no ha logrado.

Cambio en la política de la clase dominante

La campaña de militarización actual se inició a principios de la década de 1980. Durante su mensaje sobre el Estado de la Unión en enero de 1980, el presidente James Carter anunció la decisión de reinstalar el sistema de registro obligatorio para el servicio militar. En aquella ocasión señalamos que este fue "el

---

Este artículo está basado en un informe aprobado por el congreso de agosto de 1985 del Partido Socialista de los Trabajadores. Mary-Alice Waters es la directora de New International.

LAS NOTAS PARA ESTE ARTICULO COMIENZAN EN LA PAGINA 303

primer verdadero discurso de guerra de la administración Carter".

La declaración del presidente y la ofensiva política de la cual formaba parte, marcaron un viraje en la política de la clase dominante. Marcó el final de la era de retirada que le siguió a la derrota sufrida en Vietnam en 1973 y las repercusiones de la crisis de Watergate en Estados Unidos.[2] Después de que comenzaron a retirar las tropas norteamericanas de Vietnam, en 1971 los gobernantes tardaron casi diez años en ponerse nuevamente en una posición que les permitiera llevar a cabo una ofensiva de militarización.

Entre 1973 y 1980 los oprimidos del mundo le asestaron grandes golpes al imperialismo en varios campos de batalla. Entre ellos estuvieron el derrocamiento revolucionario de la monarquía terrateniente en Etiopía en 1974; la derrota del dominio colonial portugués en Africa en 1974-75; la derrota del régimen capitalista-terrateniente en Vietnam del Sur y la reunificación del país en 1975-76 y la caída de las fuerzas patrocinadas por Estados Unidos en Kampuchea [Cambodia] y Laos; la derrota de la invasión sudafricana en Angola a manos de las tropas cubanas y angolesas en 1976 y el impulso que esto le dio al nuevo auge de luchas por todo Africa austral, incluyendo a las luchas contra el régimen del apartheid en Sudáfrica misma; la derrota en 1977 de la invasión Somalí apoyada por Estados Unidos cuyo propósito fue cambiar la trayectoria de la revolución etíope; la independencia de Zimbabwe en 1980; la revolución iraní de 1978-79; y las revoluciones que en 1979 culminaron con el establecimiento de los gobiernos obreros y campesinos en Granada y en Nicaragua, junto con el levantamiento masivo en El Salvador, los avances hechos en Guatemala y el estímulo revolucionario que estos acontecimientos le dieron al combativo pueblo de Cuba.

El discurso que Carter dio en 1980 y el anunció que hizo sobre el registro para la conscripción tenían previsto sacar ventaja de dos acontecimientos: en noviembre de 1979 los empleados de la embajada norteamericana fueron tomados como rehenes en Teherán; y en diciembre de 1979 las fuerzas militares soviéticas entraron en Afganistán en medio de una guerra civil en avanzada.[3] La clase dominante norteamericana se aprovechó de estos acontecimientos para redoblar los tambores de su inicio de las maniobras militaristas con una efusión de patriotismo y propaganda anticomunista.

Las medidas adoptadas por la administración Carter formaron parte de un esfuerzo sistemático de contrarrestar la retirada que la derrota en Vietnam le impuso a Washington y la erosión de la opinión popular de que los que hablan en nombre de las instituciones del gobierno capitalista dicen la verdad (lo que ampliamente se conoce como la crisis de Watergate). Estas medidas tenían el propósito de reducir los obstáculos que le impedían a los gobernantes norteamericanos usar su poderío militar abrumador para defender su dominio de clase a nivel mundial. Al igual que todas las medidas de militarización capitalistas, las acciones de Carter también estaban dirigidas contra la masa de candidatos para carne de cañón: el pueblo trabajador, las nacionalidades oprimidas, las mujeres que intentan ampliar sus derechos y los jóvenes de este país. La campaña de militarización fue una parte esencial de una ofensiva acelerada cuyo propósito es debilitar nuestras luchas contra la clase patronal, minar nuestros derechos democráticos, disminuir nuestro espacio político y ahondar las divisiones que existen entre nosotros, para así poder incrementar sus ganancias y reforzar a los capitalistas norteamericanos respecto de sus competidores en otros países.

TODO ESTO FUE EXACTAMENTE descrito en un informe dado por Andrea Morell en nombre del Comité Político que fue adoptado por el comité nacional del Partido Socialista de los Trabajadores en mayo de 1980.

El informe explica que la actual campaña de militarización es una "campaña de los gobernantes norteamericanos para recuperar la capacidad política que les permita usar su poderío militar como ellos consideren que sea necesario contra la revolución mundial". Eso es exactamente lo que estaba y sigue estando en juego.

La actual campaña de militarización es la tercera de su tipo que los gobernantes norteamericanos han emprendido desde finales de la década de 1930.

La primera comenzó con el discurso del presidente Franklin

Roosevelt de "poner en cuarentena al agresor" dado en octubre de 1937 como parte de los preparativos para tomar parte en la guerra europea que se avecinaba. Esta campaña de militarización duró unos ocho años, hasta que se dio la masiva desmovilización que le siguió a la derrota de Japón en 1945 a manos del imperialismo norteamericano.

La segunda comenzó en la primavera de 1947 con la orden ejecutiva del presidente Truman que inició el programa del juramento de lealtad y la caza de brujas. A nivel internacional, el programa de Truman de "ayuda" para Grecia indicó la llegada de la acelerada campaña bélica encubierta con retórica anticomunista.[4] La segunda campaña de militarización continuó durante toda la guerra de Corea y la primera década de la revolución cubana, y sólo terminó con la derrota de Washington en Vietnam. Aunque de forma un poco imprecisa, a la primera parte de este periodo se le conoce como la "guerra fría".

La tercer campaña de militarización es la que estamos discutiendo y que se inició a comienzos de 1980.

Una política comunista para tiempos de guerra y de paz

Cuando la clase capitalista se organiza para la guerra, y cuando decide ir a la guerra, la clase obrera debe tener sus propias políticas para defender sus intereses e impulsar sus luchas dentro de las condiciones impuestas por los gobernantes. No basta decir que rechazamos el militarismo imperialista. Hasta que los obreros sean capaces de romper con ese marco, o sea, rechazarlo *en la lucha*, ante esta realidad también vamos a tener que trazar nuestro propio rumbo proletario.

La respuesta comunista al militarismo imperialista es directa y simple. En el correr de las décadas se ha establecido y puesto a prueba en la lucha. En realidad, el movimiento comunista del siglo veinte nació en la lucha contra los que llevaron a millones de trabajadores a la primera guerra mundial traicionando los principios de "¡ni un centavo, ni una persona para la maquinaria de guerra imperialista!" Este es nuestro punto de referencia; sin él estaríamos totalmente perdidos.

Sin embargo, esa consigna no nos da todas las respuestas que precisamos a enfrentarnos a la propaganda concreta y las acciones de la clase dominante, y a medida que ésta continua impulsando su militarización y a medida que se lanza a la guerra.

Estamos en contra de la conscripción imperialista. No obstante, si la clase obrera no es lo suficientemente fuerte como para impedir que se imponga la conscripción, entonces necesitamos tener una política con respecto a ella. Requerimos de una política con respecto al entrenamiento militar para el pueblo trabajador. Precisamos de una política para los obreros y los agricultores en las fuerzas armadas, es decir, un enfoque con miras a profundizar la conciencia clasista y hacer avanzar la lucha de los obreros y de los agricultores para defender sus derechos constitucionales e intereses de clase a medida que enfrentan la brutalidad de clase del cuerpo de oficiales, el racismo y las restricciones sobre las disidencias políticas. Estas políticas deben impulsar la lucha de nuestra clase y sus aliados para romper con la dependencia política de los explotadores, los partidos gemelos (Demócrata y Republicano) y los representantes de los patrones, y los políticos pequeñoburgueses de toda índole. Nuestras políticas deben hacer que nuestra clase avance hacia la toma del poder político y hacia el establecimiento de un gobierno de obreros y agricultores. El éxito que se logre tener en este proposito es la mejor manera de medir el éxito de cualquier política antiguerra.

A esto se refiere el Partido Socialista de los Trabajadores al hablar de nuestra política militar proletaria, o sea, una perspectiva para la clase obrera en respuesta a las políticas de militarización de los gobernantes capitalistas en la época del imperialismo. Y no comienza con las cuestiones militares sino con el proletariado. Presenta una línea de acción para defender los intereses de clase de los obreros y de los agricultores ante las campañas de militarización y las guerras imperialistas que inevitablemente surgirán del continuo dominio capitalista. Parte de las condiciones concretas que se dan en la lucha de clases, el nivel de concientización y de organización de la clase obrera, y la correlación de fuerzas que existe entre las clases explotadas y explotadoras. Parte de la interrelación que existe entre el imperialismo y la guerra, no con la guerra en un sentido abstracto. Parte de la realidad de la lucha de clases y no de la búsqueda utópica por una paz entre las clases. Nuestro punto de partida es "nosotros", los trabajadores y nuestros aliados explotados, contrapuesto a "ellos", los patrones, sus representantes políticos y sus actos de agresión en el extranjero.

La sección del Programa de Transición titulada "Piquetes de huelga; grupos de autodefensa; milicia obrera; armamento del proletariado" explica la trayectoria.[5] Esta sección del programa de 1938 del PST describe el desarrollo necesario de un movimiento obrero que comienza con la organización de líneas de piquetes para hacer valer la huelga; sigue con la formación de grupos de autodefensa de los obreros contra las bandas antiobreras, fascistas y racistas a las que recurrirán los patrones en la medida en que se intensifique el enfrentamiento de clases; y de allí pasa a la preparación de milicias obreras, que serán la "única garantía seria de la inviolabilidad de las organizaciones, las asambleas y la prensa obreras" ante condiciones de guerra de clases cada vez más agudas.

Esta marcha culmina en la entrega de armas a los obreros y a los agricultores en la batalla para defenderse contra la arremetida contrarrevolucionaria y el terror fascista que la clase dominante desatará para defender su dominio.

POR LO TANTO, una política militar proletaria, o sea una política de la clase obrera para enfrentar el militarismo imperialista, es una parte esencial de la estrategia clasista a la cual recurren los obreros y agricultores camino al establecimiento de su propio gobierno.

En 1969, en un momento en que las acciones contra la guerra Vietnam crecían en tamaño y envergadura y nosotros jugábamos un papel cada vez mayor en su dirección, un congreso del Partido Socialista de los Trabajadores adoptó una resolución que explica la política militar proletaria hacia ese movimiento y dentro del mismo. La resolución discutió la aplicación de la política militar proletaria del partido antes, durante y después de la segunda guerra mundial y comparó las condiciones objetivas de aquel entonces con las que enfrentamos al comienzo de la guerra de Vietnam a mediados de la década de 1960. La resolución señaló que nuestra orientación y respuesta políticas a las guerras imperialistas tienen poco en común con el antimilitarismo de los pacifistas o con el antimilitarismo "socialista" que promueven los stalinistas y los socialdemócratas como el componente de "paz" de sus políticas de colaboración de clases.

"La política militar es una parte esencial de cualquier programa de transición del partido revolucionario en la época imperialista con su monstruoso crecimiento de militarismo capitalista", señala la resolución. "El punto de vista ingenuo del movimiento socialista en sus comienzos, que ignoraba los aspectos militares de la lucha de clases, ya ha pasado de moda. Las relaciones reales entre las naciones, los pueblos y las clases obligan a toda tendencia política a tomar una posición y desarrollar una política frente a la guerra tanto imperialista como de clases".

La política militar concreta que fue adoptada por el PST en 1940, en las vísperas de la entrada de Estados Unidos a la segunda guerra mundial, formaba parte tanto de nuestra continuidad comunista como de una perspectiva revolucionaria diseñada para promover las luchas de los obreros y los agricultores contra los capitalistas bajo determinadas condiciones de guerra.

La resolución explica que a los obreros y agricultores jóvenes que fueron conscriptos para luchar en el ejército imperialista norteamericano en la segunda guerra mundial se les inculco "una mezcla de sentimientos antihitleristas, antifascistas, defensistas, democráticos y patrióticos". La participación norteamericana en la segunda guerra mundial fue aceptada casi universalmente por el pueblo trabajador (aunque a menudo a regañadientes) bajo la ilusión de que era una lucha progresista contra el fascismo. Muchos obreros y agricultores creían que las luchas por los derechos sindicales, las necesidades de los agricultores, y contra la segregación Jim Crow y el terrorismo de las leyes de linchamiento contra los negros en el sur, se beneficiarían de la guerra contra el régimen nazi en Alemania y sus aliados.

Bajo estas condiciones y mientras se acercaba la entrada de Estados Unidos a la segunda guerra mundial, el partido se opuso incondicionalmente a la conscripción capitalista que se puso en vigor en 1940, la primera conscripción que se haya dado en la historia de Estados Unidos durante una época de paz. Esto era simplemente continuar con una antigua política comunista contra la conscripción imperialista. Sin embargo, nosotros también tomamos en cuenta los sentimientos antifascistas, así como patrióticos, de los obreros y agricultores que los llevaron a favorecer el servicio militar organizado y universal.

Por lo tanto, a la conscripción capitalista el PST contrapuso la conscripción de las organizaciones obreras; abogando por el entrenamiento militar y la selección de oficiales bajo el control de los sindicatos y financiados por el gobierno.

Los miembros del partido que fueron reclutados se alistaron en el ejército. Aprendieron las técnicas militares y trataron de comportarse como soldados de tal forma que sus hermanos obreros y agricultores en uniforme sintieran confianza política en ellos. "Su participación como socialistas en la maquinaria militar", dice la resolución de 1969, "se consideraba como un requisito para la acción revolucionaria en caso de que un giro favorable en la situación hiciera posible convencer a la mayoría de la idea de transformar la guerra imperialista en una lucha por el poder obrero y el socialismo".

La segunda guerra mundial: varias guerras en una

Contrario a lo que se pensaba a nivel popular tanto en aquel entonces como hoy día, la segunda guerra mundial no fue una guerra para parar al fascismo. Fue mucho más compleja que eso; como lo explicó el PST entonces, fue por lo menos "tres guerras en una".

• Fue una guerra interimperialista en la cual la derrota de Alemania, Japón e Italia a manos de Washington y sus aliados no hizo nada para eliminar las raíces económicas y sociales del fascismo ni las causas de la opresión imperialista. El fascismo (la forma más maligna de mantener el dominio imperialista) en todo periodo de crisis capitalista y de polarización y combate de clases en ascenso tratará de alzar su cabeza nuevamente.

• Fue una guerra para revertir la revolución rusa y volver a establecer el capitalismo en la Unión Soviética. Los obreros y campesinos del primer, y en aquel entonces el único, estado obrero rechazaron la embestida de los ejércitos invasores del imperialismo alemán. Y lo hicieron con tremendos sacrificios. Le impidieron a las fuerzas imperialistas llevar a cabo este objetivo histórico que ninguno de ellos ha abandonado desde octubre de 1917 hasta el día de hoy.

• Fue una guerra por la liberación nacional librada en muchos frentes, en la que las naciones colonizadas y oprimidas del mundo sacaron buen provecho del conflicto interimperialista para avanzar sus propios intereses, desde la India a China,

Vietnam, Indonesia, Corea, el Oriente Medio, Irlanda y Quebec.

Mientras los imperialistas continuaban el derramamiento de sangre también se dio una cuarta guerra: la guerra que llevaron a cabo las fuerzas de la resistencia en los países ocupados de Europa, muchas de las cuales fueron organizadas por el movimiento obrero. Esta fue una guerra librada contra las dictaduras fascistas que impuso el movimiento Nacional Socialista de Hitler. También fue una guerra de los obreros para crear las condiciones más favorables posibles para que las clases trabajadoras en Europa salieran victoriosas, a medida que se desenvolvía el conflicto, sobre sus propias burguesías fueran éstas fascistas o "imperialistas democráticas".

La guerra fría: la reconstrucción de la maquinaria militar

Después de que Japón se rindiera en agosto de 1945, los gobernantes de Estados Unidos, que salieron encima del montón en 1945, se hallaron confrontados con un ejército en desintegración. Los obreros y agricultores en uniforme, particularmente los que se hallaban en el Pacífico, demandaron que se les enviara inmediatamente a casa. Ellos vieron que no había razón de permanecer en uniforme una vez que la guerra que *ellos* habían peleado, la guerra contra el fascismo, había sido ganada.

La clase dominante en Washington, sin embargo, quería cosechar los frutos de la victoria sobre sus rivales tomando el control de Asia. En particular, intentaban mantener a China bajo el control imperialista. A medida que miles de soldados empezaron a protestar por toda Asia, los demócratas y republicanos en Washington dieron de alaridos, "¡Pero estamos perdiendo China!".

Los soldados respondieron, "*Ustedes* estarán perdiendo China. ¡*Nosotros* nos vamos a casa!". Ellos simplemente rehusaron seguir en el servicio. La desmovilización se aceleró y millones de soldados regresaron a casa. El ejército de Estados Unidos había dejado de ser una fuerza de lucha eficaz para los intereses imperialistas.

Así es como empezó el periodo de la posguerra en Estados Unidos: con un movimiento de soldados exigiendo regresar a casa que ninguna clase en el mundo habría podido parar, como también con una ola de huelgas masiva que llevó a cerca de dos millones de trabajadores a las líneas de piquete, muchos de los cuales eran veteranos de guerra recién llegados, y quienes demandaban poner fin a los controles salariales de tiempos de guerra.

Como respuesta a la victoria de la Unión Soviética en la segunda guerra mundial, al avance de la revolución colonial mientras las potencias imperialistas luchaban entre sí, y al consiguiente cambio en la correlación internacional de fuerzas en perjuicio del imperialismo, Washington tuvo que tomar varias medidas para volver a organizar una fuerza militar a ser empleada contra las luchas obreras y campesinas por todo el mundo. Apenas concluida la segunda guerra mundial, la clase dominante de Estados Unidos necesitaba una nueva campaña de militarización.

Al mismo tiempo, los patrones todavía tenían que domesticar al movimiento obrero que había nacido en las gigantes luchas del surgimiento del movimiento industrial sindical CIO en la segunda mitad de los años 30. Ellos también tenían que tratar de impedir que surgiera un movimiento masivo en pro de la igualdad de los negros basado en la militancia por los derechos civiles que había aparecido durante la guerra. La caza de brujas y la reacción anticomunista de finales de los años 40 y de los años 50 eran la manera de conquistar estos objetivos.

Se dejó que en 1947 expirara la ley de la conscripción en tiempos de guerra pero la maquinaria de reclutamiento fue mantenida intacta y la Ley de Servicio Selectivo fue instaurada en 1948, a medida que la nueva militarización empezó a rodar. Un reclutamiento "en tiempo de paz" fue institucionalizado por primera vez en la historia de Estados Unidos. Con el creciente uso de pretextos de prórrogas para los jóvenes burgueses y de clase media, la composición del ejército de la posguerra fue aún más de clase trabajadora. Los gastos militares se elevaron, al tiempo que Washington aceleraba la carrera de armas nucleares tras el desarrollo en la Unión Soviética de una bomba nuclear en 1949. Cuando la clase dominante norteamericana tenía un monopolio sobre las armas nucleares, usó la bomba en Hiroshima y Nagasaki, sacrificando las vidas de más de 200 mil civiles en Japón. El objetivo político era demostrarle a las masas oprimidas del mundo que Washington no vacilaría en desatar estas armas de horror masivo con el fin de proteger su imperio.

La guerra de Corea fue lanzada en medio de la caza de brujas a finales de los años 40 y principios de los 50, pero la acogida que recibió en Estados Unidos estuvo marcada por un desmejorado fervor patriótico en comparación a la segunda guerra mundial. De ninguna manera se convirtió en una guerra popular. Sin embargo, hubo muy poca oposición aparte de algunas organizaciones socialistas y pacifistas, las cuales estaban declinando rápidamente en tamaño e influencia. (La socialdemocracia abiertamente apoyó entonces la guerra de Estados Unidos contra Corea.)

La domesticación del movimiento obrero organizado y su retirada política trajeron consigo condiciones nuevas que alteraron algunos elementos de la repuesta que el PST dio a la política militar del gobierno. El partido abandonó la demanda por un entrenamiento militar bajo el control de los sindicatos como una contraposición al reclutamiento capitalista. Debido al estado del movimiento sindical, esta perspectiva dejó de parecerle verdadera a los obreros de vanguardia como una vía realista para avanzar. Al mismo tiempo, naturalmente, el partido continuó oponiéndose a la conscripción capitalista. Los miembros del partido, en el caso que ser reclutados, servimos en el ejército, y peleamos en contra de que los soldados fueran perseguidos por sus perspectivas antifascistas, antiguerra, antiracistas o socialistas.

Fuimos parte de las batallas defensivas del movimiento obrero en contra de las medidas tomadas por los patrones y el gobierno para usar la militarización para minar el poder de los sindicatos en las industrias de guerra. Particularmente, combatimos la introducción del sistema de "acreditaciones de seguridad",[6] dirigidos a perseguir activistas sindicales y otros trabajadores combativos, y debilitar las condiciones de protección y seguridad de los sindicatos. El partido siguió defendiendo el derecho de los trabajadores en huelga a defenderse de los secuaces pagados por los patrones, y especialmente el derecho de los negros a defenderse en contra de la violencia y el terror racistas.

Vietnam, la lucha de los negros y el movimiento antiguerra

A medida que la guerra de Vietnam se intensificaba, casi a década y media de la lucha en Corea, ocurrió un cambio histórico. El apoyo popular por la guerra imperialista decayó al final de la década de 1960. Esto se vio reflejado en la actitud del pueblo trabajador, incluso, en los años finales de la guerra, en las filas de las fuerzas armadas.

El repudio de la carnicería organizada por Estados Unidos contra Vietnam se entrelazó con los cambios económicos y sociales forjados por 25 años de expansión económica capitalista que comenzó en 1941. Estos cambios y las elevadas esperanzas a las que dieron a luz fueron registradas más que todo por las acciones masivas del movimiento por los derechos civiles que doblegó a la segregación racial Jim Crow a mediados de los años 60.

Cuando el gobierno norteamericano empezó a intensificar la guerra contra Vietnam, la década de las masivas batallas por los derechos civiles que destruyeron el sistema de segregación legal en el sur del país estaba por terminar. El movimiento que comenzó con el boicoteo de los autobuses de Montgomery en 1955-56 cobró nuevos bríos con las sentadas estudiantiles que comenzaron en 1960, seguidas por los Viajes de Libertad iniciados en 1961. Durante el inicio de la década de 1960 una campaña creciente de manifestaciones masivas hizo que los nombres de ciudades como Selma, Birmingham y Montgomery se volvieran famosos por todo el mundo. La Marcha en Washington, con una fuerza de 250 mil personas, en el verano de 1963, fue seguida por la Ley de los Derechos Civiles de 1964 que ilegalizó la discriminación en lugares públicos y empleos. En 1965, la Ley del Derecho al Voto fue aprobada, eliminando la mayoría de las leyes estatales que por décadas habían sido utilizadas para privar a los negros en el sur de ese derecho.

A medida que en el sur la batalla por el derecho al voto se impulsaba a través de la continuación de acciones masivas, los levantamientos espontáneos en los ghettos del norte empezaron, simultáneos con la primera intensificación de la guerra Vietnam. Harlem explotó en el verano de 1964, pocas semanas antes de que se organizara el incidente en el Golfo de Tonkín y de que el Presidente Lyndon Johnson ordenara los primeros bombardeos en Vietnam del Norte.[7] En febrero de 1965, Malcolm X fue asesinado. Después, en agosto de 1965, se dio Watts. Los veranos de 1966 y de 1967 vieron rebeliones en decenas de ciudades en Estados Unidos, las cuales culminaron en los levantamientos de Newark y Detroit, aplastados por tropas de la Guardia Nacional a un costo de más de 60 vidas. En abril de

1968, la ira que desató el asesinato de Martin Luther King, Jr., junto con la amplia convicción de la responsabilidad del gobierno, precipitaron rebeliones por ciudades de todo el país.

A lo largo de la segunda mitad de la década de 1960, la oposición a la intensificación de la guerra en Vietnam se dio paralela y entrelazada con la radicalización del movimiento negro. El "Poder Negro" se convirtió en el grito unificador en las ciudades de Estados Unidos y del Caribe. La lucha por los derechos de los negros se convirtió en el eje central de la política en el seno de las fuerzas armadas en Vietnam, la fuente de la energía de clase que alimentaba la disensión. Aumentaron las dudas en torno a la guerra entre millones de soldados y civiles. Los lánguidos vestigios de la caza de brujas se fueron sumergiendo debido a que la radicalización se acentuó, expresándose esta por medio de diferentes fenómenos de masas, como el surgimiento del movimiento de liberación de la mujer, las primeras acciones por los derechos de los homosexuales; el creciente apoyo por la independencia de Puerto Rico y el Chicano Moratorium.[8]

L A CLASE DOMINATE NORTEAMERICANA, alarmada por las grietas cada vez más pronunciadas en la opinión social burguesa, intensificó el alcance y brutalidad de las operaciones policiacas internas, persiguiendo sistemáticamente a los dirigentes de organizaciones negras, del movimiento en contra de la guerra y de partidos políticos de la clase trabajadora. Aun cuando los detalles no se supieron sino hasta más tarde, el hecho de que el gobierno haya conducido sus operaciones Cointelpro creó sospechas en amplios sectores y contribuyó a la erosión del respeto público por las instituciones del gobierno estadounidense, especialmente aquellas supuestamente encargadas de impartir justicia.[9]

Es importante la relación existente entre la lucha por los derechos de los negros, la amplia radicalización social, y la oposición a la guerra de Vietnam en la población civil y entre las tropas enviadas a pelear y morir en Vietnam. Sin este contexto político no se puede comprender ni lo profundo de la oposición de la clase obrera a la guerra, ni la dinámica del movimiento antiguerra y lo que pasó dentro de las fuerzas armadas de Estados Unidos.

Lo que pasó durante las guerra de Vietnam no tiene precedente en la historia moderna de Estados Unidos y representa un cambio político perdurable en la actitud popular hacia las guerras imperialistas. Un movimiento antiguerra creció en medio del desarrollo de una guerra "caliente". Esto contrasta con los movimientos de paz que aparecieron antes de la primera y segunda guerras mundiales dirigidos en su gran mayoría por pacifistas y dominados por la pequeña burguesía. Esos movimientos pasados se desplomaron al comenzar la guerra, ya que la inmensa mayoría de sus dirigentes acabaron apoyando el esfuerzo de guerra imperialista.

Durante la guerra del Vietnam, la clase obrera mostró poca disposición a sacrificarse por los esfuerzos bélicos. Esta actitud fue más pronunciada todavía en la población negra, así como entre los chicanos, puertorriqueños y otras nacionalidades oprimidas. Se desarrollaron algunos sentimientos derrotistas, como también hubo claras manifestaciones de simpatía por los patriotas vietnamitas y un amplio repudio en contra de la guerra inmoral, racista y sucia que Washington desarrollaba.

La conscripción se volvió cada vez menos popular y fue objeto de crecientes protestas. El PST y la Alianza de la Juventud Socialista se unieron a otros para conseguir que la demanda de que se eliminara la conscripción fuese parte de la lucha en contra de la guerra. Al mismo tiempo, continuamos oponiéndonos a convertirla en el centro de esa lucha y rechazamos el curso político defendido por muchas corrientes pequeñoburguesas en el movimiento antiguerra de oponerse individualmente a la conscripción. Esta medida en torno al reclutamiento fue un aspecto fundamental de la política militar proletaria bajo las condiciones que existían.

Los miembros llamados al servicio militar se apegaron a la ley, como lo hicieron millones de jóvenes. Al mismo tiempo, los miembros del PST y de la AJS insistieron y pelearon por sus derechos constitucionales, y los derechos de todos los ciudadanos-soldados, a organizarse y hablar en contra de la guerra, del racismo y de la injusticia. El PST y la AJS lucharon por organizar y orientar a la totalidad del movimiento antiguerra para que realizara actividades con el objetivo de alentar la participación activa de los soldados, como componente activo del movimiento de acciones antiguerra. Esta orientación proletaria sirvió de ejemplo a todo el movimiento antiguerra y ayudó a ampliar su impacto entre el pueblo trabajador, con y sin uniforme.

El movimiento obrero organizado estuvo virtualmente ausente del movimiento en contra de la guerra de Vietnam hasta el final. El Local 1199 del sindicato de trabajadores de hospitales y el Distrito 65 del sindicato de empleados de almacenes, ambos localizados en la ciudad de Nueva York, llevaron a las manifestaciones en contra de la guerra grandes contingentes de trabajadores en las postrimerías de la guerra. Un gran porcentaje de estos trabajadores eran negros. Algunas figuras del movimiento obrero y algunos sindicatos locales patrocinaron algunas de las acciones finales. Pero esto fue la excepción. La norma de los funcionarios sindicales fue la de apoyar la guerra de la clase dominante estadounidense.

El movimiento antiguerra que creció bajo estas condiciones le brindó una ayuda decisiva al pueblo vietnamita, que con su tenacidad y heroísmo sin par, ganó su liberación nacional derrotando políticamente a la masiva intervención imperialista de Estados Unidos. Uno de los resultados del retroceso que esta pérdida le impuso a la clase dominante norteamericana fue una victoria directa para los obreros y pequeños agricultores en Estados Unidos: en 1973 se suspendió la conscripción capitalista. En 1976 la inscripción para el reclutamiento militar fue suspendida.

Necesidad de una nueva campaña militarización

Las repercusiones políticas de la derrota en Vietnam crearon el marco en el cual la clase dominante de Estados Unidos tuvo que operar durante los años 70. A finales de esa década se planteó con urgencia la necesidad de una nueva campaña de militarización.

Al anunciar Carter su intención de restablecer la inscripción para el reclutamiento se inicia una de las primeras medidas de esta campaña. Coincidió con la creciente agresión a los derechos y el nivel de vida del pueblo trabajador aquí en el país. Esta combinación marcó el comienzo del viraje hacia la derecha de todo el marco político capitalista, el cual crecientemente se convirtió en una política interna bipartidista (ha sido una política exterior bipartidisita desde 1942). Este viraje continuó y se aceleró al escoger la clase dominante a Ronald Reagan en las elecciones presidenciales de noviembre de 1980.

La expansión en gran magnitud del presupuesto militar no comenzó con Reagan sino a finales de la administración de Carter y ha seguido creciendo desde entonces. La clase dominante estadounidense lanzó una campaña para conseguir que se colocaran misiles cruceros y Pershing II en los países capitalistas de Europa, a pesar de una amplia oposición popular. Organizaron y financiaron a los contras para tratar de derrocar el gobierno obrero y campesino de Nicaragua.[10] Se intensificaron las maniobras militares, en tamaño y frecuencia sin precedentes, en el área de Centro América y el Caribe, en combinación con una masiva expansión de ayuda militar a los represivos y asesinos gobiernos de El Salvador, Honduras y Guatemala, y también a Costa Rica. Una vez más, Cuba se volvió el blanco de crecientes amenazas.

En 1982, tropas norteamericanas fueron enviadas al Oriente Medio "para mantener la paz".[11] Esta fue la primera vez desde la guerra de Vietnam que soldados norteamericanos en el exterior eran enviados a situaciones de combate. En una acción cuidadosamente calculada, el gobierno de Estados Unidos colaboró y en realidad hizo posible que la clase dominante británica librara la guerra contra Argentina e invadiera las Islas Malvinas ese mismo año.[12] En 1983, las fuerzas invasoras norteamericanas desembarcaron en Granada e instalaron un gobierno proimperialista en esa isla.[13]

Cada uno de estos pasos ha sido parte de la calculada campaña de militarización de parte de la clase dominante: la implementacion de una política propagandística combinada, cuando lo puede hacer, con acciones militares directas y otras medidas "encubiertas".

Simultáneamente ha habido un empuje en el frente interno en contra de la clase trabajadora en Estados Unidos. Los patrones han profundizado sus ataques contra el nivel de vida, los derechos y las organizaciones de la clase obrera y sus aliados. El último de estos ataques incluye la actual expansión de los "juicios por espionaje", cuyo objetivo es intimidar a la oposición política dentro de las filas de las fuerzas armadas y de restringir los derechos democráticos.[14] Los patrones y la policía han escalado el uso de la "acreditación de seguridad" como un arma en contra del movimiento obrero en industrias de producción militar.

La reacción al plan de inscripción de Carter de 1980

En este contexto necesitamos revisar y observar detenidamente la respuesta a la decisión de la clase dominante de restablecer la inscripción para la conscripción a principios de 1980.

Su propósito era poder restablecer con más facilidad la conscripción obligatoria, en caso de que más tarde la creyeran necesaria. La meta era tener preparados tanto los mecanismos legales como las listas de hombres a los cuales recurrir cuando decidieran dar ese paso.

Sin embargo, el discurso sobre el Estado de la Nación que dio Carter en 1980 desató una reacción masiva e inmediata en este país. La memoria de la carnicería de Vietnam todavía estaba muy fresca. Es fácil olvidarse, media década más tarde, cuán grande e importante fue esta reacción. Se formaron coaliciones en la mayoría de las grandes metrópolis del país y en cientos de recintos universitarios. Se formó un comité en contra de la inscripción y la conscripción obligatorias (CARD). Se organizaron varias manifestaciones numerosas, algunas con varios miles de participantes en diversas ciudades. En marzo de 1980, sólo dos meses después del anuncio inicial, 25 mil personas marcharon en Washington en una manifestación organizada por una coalición de varias fuerzas que se llamó la Movilización Nacional Contra la Conscripción.

Mes tras mes, la oposición al plan de inscripción para la conscripción fue prácticamente parte de toda acción política progresista. Fue un aspecto importante de las manifestaciones contra el poder y armamentos nucleares que tuvieron lugar en abril de ese año.[15] Fue parte de la marcha por trabajos y paz que organizó la organización negra Operation PUSH en mayo del mismo año.[16]

También se dio una reacción importante en la clase obrera que tuvo su reflejo en el liderazgo del movimiento sindical. William Winpisinger, presidente del sindicato de torneros IAM, y George Hardy, presidente del sindicato de trabajadores municipales SEIU, ambos miembros del consejo ejecutivo de la AFL-CIO, votaron en contra de una resolución en el consejo ejecutivo que apoyaba la propuesta de Carter de restablecer la inscripción para la conscripción. El IAM cedió espacio en sus oficinas en Washington, D.C., a los organizadores de la marcha nacional contra la inscripción y la conscripción que se realizó en la capital.

Este fue el tipo de respuesta inicial generada por la propuesta de reintroducir la inscripción para la conscripción.

Una de las razones por las que se dio una reacción tan fuerte fue que la mayoría suponía que si se introducía la inscripción para la conscripción, entonces la conscripción misma no tardaría en llegar. En aquella época el PST señaló que no se trataba de reintroducir la conscripción sino la *inscripción para la conscripción*, lo que resultó ser más cierto de lo que nos imaginábamos. Enfatizamos que no debíamos confundir las dos cosas o combinar las dos batallas en una. No estaba aún claro, señalamos, qué tan rápido iban a poder implementar siquiera el plan de inscripción. Se darían confrontaciones reales y pruebas de fuerza antes de que se intentara restablecer la conscripción misma y una reacción fuerte a la propuesta de inscripción ayudaría a echar atrás los intentos de los gobernantes.

Confrontada con esa enorme oposición, la clase gobernante misma comenzó a desarrollar divisiones tácticas sobre cuándo y de qué manera implementar el plan de inscripción. En unos cuantos meses, influyentes voceros de la opinión capitalista, como el *New York Times,* cambiaron su posición. Los directores del *Times* inicialmente apoyaron el plan de inscripción pero al poco tiempo dijeron que no era el momento adecuado ni era necesario. Temían que iba a causar más problemas de los que merecía.

En junio de 1980 ambas cámaras del Congreso aprobaron la ley de inscripción militar pero sin la propuesta original de Carter de incluir también la inscripción de mujeres jóvenes. Esto dio lugar a un reto a la ley en los tribunales, que resultó en que un juez federal declaró la ley inconstitucional, aún antes de que se abriera el primer periodo de inscripción.

Cuando comenzó la primera quincena de inscripción cientos de miles de jóvenes simplemente rehusaron inscribirse. Decidieron esperar, dejarla pasar. Decidieron no ser los primeros en las filas de aquellos que cumplían con una ley que no les gustaba, una ley contra la que muchos se manifestaban y la cual de todas maneras había sido declarada inconstitucional.

Según las cifras publicadas, hasta un 40 por ciento de los jóvenes en edad militar no se inscribieron en algunas ciudades. Estas sumas puede que sean exageradas, aunque nadie conoce las cifras exactas.

Lo que se dio no fue una resistencia individual por un puñado de gentes sino una negativa en masa, quizás más bien debíamos decir un "descuido" por una capa amplia de jóvenes.

EN AQUEL MOMENTO, el desenlace de la batalla contra la inscripción militar no estaba resuelto. Lo único que uno podía decir era que se resolvería en el curso de la lucha contra la inscripción y en el contexto de toda la campaña de militarización. También quedaba por verse que tan rápido los gobernantes iban a tratar de pasar de la inscripción a la conscripción misma. Todo quedaba por resolverse, incluso preguntas importantes para los jóvenes en edad militar sobre qué tanto éxito tendría el gobierno en aumentar la presión en contra de aquellos que no se inscribieran o si se lograría forzar a que los nueve magistrados de los ricos en la Corte Suprema de Justicia declararán que la ley —o las acusaciones en base a ella— era inconstitucional.

En un informe aprobado el 14 de junio de 1985, el Comité Político del PST señaló: "En este contexto, como parte de nuestra política militar proletaria, incluyendo nuestra oposición a la conscripción militar imperialista, nuestro movimiento apoyó y se identificó plenamente con la masiva abstención de parte de los jóvenes a la inscripción militar en respuesta a la ley inconstitucional aprobada por el Congreso".

La Alianza de la Juventud Socialista llevó la dirección en torno a esto. El 8 de agosto de 1980, el *Militant* publicó una entrevista con John Wood, un miembro de la AJS que trabajaba en los muelles en Baltimore, en donde explicaba "Por qué no me voy a inscribir para la conscripción".

Wood dijo, "A medida que se acercaba la fecha de la inscripción nos quedó claro en la AJS que algo nuevo e importante estaba sucediendo.

"Está claro que grandes números de jóvenes, obreros y otros, ven esto como una manera eficaz de oponerse a todo el asunto.

"Me quedó claro cuando fui a la marcha organizada por Jesse Jackson el 17 de mayo [de 1980] en Washington en demanda de trabajos, que muchos jóvenes negros no iban a correr a la oficina de correos a inscribirse. Pero se trata de algo mucho más amplio". "Muchos jóvenes trabajadores blancos también están diciendo no; y no sólo unos cuantos", añadió el *Militant*.

Wood dijo, "Yo creo que no se trata de un número relativamente pequeño de personas que está tomando esta posición e invitando al gobierno a ir tras ellos. Yo creo que muchos en la clase obrera —la espina dorsal de este país— están con nosotros en esto".

Las protestas continuaron, así como la falta de inscripción de jóvenes, durante el resto de 1980 y principios de 1981. Esto fue un revés para los planes de los gobernantes, por lo menos los retrasaba.

Debate sobre la mujer y la conscripción

Al mismo tiempo se dio otro desarrollo político contrastante importante. Según la propuesta original de Carter las mujeres también debían de inscribirse. Muchas personas en las organizaciones de defensa de los derechos para la mujer y otras organizaciones liberales cayeron en la trampa y comenzaron a insistir que las mujeres tenían el "derecho" de ser reclutadas a la máquina asesina imperialista. Sostenían que era esencial luchar por este "derecho". Esta posición era una distracción del debate sobre la inscripción militar y la conscripción, y la marcha hacia la guerra de la cual formaban parte. Las fuerzas que se oponían a la inscripción estaban divididas. El éxito de esta maniobra de diversión de la administración Carter fue su primer victoria en la restitución de la inscripción para la conscripción.

Dirigentes de clase media del movimiento feminista, en particular las mujeres que pertenecían a la Organización Nacional para la Mujer (NOW), organizaron una campaña. Decían que se oponían a la conscripción y a la inscripción. Pero si la inscripción es impuesta como ley, explicaban, entonces las mujeres tienen el "derecho" de participar. Invirtieron todas sus energías en tratar de asegurar que se demandara que las mujeres se inscribieran si la ley era aprobada. Muchos otros liberales, tanto hombres como mujeres tomaron la misma posición.

Esto perjudicó de una manera doble. En primer lugar reforzó

la campaña de militarización al sostener que la inscripción de mujeres tenía algo de progresista,¡como si la conscripción y muerte de mujeres junto con hombres para mantener la dominación del imperialismo fuera un paso hacia la igualdad de la mujer en Estados Unidos o en cualquier parte del mundo! En segundo lugar fue utilizado como el argumento final para terminar con la enmienda a la Constitución norteamericana declarando igualdad de derechos ERA, que en aquellos momentos si bien estaba herida, aún vivía. Al vincular la lucha por la ERA con la extensión de la inscripción y conscripción militar de las mujeres, las dirigentes de NOW y otras organizaciones en pro de los derechos de la mujer le dieron el beso de la muerte a la ERA. Los enemigos de la Enmienda por la Igualdad de Derechos utilizaron demagógicamente el argumento que si ésta era aprobada esto haría la conscripción de mujeres una realidad más cercana. Muchas mujeres y hombres que se inclinaban hacia la ERA o tenían dudas decidieron definitivamente oponerse a la enmienda. Fue lo suficiente como para matar la ERA.

Al desviar el debate hacia cómo hacer la ley de inscripción y una futura conscripción mas "justas" e "igualitaristas" descarriló y desmovilizó a una sección importante de la oposición a la inscripción militar.

En junio de 1981, un año después de que la ley fue puesta en vigor, la Corte Suprema decidió que la propuesta de ley estaba en conformidad con la Constitución.

Reacción ante las primeras imputaciones de cargos

Sin embargo, esto no resolvió el problema, ni siquiera desde el punto de vista legal. Había otros retos en los tribunales tanto contra la propuesta de ley misma como a su aplicación. No fue sino hasta un año más tarde que el gobierno presentó los primeros cargos contra los que no se habían inscrito. Para cuando se anunciaron, la campaña de masas contra la inscripción militar ya estaba desmovilizada. Hubo algunas protestas, pero fueron significativamente más pequeñas que las que se habían dado inicialmente. En esos momentos los infantes de marina norteamericanos ya estaban en el Líbano, las fuerzas del declinante imperio británico acababan de ocupar las Islas Malvinas, y la guerra de los contras en Nicaragua escalaba aceleradamente.

Una de las razones por las que la presentación de cargos recibió una respuesta mínima fue que para entonces parecía menos probable que la conscripción seguiría inmediatamente a la inscripción. Dos años y medio después de que se anunció la nueva ley de inscripción militar, aún no se había establecido la conscripción y su imposición no era promovida por ningún ala de la clase gobernante. Por lo tanto los temores a las consecuencias de la inscripción eran mucho menores.

Esta fue un arma de doble filo. La separación de la ley de inscripción militar de la conscripción misma facilitó el establecimiento de la maquinaria de inscripción. Pero por otro lado los gobernantes norteamericanos tuvieron que pagar un precio. Habían ganado la batalla para restablecer la inscripción militar, pero iban a tener que librar una segunda batalla en fecha futura para restablecer la conscripción misma. Definitivamente esta segunda batalla aún no la habían ganado.

Un segundo factor que explica las protestas mínimas en contra de la ley de inscripción fue la selección por parte del gobierno de los jóvenes contra los cuales se presentaron cargos. Lo hicieron de forma sumamente política. Hasta ahora, sólo 18 jóvenes han sido acusados. 18 en 5 años. De éstos, todos menos uno han sido opositores declarados de la ley de inscripción que han declarado públicamente que rehusaban inscribirse como cuestión de conciencia individual o principio religioso. El gobierno se aseguró que los perseguidos no constituyeran una muestra representativa del pueblo trabajador de este país. Por ejemplo, que yo sepa, no se han presentado cargos contra ningún joven negro, chicano o puertorriqueño. Un buen número han sido pacifistas de clase media con motivos religiosos; individuos que a cualquier costa irían a la cárcel antes de ir al ejército. Son lo opuesto de una muestra representativa de los que tendrán que morir en las aventuras de los imperialistas.

Incluso a los 18 se les acusó formalmente sólo después de múltiples cartas, visitas del FBI, y otras maniobras oficiales del gobierno, dándoles varias oportunidades de inscribirse, aún después de que se les formularon cargos. Esto es lo que el gobierno y los tribunales han descrito en general como la "política del ruego".

Después de formalizarse los cargos en 1982, se dio una nueva serie de batallas en los tribunales. Los adversarios de la ley de inscripción desafiaron las imputaciones de cargos sobre la base de que se violaba el derecho constitucional a la libertad de expresión con la selección de individuos en base a sus opiniones expresadas públicamente. No fue sino hasta marzo de 1985 que la Corte Suprema finalmente decidió que las acusaciones no eran una seria violación de los derechos constitucionales. Los jueces sostuvieron que la "política del ruego" practicada por el gobierno demostraba que a esos individuos se les presentaban cargos no por sus opiniones sino por negarse a inscribirse. No fue sino hasta abril de 1985, cinco años y medio después de que Carter anunció la nueva ley de inscripción militar, que el primer joven que rehusó inscribirse comenzó a cumplir su condena.

El 10 de septiembre de 1985, David Wayte, uno de los jóvenes procesados fue sentenciado a seis meses de "arresto domiciliario" en la casa de su abuela. Esto es consecuente con la pauta del gobierno de seleccionar jóvenes, hijos de familias de clase media, que habían declarado públicamente su oposición a la inscripción, y darles sentencias mínimas. ¡Muy pocos negros, puertorriqueños u otros jóvenes de clase obrera tienen la menor ilusión de que serían condenados a seis meses en casa de la abuela si tuvieran que enfrentar cargos de ratería! Así el gobierno aumenta un poco más la presión a inscribirse sin tener que acudir a sentencias duras que podrían resultar peligrosas en lo político.

Apretando los tornillos de la ley

Por lo pronto, por supuesto, le han apretado los tornillos a decenas de miles de jóvenes que no se inscribieron. Poco a poco el gobierno ha tejido una red legal en torno a aquellos que pensaron que se escaparían sin que nadie se diera cuenta. La llamada enmienda Solomon, por ejemplo, prohibe los préstamos federales para los estudiantes universitarios que no se han inscrito. Esta enmienda fue ligada a otra ley y aprobada en 1982. Después de ser puesta en vigor fue retada en los tribunales y, finalmente, en julio de 1984, la Corte Suprema la declaró constitucional. Muchos estados han adoptado leyes parecidas. El Servicio Selectivo ha instituido el uso de computadoras en la verificación de licencias de conducir, listas de votantes, y otros documentos de identidad para localizar a quienes no se inscriban. El gobierno ha anunciado planes para extender estas indagaciones computarizadas a los solicitantes de préstamos universitarios, involucrando al Departamento de Educación norteamericano en hacer cumplir la ley de inscripción.

El resultado de tales medidas ha sido un aumento innegable en el porcentaje de los que se inscriben. Esto refleja el giro tanto en la opinión como en la respuesta de los trabajadores jóvenes ante el más estricto cumplimiento de la ley de inscripción.

Cuando en 1980 discutimos la ley de inscripción recién aprobada, nos planteamos una serie de cuestiones. Las respuestas, dijimos en aquel entonces, deberán guiar nuestra postura táctica hacia el periodo inicial de inscripciones. ¿Qué pensaban los jóvenes trabajadores, y qué iban a hacer? ¿Cuál era la reacción de los jóvenes con los que trabajamos? ¿Nuestros vecinos? ¿Con los que militamos en nuestros sindicatos? ¿Se iban a ir a inscribir? O a lo mejor dirían, "Un momento, veamos qué sucede. Nada de esto es aún constitucional". Una vez nos lo planteamos de esta forma, no tuvimos dificultad en ver que un gran sector de compañeros de trabajo decían: "Esperemos y veamos. Dejémoslo así un tiempo".

Y, por supuesto, ese sigue siendo el caso para muchos. Hay cientos de miles de jóvenes que aún no se han inscrito. Esperan perderse en medio de la maraña burocrática, o seguir sin que los policías o los fiscales federales les presten atención. Algunos piensan que por el momento es mejor no solicitar una licencia de conducir, o mejor aún usar un nombre ligeramente diferente, antes que lidiar directamente con la inscripción.

Pero a medida que los policías los empiezan a cercar, y empiezan a recibir cartas del Departamento de Justicia y visitas de parte del FBI, la mayoría de jóvenes obreros a regañadientes llega a la conclusión de que más les vale firmar las tarjetas de inscripción. El no firmar puede conducir a todo tipo de hostigamientos, mientras que —quien sabe— inscribirse quizás nunca lleve a nada.

Muchos jóvenes se parecen a un amigo del que me habló Joe Swanson. El amigo de Joe no se había inscrito. Había recibido algunas cartas del Departamento de Justicia, y aún así no se inscribió. Pero cuando finalmente el FBI lo llegó a buscar, él dijo, "No me gusta esta inscripción, y me opongo a la conscripción. Pero en realidad no quiero ir a prisión por esto. Ahora no.

No por esto". Entonces llenó su tarjeta de inscripción y la mandó por correo. Sin embargo, lo hizo bajo protesta. Parafraseando a Eugene V. Debs,[17] escribió en el formulario, "La única guerra en la que quiero combatir es la guerra de clases". La computadora en Washington le devolvió la tarjeta, diciendo, "Esta tarjeta ha sido mutilada. Esta inscripción no es válida". Así es que después de darles tantos problemas como consideró posible, envió su inscripción.

No estoy segura si esta persona es miembro de la AJS en estos momentos. Si no, debiera serlo. Estamos de acuerdo con su decisión de inscribirse, y con su odio de la guerra imperialista y de todos los mecanismos relacionados con ella. Como combatientes de clase obrera no nos interesan los actos individuales de testimonio moral. No abogamos por el quebranto de las leyes capitalistas, y no las violamos de forma voluntaria. Lo que está en juego es mucho más amplio que esta o aquella ley. A lo que aspiramos es a sustituir a la clase que elabora las leyes. Y eso no se puede conseguir a través de actos individuales, no importa cuán valientes o abnegados sean. No es cuestión de posturas individuales de parte de uno o dos, ni siquiera de parte de cientos o miles, sino de la movilización de millones. Por eso los combatientes revolucionarios de la clase obrera nunca van a parar a la cárcel —por opción propia— por mucho tiempo.

La política del PST y de la AJS hacia la inscripción
Desde que la ley de inscripción militar entró en vigor los militantes jóvenes del PST y de la AJS han hecho lo mismo que otros trabajadores. Algunos de ellos se han inscrito, muchos probablemente no lo han hecho. Ni el PST ni la AJS han tomado una decisión sobre lo que sus militantes jóvenes deben hacer con respecto a la inscripción. Hemos mantenido una posición de identificación y solidaridad para con aquellos que formaron parte de la masa inicial de no inscritos. Pero se había dejado a la discreción de cada camarada el decidir en qué forma le afectaría.

Sin embargo, ahora tenemos que cambiar nuestra posición, dada la evolución de la situación concreta. La oposición a la inscripción militar, expresada en una campaña pública y visible, ha declinado. Desde el punto de vista de los tribunales capitalistas ya no hay duda sobre la validez constitucional de la ley.

Tampoco existe una nube legal que complique la capacidad del gobierno para continuar la persecución selectiva de aquellos que no se inscriben. Esto quedó claramente establecido hace un par de meses.

Por otra parte, por ahora, la cuestión de la inscripción se ha convertido en algo independiente, no sólo de la cuestión del reclutamiento sino también del creciente movimiento en contra de la marcha norteamericana hacia la guerra en América Central y el Caribe. En las protestas del 20 de abril la cuestión de la inscripción no jugó ningún papel prominente. Como hemos visto, esto es en parte producto de la fuerza de las movilizaciones iniciales que lograron obligar a la clase gobernante a echarse atrás en sus intentos de restablecer el reclutamiento, como el precio necesario para poder establecer la inscripción militar. De todas maneras, la disminución de la lucha contra la inscripción es parte de la realidad actual y debe tomarse en cuenta al adoptar una política.

Estos factores son decisivos. Podemos añadir que son más importantes aún que la consideración del número de individuos que no se han inscrito. Por sí solo esto no significa mucho. Siempre ha habido un número significativo de jóvenes en Estados Unidos que no se inscriben para la conscripción, durante la Guerra Civil, durante la primera y la segunda guerras mundiales, durante la guerra de Corea, en los años 50, y durante la guerra de Vietnam. Podemos dar por sentado que seguirán habiendo, en números absolutos, grandes cantidades de individuos que van a encontrar la manera de evadir la inscripción.

Sin embargo, no es éste nuestro punto de partida. No tenemos que tomar en cuenta las acciones de individuos, incluso de muchos individuos, sino la evolución de la batalla política, la correlación de fuerzas entre las clases en esta etapa de la batalla. Ha habido un cambio considerable en esta correlación de fuerzas comparada a la que existía en los primeros años después de la adopción de la ley de inscripción militar. Por lo tanto tenemos que modificar nuestra respuesta.

El Comité Nacional propone que adoptemos como política partidista que todo miembro a quien la ley le exija inscribirse, que lo haga. Recomendaremos a la AJS que tome la misma posición.[18]

En conclusión, nuestra política puede sintetizarse de la siguiente forma:

1. Continuaremos trabajando con otros para organizar la oposición política más amplia posible contra la conscripción capitalista, y hacia todas las leyes y mecanismos que están siendo establecidos en preparación de tal conscripción y a los que posiblemente se recurra para ponerla en vigor. Esto es parte de nuestra oposición a la campaña de militarización de los gobernantes y de sus preparativos para el uso de tropas norteamericanas para invadir Nicaragua. Esta es nuestra posición política.

2. Los miembros del partido en edad militar se someten a los requisitos legales de inscripción militar. Cumplen con la ley, ni más ni menos.

3. Continuaremos tratando de orientar a las coaliciones que organizan acciones a que fomenten la participación de obreros y agricultores, incluyendo aquellos en las fuerzas armadas. Esto significa alentar a los soldados a ejercer su derecho constitucional de expresarse y manifestarse en contra de los preparativos de guerra de los gobernantes. Sobre todo, significa venderles materiales que digan la verdad sobre el imperialismo y la guerra, y lo que está en juego para los trabajadores en la lucha por substituir a la clase social que gobierna.

¿Quién en este país tiene más que ganar en parar las campañas guerreristas del gobierno que los jóvenes obreros y agricultores que pueden ser enviados a combatir en contra de los obreros y agricultores armados y organizados de Nicaragua? ¿Y quién tiene un derecho más grande de expresarse, organizarse, marchar y protestar en contra de los preparativos para tal guerra?

Vale la pena tratar este último punto más detalladamente. Tiene que ver con lo que junto con otros logramos con el éxito de las protestas del 20 de abril, y con las posibilidades que abre para el futuro.

Las manifestaciones del 20 de abril marcaron un creciente deseo de varias fuerzas políticas de unirse en acciones en contra de la política del gobierno norteamericano en América Central. Fueron un punto decisivo porque demostraron las posibilidades que ahora mismo existen de profundizar la participación del movimiento obrero en la campaña contra la guerra y el movimiento contra el apartheid. El nivel de desarrollo y actividad política sindical es mucho mayor que durante el punto culminante de las acciones contra la guerra en Vietnam. Las protestas del 20 de abril también mostraron un avance en la participación de sectores de luchadores negros, chicanos y puertorriqueños; mujeres y jóvenes, todos los integrantes potenciales del movimiento que se está forjando.

No sabemos cómo se desarrollará, y no tenemos que hacer pronósticos. *Lo que sí tenemos que hacer es profundizar nuestra respuesta a estas oportunidades.*

También tenemos que señalar una de las debilidades de las acciones del 20 de abril, y una de las debilidades de nuestra participación al ayudar a organizarlas. No se hizo ningún esfuerzo para atraer y subrayar la participación de jóvenes obreros y agricultores en las fuerzas armadas, ni nosotros propusimos que se hiciera tal esfuerzo. No se llamó la atención pública a la participación de siquiera un soldado en las protestas del 20 de abril. Había algunos soldados —eso lo sabemos— pero involucrarlos no fue una meta política consciente de la coalición del 20 de Abril.

ESTA FUE UNA FALLA de la coalición del 20 de Abril. Pero más que nada fue una falla nuestra porque nosotros, mejor que nadie, deberíamos de saber lo importante que es esto.

La orientación hacia el pueblo trabajador —incluyendo aquellos en uniforme militar— es una parte esencial de la orientación proletaria del movimiento contra la guerra. Es una parte esencial de la orientación y actividad de las fuerzas de las que formamos parte, las fuerzas que están tratando de dirigir el movimiento contra la guerra hacia adelante. Es esencial para profundizar la simpatía e involucramiento de la clase obrera.

No debemos poner nuestra vista en un futuro ejército de reclutas que todavía no ha sido formado. Debemos tener los ojos puestos en los cientos de miles de jóvenes trabajadores en uniforme *hoy día,* para quienes hay mucho en juego en la lucha contra la política guerrerista de la clase gobernante. Es una fuerza armada compuesta de nuestros compañeros de trabajo, de hermanos y hermanas, hijos e hijas de nuestros compañeros de trabajo, y de pequeños agricultores. Es un ejército de jóvenes y de las juventudes negra, puertorriqueña, chicana e indígena norteamericana. Las coaliciones antiguerra deben orientarse hacia esta fuerza así como hacia la profundización de la participación del pueblo trabajador en la lucha contra la campaña de guerra de los gobernantes.

Para nosotros este ajuste no es difícil de hacer. Es parte de nuestro entrenamiento político, de nuestra orientación. Es parte de la tradición y experiencia del PST y de la AJS. Y nadie puede defender estas posiciones mejor que nosotros: trabajadores activos en nuestros sindicatos y en el movimiento contra la marcha hacia la guerra en Centroamérica y el Caribe.

Pero esta será una batalla política. Tendremos que debatir con aquellos que se oponen a la guerra pero no comparten nuestra perspectiva de llevar esta lucha a las organizaciones de la clase obrera.

No nos hacemos ninguna ilusión acerca del carácter del ejército imperialista y de su papel en el mundo así como en este país. Es una fuerza policiaca reaccionaria de millones. Está organizada para imponer la muerte y el terror alrededor del mundo. No puede ser reformada o "humanizada" ni aumentando el número de mujeres ni de ninguna otra manera. La supervivencia de la humanidad se verá garantizada solamente cuando los victoriosos obreros y campesinos de este país destruyan esa maquinaria militar y formen otra nueva.

Pero también sabemos que las filas de las fuerzas armadas son diferentes de las filas de la policía. El ejército está compuesto de jóvenes obreros y campesinos que se unen al ejército "voluntariamente" para poder dejar las calles y con la promesa de que después de un par de años en las fuerzas armadas habrán recibido entrenamiento para un trabajo o dinero para una educación futura. La mayoría de estos jóvenes no planean pasar la vida en el ejército. No son parte de la casta de oficiales. No se consideran piezas voluntarias de una maquina represiva. No se identifican con la clase dominante. *Y lo más importante es que no son desclasados como los policías.* Cuando un obrero o un campesino se une a la policía abandona a su clase. Pero los jóvenes trabajadores que se unen al ejército lo hacen por la situación económica que confrontan; lo que menos quieren hacer es ir a luchar y morir para proteger las ganancias de las familias gobernantes.

Es más, constantemente estos ciudadanos-soldados son objeto de intentos de violación de sus derechos constitucionales. El alto porcentaje que pertenecen a las nacionalidades oprimidas son objeto de la discriminación racista cuya meta, en parte, es mantener a los soldados divididos y por lo tanto más sumisos a las demandas de los oficiales. Confrontan continuamente a los oficiales antiobreros, tanto negros como blancos.

A medida que aumenten los preparativos de guerra, y en cuanto se comiencen a dar cuenta de que el costo en vidas y lisiados es diferente del que se les hizo creer, más y más soldados buscarán cómo expresar sus opiniones. Harán lo que sea para comunicarse con todo civil que les ayude a expresarse y a defender sus derechos.

Entre los jóvenes obreros y agricultores que hoy en día forman parte de la maquinaria militar hay individuos que serán captados a la perspectiva revolucionaria y que se afiliarán a la Alianza de la Juventud Socialista y al Partido Socialista de los Trabajadores.

Campaña clasista contra el imperialismo y la guerra

Lejos de tener un enfoque especial en las fuerzas armadas, nuestro punto de partida es la clase obrera, como lo es en todo aspecto de nuestro programa comunista contra la guerra. No se trata de lograr que las coaliciones antiguerra le presten más atención al "sector de soldados". El reto de organizar un número creciente de ciudadanos-soldados en la lucha contra el imperialismo y la guerra forma parte de nuestro esfuerzo de construir el tipo de movimiento que pueda movilizar a las fuerzas sociales, las fuerzas de clase, necesarias para atarle las manos a los gobernantes de este país.

Las acciones del 20 de abril, y la Coalición por la Paz, Trabajos y Justicia que resultó de las mismas son importantes porque son una muestra de las oportunidades crecientes que existen en este país, hoy en día, para involucrar a la clase obrera y al movimiento sindical más profundamente en la lucha contra el apartheid y la marcha de Washington hacia la guerra en Centroamérica y el Caribe. Esto abre la puerta para una lucha más eficaz y una mejor dirección.

El sindicato de trabajadores del acero USWA patrocinó las manifestaciones del 20 de abril junto con otros ocho sindicatos internacionales. Esto confirma algunos de los argumentos que hemos estado planteando sobre el giro en la situación política en Estados Unidos en la década pasada, y sobre las oportunidades que existen en el movimiento sindical para el trabajo político comunista contra la guerra imperialista en Centroamérica. Crea nuevas oportunidades para profundizar este trabajo en los sindicatos y para acercarlos al centro de esta lucha. Avanza la politización general del movimiento sindical.

Lo ocurrido durante el invierno y la primavera nos permitió llevar a cabo —como un partido *nacional* con comisiones sindicales industriales a nivel *nacional* [19]— el rumbo que nos trazamos durante nuestro último congreso en agosto de 1984 en defensa de la revolución nicaragüense.[20] Había limites en torno a la eficacia con que nuestras ramas y comisiones podían seguir este rumbo en la práctica mientras no hubieran *acciones* que involucraran fuerzas más amplias.

Esto fue lo que cambió con el llamado para las manifestaciones del 20 de abril contra la política norteamericana en Centroamérica. Esto nos dio la mejor oportunidad desde que comenzó esta campaña de militarización en 1980 de hacer lo que estábamos convencidos que era posible en el movimiento sindical, dados los cambios en la política norteamericana. Y lograremos más aún en este sentido este otoño al construir las acciones del 11 y del 19 al 26 de octubre y al prepararnos para las manifestaciones nacionales en contra de la campaña de guerra y en defensa del derecho al aborto, que han sido programadas tentativamente para la primavera de 1986.[21]

La militarización capitalista y la clase obrera

Con esta orientación en mente, es útil regresar una vez más a las tres campañas de militarización de la clase dominante que describimos al inicio de este informe. No obstante, esta vez veámoslas a partir del estado del movimiento sindical contemporáneo y de la posición del partido repecto de los sindicatos.

La primera de estas campañas de militarización —desde finales de 1937 hasta el final de la segunda guerra mundial— se inició durante las tumultuosas batallas que resultaron en la creación del CIO. Nuestras pequeñas fuerzas estuvieron involucradas profundamente en el desarrollo de ese movimiento social de nuestra clase y sus aliados. El congreso de fundación del PST en 1938 adoptó un giro a los sindicatos industriales como política partidista, explicando que esto era parte de la preparación esencial para lo que afrontaban el partido —con su creciente capa de nuevos jóvenes reclutas— y nuestra clase, a medida que Washington profundizaba su curso guerrerista.[22]

Los gobernantes usaron sus preparativos de guerra, y sobre todo la participación en la segunda guerra mundial, para contener y echar atrás la radicalización obrera. El libro de Farrell Dobbs *Teamster Bureaucracy* (La burocracia teamster), el último de la serie de 4 volúmenes sobre los camioneros, describe esta campaña de militarización, la campaña sindical contra ella dirigida por los sindicalistas luchadores-clasistas en el sindicato de los camioneros en la zona norte central del país y la razón por la cual nuestros dirigentes fueron usados como blanco y finalmente encarcelados injustificadamente por la administración Roosevelt como parte las preparativos para la guerra imperialista.[23]

Lo que la clase obrera norteamericana y sus aliados habían conquistado durante la segunda mitad de los años 30, sin embargo, limitó la intensidad del curso antiobrero que la clase dominante pudo mantener durante la guerra. Para mediados de 1942 las organizaciones negras comenzaban a montar oposición a la segregación y desigualdad en las industrias de guerra, el gobierno y las fuerzas armadas. Los dirigentes de la Hermandad de Porteros de Coche Dormitorio, del NAACP y de la Urban League hicieron un llamado para una marcha en Washington para el 1 de julio de 1942; aunque esta fue cancelada bajo presión del gobierno. El año siguiente, las huelgas de los mineros del carbón retaron la "paz sindical" durante épocas de guerra que los gobernantes impusieron a los sindicatos con la colaboración activa de la gran mayoría de los funcionarios sindicales.[24]

En los tres años siguientes se dieron el movimiento "Devuélvannos a casa", una ola masiva de huelgas y otras batallas en pro de los derechos civiles. Estas luchas se toparon con el inició de la expansión económica de la posguerra y la consecuente reacción política.

La siguiente campaña de militarización, que comenzó en 1947 y terminó con la salida de las tropas norteamericanas de Vietnam en 1973, se vio marcada por la retirada política de los sindicatos industriales del CIO. La posición fortalecida con la que Estados Unidos salió de la segunda guerra mundial hizo posible que los patrones le dieran concesiones económicas a amplios sectores de los trabajadores industriales organizados.

Esto tendió a enmascarar el grado de debilitación paulatina de los sindicatos debido a la consolidación de la burocracia sindical y el curso de colaboración de clases que le impusieron a los sindicatos. Muchos socialistas y otros militantes fueron expulsados de los sindicatos durante la caza de brujas. Las oportunidades de realizar trabajo político en los sindicatos disminuyeron drásticamente. El único gran movimiento de la clase trabajadora que se dio en los años 50, la lucha masiva para eliminar la segregación Jim Crow, se originó y se desarrolló en gran medida fuera de los sindicatos, aunque involucró a muchos de los veteranos de las batallas sindicales de las dos décadas anteriores.

En contraste con la situación durante la campaña de militarización a finales de los años 30, el PST perdió militantes. Aunque un porcentaje importante de nuestros militantes trabajaban en la industria y militaban en sindicatos, el partido estaba muy restringido en cuanto a su capacidad de llevar a cabo trabajo político organizado a través de comisiones industriales sindicales locales o nacionales. Habíamos perdido nuestra organización de comisiones industriales nacionales.

EL ESTADO DEL MOVIMIENTO OBRERO norteamericano durante la guerra de Vietnam determinó el carácter y los límites de nuestra política revolucionaria clasista contra la guerra. Desde el principio nuestra meta era construir un movimiento capaz de movilizar a un número creciente de trabajadores, pero las oportunidades de lograrlo a través de los sindicatos, a partir de una base en el movimiento obrero, eran mínimas. Luchamos por darle al movimiento contra la guerra una orientación hacia el involucramiento de los soldados y la búsqueda del apoyo activo de las organizaciones de negros, chicanos y puertorriqueños. Tomamos ventaja de las pocas oportunidades que se dieron de obtener el patrocinio y participación, a cualquier nivel, de los sindicatos. Y dichas oportunidades sí aumentaron cuando la oposición a la guerra creció a finales de los años 60 y principios de los 70.

Pero aún durante el punto culminante de las protestas contra la guerra en Vietnam nunca se logró algo comparable al patrocinio de una manifestación por parte del sindicato de trabajadores del acero USWA u otro sindicato internacional. No hubo giras a Vietnam organizadas por los sindicatos, como las que se dan hoy en día, aunque sea en un número modesto, a Nicaragua o El Salvador. Nunca se invitó a los dirigentes sindicales vietnamitas a dirigirse a los sindicatos o federaciones sindicales norteamericanas. No hubo nada parecido al involucramiento de agricultores y organizaciones de agricultores que se da incluso en esta etapa inicial de la lucha contra la guerra estadounidense en Centroamérica y el Caribe.

Esto nos trae a los cambios en la clase obrera, el movimiento sindical y el PST durante la presente campaña de militarización de la clase dominante.

La ofensiva aquí y en el exterior

Desde el principio, los preparativos de guerra de la clase dominante norteamericana han formado parte de la campaña contra los derechos y el nivel de vida de los trabajadores y agricultores en este país, la cual crece a medida que los patrones siguen experimentando las consecuencias de una competencia internacional más profunda y de más convulsiones económicas. Cada vez más los capitalistas toman como blanco al movimiento obrero, incluyendo a los sindicatos industriales. Como lo explica nuestra resolución de 1985: "Este ataque violento, sus efectos, y la creciente resistencia a los mismos en las bases han puesto a la clase obrera industrial y sus sindicatos al centro de la política en los Estados Unidos por primera vez en casi cuatro décadas".

Como resultado, el pueblo trabajador está más dispuesto a identificar las interrelaciones que existen entre la marcha de guerra de los patrones y la ofensiva contra los sindicatos y las condiciones de trabajo, salarios, derechos laborales y servicios sociales. Se pueden ver con mucha más facilidad los paralelos entre las presiones brutales sobre los pequeños agricultores en este país y lo que la clase dominante le está haciendo al pueblo trabajador en América Central, Sudáfrica y el Oriente Medio.

Aunque existen guerras de guerrillas y resistencia de parte de las bases, el debilitamiento de los sindicatos en las últimas décadas se está demostrando a través de los golpes incesantes que nuestra clase está sufriendo al no haber ninguna resistencia organizada de parte del movimiento obrero. Especialmente desde los reveses de la recesión de 1981–82, los patrones han logrado organizar una desbandada de los sindicatos.

Al mismo tiempo, estamos encontrando mayores oportunidades para desarrollar trabajo político en los sindicatos en este momento —contra la marcha de guerra imperialista en Centroamérica y en torno a otras cuestiones sociales y políticas— que en cualquier otro instante desde el inicio de la ofensiva capitalista a mediados de la década de 1970. No observamos que se esté desarrollando una conciencia antimperialista de grandes dimensiones entre los miembros de base, mucho menos un auge en la conciencia de clase revolucionaria. Sin embargo, existe un mayor interés y una mayor voluntad para desarrollar acciones. Es esto lo que ha cambiado, y es lo que está teniendo un impacto en el seno de los sindicatos.

Hay otra cosa importante que ha cambiado desde el periodo de la guerra de Vietnam. Una gran mayoría de los miembros del partido mantienen hoy trabajos industriales sindicalizados, lo mismo que un buen número de miembros de la AJS. Estamos construyendo nueve comisiones sindicales industriales nacionales. Estamos ganando experiencia como obreros-bolcheviques y como políticos sindicales revolucionarios. Estamos progresando en el fortalecimiento de nuestras comisiones nacionales. Esto a su vez mejora nuestras instituciones de las ramas y nuestra eficacia como un partido de campaña a nivel nacional.

Por estas razones, nuestra orientación en la lucha contra la guerra imperialista hoy día es distinta a la del periodo en contra de la guerra de Vietnam, como nuestra orientación durante la guerra de Vietnam lo fuera respecto de la que realizamos antes y durante la segunda guerra mundial. Aunque no existen luchas comparables al auge del CIO, el periodo en el que hemos entrado tiene más en común con el de finales de la década de 1920 y comienzos de la de 1930 que con el de finales de la década de 1960.

NOTAS

1. Inmediatamente después de la Guerra Civil norteamericana

en los estados sureños se establecieron regímenes de Reconstrucción Radical, autorizados por el Congreso y apoyados por el ejército de la Unión. Estas legislaturas, constituidas por primera vez por representantes elegidos, negros y blancos, revocaron las leyes de trabajo forzado y establecieron el sufragio universal para los hombres. Estas legislaturas —entre las cuales las más importantes fueron las de Carolina del Sur y de Misisipí— junto con los gobiernos locales en otros estados, llevaron a cabo diversas reformas sociales. En muchas áreas se organizaron campañas de alfabetización de carácter muy ambicioso. Por primera vez se establecieron escuelas públicas por todo el sur del país. Se crearon programas de aprendizaje y capacitación.

La aspiración de los esclavos liberados así como la de los campesinos blancos, por lograr tierra y medios para cultivarla, fue un elemento clave en las luchas de clases que caracterizaron el impulso radical de los regímenes de la Reconstrucción durante la década que siguió al año 1867. Con sólo "cuarenta acres y una mula", la masa de trabajadores negros podía escaparse de las bandas de explotadores de recursos agrícolas (que reemplazaron al sistema económico de plantación basado en la esclavitud), y establecerse, junto con los blancos pobres, como agricultores libres.

Sin embargo, el Congreso norteamericano, rehusó establecer una reforma agraria total. Si bien algunas legislaturas estatales aprobaron la adquisición de ciertas tierras a bajo costo (el caso más progresista se dio en Carolina del Sur donde también se ponían a disposición créditos a intereses bajos), los regímenes de Reconstrucción Radical no expropiaron las tierras de los grandes terratenientes para distribuirla entre los esclavos liberados y los blancos pobres. Este fue el principal factor que permitió que las clases explotadoras en el sur reconstruyeran su poder y lanzaran una campaña de terror legal e ilegal contra los negros y otros grupos de trabajadores.

Ya en 1877, los capitalistas del norte se propusieron obstaculizar la creciente alianza entre agricultores negros y blancos y la clase trabajadora en el sur. El Congreso retiró a los soldados de la Unión y dio carta blanca a la reacción armada. Durante los años siguientes, esta medida abrió el camino que condujo a la imposición de Jim Crow, el sistema de segregación legal, para dividir a la clase trabajadora según el color de la piel. Por todo Estados Unidos, el racismo y la reacción contra la clase trabajadora recibieron un extraordinario impulso. La población negra se transformó en una nacionalidad oprimida. Durante las últimas décadas del siglo, el racismo creciente se combinó con el naciente militarismo imperialista y fue usado especialmente para justificar el asalto contra los pueblos de Hawai y Filipinas.

La derrota de la Reconstrucción Radical constituyó el más serio revés en la historia de la clase trabajadora estadounidense, del norte y del sur. (Para una mayor comprensión del papel que tuvo la Reconstrucción Radical dentro de la historia de la lucha de clase en Estados Unidos, véase Jack Barnes, "La lucha por un gobierno obrero y campesino en Estados Unidos" en el número 4 de *New International,* págs. 168–172).

2. Los soldados norteamericanos que en un principio, en 1950, fueron enviados a Vietnam en calidad de "asesores". Posteriormente, en el momento culminante alcanzaron la cifra de 536 mil. Después de negociaciones prolongadas, en enero de 1973, se firmó el acuerdo de paz en París. En marzo de 1973 las tropas norteamericanas ya se habían retirado. La crisis de Watergate que hizo erupción un poco más adelante ese mismo año, comenzó con el hecho públicamente denunciado, de que la Casa Blanca, bajo el presidente Richard Nixon, había utilizado allanamientos e intercepciones a líneas telefónicas y autorizado al FBI a realizar operaciones incluso contra sus contrincantes políticos del Partido Demócrata. Estos métodos se habían practicado por mucho tiempo contra las organizaciones de la clase trabajadora y el movimiento negro. La crisis política que sobrevino, provocada por las profundas divisiones creadas dentro de la clase gobernante a raíz de la derrota en Vietnam, condujo a la renuncia forzada de Nixon en 1974. Las discusiones del congreso en 1975–76 —que recibieron una publicidad extraordinaria y durante las cuales se dieron a conocer muchos otros hechos en torno a las operaciones criminales del FBI, la CIA, y otras agencias políticas, tanto en Estados Unidos como en el exterior— contribuyeron a minar aún más la confianza que el público tenía sobre la veracidad de aquellos que hablaban en nombre de las instituciones del gobierno norteamericano.

3. En noviembre de 1979 un grupo de estudiantes, con el respaldo del gobierno iraní, ocuparon la embajada de Estados Unidos en Teherán, en protesta a la decisión de Washington de invitar al depuesto sha a ir a Estados Unidos. Las tropas soviéticas —que con el tiempo llegaron a cien mil— intervinieron en Afganistán en diciembre de 1979.

4. La Ordenanza del Ejecutivo 9835, emitida por Truman en marzo 1947, decretó que la "deslealtad" establecía causa para ser despedido de un empleo gubernamental. La ordenanza definía como deslealtad la asociación con cualquier organización conside-

rada "subversiva" según el criterio del procurador general. Ese mismo mes, la Casa Blanca envió asesores militares para apoyar al gobierno reaccionario de Grecia, que entonces estaba enfrascado en una guerra civil contra los combatientes dirigidos por el Partido Comunista, y declaró que había planes para enviar 300 millones de dólares en armas y ayuda económica.

5. El Programa de Transición fue uno de los documentos en base a los cuales se fundó el Partido Socialista de los Trabajadores. Escrito en Ciudad de México por León Trotsky después de discusiones con dirigentes del PST, fue adoptado por el PST en 1938 tras un extenso debate. Para la sección aquí citada, véase *El programa de transición para la revolución socialista* por León Trotsky (Barcelona: Editorial Fontamara 1977), págs. 46–48.

6. A menudo, las "acreditaciones de seguridad" implicaban un "chequeo" policial en torno al historial, a los asociados, ideas políticas y vida personal del individuo dado. En muchas fábricas norteamericanas que tienen contratos con el gobierno siguen siendo un requisito para conseguir empleo.

7. El 2 de agosto de 1964, dos barcos de guerra estadounidenses que estaban patrullando cerca de las costas de Vietnam del Norte supuestamente fueron atacados por buques torpederos norvietnamitas. El presidente Lyndon Johnson usó este incidente fabricado como pretexto para lanzar las primeras campañas de bombardeos contra Vietnam del Norte y para presionar al Congreso a que adoptase la famosa resolución del Golfo de Tonkín que más tarde se utilizó para autorizar la escalada masiva de la guerra.

8. Bajo el nombre de Chicano Moratorium, en 1970 se organizó una amplia coalición de fuerzas, basada en organizaciones de la oprimida nacionalidad de origen mexicano, para protestar contra la guerra de Vietnam. La marcha convocada a nivel nacional por el Chicano Moratorium que tuvo lugar en Los Angeles el 29 de agosto de 1970 se dio después de celebrarse acciones locales en California, Texas, Nuevo México y en Colorado. La acción contó con la participación de 25 mil personas y fue la protesta más grande contra la guerra en celebrarse en Los Angeles hasta aquella fecha. Además, fue una muestra de la confianza y conciencia política adquiridas por el movimiento de liberación chicano en ascenso.

9. Las demandas legales entabladas en la década de 1970 por el Partido Socialista de los Trabajadores y la Alianza de la Juventud Socialista así como por otras organizaciones e individuos, forzó al FBI a entregar cientos de miles de páginas de documentos que anteriormente se habían mantenido secretos que detallaban el programa de desorganización política (conocido como Cointel-

pro) contra los grupos comunistas, las organizaciones de derechos de los negros, organizaciones contra la guerra, y sus miembros y partidarios. Para más información acerca de la operación policial que duró más de una década, véase el libro en de Nelson Blackstock, *Cointelpro: The FBI's Secret War on Political Freedom* (Cointelpro: La guerra secreta del FBI contra la libertad política) tercera edición, (Nueva York: Anchor Foundation, un libro de Pathfinder, 1988); Margaret Jayko, *FBI on Trial* (El FBI bajo juicio, Nueva York: Pathfinder, 1988); el folleto por Larry Seigle *50 años de guerra encubierta: el FBI contra los derechos democráticos* (Nueva York: Pathfinder, 1988); y el libro de George Breitman, Herman Porter y Baxter Smith, *The Assassination of Malcolm X* (El asesinato de Malcolm X, Nueva York: Pathfinder, 1991).

10. Tras la caída de la dictadura de Somoza en julio de 1979, Washington comenzó a financiar, entrenar y a organizar a un ejército mercenario (los contras) para librar una guerra contra el nuevo gobierno obrero y campesino de Nicaragua encabezado por el Frente Sandinista de Liberación Nacional (FSLN). Las fuerzas de la contra fueron derrotadas militarmente durante una dura y agotadora guerra que duró 7 años y que concluyó en marzo de 1988. Sin embargo, la retirada política de la dirección sandinista llevó a la erosión y eventual caída del gobierno obrero y campesino. El FSLN perdió las elecciones presidenciales y de la Asamblea Nacional en marzo de 1990, las cuales ganó la Unión Nacional Opositora encabezada por Violeta Chamorro.

11. Washington envió infantes de marina a Beirut en agosto de 1982 para ayudar a supervisar la expulsión de más de 7 mil partidarios de la Organización para la Liberación de Palestina. En su apogeo, la fuerzas estadounidenses en el Líbano y en las aguas aledañas llegaron a sumar 3 mil y a contar con una fuerza naval de 12 buques y 90 aviones.

12. En abril de 1982, las tropas del gobierno británico con el apoyo de la inteligencia militar y abastecimientos norteamericanos invadieron las Malvinas, un grupo de islas en las aguas inmediatas a Argentina sobre las cuales Buenos Aires quería restablecer su soberanía.

13. Las tropas norteamericanas invadieron Granada el 25-26 de octubre de 1983. Las fuerzas invasoras que llegaron a sumar más de 7 mil, desembarcaron una semana después de que fuera asesinado el primer ministro Maurice Bishop y de que fuera derrocado el gobierno obrero y campesino tras un golpe de estado stalinista dirigido por el viceprimer ministro Bernard Coard.

14. A principios de la década de 1980, más de 20 personas

fueron encausadas en los tribunales estadounidenses bajo cargos de "espionaje" incluyendo a 9 en 1984.

15. El 26 de abril de 1980, más de 25 mil personas se manifestaron en Washington, D.C. contra las plantas de energía atómica y las armas atómicas.

16. Más de cinco mil personas marcharon en Washington el 17 de mayo de 1980 bajo la consigna "empleos, no guerra". La manifestación fue convocada por la organización Operation PUSH, cuya sede está en Chicago y que fue fundada por Jesse Jackson.

17. Eugene V. Debs (1855–1926) uno de los fundadores del Partido Socialista en Estados Unidos y su candidato presidencial en cinco ocasiones. En 1918, durante la primera guerra mundial, fue encarcelado bajo la Ley de Espionaje. Al finalizar la guerra, se acentuó la demanda de la amnistía tanto para él como para otros prisioneros políticos. Fue candidato a la presidencia desde su celda en Atlanta. Recibió amnistía en 1921. Muchos de sus discursos más importantes están recopilados en *Eugene V. Debs Speaks* (Habla Eugene V. Debs, Nueva York: Pathfinder, 1970).

18. En su reunión del 16 de agosto de 1985, el Comité Nacional de la AJS también debatió y adoptó esta política.

19. Las *comisiones* están integradas por el número de miembros de un sindicato dado que son miembros del Partido Socialista de los Trabajadores. Cuando se dio este informe el PST contaba con nueve comisiones sindicales, en el sindicato de la costura y textiles ACTWU; en el sindicato de la ropa ILGWU; en el sindicato de la industria atómica y petroquímica OCAW; el sindicato de obreros en la industria electrónica IUE; el sindicato automotriz UAW; el sindicato minero UMWA; el siderúrgico USWA; y en el ferroviario UTU. En 1986 se incorporó otra comisión sindical en el sindicato de la carne UFCW.

Para obtener un panorama de la relación entre las comisiones industriales y otros aspectos de la construcción de un partido comunista, véase el libro por Jack Barnes, *The Changing Face of U.S. Politics: The Proletarian Party and the Trade Unions* (El panorama cambiante de la política norteamericana: el partido proletario y los sindicatos, Nueva York: Pathfinder, 1981).

20. La resolución "Las perspectivas revolucionarias y la continuidad leninista en Estados Unidos" que este congreso debatió y adoptó en forma de proyecto de resolución, se publicó en inglés en el número del 4 de febrero de 1985 de *Perspectiva Mundial.*

21. Durante el 11 y 12 de octubre de 1985, miles participaron en protestas en Estados Unidos contra el apartheid así como en manifestaciones celebradas el 25 de octubre y el 1 de noviembre contra

la intervención estadounidense en Centroamérica y contra los lazos que existen entre Washington y el apartheid. También hubo otras manifestaciones importantes en la primavera siguiente, entre ellas una manifestación de 100 mil en Washington, D.C., el 9 de marzo de 1986, en defensa del derecho al aborto; una de 25 mil el 19 abril en San Francisco contra la guerra organizada por Estados Unidos contra Nicaragua; y otra de 100 mil en Nueva York el 14 de junio exigiendo la ruptura de todos los vínculos norteamericanos con el apartheid.

22. Véase la resolución "El movimiento sindical y el Partido Socialista de los Trabajadores", adoptada en enero de 1938 por el PST en su congreso de fundación. La resolución se encuentra en el libro *The Founding of the Socialist Workers Party* (La fundación del Partido Socialista de los Trabajadores, Nueva York: Anchor Foundation, un libro de Pathfinder, 1982). Págs. 111-128.

23. *Teamster Rebellion, Teamster Power, Teamster Politics* y *Teamster Bureaucracy* forman parte de la serie de cuatro tomos sobre las huelgas y la campaña de sindicalización de la década de 1930 que transformó al sindicato de los camioneros (Teamsters) en Minneapolis y en el norte central del país y los convirtió en un movimiento sindical industrial combativo. Estos libros de la Pathfinder fueron escritos por Farrell Dobbs, uno de los dirigentes de estas luchas obreras y que más tarde fue secretario nacional del PST.

24. El sindicato de los mineros UMWA, que cuenta con medio millón de miembros, se vio forzado a ir a la huelga por la inflación y el deterioro de las condiciones de seguridad, y en 1943 paró la producción de carbón a nivel nacional en cuatro ocasiones, desafiando de esa manera los intentos de impedir que actuasen debido a que había que mantener la "unidad nacional" en tiempos de guerra. Para obtener la historia de estas huelgas, véase "Cómo vencieron los mineros", en el libro de Art Preis, *Labor's Giant Step* (El gran paso que dio el movimiento obrero, Nueva York: Pathfinder, 1972) Págs. 174–197. Para obtener un relato semana a semana de las luchas contra la segregación, tomado de las páginas del *Militant,* véase el libro de C.L.R. James y otros, *Fighting Racism in World War II* (Combatiendo el racismo durante la segunda guerra mundial, Nueva York: Anchor Foundation, un libro de la Pathfinder, 1988).

1945: CUANDO LAS TROPAS NORTEAMERICANAS DIJERON '¡NO!'

Un capítulo oculto en la lucha contra la guerra

Por Mary-Alice Waters

LA GUERRA en Vietnam ha tenido efectos profundos sobre toda la población norteamericana. A medida que la guerra sigue intensificándose paulatinamente en vías de convertirse en una masiva guerra terrestre en Asia, aumenta también sin parar la oposición que existe entre la población norteamericana.

Esta oposición se ve reflejada en las propias tropas, que cada vez más expresan sus dudas en torno a combatir en Vietnam. En este contexto, las manifestaciones de las tropas que se dieron en el Ejército de Estados Unidos después de la segunda guerra mundial cobran un significado histórico especial.

Es correcto llamarlo a éste "un capítulo oculto de la lucha contra la guerra", ya que la gran mayoría de nuestra generación no está al tanto de que la rebelión más grande que se haya dado jamás entre las tropas de un ejército victorioso tuvo lugar a fines de 1945 y principios de 1946. La cuestión central era si las tropas norteamericanas serían desmovilizadas o no, o si se las mantendría en el Pacífico para proteger los intereses de Occidente frente a la revolución colonial en avanzada.

Los textos universitarios típicos en el mejor de los casos hacen apenas una ligera referencia al movimiento llamado "Devuélvannos a casa". Un buen ejemplo se encuentra en el libro

Este artículo apareció por primera vez en el número de noviembre-diciembre de 1965 de la revista Young Socialist *(Joven Socialista), publicada por la Alianza de la Juventud Socialista. Después apareció publicado como un folleto de la serie* Young Socialist *y fue ampliamente distribuido durante los años del movimiento contra la guerra de Vietnam.*

titulado *The American Republic* (La república norteamericana) de Hofstadter, Miller y Aaron (pág. 641): "Al final de la guerra surgió una gran presión dentro del ejército y entre los civiles por el regreso de los soldados norteamericanos que se encontraban en el extranjero. El gobierno respondió de una manera tan rápida, que daba la impresión de que no seríamos capaces ni siquiera de ocupar los países que habíamos derrotado". A renglón seguido el texto sostiene que esto "perjudicó la posición de Estados Unidos en el campo internacional".

La opinión de los soldados

Esta es la versión oficial de las rebeliones de las tropas y sus consecuencias. Los oficiales del ejército norteamericano dijeron lo mismo para poder defenderse de las airadas demandas de las tropas y de sus partidarios en Estados Unidos. Sin embargo, los soldados tenían otra opinión con respecto a la desmovilización. Un folleto publicado en Manila por el Comité de Soldados durante el punto cumbre de las manifestaciones afirmaba que:

> Según un portavoz del Departamento de Guerra, la desmovilización se está llevando a cabo de una manera alarmantemente rápida. ¿Alarmante desde el punto de vista de quién? ¿Alarmante para los generales y coroneles que desean seguir jugando a la guerra y que no desean volver a ser capitanes y comandantes? ¿Alarmante para los hombres de negocios que podrían ganar dinero haciendo que el ejército pague por la reconstrucción de sus inversiones? ¿Alarmante para el Departamento de Estado, que desea tener un ejército que apoye su imperialismo en el Lejano Oriente?

Los intereses opuestos que estas dos citas expresan generaron un movimiento de masas que cambió todo el rumbo de la historia de la posguerra.

Con el Día V-J, cuando la guerra en el Pacífico llegó a su fin,[1] las tropas norteamericanas esperaban poder regresar rápida-

---

LAS NOTAS DE ESTE ARTICULO COMIENZAN EN LA PAGINA 335.

mente a Estados Unidos. Ellos, naturalmente, creían que ya no había ninguna necesidad de mantener a 15 millones de hombres en armas y que se les debería dar de alta.

Sin embargo, contrario a lo que esperaban, la comandancia del ejército comenzó a transferir tropas de Europa hacia el Pacífico. La explicación oficial dada era que las tropas eran necesarias para desempeñar servicio militar de ocupación. Inmediatamente el Congreso se vio inundado con peticiones y cartas de los soldados que protestaban contra esta acción. Hasta la Casa Blanca anunció el 21 de agosto de 1945 que había recibido un telegrama de protesta de 580 miembros de la 95ª División estacionada en el Campamento Shelby en Misisipí.

La 97ª División de Infantería, que ya había pasado cinco meses y medio en Europa, recibió órdenes de partir para el Pacífico. En el camino atravesando Estados Unidos los soldados pusieron carteles en las ventanas del tren diciendo, "Embaucados para ir al Pacífico", "Se nos traiciona a la vez que el Congreso se va de vacaciones", y "¿Por qué nos envían desde aquí?". Dos periodistas que trataron de entrevistar a los soldados en el tren fueron arrestados por la policía militar so pretexto de que el movimiento de tropas seguía siendo información clasificada. Los periodistas fueron puestos en libertad al cabo de varias horas, después de que los oficiales de la seguridad militar en Twin Cities amonestaron a los oficiales que comandaban la tropas por abusar de su autoridad.

DURANTE EL OTOÑO de 1945, mientras sus familiares y amigos celebraban mítines masivos por todo el país y aumentaba el resentimiento entre las tropas, la campaña en pro del retorno de las tropas al país siguió creciendo. El periodista Drew Pearson el 15 de septiembre informó, "El general Harry Lewis Twaddle, comandante de la 95ª División del Campamento Shelby en Misisipí [el mismo grupo que anteriormente había protestado ante la Casa Blanca] convocó a sus tropas para explicarles que tenían que prestar servicio militar de ocupación en Japón. Los soldados lo abuchearon por tanto tiempo y con tanta frecuencia que le llevó cuarenta minutos dar un discurso de quince".

Para diciembre, el resentimiento entre las tropas había alcanzado proporciones explosivas. En Manila, el día de Navidad 4 mil tropas marcharon en el cuartel general del 21er Puesto de Relevo portando pancartas exigiendo: "Queremos barcos". La manifestación, que fue provocada por la cancelación del transporte fijado para trasladar a los hombres de regreso a Estados Unidos, duró sólo diez minutos. Sin embargo, el momento culminante del día se dio cuando el comandante del puesto, el coronel J.C. Campbell, gritó encolerizado, "Ustedes se olvidaron que no están trabajando para la General Motors. Ustedes aún están en el ejército". En ese entonces habían 225 mil obreros en huelga contra la General Motors en fábricas por todo Estados Unidos. Dado que las manifestaciones de los soldados coincidieron con la rebelión obrera más grande que se haya dado en la historia de Estados Unidos, las similitudes obvias entre las acciones de los soldados y las acciones de los obreros en huelga en Estados Unidos fueron motivo de comentarios en muchos sectores.

En un informe originado en Nuremberg, Alemania, el 13 de enero de 1946, el periódico neoyorquino *PM* reportó:

> La realidad es que los soldados tienen fiebre de huelga. Casi todos los soldados con quienes uno habla se encuentran llenos de resentimiento, humillación y cólera. . . . Los soldados ahora sienten que tienen una queja legítima contra sus patrones. El hecho de que la queja no incluya una escala de salarios, es una cuestión menor. Sus condiciones de trabajo no les agradan, no les gusta la duración de su contrato, y no les gustan sus patrones.

El 26 de diciembre, un día después de la manifestación en Manila, el coronel Krieger, un oficial de personal del ejército en las Filipinas, le aseguró a los 15 mil hombres en los puestos de relevos que pronto regresarían a Estados Unidos. El 4 de enero, el teniente general Lawton Collins, director de Información del Ejército, admitió que se contaba con embarcaciones suficientes para traer de regreso en tres meses a todos los hombres que se encontrasen en el extranjero y que cumplieran los requisitos.

Sin embargo, a los pocos días el *Stars and Stripes* [Barras y estrellas], el periódico leído ampliamente por los soldados, sacó un anuncio del Departamento de Guerra diciendo que las desmovilizaciones del Pacífico serían *reducidas* de 800 mil a 300 mil al mes, debido a las dificultades encontradas para conseguir relevos.

Los soldados se encolerizaron. Su sentir se expresó muy bien en una carta de un soldado que se leyó en el Registro del Congreso el 23 de enero de 1946. El dijo, "Primero, que no hay barcos, ahora, que no hay relevos; ¿es que nos vamos a quedar de brazos cruzados y dejar que extorsionen a nuestras familias y que nos tengan de rehenes para imponer su programa de entrenamiento militar obligatorio?".[2]

Se esparcen las manifestaciones
El 6 de enero de 1946, miles de estos "rehenes" se manifestaron en distintas partes de Manila. Un grupo fue dispersado en el Puente Quezón y otro fue desorganizado por la policía militar cuando se dirigía al cuartel del teniente general William, D. Styer.

El 7 de enero continuaron las manifestaciones. Más de 2 500 hombres marcharon de cuatro en cuatro al cuartel del general, portando carteles en los que se leía, "¿Qué significa cumplir con los requisitos?", "Sí al servicio [militar], pero nunca a la servidumbre" y "Estamos cansados de falsas promesas, de palabras insinceras y de la traición". Distribuyeron volantes mimeografiados en los que se leía "Se ha retrasado la reorganización adrede para forzar el entrenamiento militar obligatorio. . . . El Departamento de Estado precisa del ejército para respaldar a su imperialismo".

Según varios informes, esa noche entre 12 mil y 20 mil soldados colmaron las ruinas de la Sala del Congreso Filipino para seguir la manifestación y oir cómo los oradores denunciaban con ira la agresión norteamericana en el norte de China y en las Indias Holandesas (Indonesia) y exigían que se le permitiera a Filipinas resolver sus propios problemas.[3] El 7 de enero, un informe de la agencia de prensa UPI proveniente de Manila describió a la capital como "tensa".

Mientras se esparcía la noticia de estas manifestaciones, por todo el mundo se comenzó a dar una ola de protestas de soldados. El 7 de enero, segundo día de manifestaciones en Manila, 2 mil soldados celebraron un mitin en el Campamento Boston en

Francia, exigiendo la pronta desmovilización europea. Ese mismo día, 6 mil soldados en la isla de Saipán en el Pacífico enviaron cables de protesta contra la demora en las desmovilizaciones y 3 500 soldados en Guam, miembros de la 315ª Escuadrilla de Bombarderos de la Vigésima División de la Fuerza Aérea, realizaron una huelga de hambre. Al día siguiente en Guam, 18 mil hombres participaron en dos reuniones de protesta gigantes. Miles de cablegramas de Hawai, Alaska y Japón inundaron los Estados Unidos. Dirigidos a amigos y familiares, al Congreso, iglesias, grupos de veteranos y a los sindicatos, los mensajes exigían que se presionara al Departamento de Guerra para que hiciera regresar a las tropas.

En Yokohama, Japón, 500 soldados se reunieron para planear manifestaciones más grandes. En Reims, Francia, 1 500 se reunieron para protestar contra las "explicaciones absurdas" por el retraso de la desmovilización. En París más de mil soldados que marcharon hasta la embajada norteamericana por los Campos Elíseos vinieron en respuesta a pancartas que rezaban, "No defrauden a nuestros compañeros en Manila. Reunión en el Arco del Triunfo a las 8:30". En Alemania un telegrama firmado por cien soldados exigía:

> ¿Se va a permitir que los Cascos de Bronce construyan imperios? ¿Por qué? . . . La evidente falta de fe de nuestros amigos y vecinos está causando un resentimiento amargo y el deterioro de la moral de los hombres en este sitio. Esperamos que no se termine perdiendo nuestra fe en los procedimientos democráticos.

Desde Londres, 1 800 soldados rasos y oficiales de la Octava División de la Fuerza Aérea enviaron un telegrama demandando:

> Queremos que se nos dé una explicación por el retraso de nuestro regreso. . . . El *New York Times* dice que todas las tropas norteamericanas que no han vuelto a ser desplazadas tienen enfermedades venéreas o son voluntarios. Las respuestas ambiguas dadas por los congresistas y la cancelación de tres fechas de retorno, no ayudan en nada. Somos hombres que estamos

cansados y hastiados y que extrañamos nuestros hogares . . .
cumplimos los requisitos para que se nos dé de baja el
primero de diciembre de 1945. En el teatro europeo por
más de 30 meses.

En el Campo Aéreo de Andrews, Maryland, mil soldados y
WACs[4] abuchearon a su comandante cuando éste les trató de
explicar que había un retraso en la fecha en que serían dados de
baja.

El 9 de enero, las protestas se siguieron esparciendo. En
Francfort, Alemania, una manifestación de 5 mil fue recibida a
punta de bayoneta por un reducido grupo de guardias y arresta-
ron a una veintena. Cinco mil soldados se manifestaron en
Calcuta, India, y 15 mil en el Campo Hickam en Honolulú. En
Seúl, Corea, varios miles de soldados emitieron una resolución
declarando, "No podemos entender por qué el Departamento
de Estado insiste en mantener en el extranjero un ejército tan
grande en tiempos de paz bajo las condiciones actuales".

En Batangas, Filipinas, 4 mil soldados votaron a favor de
designar fondos para publicar anuncios de página completa en
los periódicos norteamericanos exigiendo la deposición del secretario de guerra Robert Patterson. Simultáneamente, un periódico militar publicado en Hawai, sacó un titular que decía:
"Patterson enemigo público número uno".

A LA VEZ QUE LAS MANIFESTACIONES de soldados cobraban
mayor organización y combatividad, también se agudizaban las
protestas dentro de Estados Unidos. Durante meses las tropas
imprimían consignas en los sobres de las cartas que se enviaban
a Estados Unidos que decían cosas como: "Escríbale a su congre-
sista, devuélvannos a casa" y "Si no hay botes, tampoco hay
votos". Habían estado llevando a cabo una enérgica campaña de
cartas, escribiéndole al Congreso, a familiares, amigos y a los
periódicos exigiendo ser dados de baja y pidiéndole a otros que
también escribieran cartas. En medio de la rebelión de soldados, el senador Elbert D. Thomas, jefe del Comité de Asuntos
Militares, se quejó ante la prensa: "Los electores los fastidian [a
los congresistas] día y noche. La presión es increíble. Llegan
casi 100 mil cartas diarias de esposas, madres y novias exigiendo

que se traiga de regreso a sus hombres". ¡Y esa cantidad no incluía las cartas enviadas directamente por los soldados!

A medida que la ola de protestas comenzó a disminuir se ampliaron las cuestiones bajo disputa y los soldados comenzaron a protestar contra otros abusos. El 13 de enero de 1946, 500 soldados aprobaron en París una serie de demandas que un despacho de la UPI calificó de ser "un programa revolucionario de reforma militar".

La Carta Magna de los Soldados Rasos (así se llamaba el programa) exigía:

1. La abolición de los comedores de los oficiales, y que se sirvan las raciones en un comedor común donde se le sirva primero al que llegue primero.

2. Que se permita la entrada tanto a los oficiales como a los soldados rasos en los clubs de oficiales en todos los campamentos y puestos.

3. La abolición de todas las áreas reservadas para los oficiales en los eventos recreativos.

4. La abolición de todos los alojamientos especiales para oficiales; que se instituya la regla que todo oficial deba desempeñarse como soldado raso por un año, excepto durante época de guerra.

5. Que se reformen las juntas de los consejos de guerra del ejército para que incluyan soldados rasos.

Además de esto, los soldados exigieron la deposición del secretario de guerra Patterson y eligieron un comité que presentara la Carta Magna al comité del Senado a cargo de las investigaciones, el cual llegaría a París dos semanas más tarde. Su último acto fue formar el "Comité de Liberación de Soldados" e instar a todo el mundo a que regresaran a sus unidades y continuaran organizando actividades.

Los oficiales no pueden contra la rebelión

La administración del presidente demócrata Harry Truman sabía bien que esta masiva sublevación de soldados representaba un serio desafío al sistema militar norteamericano. El ejército de la segunda guerra mundial no había sido concebido para permitir la crítica desde la base. Los soldados que elevaban sus protestas a sus representantes en el Congreso o participaban en actividades como las mencionadas se arriesgaban a sufrir

severas represalias. Pero el carácter masivo de las protestas realizadas por los soldados después de la segunda guerra mundial
no dejaba a las autoridades mucho espacio para maniobrar. Si
reprimían a los dirigentes se provocarían protestas mayores; por
otra parte, era difícil aplastar de un solo golpe a cientos de miles
de hombres. Sin embargo, desde el punto de vista castrense la
situación era crítica y el rápido deterioro de la disciplina tenía
que ser frenado de alguna manera. Los oficiales se dieron
cuenta de la seriedad del problema cuando los soldados rasos y
los sargentos comenzaron a requisar aviones y jeeps para transportar a sus representantes electos a las reuniones con los comités del Congreso a cargo de las investigaciones en las que se
deliberaba la forma en la que se iba a realizar el transporte de la
tropa de regreso a sus hogares.

Al principio las fuerzas armadas usaron mano blanda. Simplemente "solicitaban" que todas las quejas se presentaran a través
de los canales establecidos e impusieron una censura más férrea
sobre sus propios periódicos. El 11 de enero la redacción del
Daily Pacifican, un periódico del ejército en Manila, publicaba
un comunicado anunciando: "nuevas restricciones a la libertad
de expresión impuestas desde arriba nos impiden presentar a
nuestros lectores soldados las noticias y la verdad en su totalidad".

A pesar de todo, las manifestaciones continuaban extendiéndose y la participación en las mismas era cada vez más amplia,
como lo demostraba la reunión en París en la que se proclamó
la Carta Magna. Más aún, las fuerzas armadas no tenían intención alguna de acatar las promesas que habían hecho para
calmar a los soldados. En un despacho de la agencia UPI con
fecha 16 de enero se anunciaba que "El [buque de guerra]
U.S.S. Cecil, que transporta a veteranos de vuelta a Estados Unidos, salió de Manila con una tercera parte del barco vacío,
señaló hoy la Marina". El Comité de Soldados de Manila anunció el mismo día, el 16 de enero, la convocatoria de otra nueva
manifestación de masas.

Fue entonces cuando las fuerzas armadas decidieron que las
cosas habían ido demasiado lejos. El 17 de enero el jefe del
Estado Mayor, Dwight Eisenhower, decretó una orden prohi-
biendo futuras manifestaciones de soldados. Una orden semejante fue decretada por el general Joseph McNarney, coman-

dante en jefe de las fuerzas norteamericanas en el teatro de operaciones europeo, en la que señalaba que "las asambleas futuras podrían ocasionar opiniones adversas hacia el prestigio de las fuerzas de ocupación".

El teniente general Robert Richardson, Jr., exigió que se sometiera a consejo de guerra cualquier soldado u oficial en la región del Pacífico que continuara agitando en favor de una rápida desmovilización y sometió a arresto domiciliario a tres de los dirigentes de las protestas en Honolulú mientras el ejército "investigaba" sus observaciones públicas acerca de la desmovilización. Los castigos menores continuaron, fundamentalmente en la forma de traslados y amenazas de tipo disciplinario. Dos hombres fueron cesados de la redacción del *Stars and Stripes* y enviados a la isla de Okinawa —considerada la "Siberia del ejército norteamericano"— por firmar una declaración de protesta contra la intervención oficial y censura del periódico.

Los dirigentes del Comité de Soldados de Manila fueron también destinados a Okinawa. Uno de ellos, el sargento Emil Mazey, había sido presidente en Briggs del combativo Local 212 del sindicato automotriz UAW del CIO [Congreso de Organizaciones Industriales]. En el congreso de 1943 del UAW, Mazey dirigió la lucha por la revocación del compromiso de no realizar huelgas y presentó una resolución en favor de la formación de un partido obrero. A pesar de que sus posiciones más recientes no son tan estimulantes —Mazey es en la actualidad tesorero del UAW y mano derecha del presidente del UAW Walter Reuther— su papel dirigente en el movimiento "Devuélvannos a casa" mostraba la estrecha relación a finales de la guerra entre el combativo movimiento obrero y las sublevaciones de soldados.

Obreros en el ejército y en los sindicatos se unen en la lucha

Un ejército organizado en base a un servicio militar obligatorio depende en su componente humano de los obreros y agricultores. Muchos de los hombres que sirvieron en las fuerzas armadas de Estados Unidos durante la segunda guerra mundial habían participado y habían sido profundamente afectados por las tremendas luchas obreras de finales de la década de 1930. Miles y miles de ellos habían formado parte de las campañas de sindicalización del CIO que habían transformado al movimiento obrero y, como resultado, dominaban los métodos y las tácticas de la lucha de masas. Habían aprendido a organizar y conocían el poder de las aciones unitarias. Estas lecciones junto con el talento de hombres como Emil Mazey fueron puestos en práctica con gran efectividad por las tropas en rebelión.

En casi todas las bases donde los soldados realizaban manifestaciones, comenzaban también a organizarse. Artículo tras artículo en la prensa informaba que "los soldados han elegido sus representantes para plantear sus reivindicaciones" o que "los soldados eligieron un comité para planear acciones futuras". El Comité de Soldados de Manila alcanzó el mayor grado de organización. El 10 de enero de 1946, 156 delegados —cada uno de ellos elegido en diferentes unidades de la zona de Manila y representando 139 mil soldados— sostuvieron su primera asamblea. Los delegados eligieron por unanimidad un presidente y adoptaron un programa. El presidente designó un comité central de ocho que, de acuerdo con el *New York Times* (11 de enero) incluía "dos oficiales y es ampliamente representativo de los distintos credos y orígenes sociales". Además de Emil Mazey, el comité lo formaban un soldado negro de Carolina del Norte, un soldado blanco de Alabama, un soldado judío, otro de origen italiano y representantes regionales de distintos sectores de Estados Unidos.

Los soldados en rebelión estaban tan conscientes de sus aliados en los sindicatos como lo estaba el coronel Campbell cuando le recordó a los soldados que no trabajaban para la General Motors. La unidad estacionada en Batangas, Filipinas y presidida por Mazey envió un llamado al sindicato automotriz pidiendo su solidaridad. Inmediatamente, el sindicato dio publicidad al cable y su presidente, R.J. Thomas, emitió un comunicado expresando:

> Toda mi simpatía la pongo hoy con los atropellados sentimientos de estos soldados. El Departamento de Guerra se ha comprometido públicamente a un ritmo de desmovilización y ese compromiso ha de ser llevado a la práctica en su totalidad, al menos en los países no hostiles. ¿Qué soldados o marinos necesitamos en la ocupación de las Filipinas? La misma pregunta revela lo ridículo del asunto.

El 5 de enero, el consejo del CIO en Los Angeles convocó a una manifestación frente al ayuntamiento y, a continuación, procedió hacia el consulado chino donde organizó una línea de piquetes en apoyo de las reivindicaciones de los soldados.[5] Muchos sindicatos aprobaron resoluciones semejantes a la del consejo del CIO en Akron la cual, en parte, decía:

> CONSIDERANDO que los comités de soldados de Manila y otros campos de ocupación han solicitado la ayuda del movimiento obrero en acelerar su regreso a sus hogares y familias;
> SE RESUELVE POR LO TANTO que el Consejo Sindical Industrial de Akron se una a las protestas de soldados contra la lentitud en su desmovilización y preste su apoyo a los millones de trabajadores en uniforme que anhelan la paz, sus hogares y el retorno a una vida normal; y
> SE RESUELVE ADEMAS que el Consejo Sindical Industrial de Akron se muestra en pleno acuerdo con los soldados que se manifiestan en protesta por estar siendo utilizados para proteger la riqueza y las propiedades en el exterior de corporaciones antiobreras tales como Standard Oil y General Motors.

Estas son palabras que sorprenderían si vinieran del movimiento sindical norteamericano de ahora. Pero en 1946, mientras las tropas se manifestaban en el exterior, los sindicatos en su frente en el interior del país luchaban por su propia existencia. Estas dos batallas eran realmente combates paralelos de una misma guerra.

De 1941 a 1945 el movimiento sindical en Estados Unidos operó bajo severas restricciones impuestas por el gobierno de Roosevelt con la ayuda de la burocracia sindical. Se estableció una Junta Laboral para la Guerra que resolvía todas las disputas por medio de decisiones de acatamiento obligatorio. Se extendió la duración de la jornada laboral y se congelaron los salarios a niveles de antes de la guerra. Se estableció una Comisión de Mano de Obra durante la Guerra [War Manpower Comission] con jurisdicción sobre los 2.3 millones de empleados federales, además de los trabajadores de muchas de las industrias catalogadas como "esenciales". Las libertades civiles fueron severamente restringidas y los opositores más vocales de la guerra, tales como los dirigentes del Local 544 del sindicato de choferes [General Drivers] en Minneapolis y miembros del Partido Socialista de los Trabajadores, fueron encarcelados bajo la Ley Smith.

Todas las fuerzas políticas de cierto tamaño en el país —incluyendo tanto a los partidos capitalistas como a las tendencias stalinistas y socialdemócratas en el movimiento obrero— se aliaron en favor de la campaña de guerra y en denunciar los intentos por parte de los trabajadores y los negros de proteger sus derechos. Los dirigentes tanto del AFL como del CIO de forma entusiasta se comprometieron a garantizar el cumplimiento de una política de "no huelgas" mientras dure la guerra. Las puertas quedaban abiertas para que la patronal lanzara un ataque frontal contra las conquistas logradas por los sindicatos durante la década de 1930. Y no tardaron en aprovechar esta oportunidad. Como el almirante Ben Moreell, jefe de la Oficina Federal de Astilleros y Puertos señalara en una reunión del Departamento de Oficios de la Construcción de la AFL en octubre de 1942 en Toronto:

> Acepto que no se puede vivir sin mano de obra, pero ciertamente se puede vivir sin sindicatos obreros. Viven sin ellos en Alemania y en Italia y en Japón, y parece que no les va mal —al menos por el momento— y, en mi opinión, más les vale que vivan sin ellos aquí si vamos a ponernos todos manos a la obra y a trabajar.

A medida que se acercaba la guerra, el resentimiento entre los trabajadores —tanto por las restricciones de guerra sobre sus derechos, como los intentos de impedirles hacer uso de sus organizaciones para defenderse con eficacia contra la aceleración en la producción y las violaciones de las normas de seguridad laboral— alcanzaron proporciones explosivas. Seis meses después del Día V-J había más de 1.7 millones de hombres y mujeres en Estados Unidos en líneas de piquetes exigiendo la reducción de la jornada laboral y aumentos salariales que compensaran con el creciente costo de vida.

La patronal, recordando el período que siguió a la primera guerra mundial, esperaba que los millones de despedidos debido a la reducción en la producción de guerra, más los millones de veteranos que regresaban al país podrían ser utilizados para destruir los sindicatos. Pero la situación laboral en 1945 era muy diferente a la de 1919. La batalla por la organización de los sindicatos industriales en la década de 1930 había transformado al movimiento obrero y comenzado a derribar divisiones en los sindicatos, fruto del sistema Jim Crow de segregación racial, especialmente en el CIO. La conciencia de la necesidad de solidaridad sindical era cualitativamente superior a la que existía después de la primera guerra mundial.

Además, durante la guerra los sindicatos habían luchado y logrado garantías laborales, el derecho de antigüedad y otras prestaciones para sus miembros en las fuerzas armadas. La conciencia sindical entre los dirigentes de las manifestaciones de soldados contribuyó a que los veteranos simpatizaran con el movimiento sindical y, como resultado, a su regreso al país no podían ser movilizados como una fuerza rompehuelgas. De hecho se unían a las líneas de piquetes y luchaban junto con los sindicatos por incrementos salariales y un nivel de vida decoroso. Era corriente ver hombres manifestándose tras pancartas en que se leía: "Este grupo: formado todo por veteranos de la segunda guerra mundial", y "Veteranos exigen 18.5 centavos la hora".

Las tropas rehusan aplastar levantamientos coloniales

Una de las consecuencias más importantes del movimiento "Devuélvannos a casa" fue el servir como advertencia de que las tropas de Estados Unidos no iban a permitir ser utilizadas contra sus hermanos, tanto en este país como en el exterior. Las resoluciones, cartas y telegramas escritos por los soldados son un claro indicio de lo que pensaban. Protestaban el que se les utilizase en defensa de lo que ellos mismos denominaban imperialismo norteamericano en el Lejano Oriente, y resentían su papel de protectores de los intereses comerciales en el exterior. ¿Qué se escondía tras estas acusaciones? ¿Qué era en lo que se estaban utilizando las tropas norteamericanas que creaba tan implacable resentimiento?

Los acontecimientos en Indochina son una ilustración excelente. En la conferencia de Postdam se había decidido que el norte de Indochina —en lo que hoy es Vietnam del Norte— sería otorgado al gobierno de Chiang Kai-chek como una esfera de influencia y que el sur de Indochina se concedería a los británicos.[6]

En medio del empuje de una revolución popular, e inmediatamente después del Día V-J, por todo Vietnam las fuerzas guerrilleras antijaponesas dirigidas por el Viet Minh tomaron el poder y establecieron la República Democrática de Vietnam.[7]
Cuando las fuerzas de ocupación británicas arribaron en el sur en septiembre de 1945, el gobierno de Ho Chi Minh les acogió con los brazos abiertos, sólo para descubrir más tarde que los británicos no tenían intención alguna de permitir que Vietnam se convirtiera en una nación independiente. Ya que los británicos tenían sus propios problemas en la India, Birmania y otros lugares, devolvieron el control de la antigua colonia francesa a París. Las tropas francesas, en colaboración con los oficiales japoneses que sólo unas semanas antes eran "el enemigo", lanzaron una campaña militar para eliminar al ejército de liberación vietnamita.

Las tropas de Estados Unidos estacionadas en el Lejano Oriente tenían pleno conocimiento de que Washington prestaba su ayuda a la operación para subyugar al pueblo vietnamita y restablecer el dominio colonial francés. Además de la ayuda material, muchos de los cargueros de tropas norteamericanos estaban siendo utilizados para transportar los refuerzos franceses a Indochina, en vez de llevar a los soldados norteamericanos de vuelta al país. El periódico neoyorquino *PM* publicó la siguiente crónica en su edición del 12 de noviembre de 1945:

> Los barcos tipo victoria del 12 de noviembre de 1945 *Taos* y *Pauchag* [zarparon de Marsella] el 31 de octubre, cada uno transportando una tropa de más de mil efectivos a Indochina. La tripulación del *Taos* había embarcado en Nueva York, con el entendimiento de que procederían hacia la India para transportar tropas norteamericanas de regreso al país. Tras su llegada [a Marsella] descubrieron que, además, iban también a transportar tropas francesas al oriente.

Antes de que zarparan el *Taos* y el *Pauchag*, otros tres buques [estadounidenses] victoria partieron de Francia llevando tropas francesas a la Indochina francesa.

Lo que ocurrió en Indochina se repitió en las Indias Orientales [colonia holandesa, actualmente Indonesia]. Al concluir la guerra contra el Japón, las fuerzas nacionalistas indonesias formaron un gobierno y proclamaron su independencia. Holanda lanzó contra ellos una campaña de exterminación que fácilmente puede compararse a las atrocidades que hoy día Estados Unidos comete en Vietnam. Un cable de la Associated Press fechado el 30 de diciembre de 1945, señaló que la ayuda norteamericana a los holandeses era significativa:

> Dos mil marinos holandeses, armados y entrenados por Estados Unidos, llegaron hoy a la costa de Batavia [Indonesia]. Se considera que los marinos, entrenados en Quantico, Virginia; Camp Lejeune, Carolina del Norte; y Camp Pendleton, California, y suministrados completamente con equipo norteamericano, son de las mejores tropas en las fuerzas armadas holandesas.

Un resentido infante de marina norteamericano estacionado en China, en una carta a su padre admitida en las Actas del Congreso de Estados Unidos al ser leída por el Representante Charles W. Vursell de Illinois el 3 de diciembre de 1945, describe la opinión de los soldados con respecto a la ayuda norteamericana a Holanda. El soldado preguntó:

> ¿Van a usar nuestros buques de guerra para suministrar a los holandeses en Java o para llevar a nuestras tropas de vuelta a casa? . . . Tenemos una gran flota, pero cuando un grupo de buques que transportan tropas de Estados Unidos se detiene en Holandia,[8] se le ordena a las tropas que desembarquen y cargan los buques con suministros para Java, entonces es hora de decir basta. Supimos de esa breve noticia a través de una publicación de nuestra Primera División de la Marina.

¿Por qué estaba tan preocupado el gobierno de Estados Unidos sobre la situación en las Indias Orientales? La publicación *United States News* del 28 de diciembre de 1945 ofreció esta explicación:

> Si el pueblo javanés logra triunfar en su desafío del dominio holandés, los resultados bien podrían sentirse en gran parte de Asia. Ya hay evidencia de disturbios en Sumatra, Malaya, Siam [Tailandia], y en la Indochina Francesa. . . . [El resultado de los sucesos en Java] podría

determinar la posición del hombre blanco en regiones vecinas habitadas por cientos de millones de personas.

El gobierno de Estados Unidos estaba muy preocupado de que esos cientos de millones de personas y sus países, ricos en recursos naturales, no se escaparan de la dominación económica norteamericana. Meses antes de la conclusión de la guerra el Senador Tunnel, en un discurso al Congreso el 15 de febrero de 1945, lo delineó muy claramente: "Sería una posición muy anómala para Estados Unidos el que, después de mandar hombres y dinero, y de soportar todos los sacrificios que eso supone, nuestro país quedara excluido de los mercados que hemos liberado".

Eventos similares a estos en Indochina e Indonesia ocurrieron por todo el Pacífico, causando bastante desconcierto entre las tropas norteamericanas. Un editorial del *New York Times* el 25 de noviembre de 1945 resumió la situación así:

> Después de la guerra las hogueras del nacionalismo se intensificaron y la violencia resultante produjo la paradoja de 500 mil o más tropas japonesas en el sudeste asiático que deliberadamente no fueron desarmadas. . . . Un vocero británico las describió como "buenas tropas" que lucharon bien.

El general John Reed Hodge, comandante de las fuerzas norteamericanas en Corea, dijo a los reporteros, "Tuvimos que dejarle a los japoneses armas de mano como protección contra los coreanos porque es nuestra responsabilidad mantener el orden". A renglón seguido añadió que "De hecho, los japoneses son mi fuente más confiable de información". Fue notoria la brutalidad de los 35 años de esclavitud colonial del pueblo coreano por parte de Japón. La colaboración de los comandantes militares norteamericanos con el odiado cuerpo de oficiales japoneses para "mantener el orden" sometió a los soldados de Estados Unidos, que se consideraban libertadores, a una hostilidad cada vez mayor.

Por eso no es de sorprenderse que los soldados norteamericanos empezaran a cuestionar para qué estaban siendo utilizados en el Pacífico. De un día para otro sus aliados se convirtieron en sus enemigos, y el cuerpo de oficiales del enemigo se convirtió en un aliado.

El uso más descarado de tropas norteamericanas para reprimir la revolución colonial ocurrió en China. Al final de la guerra las fuerzas de liberación nacional bajo la dirección del Partido Comunista de China tenían el apoyo de la gran mayoría de la población, pero las tropas de Chiang Kai-chek controlaban todavía parte del sur de China. Estados Unidos intervino inmediatamente con soldados para apoyar a Chiang, tratar de derrotar al Ejército Rojo y sofocar la vasta ola revolucionaria que se estaba desencadenando en China. De todos los mercados en el Pacífico, China representaba el premio más gordo, y señores como el Senador Tunnel no querían que Estados Unidos quedara excluido. Según el *Foreign Policy Bulletin* [Boletín de Política Exterior] de Estados Unidos fechado el 30 de noviembre de 1945, la fuerza de las tropas nacionalistas [de Chiang Kai-chek] "está reforzada con la presencia en el norte de China de 50 mil infantes de marina norteamericanos, que han posibilitado la entrada de divisiones de Chungking, ocupando ciertas ciudades mientras estas llegaban,[9] patrullando estos centros conjuntamente con las tropas del gobierno central después de su llegada, y protegiendo tramos de vía férrea en el área de Pekín Tientsin".

¿Qué opinión tenían los soldados norteamericanos de ser utilizados de esta forma? Un piloto en la fuerza aérea del ejército en Kunming, China, escribió una carta amarga publicada en Nueva York en el periódico *PM* el 2 de diciembre de 1945:

> Todos los días escuchamos informes en la radio sobre la guerra en China y la intención de Estados Unidos de no intervenir. Ahora sabemos que nuestro propio país miente como el nazismo alemán le mintió al pueblo alemán.

Después prosiguió a explicar cómo los pilotos norteamericanos tenían la orden de cubrir las insignias de sus aviones con pintura antes de partir en sus misiones.

El infante de marina que escribió la carta que fue admitida en el Acta del Congreso el 3 de diciembre por el representante Vursell (citada arriba), se quejó:

> Hoy el general Wedemeyer afirmó que los marines permanecerían en el norte de China hasta que "queden

resueltos los asuntos que no están resueltos". . . . Eso
significa que estamos protegiendo a los nacionalistas
chinos de los comunistas. Esa es la verdad. Estamos
impidiendo que los comunistas controlen esta zona hasta
que lleguen los nacionalistas. En resumen, estamos
decidiendo el tipo de gobierno que China debe tener.
Estamos haciendo exactamente lo que le dijimos a Rusia
que no hiciera. Con razón no confían de nosotros en
Rusia.

Después de preguntar por qué Wedemeyer y Truman estaban
usando la repatriación de las fuerzas japonesas como un pretexto para intervenir en la revolución china, el infante de marina
continuó diciendo, "Papá, si yo pudiera darte una idea del odio
tan amargo que existe entre los infantes de marina sobre este
asunto, quizás podrías entender cómo nos sentimos".

¿Por qué se sublevaron las tropas norteamericanas?
Hoy, las tropas norteamericanas se encuentran nuevamente
combatiendo en Asia. Están siendo utilizadas en una guerra
colonial aun más brutal y destructiva que las que ocurrieron
después de la segunda guerra mundial. Su moral es pobre, y a la
mayor parte no le gusta lo que están haciendo. Pero su resentimiento no ha alcanzado la magnitud que alcanzó después de la
segunda guerra mundial. ¿Por qué rehusaron luchar en esa
ocasión?
En primer lugar, estaban simplemente cansados de luchar.
Estaban hartos y querían irse. Pero eso no basta para explicar su
rebelión. Si hubieran estado convencidos de la necesidad de
luchar, y si hubieran pensado que era su deber aplastar la
creciente revolución anticolonial, posiblemente lo hubieran hecho. Pero cinco años de propaganda antifascista durante la
guerra no podían borrarse en unos meses. La segunda guerra
mundial había sido descrita como una guerra para liberar del
fascismo a los pueblos subyugados, como una guerra para destruir un sistema que practicaba el genocidio, como una guerra
contra la opresión totalitaria nazi de la clase trabajadora y sus
organizaciones.
Al final de la guerra, cuando las potencias aliadas trataron de
reconquistar sus antiguas colonias, los soldados norteamerica-

nos simplemente dijeron, "No, ésta no es la causa por la cual luchamos y sacrificamos nuestras vidas". En una carta abierta al Presidente Truman, un siquiatra del ejército le advierte que las tropas sufrirían una "crisis sicológica" como consecuencia de "verse utilizados para suprimir a los mismos elementos democráticos que ansiaban liberar". Los soldados también se negaron a seguir luchando porque todavía no habían sido inculcados con el "gran miedo" del comunismo. La Unión Soviética había sido un aliado en la lucha contra el fascismo, y las tropas norteamericanas no habían sido convencidas de la necesidad de luchar contra sus amigos de antes.

Otro aspecto importante de la sublevación de las tropas fue el carácter racista de la política exterior de Estados Unidos, así como la organización completamente racista de su ejército. El ejército de la segunda guerra mundial todavía era completamente segregado, garantizando que las tropas negras tendrían las tareas manuales más duras y sucias. Como resultado muchos de los batallones de construcción asignados al Pacífico después de la guerra eran unidades exclusivamente de soldados negros. Por lo tanto, la demora en la desmovilización los afectaba más duramente.

Durante toda la guerra, aumentaron en intensidad las huelgas y manifestaciones contra las prácticas racistas estilo Jim Crow del ejército, ya que las tropas negras no aceptaban que la "lucha por la democracia" significara posponer la lucha contra los abusos racistas.[10] En marzo de 1945, el Trigésimocuarto Batallón de Construcción realizó una huelga de hambre. En otra ocasión, una unidad negra del cuerpo femenino del ejército (WACs) salió en huelga en el Fuerte Devons contra la asignación de tareas manuales. Todas fueron enjuiciadas en tribunales militares, sentenciadas a un año de trabajo forzado y recibieron separación deshonrosa del ejército.

El desastre en Puerto Chicago ha quedado en la historia como una de las más horribles consecuencias de las practicas racistas Jim Crow en las fuerzas armadas. Puerto Chicago, en California, era un importante almacén de abastecimiento en la costa oeste de Estados Unidos, y las cuadrillas de la marina que cargaban los buques eran en su mayoría negras. El 17 de julio de 1944, uno de los buques de municiones que estaba siendo cargado en la bahía explotó, y 327 hombres murieron, la gran mayoría marineros negros. Cuando los sobrevivientes recibieron la orden de regresar a trabajar, la mayoría se negó por las condiciones de trabajo obviamente peligrosas. Como represalia, la marina envió a cientos de ellos al teatro de operaciones en el Pacífico. En el juicio en masa más grande de la historia de la armada, a cincuenta de ellos se les procesó en consejo de guerra acusados de conspiración con fines sediciosos. Cada marinero encausado recibió una sentencia de por lo menos ocho años de trabajo forzado, y muchos recibieron sentencias de hasta quince años.

Estos ejemplos dan una idea del racismo que estaba institucionalizado en las fuerzas armadas de Estados Unidos y que contribuyó al hecho de que a las tropas negras no les entusiasmara para nada el ser utilizadas para subyugar a Asia. Conocían muy bien a través de una larga y amarga historia las actitudes racistas que hacían "aceptable" para el mando militar la carnicería al por mayor de los pueblos de color.

Las consecuencias históricas de la sublevación de las tropas

Las masivas manifestaciones de los soldados bajo el lema "Devuélvannos a casa", aunque fueron breves, tuvieron consecuencias de largo alcance en el periodo de la posguerra.

En primer lugar, *forzaron al gobierno de Estados Unidos a desmovilizar las tropas*. Más de 12 millones de hombres y mujeres prestaban servicio en las fuerzas armadas a la conclusión de la guerra, y para mediados del verano de 1946 el número se había reducido a 3 millones. Para junio de 1947 el número había bajado a 1.5 millones de tropas. La fuerza de la sublevación, su magnitud y profundidad, y el apoyo que recibió a través de todo el país casi resulta en la desintegración del ejército de Estados Unidos. El gobierno no tuvo otra alternativa que la de desbandar al enorme ejército conscripto.

En segundo lugar, la sublevación dejó bien claro para el mando militar que el concepto de un ejército conscripto permanente, disciplinado, en tiempos de paz no le podía ser impuesto fácilmente al pueblo norteamericano. Es difícil para nuestra generación comprender este hecho, pero nunca existió un ejército conscripto, excepto durante guerras a gran escala, ¡antes de nuestra era! La acusación de parte de los soldados de que estaban siendo usados como rehenes en la campaña de las fuerzas armadas para imponer el entrenamiento militar universal dejó bien claro que el pueblo de Estados Unidos no tendría nada que ver con un programa de ese tipo; fue hasta dos años después que el Congreso pudo aprobar sin recelos una ley instituyendo el entrenamiento militar universal. Antes de que el pueblo norteamericano pudiera aceptar esa idea, tuvieron que utilizar las más avanzadas técnicas de propaganda de Madison Avenue.

En tercer lugar, las manifestaciones de los soldados que exigían "Devuélvannos a casa", persuadieron a la clase gobernante de Estados Unidos que era necesario montar inmediatamente una nueva campaña de propaganda política para convencer al pueblo norteamericano de la "amenaza comunista" en todo el mundo, y reconstruir una fuerza militar adecuada para poder jugar un papel contrarrevolucionario donde fuera necesario. Cuando las tropas norteamericanas se sublevaron ante la idea de luchar contra el Ejército Rojo y las guerrillas "comunistas" chinos, era hora de reemplazar las consignas antifascistas con propaganda anticomunista; había que transformar las luchas anticoloniales de los pueblos por la independencia en "conspiraciones Comunistas". En el año de 1947 comenzó la nueva campaña de militarización.

En cuarto lugar, la sublevación de las tropas aplazó todo el itinerario de la posguerra que habían propuesto el primer ministro británico Winston Churchill y el presidente Harry Truman para iniciar la guerra contra la Unión Soviética. Las tropas norteamericanas simplemente anunciaron que no iban a luchar más. Llevó tiempo generar esa campaña de caza de brujas anticomunista que fue tan característica de la guerra fría. El blanco principal de ese asalto reaccionario contra los derechos democráticos fue el movimiento obrero norteamericano. Uno de los resultados fue que la Unión Soviética tuvo un momento de respiro para reponerse de la guerra, empezar a reconstruir su capacidad industrial y convertirse en una potencia nuclear. La revolución anticolonial pudo abrirse paso y le fue imposible a Estados Unidos intentar aplastar la revolución china en la segunda mitad de la década de 1940. La victoria de la revolución china en 1949 y el hecho de que Estados Unidos ya no poseía un monopolio nuclear fueron factores que contribuyeron al estancamiento en Corea a principios de la década de 1950. El gobierno de Estados Unidos no pudo lograr una victoria militar en Corea; el estado obrero en el norte del país no fue liquidado.

El estancamiento en Corea, y el hecho de que no fue una guerra popular, hizo que el pueblo norteamericano en 1954 sintiera pocas ganas de inmiscuirse en la guerra que Francia libraba en Indochina. Fue principalmente debido a esos factores, y a la decisión del gobierno francés de rechazar la oferta de Estados Unidos, que el presidente norteamericano Dwight Eisenhower no pudo pedir permiso al Congreso para usar las armas nucleares que ya iban camino a Vietnam en la época de Dien Bien Phu en 1954.[11]

EN QUINTO LUGAR, los lazos estrechos que existían entre el movimiento "Devuélvannos a casa" y el movimiento obrero organizado aseguraban que al regresar los soldados no podrían ser usados como rompehuelgas contra los sindicatos. Esto dio un gran impulso a las luchas del movimiento obrero en el periodo de la posguerra. Significó que el CIO pudo obtener logros significativos inmediatamente después de la guerra. Aunque la caza de brujas anticomunista de la guerra fría dividió y debilitó seriamente a los sindicatos, y aunque sus líderes adoptaron una política de colaboración de clases que maniató al movimiento obrero, las organizaciones obreras no fueron físicamente destruidas como en Alemania, Italia, España y Japón bajo el fascismo. Si en el periodo de la posguerra hubiera ocurrido una derrota de ese tipo, probablemente hoy la clase obrera aún no se habría repuesto. Un buen ejemplo es España, donde treinta años después de la derrota de los obreros españoles, los sindicatos apenas hoy están empezando a erguirse nuevamente.[12]

En sexto lugar, la lucha por los derechos de los negros también cobró impulso con el movimiento "Devuélvannos a casa". La inclusión de negros en los comités de soldados y la solidaridad entre las razas contra los aspectos más descaradamente racistas de la política exterior norteamericana dieron aliento a la lucha de liberación dentro y fuera del país.

Séptimo, el movimiento "Devuélvannos a casa" es prueba fehaciente de que la clase obrera en Estados Unidos es capaz de actuar en masa cuando se trata de cuestiones políticas; demuestra que el pueblo trabajador tiene intereses que van más allá de sus necesidades económicas inmediatas.

Finalmente, para nosotros en el movimiento contra la guerra la sublevación de las tropas después de la guerra tiene hoy un enorme significado. Una de las cuestiones más importantes que se discute entre los norteamericanos que se oponen a la guerra en Vietnam es el reto de cómo forjar lazos con las tropas, de cómo explicarles por qué nos oponemos a la guerra y por qué no pensamos que deben luchar y perder la vida en una guerra que no defiende sus intereses. El movimiento "Devuélvannos a casa" guarda algunas respuestas a esa pregunta.

La demanda "Devuélvannos a casa" va a ser enarbolada por los propios soldados. Es la consigna que va a movilizar a los cientos de miles de hombres y mujeres que debemos movilizar para poner fin a esta guerra. Las demandas por un acuerdo negociado, o por un cese al fuego, o por la intervención de Naciones Unidas —que para los soldados significa solamente intercambiar el casco verde olivo por un casco azul de la ONU— serían vistas por las tropas como un subterfugio para continuar la guerra.

Cuando los soldados se harten de la guerra, van a querer volver a casa y nada más. Van a organizarse y movilizarse. Pero esto no va a ocurrir de una manera aislada. Eso puede ocurrir solamente como un elemento integral de una lucha de clases cada vez más intensa en todo el país, cuando los soldados sepan que su voluntad va a la par de la acción de millones de trabajadores en todo el país con el mismo fin. La historia nos ha demostrado que solo entonces pueden unirse los soldados en el tipo de acciones de masas que pueden sacudir la política exterior de Estados Unidos y su maquinaria de guerra hasta los cimientos.

A medida que crezca el numero de tropas conscriptas en Vietnam, se identificaran más y más con la consigna de "Traigan las tropas a casa". Nosotros debemos enarbolar esta demanda continuamente sin retroceder en absoluto. Nuestra lucha inclaudicable al interior del país será prueba para ellos de que no están solos en su oposición a la guerra en Vietnam. El movimiento contra la guerra debe decirle a cada hombre, mujer y niño, a cada soldado y a cada civil, "¡Traigan las tropas a casa, ya!".

NOTAS

1. El 2 de septiembre de 1945, el día que el gobierno japonés formalmente se rindió a las fuerzas aliadas, se conoció como el Día V-J, (día de la victoria en Japón). V-E (día de la victoria en Europa) fue el 7 de mayo de 1945.

2. La legislación que autorizó el entrenamiento obligatorio (la conscripción) fue promulgada en Estados Unidos en septiembre de 1940, se venció en marzo de 1947. Después de un lapso de un año, la conscripción en tiempo de paz fue restituida con la adopción de la Ley de Servicio Selectivo en junio de 1948.

3. Las fuerzas japonesas que ocuparon las Filipinas fueron derrotadas por las fuerzas armadas norteamericanas en 1944-45. Sin embargo, el archipiélago de las Filipinas había seguido siendo colonia norteamericana, como lo había sido desde 1898. El gobierno norteamericano lanzó inmediatamente una campaña militar para aplastar a las fuerzas guerrilleras del Hukbalahap (Ejército Popular Contra Japón), que durante la guerra habían organizado la resistencia contra la ocupación japonesa. El movimiento guerrillero abogaba por una vasta reforma agraria. Las Filipinas obtuvieron la independencia el 4 de julio de 1946. El Ejército de Estados Unidos, no obstante, siguió conduciendo acciones militares contra las fuerzas rebeldes, que para 1954 habían sido dispersas y derrotadas.

4. El Cuerpo de Mujeres del Ejército (WACs), fue una organización del ejército de Estados Unidos creada en 1942 con el fin de reclutar mujeres para el servicio militar. Fue disuelta formalmente en 1978.

5. En aquel entonces, el gobierno burgués del Kuomintang, dirigido por Chiang Kai-chek y respaldado por las fuerzas militares norteamericanas, estaba desatando una guerra contra el levantamiento revolucionario que arrasaba China.

6. Una reunión de los líderes de las principales potencias victoriosas (Washington, Londres y Moscú) fue sostenida en Postdam, Alemania, en julio-agosto de 1945 para repartirse el territorio conquistado y designar la dominación económica y política a uno de los triunfadores.

7. El Viet Minh, la Liga para la Independencia de Vietnam, había luchado contra Japón para liberar al país del dominio colonial. En septiembre de 1945, se proclamó un Vietnam independiente, con Ho Chi Minh como presidente. Cuando las tropas francesas comenzaron a retornar ese mismo mes, el Viet Minh

reanudó la lucha, expulsando a los franceses en 1954.

8. Holandia, actualmente Djajapura, es la capital de la provincia indonesia de Irian Occidental.

9. Chongking, una ciudad en el sur central de China, sirvió como la capital del gobierno de Chiang Kai-chek durante la segunda guerra mundial.

10. Para un relato semanal de esta lucha, tomado de las páginas del *Militant,* ver *Fighting Racism in World War II* (Combatiendo el racismo en la segunda guerra mundial, por C.L.R. James y otros, Nueva York: Anchor Foundation, un libro de Pathfinder, 1980).

11. En abril de 1954, los gobernantes norteamericanos debatieron la opción de ordenar un bombardeo masivo para ayudar a romper el sitio de Dien Bien Phu, un poblado en el noroeste de Vietnam, donde los luchadores libertarios se acercaban a una victoria decisiva sobre las fuerzas francesas de ocupación. Se desplazaron portaviones norteamericanos equipados con armas nucleares frente a las costas vietnamitas, y el gobierno del partido republicano de Dwight Eisenhower consideró su utilización como un posible elemento en la operación.

12. Después de una guerra civil de tres años, para marzo de 1939 las fuerzas fascistas de Francisco Franco habían depuesto al gobierno republicano español. La dictadura de Franco permaneció en el poder por más de 30 años.

EL PROGRAMA COMUNISTA ANTIGUERRA DEL PARTIDO SOCIALISTA DE LOS TRABAJADORES, DE 1940 A 1969.

LA POLITICA MILITAR es una parte esencial de cualquier programa de transición del partido revolucionario en la época imperialista, que conlleva un monstruoso crecimiento de militarismo capitalista. El punto de vista ingenuo del movimiento socialista en sus comienzos, que ignoraba los aspectos militares de la lucha de clases, ya ha pasado de moda. Las relaciones reales entre las naciones, los pueblos y las clases obligan a toda tendencia política a tomar una posición y desarrollar una política frente a la guerra tanto imperialista como de clases.

La posición del Partido Socialista de los Trabajadores en este campo, como en los demás, ha sido derivada de los principios marxistas, usando los métodos y tradiciones del bolchevismo. Esta línea general ha sido aplicada de forma consecuente desde el principio de nuestro movimiento en este país.[1] No obstante, desde 1940 la aplicación táctica de este rumbo ha sido modificada dos veces debido a cambios en las circunstancias objetivas.

En 1940, en vísperas de la inminente entrada de Estados Unidos a la segunda guerra mundial, el PST formuló su política militar proletaria, un programa antibélico socialista revolucionario. Esta representaba una aplicación específica de los métodos del Programa de Transición, aprobado en 1938, a la psicología de la clase trabajadora y condiciones políticas del día.[2]

El programa se basaba en los siguientes conceptos: (1) Afir-

En septiembre de 1969 el congreso del Partido Socialista de los Trabajadores (PST) aprobó una resolución titulada "La lucha contra la guerra en Vietnam". Aquí publicamos la segunda parte de dicha resolución.

LAS NOTAS PARA ESTE ARTICULO COMIENZAN EN LA PAGINA 343.

maba nuestra permanente e irreconciliable oposición a la guerra imperialista y al sistema capitalista responsable de la misma;
(2) proyectaba una perspectiva de lucha cuya meta era asumir la
dirección de la clase obrera para librar una lucha por la toma
del poder y crear una sociedad socialista; y (3) hacía énfasis en
la necesidad de construir un partido leninista para poder lograr
estos objetivos.

Nuestra posición era categóricamente contraria a las ideas
erróneas y a la confusión política perpetradas en asuntos de
militarismo por los pacifistas profesionales, los stalinistas y los
socialdemócratas.

Los pacifistas parten de la premisa utópica de que las leyes de
la lucha de clases y la competencia capitalista pueden ser nulifi-
cadas a través de la cooperación de personas bien intencionadas
que convenzan a los imperialistas a que se abstengan de hacer
guerras. Los pacifistas se oponen al desarrollo de la lucha de
clases, prefiriendo la paz entre las clases a cualquier precio.

De su oposición moral y religiosa a la violencia como tal, y no
simplemente a la violencia reaccionaria, surge un rechazo del
derecho a la autodefensa armada. Apoyan la substitución de la
acción colectiva organizada por la fe individual. Su objeción por
conciencia a la conscripción y entrenamiento militares los lleva
a evadir la conscripción legal o a ser encarcelados, aislando más
de las masas a elementos opuestos a la guerra.

La ideología pacifista es tan perniciosa y postrante en épocas
de guerra como lo es al agudizarse el conflicto entre las clases.
Desmoraliza y desorienta a los activistas y a los movimientos
contra la guerra, desalienta las movilizaciones de masas y termina haciéndole el juego a los imperialistas.

Mientras existan las relaciones pacíficas, el pacifismo como
política puede parecer factible, pero estalla como un globo
pinchado una vez que se declaran las hostilidades. En periodos
pasados muchos pacifistas profesionales han terminado como
partidarios fanáticos de la guerra una vez que la clase gobernante hunde al país en el combate.

Los marxistas, por otro lado, siempre han reconocido que bajo
condiciones militares es imperativo tener una política militar.

Además de su falsa línea de colaboración de clases y de apoyo
a los candidatos "pro paz" que terminan rindiéndose a los
guerreristas, los stalinistas y socialdemócratas toman posiciones

que no difieren mucho de las actitudes simplemente antimilita-
ristas de los pacifistas puros, y que resultan ser igualmente
impotentes en la lucha contra el capitalismo y sus guerras.
Históricamente ellos también han capitulado al poder estatal
beligerante una vez que estalla la guerra o, sino, se han absteni-
do de avanzar un programa de lucha para arrebatarle el poder
estatal a los gobernantes capitalistas, que es la única forma de
abolir el militarismo capitalista y las guerras imperialistas.

La política militar adoptada por el PST en 1940 era una línea
revolucionaria con el fin de promover las luchas anticapitalistas
de los trabajadores bajo las condiciones creadas por la guerra
en ese momento.

Se esperaba que surgirían revoluciones proletarias en los países capitalistas avanzados como consecuencia directa de la segunda guerra mundial y que las masas de trabajadores en los
gigantescos ejércitos de conscriptos jugarían el papel decisivo
en dichas revoluciones.

Las medidas de transición propuestas en el programa iban a
ser un puente entre la vanguardia revolucionaria y los jóvenes
trabajadores-soldados reclutados al ejército norteamericano, a
quienes se les estaba imbuyendo en una mezcla de sentimientos
anti-hitleristas, antifascistas, defensistas, democráticos y patrióticos. El programa estaba encaminado a desarrollar entre los
soldados una afirmación de su independencia de clase dentro
de la maquinaria militar capitalista, para así poder avanzar paso
a paso hacia el logro de la hegemonía política e ideológica entre
ellos en anticipación del levantamiento revolucionario previsto.

Esta tarea fue preparada políticamente y se vio reforzada por
la oposición pública del partido a la guerra imperialista, puesta
en relieve en 1941 con el juicio por violación de la Ley Smith y
la documentación del mismo.[3]

Como parte de su programa el partido continuó su oposición
incondicional a la conscripción capitalista. Al mismo tiempo
tomó en cuenta el hecho de que los sentimientos antifascistas y
patrióticos de los trabajadores les hacían favorecer el servicio
militar obligatorio. Por eso contrapuso a la conscripción militar
capitalista el concepto de la conscripción por parte de las orga-

nizaciones de los trabajadores. Promovió la idea del entrenamiento militar bajo el mando de los sindicatos, financiado por
el gobierno capitalista.

Estas propuestas tenían como meta construir formaciones
militares de trabajadores conscientes de sus intereses de clase
capaces de defender estos intereses bajo condiciones de militarismo capitalista, guerra imperialista y de la amenaza de la
contrarrevolución fascista.

Los miembros del partido que fueron llamados al servicio
militar se sometieron, individualmente, a la conscripción capitalista. En las fuerzas armadas se prestaron a aprender habilidades
militares y procuraron ganar la confianza política de sus compañeros soldados. Su participación como socialistas en la maquinaria militar se consideraba como un requisito para la acción
revolucionaria en caso de que un giro favorable en la situación
hiciera posible convencer a la mayoría de la idea de transformar
la guerra imperialista en una lucha por el poder obrero y el
socialismo.

Esta serie de medidas, presentadas al inicio de la guerra en
forma de propaganda, no resultó ser la base de ninguna acción
sustancial durante el conflicto porque el conjunto de sucesos
dio un giro diferente que no coincidió con nuestras expectativas.

El acontecimiento más radical que ocurrió en el ejército fue
un movimiento de los soldados en el Pacífico al terminar la
guerra bajo la demanda "Devuélvannos a casa", que debilitó a
las fuerzas armadas, entorpeciendo los planes de los estrategas
militares norteamericanos. Aunque se dieron situaciones revolucionarias en Europa occidental no hubo revoluciones victoriosas en los países capitalistas avanzados.[4] El eje de la revolución mundial se trasladó hacia el mundo colonial.

Estas condiciones de posguerra crearon una situación mundial que era fundamentalmente distinta a la del periodo de
1941 a 1945.

Las rivalidades interimperialistas, no importa cuan importantes sigan siendo, han sido subordinadas a la Guerra Fría del
imperialismo contra los estados obreros y a sus intervenciones
militares contra las revoluciones coloniales. Las fuerzas armadas
norteamericanas se han convertido en el principal instrumento
de la agresión imperialista mundial.

Estos sucesos globales han producido marcados cambios en las opiniones del pueblo norteamericano acerca de los problemas planteados por las intervenciones armadas de Washington. La intervención de Estados Unidos en la segunda guerra mundial se aceptó casi unánimemente con la ilusión de que se trataba de una guerra progresista contra el fascismo.

AUNQUE SE VIO una disminución clara y significativa del fervor patriótico durante la guerra de Corea al principio de los años 50, la oposición activa y abierta se limitó más que nada a círculos de izquierda, los cuales se encontraban en decadencia.

Vietnam ha causado un cambio decisivo en las actitudes del pueblo hacia la guerra imperialista. Ha surgido un movimiento antiguerra sin precedente, que continúa atrayendo a más y más partidarios en medio de una guerra verdadera. Está dirigido por una juventud insurgente que pertenece a la generación posterior a la caza de brujas, y que ha sido radicalizada por la revolución colonial y la lucha por la liberación de los negros.

En lugar de exigir del gobierno una victoria a toda costa, desde 1965 los sentimientos derrotistas han cobrado fuerza en grandes sectores de la población. Esta resistencia hacia los imperialistas se expresa directamente en simpatía por la revolución vietnamita e indirectamente al condenar la guerra como ilegal, inmorale e injusta, y al negarse los trabajadores organizados y los negros a hacer cualquier sacrificio material por la guerra.

La clase gobernante de este país está pagando el precio de actuar como el principal gendarme del capitalismo mundial. Al convertirse en el perro principal de la jauría imperialista ha caído preso de todas las contradicciones del capitalismo internacional en su agonía mortal. Washington se ve obligado a financiar y proveer los principales medios militares requeridos para detener, con medidas cada vez más masivas, la ola de luchas de masas antimperialistas y anticapitalistas en el mundo entero.

El alto costo de este rumbo es recaudado del pueblo a través de la conscripción y un alto número de bajas militares; aumentos en los impuestos y presiones inflacionarias sobre los salarios reales[5] y un descuido total de las necesidades sociales urgentes. Estas consecuencias del militarismo imperialista han causado que cada vez más norteamericanos cuestionen el conflicto en Vietnam y las razones oficiales para justificarlo. La demagogia oficial y el engaño descarado del gobierno para justificar la intervención norteamericana han generado una sospecha generalizada. Las crecientes críticas a la política imperialista y el resentimiento a causa de la guerra hacen que siga creciendo el número de norteamericanos que quieren un pronto fin de la guerra.

Los sentimientos pacifistas de las masas tienen un significado diferente a la ideología y política de los pacifistas profesionales. Estos sentimientos nacen de la desconfianza de la política exterior impuesta por los monopolistas y militaristas y de la repugnancia frente a la agresión de parte de estos, y tienen potencial revolucionario. Si estos sanos instintos pueden ser profundizados, encauzados políticamente y debidamente dirigidos, se pueden convertir en la base y punto de partida para la creación de una conciencia anticapitalista de masas que pueda superar los estrechos límites políticos de los pacifistas profesionales y sus compañeros colaboracionistas de clase que han dominado los movimientos "pro-paz" anteriores.

La tarea de nuestro partido es hacer que estas protestas antiguerra tomen un rumbo clasista. Para adaptar su política militar a las nuevas condiciones internacionales y domésticas el partido ha introducido los siguientes cambios tácticos.

La demanda de entrenamiento militar bajo control sindical, así como el abogar por la conscripción a organizaciones militares obreras, han sido soslayados.

Se ha hecho más énfasis en la oposición a la conscripción obligatoria, la cual es cada vez menos popular.

Como en el pasado, los miembros del partido que son llamados al servicio militar se someten a la conscripción.

Al hacerlo, se niegan a firmar el inconstitucional juramento de lealtad que ahora se ha hecho parte del procedimiento de conscripción.

Aunque el mayor peso del movimiento antiguerra sigue girando en torno a la población civil, la oposición dentro del presente ejército de conscripción le ha dado una dimensión nueva y extremadamente importante a las fuerzas que libran la lucha contra los guerreristas imperialistas. Los socialistas revolucionarios dentro de las fuerzas armadas enfocan su actividad política en reafirmar y defender su derecho constitucional de expresar sus puntos de vista como ciudadanos, sobre la guerra y otros aspectos de la política gubernamental. Al ejercer este derecho aplican criterios tácticos acertados, evitando problemas de orden disciplinario y castigos por asuntos y órdenes militares rutinarios.[6]

El objetivo fundamental de nuestro actual enfoque de transición es el mismo que el de los anteriores. El fin es promover una lucha de los trabajadores y sus aliados por el poder y el socialismo y construir un partido combativo, fuerte, disciplinado democráticamente y capaz de dirigir esta lucha hasta el final.

NOTAS

1. El Partido Socialista de los Trabajadores traza sus orígenes a la fundación del Partido Comunista de Estados Unidos en 1919. Trabajadores revolucionarios y otros luchadores, inspirados por la dirección bolchevique de la victoriosa revolución rusa de octubre de 1917 y ansiosos de aprender de ésta, se agruparon en un partido político que formaba parte de la recientemente fundada Internacional Comunista (Comintern). Para un relato de estos sucesos ver Farrell Dobbs, *Revolutionary Continuity: Birth of the Communist Movement 1918-1922* (La continuidad revolucionaria: El nacimiento del movimiento comunista, 1918-1922; Nueva York: Pathfinder, 1983).

Después de la degeneración de la Internacional Comunista bajo Stalin, una pequeña minoría dentro del Partido Comunista norteamericano —incluyendo algunos de sus principales dirigentes y delegados a los congresos del Comintern— rechazaron el rumbo antileninista del partido y del Comintern y continuaron luchando por una perspectiva comunista. Después de ser expulsados en 1928 comenzaron a publicar el periódico el *Militant* y fundaron la Communist League of America (Liga Comunista de América). Reforzados por nuevas capas de trabajadores revolucionarios, estos cuadros comunistas crearon en 1938 el Partido Socialista de los Trabajadores. Para más información ver: James P. Cannon, *History of American Trotskyism* (La historia del trotskismo norteamericano;

Nueva York: Pathfinder, 1972).

2. Para más información sobre la política antiguerra del PST durante la segunda guerra mundial, ver "Military Policy of the Proletariat" (Política militar del proletariado) y "Summary Speech on the Proletarian Military Policy" (Discurso final sobre la política militar proletaria) en James P. Cannon, *The Socialist Workers Party in World War II* (El Partido Socialista de los Trabajadores en la segunda guerra mundial, Nueva York, Pathfinder, 1975), págs. 66-83, 93-103. Ver también "The manifesto of the Fourth International on the Imperialist War and the Proletarian World Revolution" (El manifiesto de la Cuarta Internacional sobre la guerra imperialista y la revolución proletaria mundial) en *Writings of Leon Trotsky (1939-1940)* (Los escritos de León Trotsky, 1939-1940; Nueva York: Pathfinder, 1973), págs. 183-222.

3. La Ley Smith, promulgada en junio de 1940 como parte de la campaña de militarización que preparó la entrada de Estados Unidos a la segunda guerra mundial, tenía como propósito y se usó para derrotar a la vanguardia clasista organizada del movimiento obrero que dirigía la oposición a los preparativos de Washington para la guerra imperialista. La ley imponía severas condenas de cárcel por abogar por ideas consideradas sediciosas. Los primeros en ser condenados conforme a la nueva ley fueron 18 dirigentes del Local 544 del sindicato de camioneros en Minneapolis, Minnesota y del Partido Socialista de los Trabajadores. El 8 de diciembre de 1941, el día siguiente al bombardeo de Pearl Harbor, los acusados de Minneapolis fueron sentenciados a entre 12 y 18 meses de cárcel. Después de la segunda guerra mundial la Ley Smith también se usó como pretexto para encarcelar a dirigentes del Partido Comunista. En 1958 las principales cláusulas de esta ley, encaminadas a suprimir las ideas, fueron declaradas inconstitucionales. Ver James P. Cannon, *Wall Street Enjuicia al Socialismo* (Nueva York: Pathfinder, 1973); Farrell Dobbs, *Teamster Bureaucracy* (La burocracia Teamster, Nueva York: Anchor Foundation, un libro de Pathfinder, 1977).

4. A finales de la segunda guerra mundial, al terminar la ocupación Nazi, en varios países de Europa occidental ocurrieron masivos levantamientos proletarios. En algunos lugares la fuerza dominante al retirarse las tropas alemanas eran las unidades guerrilleras armadas dirigidas por el Partido Comunista. Sin embargo, basándose en el pacto firmado entre Roosevelt, Churchill y Stalin en Yalta para la división de las esferas de influencia en Europa, los Partidos Comunistas de Europa occidental apoyaron la reimposición de gobiernos capitalistas y ordenaron a los trabajadores depo-

ner sus armas.

5. A fines de la década de 1960, el alto costo militar para financiar la guerra en Vietnam resultó en una creciente inflación. Esto dio fin a lo que había sido un incremento permanente del valor real de los salarios en Estados Unidos desde que terminó la segunda guerra mundial.

6. Durante la guerra de Vietnam el alto mando militar intentó en numerosas ocasiones intimidar, perseguir y silenciar a los soldados que insistían en sus derechos constitucionales de libertad de expresión y asociación. La lucha más importante en torno a este problema fue la de los 8 del Fuerte Jackson. Después de detenerlos durante 60 días en la prisión militar del Fuerte Jackson por cargos que incluían desacato, celebrar una manifestación ilícita, y desobedecer una orden por haberse reunido a escuchar cintas de Malcolm X y discutir la guerra, el alto mando decidió derogar los cargos en lugar de llevarlos ante un consejo de guerra. Andrew Pulley, uno de los 8 acusados en el Fuerte Jackson y uno de los fundadores de la organización Soldados Unidos Contra la Guerra, fue candidato a la presidencia de Estados Unidos en 1980 por el Partido Socialista de los Trabajadores. Ver el libro de Fred Halstead, *GIs Speak Out Against the War: The Case of the Fort Jackson 8* (Los soldados se pronuncian contra la guerra: El caso de los 8 del Fuerte Jackson; Nueva York: Pathfinder, 1970).

EL COMUNISMO, LA CLASE OBRERA, Y LA LUCHA ANTIMPERIALISTA

LECCIONES DE LA GUERRA IRAN-IRAQ

Teherán, febrero de 1979. Soldados, obreros y estudiantes celebran la victoria de la insurrección que derrocó a la brutal monarquía en Irán respaldada por Estados Unidos. Al año siguiente, Washington y otras potencias imperialistas recibieron con beneplácito la invasión expansionista iraquí de Irán, como un posible golpe mortal a la revolución iraní.

UN EJEMPLO PARA REVOLUCIONARIOS
Introducción a dos documentos

Por Samad Sharif

¿COMO SE CONDUCEN los comunistas en los países oprimidos del mundo colonial y semicolonial ante una agresión instigada por el imperialismo? ¿De qué forma se incorporan a la lucha antimperialista sobre una línea de marcha que avance la lucha de obreros y campesinos contra sus explotadores capitalistas y terratenientes, tanto en el país como en el exterior?

Estas interrogantes en torno a una estrategia revolucionaria de clase obrera han sido cada vez más fundamentales para la lucha mundial por la liberación nacional y el socialismo en el siglo veinte. Y una vez más han sido claramente planteadas por los sucesos del Golfo Arábigo-Pérsico a partir de agosto de 1990. ¿Qué dirección deben seguir los obreros y campesinos de pensamiento revolucionario en el Oriente Medio, incluidos los de Iraq, ante la guerra asesina desatada por Washington y sus aliados? ¿Cómo deberían haber respondido a la invasión y ocupación expansionistas sobre Kuwait en agosto de 1990, por el régimen capitalista iraquí?

Actualmente no existe una corriente revolucionaria organizada entre los obreros, campesinos y jóvenes de Iraq. El movimiento obrero en ese país ha enfrentado décadas de represión brutal a manos del régimen *baasista* burgués de Saddam Hussein y sus antecesores. Además, el peso de los liderazgos corruptos tanto stalinistas como de una variedad de corrientes nacionalistas burguesas y pequeñoburguesas ha desorientado a una gran cantidad de luchadores revolucionarios en Iraq durante los últimos 50 años.

Sin embargo, al iniciarse la década de 1980, el rumbo y actividad políticas de una organización comunista en Irán —el Partido de Unidad Obrera (Hezb-e Vahdat-e Korigarán, HVK)— mostró el camino no sólo para las organizaciones revolucionarias en el Oriente Medio sino también para los revolucionarios, luchadores antimperialistas y comunistas de todo el mundo. Reproducimos aquí dos resoluciones que presentan tal rumbo comunista; fueron aprobadas por el HVK y llevadas a la práctica en Irán durante los primeros años de la guerra expansionista del régimen iraquí contra Irán a principios de la década de 1980.

Al poner en práctica estas perspectivas de clase obrera en Irán, el HVK buscó implantar sus cuadros en las fábricas y en los comités de fábrica (*shoras*) establecidos durante el derrocamiento revolucionario de 1979 de la monarquía respaldada por Estados Unidos. El HVK consideró este giro a la clase obrera industrial en Irán como indispensable para la construcción de un partido proletario, incluyendo la incorporación de trabajadores que son mujeres y miembros de las diversas nacionalidades oprimidas.

Junto con otros trabajadores, los miembros del HVK estuvieron entre los primeros reclutas y voluntarios que combatieron y murieron en defensa de la revolución contra la invasión iraquí. Las autoridades no le permitieron a algunos miembros del HVK servir en el frente debido a sus ideas políticas. Estos trabajadores revolucionarios se incorporaron a las brigadas voluntarias de producción en las fábricas para satisfacer las urgentes necesidades de la guerra.

Como se plantea en las dos resoluciones aquí reproducidas, el HVK sostuvo que una defensa eficaz de la revolución requeriría de la profundización de las luchas de los obreros, campesinos y las de las nacionalidades oprimidas contra Washington y otras potencias imperialistas así como aquellas contra los capitalistas y terratenientes cuyos intereses protegía la República Islámica: el régimen burgués que estaba consolidando su poder tras el derrocamiento del sha. Los obreros comunistas en Irán explicaron la necesidad de avanzar esas luchas con el objetivo de preparar a los oprimidos para el establecimiento de un gobierno obrero y campesino en Irán.

Muchos de los miembros y dirigentes del HVK se habían incorporado al movimiento comunista antes de la revolución, cuando vivían en el exilio en Estados Unidos. A mediados de la década de 1970, un grupo de revolucionarios opositores del régimen del sha formó una organización en el exilio denominada la Liga Sattar (nombrada en memoria de Sattar Khan, un dirigente central durante la revolución constitucional de 1905-1911, de la región azerbeiyani en Irán). La Liga Sattar jugó un papel dirigente en Estados Unidos movilizando apoyo para las víctimas de la represión del régimen capitalista-terrateniente y de los odiados carceleros, torturadores y asesinos de la SAVAK, la policía secreta del sha. Organizaron la traducción al farsí y circularon de la forma más amplia posible obras marxistas fundamentales como *El manifiesto comunista* y obras de V.I. Lenin, León Trotsky y otros. Como parte de un movimiento mundial común con el Partido Socialista de los Trabajadores en Estados Unidos y otros con iguales perspectivas en otros países, la Liga Sattar educó a sus cuadros iniciales en torno a la política comunista y los preparó para regresar a Irán y participar en la lucha de clases cuando las condiciones allí lo permitiesen.

T AL OPORTUNIDAD se presentó con el ascenso del movimiento de masas de obreros, campesinos y jóvenes que desafiaron al régimen del sha durante la mayor parte de 1978, culminando en febrero de 1979 en el derrocamiento revolucionario de la monarquía. Los militantes de la Liga Sattar retornaron a Irán en enero de 1979 y formaron una organización comunista junto con otros exiliados que retornaban de Europa. A fines de 1979 esta organización había tomado el nombre de Partido Revolucionario de los Trabajadores (Hezb-e Korigarán-e Engelab, HKE).

La clase dominante capitalista de Iraq había visto el derrocamiento del régimen del sha y el debilitamiento de las fuerzas armadas iraníes como una oportunidad para apoderarse de la rica provincia petrolera del Juzistán y de las instalaciones portuarias y acceso marítimo de Shatt-el-Arab precisamente al otro lado de la extensa frontera oriental de Iraq con Irán. Al mismo tiempo, ellos temían el ejemplo político de la revolución iraní para los obreros y campesinos en Iraq y su impacto desestabilizador sobre los regímenes capitalistas-terratenientes por toda la región.

En octubre de 1978, a medida que las movilizaciones en contra del sha alcanzaron en Irán proporciones masivas, Bagdad expulsó al ayatollah Rujola Jomeini. Este opositor de la monarquía iraní había vivido en Iraq desde que fuera forzado al exilio en 1964. Después de la revolución, el régimen de Iraq abrió sus puertas a los más altos funcionarios del régimen del sha y a los máximos dirigentes de la SAVAK y del ejército iraní; les ayudó a establecer bases desde las cuales organizar operaciones armadas e intentos de golpes de estado contra el nuevo gobierno en Teherán.

A la vez que le dio la bienvenida a esas fuerzas contrarrevolucionarias de Irán, en la primavera y verano de 1980 el régimen de Iraq desalojó y expulsó a decenas de miles de iraquíes, con la excusa de que eran de origen iraní. Los que fueron forzados al exilio eran en su mayor parte del sur de Iraq y fieles a la rama chiíta del Islam. (Aunque los chiítas constituyen la mayoría de la población iraquí, históricamente han enfrentado una discriminación sistemática de parte de las capas dominantes capitalistas y terratenientes en Iraq, quienes en su mayoría son musulmanes sunnitas. En Irán la mayoría, tanto de la población como de las capas gobernantes, son chiítas.)

El 22 de septiembre de 1980, Bagdad lanzó una invasión contra Irán. Aunque Washington y sus aliados imperialistas oficialmente declararon neutralidad en el conflicto, de hecho estimularon la agresión iraquí contra Irán. La clase capitalista más rica y poderosa del mundo esperaba que el asalto contra Irán le asestaría un golpe mortal a la revolución y posibilitaría el restablecimiento de un régimen subordinado directamente a los intereses imperialistas. El método de los gobernantes norteamericanos fue descrito con acierto meses antes del inicio de la guerra por el *Wall Street Journal*: "Con un Irán revolucionario creando tanta tensión en el Oriente Medio, es obvio que Washington recibiría con agrado cualquier papel que los iraquíes pudieran desempeñar en la estabilización del Golfo Pérsico".

En el transcurso de la guerra Bagdad fue armado por varios gobiernos imperialistas, París en particular, lo mismo que Roma, Londres y otros más. Precisamente en la víspera de la invasión, Iraq firmó un convenio por 4 500 mil millones de dólares en armamento con los gobiernos francés e italiano.

Tanto las monarquías de Arabia Saudita, Kuwait, de los otros países del Golfo, como virtualmente todos los gobiernos de la Liga Arabe (con la excepción de Argelia, Libia y Siria) respaldaron el esfuerzo de guerra de Bagdad contra Irán. Muchos brindaron considerable apoyo financiero para ayudarle a Iraq a mantener sus operaciones militares.

Durante el otoño de 1980, las fuerzas iraquíes ocuparon rápidamente más de 5 mil kilómetros cuadrados de territorio iraní. Capturaron Jorramchar, ciudad sureña de importancia estratégica, y otras más, incluida la periferia del puerto de Abadán, la principal ciudad refinadora de petróleo. Sin embargo, al terminar el año, el avance iraquí se había estancado ante la resistencia de los obreros, campesinos y jóvenes iraníes que en centenares de miles se ofrecieron como voluntarios para resistir este esfuerzo respaldado por los imperialistas con miras a aplastar la revolución iraní e impedir a los trabajadores de Irán la defensa y el avance de sus conquistas.

Para mayo de 1982, las fuerzas que defendían Irán habían recapturado Jorramchar en una batalla crucial y en unos pocos meses forzaron al ejército iraquí a retroceder detrás de la frontera. Las tropas iraníes mismas cruzaron al interior del territorio iraquí.

FUE EN ESTE CONTEXTO político que las dos resoluciones reproducidas en este libro fueron redactadas y distribuidas en Irán. El primer documento, de diciembre de 1980, resultó de una escisión en el HKE bajo las presiones de la guerra. Al iniciarse la invasión iraquí, el HKE había reconocido la agresión como una amenaza para la revolución y se había incorporado a la movilización política y militar para derrotarla. Ya que los trabajadores no contaban con un ejército propio para organizar la resistencia, los miembros del HKE sirvieron en las fuerzas armadas de la República Islámica.

A fines de 1980, una mayoría de la dirección del HKE empezó a abandonar una línea de marcha comunista. Se alejaron de la orientación hacia la construcción de un partido proletario revolucionario en la clase obrera y en los shoras de obreros. Cada vez más abandonaron la lucha por una acción política independiente de clase obrera. Estos dirigentes del HKE empezaron a presentar al gobierno capitalista en Irán como un régimen progresista que al menos en cierta medida representaba los intereses del pueblo trabajador oprimido y explotado: rumbo que rápidamente les condujo al abandono de la perspectiva revolucionaria de reemplazar este régimen con un gobierno obrero y campesino.

Una importante expresión inicial de este alejamiento de un curso revolucionario fue la reversión de la posición previa de la organización de apoyo incondicional a la lucha por la autodeterminación nacional del oprimido pueblo curdo en el noroeste de Irán y de oposición a la guerra que contra ellos libraban las tropas del gobierno iraní. Una capa de dirigentes del HKE empezó a sostener que las organizaciones curdas estaban llevando a cabo operaciones militares provocadoras y que el gobierno simplemente estaba respondiendo como parte de su resistencia ante la agresión iraquí.

Los que mantuvieron un rumbo comunista en la dirección del HKE respondieron que lejos de fortalecer la resistencia a la invasión de Bagdad, la guerra de Teherán en contra del pueblo curdo en realidad estaba debilitándola. Ya que los curdos también habían sufrido una larga y brutal opresión nacional a manos del régimen iraquí, constituían un poderoso aliado potencial —en ambos lados de la frontera— en la lucha contra la agresión de Bagdad. Sin embargo, el gobierno iraní estaba desperdiciando tropas y material bélico al librar una guerra contra los curdos, negándoles sus derechos nacionales.

Para diciembre de 1980, habían expulsado a todos aquellos en el HKE que mantuvieron una línea de marcha comunista. Estos se unieron en enero de 1981 a otros ex miembros del HKE, que se habían opuesto a que la dirigencia mayoritaria abandonara el rumbo comunista, para formar una nueva organización: el HVK. La resolución de 1980 fue uno de los documentos en torno a los que se fundó el HVK.

El segundo documento del HVK es de julio de 1982, poco después de la recuperación de Jorramchar por tropas iraníes. A la vez que apoyaba la entrada en territorio iraquí como una indispensable medida militar defensiva en la guerra, el HVK recalcó la importancia de mostrar completa solidaridad con los obreros y campesinos de Iraq, afirmando claramente el respeto a la soberanía nacional de Iraq, y otorgando máxima consideración —respecto de cada maniobra militar al interior de Iraq— a la comprensión política y los intereses de los iraquíes explotados. La resolución también señaló los crecientes obstáculos creados por el gobierno iraní para una defensa eficaz de la revolución contra el imperialismo y sus aliados en la región.

La guerra siguió por seis años después de la victoria iraní en Jorramchar, con el régimen iraquí eventualmente retomando la iniciativa militar. Cientos de miles perdieron sus vidas en ambos lados, a medida que Bagdad lanzó ataques aéreos y con misiles sobre ciudades en Irán; usó armas químicas en la guerra, incluso contra los civiles curdos que vivían en Iraq; e intentó estrangular económicamente a Irán atacando el transporte comercial en el Golfo Arábigo-Pérsico. Una flota naval norteamericana intervino en el Golfo contra los esfuerzos iraníes de defensa, so pretexto de que habían sido invitados por el gobierno de Kuwait.

EL REGIMEN iraní, por su lado, respondió lanzando ataques contra centros de población en Iraq, sirviéndose de tácticas militares que resultaron en la masacre innecesaria de decenas de miles de jóvenes obreros y campesinos iraníes que desinteresadamente se ofrecieron a marchar al frente para defender la revolución. En el frente interno, las presiones sobre el pueblo trabajador aumentaron como resultado de las políticas militar, económica y social del régimen capitalista. La represión gubernamental contra el derecho a la expresión y organización políticas se intensificó con un número cada vez mayor de encarcelamientos y ejecuciones de activistas políticos. Los shoras de fábricas fueron obligados a retroceder y desmantelados. Se intensificaron los ataques contra las mujeres que luchaban por una mayor igualdad social y económica. El gobierno se negó a echar a andar una reforma agraria para satisfacer las demandas de los campesinos en pos de tierra y de los instrumentos necesarios para labrarla.

En agosto de 1988, Teherán aceptó un cese al fuego bajo condiciones favorables al régimen en Bagdad, dejando la totalidad de la vía fluvial de Shatt-el-Arab y otros territorios iraníes bajo control iraquí. Dos años después, a mediados de agosto de 1990, el régimen de Saddam Hussein finalmente firmó un acuerdo permanente con Irán para relajar las presiones militares en su frente oriental en vista de la concentración militar organizada por Estados Unidos en Arabia Saudita y aguas circunvecinas. Tal acuerdo le regresó a Irán todo el territorio conquistado por Bagdad en el transcurso de su guerra sanguinaria de ocho años. En septiembre de 1990 los gobiernos de Iraq e Irán restablecieron relaciones diplomáticas.

GUERRA, REVOLUCION
Y LA LUCHA POR UN GOBIERNO
OBRERO Y CAMPESINO

EN CONFABULACION con el imperialismo norteamericano, el gobierno de Iraq ha lanzado un ataque militar contra Irán con el propósito de derrocar la república islámica. Los ataques imperialistas contra la revolución iraní alcanzan una nueva etapa. Su objetivo es impedir la extensión de la revolución en la región; romper la dinámica antimperialista de la revolución iraní; recuperar las posiciones que perdió el imperialismo; y cambiar por completo la orientación mundial hacia la revolución, a la cual la revolución iraní le ha dado nuevo ímpetu.

Se va formando un movimiento de resistencia masiva contra este ataque militar.

1. El imperialismo busca cambiar a su favor la correlación mundial de fuerzas que fue trastornada por la revolución iraní al detrimento de los intereses imperialistas. Esto es lo que intenta hacer un poder en decadencia. Lanza los ataques desde una posición de debilidad.

El presidente iraquí Saddam Hussein intenta impedir la extensión de la revolución iraní, una revolución que ha inspirado el sentimiento revolucionario del pueblo trabajador iraquí que se está organizando para derrocar a su régimen. Las manifestaciones de masas y las acciones antimperialistas del pueblo iraní han atraído la atención de los trabajadores árabes. Esto se ve

---

Esta resolución fue redactada en diciembre de 1980 y aprobada por el congreso celebrado del 22 al 24 de enero de 1981 por el Hezb-e Vahdat-e Korigarán (Partido de Unidad Obrera). La versión en inglés en la cual se basa la presente traducción, que originalmente apareció en el número del 20 de abril de 1981 de la revista Intercontinental Press, *fue revisada comparándola con el original en farsí.*

reflejado especialmente en las movilizaciones de millares en el Día de Jerusalén.[1] Una reflexión de este proceso se demuestra en el apoyo dado a Irán en su guerra contra Iraq por los gobiernos de Libia, Siria y Argelia los cuales están bajo presión del imperialismo y del gobierno israelí. Por otro lado, los gobiernos reaccionarios árabes que no tienen apoyo popular toman refugio bajo el ala imperialista y así se aíslan aún más de sus pueblos.

Las esperanzas de todos los contrarrevolucionarios en el área dependen del imperialismo estadounidense, el cual ha acelerado sus preparativos militares para un ataque contra la revolución. Desde Turquía a Egipto la presencia militar de Estados Unidos ha aumentado, y los buques de guerra estadounidenses se dirigen al Golfo Pérsico. La confrontación entre el imperialismo y la revolución ha alcanzado la etapa crítica de guerra.

La Unión Soviética y China, dos grandes estados obreros que deberían y podrían proveer ayuda militar, económica y política inmediata y ampliamente para defender la revolución contra el ataque iraquí, hasta el momento han adoptado una posición de "neutralidad". De esta manera las burocracias gobernantes stalinistas en estos países cobardemente han puesto en peligro la posición de los estados obreros respecto del imperialismo.

2. Debido a la guerra, la revolución iraní ha alcanzado una nueva etapa. Al contrario de las expectativas de los dirigentes de la contrarrevolución, el ejército iraní aceptó el desafío del ataque iraquí. La República Islámica no fue derrocada. El pueblo se alzó en defensa de su revolución.

Los trabajadores de la ciudad y las masas árabes de Juzistán[2] junto con los *pasdarán*[3] y los soldados lucharon contra los invasores. Ven su liberación entrelazada con la independencia del yugo imperialista y la unidad de la revolución iraní.

En todo el país los jóvenes se alistaron para servir en el frente de guerra. Grupos de veintidós organizados por el Basiy-í Mustazafín[4] recibieron entrenamiento militar con ayuda de las mezquitas comunitarias.

Por iniciativa de las masas, centros de resistencia armada se están formando alrededor del país, en las fábricas, las comuni-

LAS NOTAS PARA ESTE ARTICULO COMIENZAN EN LA PAGINA 370.

dades, las aldeas y las escuelas. De las masas populares se va formando un ejército de veinte millones[5] y las masas ejercen un control creciente sobre actividades en las fábricas, las comunidades y las aldeas.

Por todo el país, la gente está recaudando productos necesarios para mandar por camión al frente. Para asegurar la distribución equitativa de los productos, los shoras comunitarios [comités de barrio] están aumentado sus actividades. A través de la organización de las masas, la revolución se prepara para un invierno largo y frío.

Junto con la formación de organizaciones independientes de masa, están tomando lugar movilizaciones masivas tanto políticas como militares. Nuevamente, millones están marchando por las calles en defensa de la revolución y contra el imperialismo. Los obreros, campesinos, mujeres, los pueblos de nacionalidades oprimidas y las tribus ven esta guerra como propia; ven que la protección de sus logros y su libertad depende en salir victoriosas en la guerra.

El 4 de noviembre los estudiantes a través de todo el país tomaron parte en una protesta convocada por los Estudiantes Musulmanes que Siguen la Dirección del Imán, demostrando así el espíritu revolucionario de la nueva generación en defensa de la revolución.[6] En particular es notable la participación de las mujeres en las protestas y las organizaciones de masa a nivel nacional. La vigilancia de las masas y la determinación del pueblo trabajador en defender la revolución ha neutralizado otras capas que tendían hacia la contrarrevolución.

Las grandes manifestaciones de mujeres y hombres en armas el 25 de octubre en Ispaján y las manifestaciones en Tabriz durante la celebración religiosa de octubre —la Fiesta del Ghadir— son símbolos ante el mundo del poder y la determinación del pueblo de defender la revolución. El gran espíritu de lucha de las masas corresponde al deber vital en ser victoriosas en la guerra. Por primera vez desde la insurrección en febrero de 1979, las masas se están armando nuevamente. Los comités que se formaron antes de la insurrección, con el nuevo nombre de shoras comunitarios, se vuelven a formar con el propósito de racionar la comida y otros productos necesarios.

Una vez más están teniendo lugar manifestaciones de millones de personas. Estas acciones son similares a las que tuvieron

lugar después de la ocupación de la guarida de espías norteamericana, la cual dejó grabada en la conciencia de las masas al
enemigo mayor de la revolución. De esta manera las anteriores
etapas de la revolución se van aunando. En esta etapa los shoras
de obreros[7] son las únicas organizaciones de masa que mantienen dentro de sí mismas la continuidad de la revolución.

3. La guerra ha acelerado la polarización de clase: una polarización entre los que quieren llevar la guerra contra Iraq y
contra el imperialismo hasta el final y los que desean llegar a un
compromiso. Los trabajadores consideran que ésta es su guerra
y se preparan para la muerte y para los sacrificios. En las fábricas
se han formado los comités de protección[8] y centros de resistencia.

Los trabajadores están exigiendo ser movilizados para el entrenamiento militar y han manifestado que están listos para ir al
frente. Los trabajadores van al frente de guerra de varias maneras, una de ellas son los grupos de veintidós organizados por los
Basiy-í Mustazafín. En muchas fábricas los obreros han contribuido voluntariamente sus salarios de uno o varios días para
ayudar a los preparativos de guerra y a los refugiados de guerra.
Los shoras de obreros se están formando y fortaleciendo en esta
lucha. De esta manera se está fortaleciendo la posición de la
clase obrera en la revolución.

Inmediatamente después de comenzar la guerra, la Federación de Shoras Islámicos exigió que movilizaciones militares y
centros de resistencia fueran formados dentro de las fábricas,
las aldeas y las comunidades. Además exigieron el control completo sobre los capitalistas, los intermediarios y los acaparadores
de productos vitales y los bienes de producción industrial. También exigieron el control sobre la distribución y venta de las
mercancías a través de los shoras islámicos obreros e indicaron
que se necesita crear cooperativas de consumidores en todas
partes para impedir el sabotaje de la distribución por parte de la
contrarrevolución.

Los Shoras Islámicos de Obreros declararon que, "Los Shoras
Islámicos de Obreros en las Unidades de Producción e Industriales, con toda la fuerza a su disposición deben implementar
su control sobre las fábricas y trabajar de manera enérgica para
impedir cualquier conspiración o interrupción por parte de
agentes del régimen previo, de los capitalistas y de la contrarre-

volución; deben de aumentar la producción; y deben de mantenerse vigilantes para impedir cualquier conspiración tan pronto se asome".

La Federación de Shoras Islámicos ha creado la oficina de Movilización Militar-Ideológica y exige que los centros de resistencia y preparación se formen en las fábricas. La federación también exige que las noticias de guerra sean difundidas en los diferentes idiomas por los medios de comunicación iraníes, para neutralizar la propaganda de mentiras que difunden los imperialistas y para hacer llegar noticias sobre la lucha de los oprimidos a los hogares de los trabajadores alrededor del mundo.

Un mensaje emitido por los obreros de la industria petrolera llama a los trabajadores alrededor del mundo a defender la revolución iraní contra la invasión militar de Iraq. Piden a los obreros del petróleo en Iraq que apliquen las lecciones de la lucha contra el derrocado sha y formen comités de huelga contra el régimen de Saddam Hussein.

La federación de shoras orientales, que fue declarada ilegal antes de la guerra, ha reanudado su actividad.[9] A pesar de que el *Komiteh*[10] local ha impedido que estos shoras jueguen un papel activo, la federación —reunida en las mezquitas— ha renovado sus actividades distribuyendo volantes sobre la guerra y en defensa de la revolución. Unidades de defensa se están organizando a través de los shoras, y las Asociaciones Islámicas en las fábricas se están entrenando para ser enviadas al frente de guerra.

El espíritu revolucionario de los trabajadores en tiempos de guerra es lo opuesto de la holgazanería, la cobardía y el saboteo de los capitalistas y los terratenientes. Desde el comienzo de la guerra entre Irán e Iraq, la polarización de clase se ha profundizado y los campos de las clases antagonistas se ven más claramente definidos.

Por contraste a las masas trabajadoras árabes (que están defendiendo la revolución) los jeques reaccionarios, los cabecillas de las tribus y los señores feudales de Susangerd dan la bienvenida al ataque iraquí.[11] Los capitalistas y los grandes terratenientes empezaron a acaparar bienes y a sabotear la producción y la distribución. Desde el principio huyeron de las zonas de guerra. El Imán de Viernes de Teherán,[12] en su primer discurso de oración el viernes después de comenzar la guerra, advirtió a los capitalistas que huyeron de las zonas de guerra que no deben de esperar regresar a sus hogares y riquezas que los trabajadores lucharon para defender. Esta declaración refleja el sentimiento profundo de las masas contra los capitalistas.

Los capitalistas y los gerentes de las fábricas han atacado el nivel de vida de los trabajadores usando la guerra como pretexto. En algunas fábricas han declarado nulas las vacaciones anuales de los trabajadores y los préstamos para viviendas. So pretexto de la necesidad de comida y dinero para el frente de guerra han abolido las comidas de almuerzo [que le eran entregadas a los trabajadores]. Los capitalistas se salen con las suyas explotando la dedicación que los trabajadores sienten por la guerra. Los patrones se oponen a los shoras de obreros y buscan impedir que éstos crezcan y aumenten sus actividades. Al mismo tiempo, los capitalistas también están desorganizando la economía nacional acaparando bienes y aumentando precios.

Los trabajadores han reaccionado con paciencia y sentido de sacrificio ante el programa de austeridad económica de los patrones, viendo las medidas como sacrificios necesarios en condiciones de guerra. Pero al mismo tiempo, la correlación de fuerzas se inclina a favor de los trabajadores y en contra de los capitalistas. Porque, mientras los capitalistas y la gerencia interrumpen la producción, los obreros participan activamente en la producción y en el movimiento de resistencia masivo.

Los obreros se quejan de que los gerentes y los directores crean obstáculos para impedir las movilizaciones y el entrenamiento militar. En la situación creada por la guerra de un enfrentamiento directo con el imperialismo, los trabajadores toman en serio estas cuestiones. Es por eso que muestran paciencia respecto de las medidas de austeridad, pero demuestran su disgusto cuando la gerencia rehusa permitir las movilizaciones, crea obstáculos para el entrenamiento militar, o crea obstáculos con relación a otros asuntos relacionados con la guerra y la interrupción de la economía. Por eso los obreros han comenzado a realizar sus propias movilizaciones independientes. Esto ayuda a fortalecer a los shoras de obreros en vías de transformarlos en unidades independientes ejecutivas de los trabajadores.

En tiempos de guerra, la crisis y el caos de la economía

capitalista recae sobre los hombros del pueblo trabajador, su nivel de vida cae, y los capitalistas buscan resolver la crisis por medio de su sistema imponiendo programas de austeridad sobre los trabajadores. Bajo estas condiciones, la lucha continúa por las demandas contenidas en el Programa de Transición.[13] Esto incluye la lucha por un alza salarial ligado a la inflación y por un recorte en las horas de trabajo e incremento de los turnos de trabajo, sin corte en la paga. Los obreros están usando su peso político y social en la lucha para defender su nivel de vida y lo hacen sin ser acusados de interrumpir la producción.

4. Los aliados de la clase obrera —campesinos pobres, nacionalidades oprimidas, mujeres y la juventud— también se han alzado en contra de la agresión del régimen iraquí. La respuesta inmediata de las masas demuestra que la revolución está viva y que los trabajadores están dispuestos a defender los logros de la insurrección.

Uno de los sectores más importantes de los que participaron en la manifestación armada del 25 de octubre en Ispaján fueron los campesinos de las aldeas cercanas que marcharon con sus herramientas. Los campesinos de los alrededores de la ciudad de Mashjad también se manifestaron en contra de la agresión iraquí. Las masas árabes de las ciudades y aldeas pelearon con tanto heroísmo, junto con sus hermanos soldados y pasdarán, que impidieron la caída inmediata de las ciudades de Jorramchar, Abadán, Dezful y Ahuaz. Aunque las fuerzas iraquíes capturaron algunas partes de Abadán y Jorramchar, los habitantes de esas ciudades, especialmente la población árabe, jugaron un papel decisivo en la heroica resistencia armada.

La propaganda de Saddam Hussein pretende falsamente que reconoce el derecho de autodeterminación para los árabes (en Juzistán). Pero Saddam simplemente usa el nacionalismo burgués en contra de la revolución. La nacionalidad árabe oprimida en Juzistán ha mostrado que no se traga esta demagogia. Al contrario, entiende que su libertad es inseparable de la lucha por liberarse del imperialismo; y que sus intereses están unidos a los de la revolución iraní. La lucha de las masas árabes ha debilitado los efectos de esta propaganda aun entre los países árabes de la región, tales como Siria, Libia y también en Palestina.

En Curdistán, donde el gobierno no ha cesado su guerra

fratricida, el pueblo curdo no obstante ha apoyado a la República Islámica contra la ofensiva del régimen iraquí. Algunos grupos de obreros curdos han donado el salario de una jornada de trabajo para el frente de guerra, y en algunas ciudades curdas han habido manifestaciones callejeras en defensa de Irán y contra el régimen de Saddam Hussein. Los curdos en Iraq, quienes por muchos años han sufrido la opresión del gobierno iraquí, están luchando decididamente contra la invasión militar de Irán por Iraq y están peleando contra el régimen de Hussein.

En Tabriz, a causa de las muertes sufridas durante los bombardeos de la refinería de petróleo y otros centros industriales, los obreros y campesinos de Azerbeiyán han visto la necesidad de resistir y movilizarse contra el imperialismo y el régimen iraquí. Las 30 mil personas que asistieron al entierro de los mártires del bombardeo de centros industriales y civiles en Tabriz expresaron su odio al régimen iraquí y al imperialismo norteamericano. Fue la primera vez en seis meses que la nacionalidad azerbeiyani oprimida se enfrentó decisivamente a los ataques imperialistas. Esto indica que, a pesar de los esfuerzos de la burguesía, el movimiento antimperialista en Azerbeiyán no se ha desviado. Fueron aún mas grandes las movilizaciones callejeras del pueblo azerbeiyani durante las jornadas [religiosas] de Ghadir, Tasua y Ashura, así como la marcha de las fuerzas del ejército y de los pasdarán.

Además, los pueblos de Sistán y Balujistán, así como 6 mil miembros de tribus y pobladores fronterizos en Bushehr, organizaron manifestaciones en defensa de la revolución.

Las nacionalidades oprimidas, en solidaridad mutua y en apoyo a la revolución iraní, están luchando por su liberación del yugo imperialista. Ahora es más real la perspectiva de fortalecer su unidad para impulsar la lucha antimperialista.

Es muy conocida la solidaridad de las mujeres y su disposición de ir al frente. Las mujeres han participado en grupos de primeros auxilios y en recolecciones para el frente. Las mujeres también han declarado su deseo de recibir entrenamiento militar. En algunas fábricas, las mujeres incluso han participado en el entrenamiento militar y en diversas formas de ayuda para el frente. En la manifestación de Ispaján del 25 de octubre, participaron mujeres armadas con cuchillos, tenedores y otras herramientas domésticas, expresando su voluntad de ir al frente. La

guerra ha creado las condiciones para que las mujeres participen más en las actividades de la sociedad y para que vean que las
perspectivas de su liberación están vinculadas a la victoria del
movimiento antimperialista.

Los jóvenes cuyo plazo militar venció en 1977 —es decir, los
que fueron entrenados por el sha para pelear en Dhofar[14]— y
los que están a punto de ser reclutados han declarado en grandes números su voluntad de ir al frente. En los primeros días
después del llamamiento al servicio militar para los jóvenes
cuyo plazo había vencido en 1977, se presentaron más de 24 mil
jóvenes para ir al frente.

En Juzistán, se congregaron jóvenes alrededor de los cuarte-
les militares, especialmente en Ahwaz, pidiendo armas. Los
jóvenes en las trincheras empezaron a fabricar cócteles molotov
y otras armas, y en muchas zonas fronterizas han jugado un
papel muy importante en las batallas militares.

Se han formado nuevamente comités de barrio y shoras comunitarios, con amplia participación de la juventud. Al igual
que en la insurrección [de febrero de 1979], están ayudando a
proteger las comunidades y a distribuir artículos de primera
necesidad. Los grupos de veintidós formados por los Basiy-í
Mustazafín con la ayuda de las mezquitas locales (grupos creados para dar entrenamiento militar) están compuestos y organizados mayoritariamente por jóvenes.

5. Las medidas limitadas que ha tomado el gobierno en su
respuesta política y militar a la invasión iraquí son completamente insuficientes para defender la revolución y no se pueden
comparar al grado de compromiso y sacrificio demostrado por
las masas trabajadoras.

El gobierno no ha reaccionado favorablemente ante la determinación y combatividad sin precedentes demostradas por el
pueblo en defensa de la República Islámica. En ciertos casos, el
gobierno incluso ha dado una respuesta desfavorable. Por ejemplo, el Ministerio del Estado emitió un comunicado declarando
ilegales los shoras que se formaron en los barrios al calor de la
revolución. El Ministerio de Educación y Bienestar declaró que
se iban a realizar clases en las escuelas el 4 de noviembre.

Al gobierno no le agrada la consigna muy popular de "¡Entré-
guennos armas!". Por otro lado, el ayatollah Montazari, en su
discurso de viernes pronunciado en Qum, expresó las preocu-

paciones de las masas cuando dijo: "Los comandantes del ejército no están avanzando o actuando con mucha decisión". El gobierno capitalista teme la visión de las masas oprimidas en combate armado con el imperialismo.

La política divisionista del gobierno de la República Islámica hacia las nacionalidades oprimidas ha arremetido contra la unidad de los baluartes antimperialistas. La actitud de las nacionalidades hacia esta guerra es un indicio de la profundidad de la revolución y del alto nivel de conciencia de los trabajadores provenientes de las nacionalidades oprimidas. Esta solidaridad con la defensa de la revolución iraní se manifiesta a pesar de los numerosos ataques y acciones divisionistas por parte del régimen. Esto se ve especialmente en la guerra civil en Curdistán, que fue impuesta a los curdos por el régimen de la República Islámica. El gobierno aún le niega al pueblo curdo sus derechos nacionales. Los dirigentes del gobierno afirman que hay que mantener al ejército y a los pasdarán en Curdistán para llevar a cabo la guerra sobre el frente interno. Los destacamentos militares están confiscando armas y desarmando al pueblo. En una declaración dirigida a los campesinos de Curdistán, el ejército y los pasdarán amenazaron con castigar severamente a los que colaboraran con grupos políticos curdos al proveerles alimentos.

En Curdistán, al igual que en otras regiones de Irán, hay que enfilar los fusiles contra el imperialismo y sus socios menores. Hay que cesar la guerra fratricida en Curdistán y establecer la unidad militar entre los curdos y las fuerzas armadas [el ejército y los pasdarán], para que se apunten todas las armas contra el imperialismo. Para confrontar al imperialismo y la ofensiva militar iraquí, el pueblo curdo debe ser armado, en vez de desarmado. Además hay que reconocer la autodeterminación para Curdistán. Unicamente con estas medidas se podrá definir claramente la verdadera división entre las fuerzas de la revolución y de la contrarrevolución.

La incapacidad del gobierno de solucionar los problemas de la guerra y la revolución ha quedado expuesta ante las masas. El régimen no ha hecho ningún esfuerzo sistemático para armar al pueblo. No ha realizado planes económicos para contrarrestar el alza de los precios, el desempleo y el acaparamiento, todo lo cual está aumentando ante la vacilación del gobierno para establecer el monopolio estatal sobre el comercio exterior. Los Komitehayé Haft Nafaré[15] no han avanzado en la distribución de tierras a los campesinos pobres o en el mejoramiento de las condiciones en las aldeas. En cambio, se han tomado medidas para restringir las actividades de los partidos políticos y periódicos que apoyan la revolución, y para imponer medidas de censura.

El pueblo pregunta: "¿Por qué los pasdarán no están siendo provistos de armamentos pesados?". Los pasdarán en Curdistán preguntan: "¿Qué hacemos en Curdistán cuando es el gobierno iraquí el que ataca a la revolución?". Los aspectos misteriosos de las negociaciones sobre la liberación de los rehenes se plantearon en el mismo contexto.[16] Por la falta de diplomacia abierta y las negociaciones secretas entre el gobierno y funcionarios extranjeros, el pueblo cuestiona las acciones del gobierno. Los explotados se preguntan: "Cuando somos nosotros los que tenemos que aguantar lo más recio de la guerra, ¿por qué es tan desigual la distribución de escasez y pobreza, por qué las sufrimos sólo nosotros, mientras que los capitalistas y los grandes terratenientes siguen explotándonos y viviendo cómodamente?".

En esta nueva etapa de la revolución, las masas cuentan cada vez menos con los dirigentes. Están resolviendo los problemas más y más con sus propios esfuerzos, llevando a cabo sus propias movilizaciones y construyendo sus propias organizaciones. Para triunfar en la guerra, las masas están más dispuestas a escuchar soluciones clasistas y antimperialistas. Hay tremendas posibilidades para un partido obrero revolucionario.

El pueblo considera que el gobierno de la República Islámica está en la misma trinchera con ellos en esta guerra. Mientras la clase trabajadora no esté preparada para dirigir la guerra, defenderá la revolución bajo la dirección militar de este gobierno.

Han de comenzar ahora los preparativos políticos para crear un gobierno obrero y campesino. Entre estos preparativos se encuentran: mantener la independencia política de la clase obrera; presentar un programa proletario contrapuesto a las medidas debilitantes y divisionistas del gobierno capitalista; luchar por la movilización militar y política de las masas; luchar por la unificación y extensión de los shoras obreros; pelear por el derecho de autodeterminación para las nacionalidades oprimidas, lo cual es esencial para fortalecer las barricadas antimperialistas; luchar por tierras y por mejores condiciones para los campesinos pobres; y combatir la pobreza.

6. La ofensiva militar de Iraq y del imperialismo, que pretende decapitar la revolución iraní, ha provocado la resistencia popular. Esto ha creado inmensas oportunidades para poner en práctica el programa del partido, fortalecer nuestros lazos con la clase obrera y multiplicar nuestras filas reclutando a combatientes de la clase obrera y la juventud. Ni nuestro análisis político de la nueva etapa de la revolución a raíz de la guerra ni el programa que como socialistas revolucionarios presentamos para ganar la guerra estarían completos sin especificar el próximo paso en la construcción del partido.

En la etapa actual de la lucha de clases, la guerra y la revolución se han entrelazado y han encontrado un solo destino. La clase obrera participa en esta guerra para el triunfo de su propia revolución, para realizar sus propias demandas y para ganar la dirección de las masas. La clase obrera considera que esta guerra es suya y lucha para que triunfe. Los preparativos políticos de la clase obrera para la creación de un gobierno obrero y campesino están siendo realizados en medio de esta guerra y a través de la participación en estas luchas.

La conclusión, basada en esta realidad, es que nuestro partido también debe de movilizarse junto con nuestra clase. Debemos participar consciente y activamente en el movimiento de resistencia popular y luchar para conquistar la dirección política de esta batalla decisiva. Por consiguiente, ahora es imperativo más que nunca que los miembros del partido y los militantes de la Organización de la Juventud Socialista participen en todas las actividades y luchas de masas. Esto incluye las movilizaciones políticas, económicas y militares y las labores organizativas en el frente, así como la participación en las primeras filas de la batalla. Esta será una decisión consciente por parte del partido y de la organización juvenil, tomando en cuenta nuestras posibilidades. De esta manera, los elementos más combativos de nuestra clase se verán atraídos a nuestro partido y nuestro programa será presentado a toda la clase.

Por lo tanto, en esta coyuntura es más importante y apremiante que nunca para nuestro partido llevar a cabo un giro hacia los centros industriales y los barrios obreros, así como participar en la resistencia a través de los shoras y las organizaciones obreras. Nuestros camaradas deben estar en el seno de la clase obrera: en las fábricas y en la vanguardia de sus luchas. Así nuestro vínculo revolucionario con la clase obrera se hace realidad: un vínculo, sobre la base del programa de la revolución socialista, que crea las condiciones para construir un partido de masas. El éxito del partido en el futuro depende de la realización audaz de este próximo paso.

Las tareas más importantes del proletariado en estas condiciones de guerra con Iraq y para promover la victoria contra el imperialismo son concretamente las siguientes:

• La defensa material incondicional de la República Islámica contra la intervención militar de los imperialistas, contra la ofensiva militar del régimen iraquí y contra las conspiraciones de los aliados internos y externos del régimen iraquí. La movilización y el entrenamiento militar inmediatos de todos los voluntarios para el frente, a través de los Basiy-í Mustazafín, con toda la ayuda necesaria por parte del gobierno. Construir el ejército de liberación de los veinte millones. Armar los shoras de obreros y campesinos y los shoras comunitarios. Crear y multiplicar los centros obreros de resistencia. Proveer armas para la defensa de los centros industriales. Armar a los pasdarán con equipo militar pesado. Promover la democracia y la creación de shoras en el ejército y los pasdarán.

• Confiscar la riqueza de los capitalistas y terratenientes que —en estas condiciones críticas de guerra— sabotean la economía con su acaparamiento, estafas y fraudes. Castigar inmediatamente a los agiotistas y confiscar sus productos, de acuerdo con las exigencias de la guerra. Aprobación y cumplimiento de leyes que establezcan impuestos progresivos. Establecer un monopolio completo sobre el comercio exterior. Subordinar la producción a las necesidades de la guerra. Nacionalizar la banca y las compañías de seguros bajo el control de los shoras de obreros y empleados. Poner la producción, la distribución y el control de precios bajo la supervisión de los shoras de obreros y campesinos y los shoras comunitarios. Racionar los alimentos más importantes, así como el combustible, organizando la distribución bajo el control de los shoras comunitarios para dar prioridad a los explotados. Proporcionar viviendas gratuitas y ayuda financiera del gobierno a los refugiados de guerra; dar entrenamiento militar y armas a los refugiados.

• Extender y unificar los shoras en las fábricas. No a la disolución de los shoras. Que el gobierno reconozca a los shoras. Apoyar la independencia y la democracia de los shoras. Aumentar la producción creando nuevos turnos de trabajo y contratando a los desempleados. Establecer una semana laboral de 40 horas. Aumentar los salarios para compensar por la inflación. No al despido de los miembros de grupos políticos; los shoras obreros deben ser los responsables de las depuraciones [de contrarrevolucionarios y saboteadores]. Abolir el Artículo 33 del código laboral, que permite los despidos sin motivo. Los shoras obreros deben formular las leyes sobre el trabajo.

• Aumentar la producción agrícola; cumplir con la Sección C de la ley de reforma agraria, que determina la distribución de tierras de los latifundistas entre los campesinos; entregar tierras y recursos suficientes a los campesinos pobres.

• Por el derecho de las nacionalidades oprimidas a la autodeterminación. Autodeterminación para Curdistán. Por el cese inmediato de la guerra civil impuesta al pueblo curdo. Por una alianza militar con las nacionalidades oprimidas contra el imperialismo y contra la ofensiva militar iraquí.

• Igualdad de derechos para la mujer; dar entrenamiento militar y armas a la mujer.

• Libertad para los presos políticos antimperialistas y obreros.

• Movilizar y utilizar todos los recursos para lograr la victoria en la guerra. Extender y unificar los shoras de obreros, campesinos, soldados y pasdarán.

• Por un gobierno obrero y campesino.

NOTAS

1. El Día de Jerusalén es el último viernes del mes de Ramadán. Desde el derrocamiento revolucionario del sha se ha convertido en un evento anual en solidaridad con la revolución palestina y con la lucha contra el gobierno israelí.
2. Juzistán es una provincia rica en petróleo en el suroeste de

Irán que cuenta con una gran población árabe. Yace al norte del Golfo Arábigo-Pérsico y linda con Iraq.

3. Los pasdarán, Guardias Revolucionarios, son una milicia que fue formada después de la revolución bajo la República Islámica. A medida que el régimen burgués en Irán consolidó su poder y detuvo el avance de la revolución, los pasdarán se convirtieron cada vez más en un componente voluntario de las fuerzas armadas iraníes.

4. La Basiy-í Mustazafín (Movilización de los Oprimidos) fue una organización para movilizar estudiantes y jóvenes campesinos y obreros como voluntarios para el frente. Fue dirigida por los pasdarán.

5. El "ejército de los veinte millones" fue una consigna popular para que se armara a la población para que librara la guerra.

6. El 4 de noviembre de 1980, fue el primer aniversario de la ocupación de la embajada norteamericana en Teherán. Cuando el gobierno norteamericano invitó al depuesto sha a Estados Unidos en el otoño de 1979, el pueblo trabajador y los jóvenes de pensamiento revolucionario en Irán vieron la maniobra como un nuevo e importante paso hacia la organización de la contrarrevolución. Se rememoraba que cuando el sha había huido del país 26 años atrás, la CIA había organizado un golpe de estado a través de la embajada norteamericana para retornarlos a él y a su brutal régimen al poder. El 4 de noviembre de 1979, los estudiantes de Teherán se tomaron la embajada —tildada popularmente como la "guarida de espías"— como expresión de la determinación popular de defender la revolución. Se realizaron movilizaciones masivas en las ciudades y aldeas iraníes.

7. Los comités de huelga surgieron en las fábricas antes de la huelga general que comenzó a fines de 1978 y paralizó al régimen del sha en sus últimos meses. Cuando las industrias reabrieron sus puertas tras el derrocamiento del sha en febrero de 1979, los obreros organizaron los comités llamados *shoras* que desempeñaron funciones sindicales diversas y lucharon por extender el control obrero de las fábricas.

8. Los comités de protección eran unidades formadas por los obreros en las fábricas para defender las instalaciones de producción del sabotaje y los atentados dinamiteros contrarrevolucionarios.

9. La Federación de los Shoras Orientales abarcó a algunos de los shoras de la parte oriental de Teherán.

10. Los komitehs eran las organizaciones de barrios que surgieron durante la lucha revolucionaria contra el régimen del sha. Bajo

la República Islámica, la participación popular decayó y estas organizaciones adquirieron mayormente un carácter de instrumentos policiacos.

11. Susanger es una población del Juzistán cercana a la frontera iraquí, ubicada en un área predominantemente árabe.

12. El Imán del Viernes es el funcionario religioso que da el sermón antes de las reuniones de oración masivas celebradas los viernes en la República Islámica. Tales sermones a menudo incluyen una evaluación de los eventos políticos de la semana.

13. El Programa de Transición fue uno de los documentos adoptados por el Partido Socialista de los Trabajadores en su fundación. Escrito por León Trotsky y aprobado por el PST tras una extensa discusión en 1938, fue adoptado después como parte del programa de la Cuarta Internacional, la organización comunista mundial de la que entonces era parte el PST. Está contenido en *The Transitional Program for Socialist Revolution* (El programa de transición para la revolución socialista, Nueva York: Pathfinder, 1977).

14. Dhofar es una región en Omán, en la península arábiga, al sur de Irán, donde en 1975 el sha envió tropas para ayudar a la monarquía a derrotar a un movimiento guerrillero insurgente.

15. En respuesta a las presiones de los campesinos, el régimen islámico organizó los Komitehayé Haft Nafaré (Comités de Siete) para estudiar el otorgamiento de títulos de propiedad a los campesinos que ya se habían tomado tierras, e implementar una reforma agraria limitada. Los comités fueron objeto de críticas al alegarse que habían transgredido las leyes islámicas que protegían la propiedad privada. Gradualmente sus operaciones fueron severamente limitadas.

16. Después de una serie de negociaciones con Washington, el gobierno iraní dejó en libertad a los rehenes de la embajada en el verano de 1981. Los términos exactos del acuerdo nunca fueron divulgados.

LOS INTERESES DE LOS OBREROS
Y LOS CAMPESINOS
EN IRAN E IRAQ SON IDENTICOS

LAS FUERZAS de la República Islámica iniciaron su avance dentro de las fronteras iraquíes el 13 de julio. Según informes diversos, estas fuerzas han avanzado unos 20 kilómetros en suelo iraquí, y los enfrentamientos continúan. Este avance refleja una nueva etapa en la guerra impuesta por el régimen iraquí.

El reciente avance se ha desarrollado tras la constante agresión contrarrevolucionaria de [el presidente de Iraq] Saddam Hussein, después de la gran victoria revolucionaria de Irán al retomar Jorramchar.[1] En las semanas recientes, las ciudades iraníes de la zona de guerra —entre ellas Abadán, Ahuaz, Jurramabad y otras más— han sido bombardeadas salvajemente por la artillería de largo alcance del régimen iraquí o por la aviación iraquí, dejando centenares de muertos o heridos. Por otro lado, según informes oficiales, diversas áreas de Irán siguen bajo el control militar iraquí.

El 14 de julio, el comunicado conjunto del ejército y la Guardia Revolucionaria explicó los objetivos de este avance llamado Operación Ramadán: "Esta operación se ha iniciado con la bendición y los directivos emitidos por el Duodécimo Imán, bajo la dirección de su digno sucesor, Imán [Rujola] Jomeini. El objetivo es completar la defensa de la República Islámica, impedir el reinicio de la agresión de parte de Saddam y otros merce-

---

Esta declaración fue aprobada por el Comité Nacional del Partido de Unidad Obrera de Irán el 23 de julio de 1982. La versión en inglés en la cual se basa la presente traducción, que originalmente apareció en el número del 4 de octubre de 1982 de Intercontinental Press, *fue revisada comparándola con el original en farsí.*

LAS NOTAS PARA ESTE ARTICULO COMIENZAN EN LA PAGINA 377

narios norteamericanos, proteger del fuego enemigo a las ciudades de la República Islámica, y alcanzar las metas que han sido establecidas. Esta operación está prosiguiendo intensamente contra el enemigo engañado y la agresión de Saddam".

En respuesta a estos avances, los imperialistas han escalado su propaganda contrarrevolucionaria. Todas las posiciones en torno a la Operación Ramadán anunciadas hasta la fecha por los funcionarios imperialistas y sus medios de prensa han condenado a la República Islámica. Estas demuestran la enorme aprensión de los imperialistas frente a los avances recientes.

La Casa Blanca, a pesar de su presunta neutralidad en esta guerra, ha anunciado que "en la guerra Irán-Iraq, Estados Unidos está dispuesto a ayudar a aquellos países en la región que manifiesten sentirse amenazados". Los informes de la prensa extranjera indican que Estados Unidos está planeando realizar maniobras militares en la región.

El primer ministro israelí [Menahem] Begin ha anunciado, "Si las fuerzas iraníes están planeando avanzar hacia Jerusalén, las aplastaremos a mitad de camino". Los funcionarios de los gobiernos europeos, mientras hacían pública su aprensión sobre la Operación Ramadán, consideraban que el avance logrado por las fuerzas iraníes planteaba una amenaza substancial a los intereses económicos de la Europa capitalista en Iraq y en el Oriente Medio.

Radio Colonia informó que, "Según el ministerio de finanzas de la República Federal de Alemania, la nueva operación iraní es una grave amenaza a los mercados de exportación de Alemania en el Oriente Medio". El periódico inglés *Financial Times* ha declarado: "La victoria iraní ha cambiado el equilibrio político en la región".

El *New York Times* ha dicho, "El Irán del ayatollah Jomeini, de forma mesiánica, ha gritado en pro de la liberación del yugo extranjero y tiene planes para una república de más extensión sobre la base de los principios islámicos". Y la prensa norteamericana, citando al presidente [Ronald] Reagan, ha dicho, "La agresión de las fuerzas iraníes contra Iraq puede amenazar a toda la zona del Golfo Pérsico".

Una reciente resolución del Consejo de Seguridad de Naciones Unidas llama al establecimiento del cese al fuego entre Irán e Iraq, el desplazamiento de una presunta fuerza de paz en las zonas de guerra y la apertura de las negociaciones entre Irán e Iraq. Esto indica que aparte de los gobiernos imperialistas del mundo, la burocracia de Moscú también está preocupada por las continuas victorias de la revolución iraní frente a Hussein.

Bajo estas circunstancias, los gobiernos títeres del imperialismo en la región —como los de Egipto, Arabia Saudita y Jordania— siguen brindándole ayuda económica y militar al régimen iraquí. Hosni Mubarak, el presidente egipcio, ha pedido que se celebre una reunión de emergencia entre los líderes árabes para discutir la guerra Irán-Iraq.

Al mismo tiempo, los líderes de los grupos pro imperialistas contrarrevolucionarios fuera del país, como Ali Aminí y Shahpur Bajtiar,[2] así como el liderazgo de la Organización Popular Muyajedín —que cada vez se inclina más en dirección de las políticas imperialistas[3]— han condenado el avance iraní sobre territorio iraquí.

Contra todas estas declaraciones, amenazas propagandísticas y actividades contrarrevolucionarias de los imperialistas, de los regímenes reaccionarios de la región, de los monarquistas contrarrevolucionarios y de las corrientes reformistas, los socialistas revolucionarios declaran a continuación su posición ante el reciente avance de las fuerzas de la República Islámica y ante la nueva etapa de la guerra contra la agresión de Saddam:

1. La guerra impuesta a Irán por el régimen iraquí sigue siendo el eje que separa a las filas de la revolución y la contrarrevolución en la región.

En un frente de esta guerra se encuentran los países imperialistas del mundo y los regímenes reaccionarios de la región. Ellos intentan decapitar a la revolución iraní por medio de la agresión contrarrevolucionaria de Saddam.

En el otro frente se encuentran las masas desposeídas y oprimidas de Irán: obreros, campesinos y otros explotados quienes, después del derrocamiento del régimen del sha, están luchando por erradicar totalmente el yugo imperialista y deshacerse de la explotación imperialista, incluida la explotación por parte de los capitalistas y los grandes terratenientes: la principal base del imperialismo en Irán.

2. El avance reciente de las fuerzas de la República Islámica sobre suelo iraquí se ha hecho en defensa de la revolución. Es una acción de principios que debe ser apoyada por todos los

obreros y campesinos y sus organizaciones, especialmente por los shoras de obreros.

La continuación de la guerra sobre suelo iraquí no altera el carácter de esta guerra. Para defender la revolución el proletariado, igual que antes, combatirá al ejército agresor del régimen iraquí en suelo iraquí bajo la dirección militar de la República Islámica. El límite del avance dentro de las fronteras iraquíes será determinado según criterios militares.

3. En esta etapa de la guerra, en la lucha por desarraigar el yugo del imperialismo, es de una importancia decisiva ganarse a los explotados iraquíes hacia una perspectiva de unidad con la revolución iraní. En la situación actual la victoria en la guerra y el avance de la revolución son imposibles sin ganarse el apoyo de los explotados iraquíes a la revolución iraní. Por lo tanto, con el avance de las fuerzas de la República Islámica —cuyo grueso lo componen voluntarios de las masas de explotados antimperialistas, los Basiy-í Mustazafín— el proletariado luchará por los derechos de los explotados iraquíes en todas las áreas.

El cumplimiento de esta tarea fundamental —ganarse a los explotados iraquíes— es esencial en esta etapa de la guerra. Si por alguna razón los obreros y los explotados iraquíes ven como invasores extranjeros a las fuerzas de la República Islámica dentro de Iraq, y en consecuencia se movilizan y luchan contra estas fuerzas, la respuesta política correcta será la de detener el avance dentro de Iraq y tomar las decisiones políticas que correspondan.

Objetivamente la guerra contra la agresión de Saddam tiene un carácter de clase: los obreros y campesinos en Irán e Iraq tienen intereses idénticos y se encuentran en un frente común contra el régimen baasista iraquí.

4. El régimen de Saddam Hussein, que ha servido como el instrumento más importante de la intervención imperialista contra la revolución iraní en el periodo reciente, sigue representando un grave peligro para las luchas de los obreros y los explotados iraníes, y por consiguiente para los explotados iraquíes. Debe ser derrocado.

La lucha por derrocar a este régimen depende principalmente de los obreros y campesinos de Iraq. Y es también un derecho del pueblo oprimido iraquí elegir libremente a su gobierno. No obstante, el ingreso de las fuerzas de la República Islámica a Iraq puede constituir una ayuda poderosa para los obreros y campesinos iraquíes en su lucha revolucionaria por derribar el yugo de Saddam y de sus partidarios imperialistas.

5. Dado que la República Islámica es un régimen capitalista cuyo punto de partida no es la defensa de los intereses de los explotados, crea siempre obstáculos a la defensa de la revolución y a su extensión. Por lo tanto, mientras que lucha resueltamente bajo la dirección militar del gobierno de la República Islámica contra la agresión del ejército de Saddam, en esta etapa de la guerra el proletariado sigue manteniendo su propia independencia política. Promueve su propio programa revolucionario contra el gobierno y los políticos capitalistas.

El proletariado, igual que antes, condena a cada paso todos los obstáculos y el sabotaje creados por la República Islámica contra la defensa de la revolución. Al luchar a favor de sus propias demandas y las de sus aliados, el proletariado se prepara para la creación de un gobierno obrero y campesino.

Esto significa que también en esta etapa de la guerra —con el fin de fortalecer las barricadas de la revolución contra el régimen iraquí y contra el imperialismo, y atraer a los explotados iraquíes hacia una perspectiva de unidad con la revolución iraní— el proletariado plantea la necesidad de medidas revolucionarias de largo alcance para erradicar el yugo del imperialismo y sus bases fundamentales: los capitalistas saboteadores y grandes terratenientes.

El proletariado recalca demandas tales como la reforma agraria; el monopolio del estado sobre el comercio exterior; el control obrero de la producción; el otorgamiento de derechos a las nacionalidades oprimidas, incluida la oprimida nacionalidad árabe y el fin del fratricidio en Curdistán; el fin de las limitaciones sobre el Basiy-í; y la extensión de las libertades políticas. El proletariado exige también la extensión de los shoras de obreros y campesinos a todos los campos de la revolución.

NOTAS

1. Jorramchar, el último bastión de las fuerzas iraquíes que habían ocupado el occidente de Irán desde septiembre de 1980, fue

liberada por las tropas iraníes el 24 de mayo de 1982.

2. Ali Aminí y Shahpur Bajtiar fueron primeros ministros bajo el régimen del sha.

3. Originada en la década de 1960 como un movimiento guerrillero urbano contra el sha, la Organización Popular Muyajedín anunció en junio de 1981 que estaba "lanzando una guerra" contra la República Islámica. A partir de entonces se alineó cada vez más con la campaña orquestada por el imperialismo contra la revolución iraní. Durante la guerra Irán-Iraq, la organización utilizó el territorio iraquí para lanzar ataques armados contra Irán.

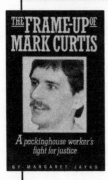

Nelson Mandela Intensifiquemos la lucha

Discursos del líder del Congreso Nacional Africano dados en Africa, Europa y Norteamérica tras su excarcelación en febrero de 1990. Ilustran la nueva etapa de la lucha contra el apartheid. 108 páginas más 16 de fotografías, $12.95

Habla Nelson Mandela

Contiene dos declaraciones de Mandela ante los tribunales del apartheid en 1962 y 1964. 84 páginas más 16 de fotografías, $8.95

Sudáfrica, la revolución en camino
por Jack Barnes

¿Cuál es papel de los obreros y campesinos en la revolución democrática nacional necesaria para derrocar al régimen del apartheid y establecer una república democrática y no racial en Sudáfrica? ¿Qué perspectivas existen para poder forjar un movimiento comunista en Sudáfrica? Estas y otras preguntas son abordadas en este folleto. 75 págs., $6.00.

Malcolm X
Se dirige a los jóvenes
*Discursos en Estados Unidos,
Gran Bretaña y Africa*

'*No soy un norteamericano.
Me presento a esta reunión como una
de las víctimas de Norteamérica,
una de las víctimas de un sistema
extremadamente hipócrita que hoy va a
todas partes del mundo, creyéndose dignos
de decirle a otros pueblos cómo deben
manejar sus países, cuando ellos mismos son
incapaces de poner en su sitio todas las cosas
sucias que ocurren en su propio país*'.

**Malcolm X
Mayo de 1964**

En discusiones con jóvenes
en tres continentes, Malcolm
X traza un rumbo de lucha.
Denuncia las guerras
organizadas por Estados
Unidos en Africa, Asia y
América Latina. Una nueva
colección, en su mayoría el
material aparece por
primera vez.
En inglés, 110 págs. $9.95

PATHFINDER

Vea la página 2 para los distribuidores

Unete al Club de Lectores Pathfinder

Pathfinder es la principal editorial internacional que publica libros y folletos de los luchadores revolucionarios cuyas luchas contra el imperialismo, el racismo, la explotación y la opresión nos señalan el camino para el avance de la humanidad.

Más de 250 obras por Carlos Marx, Federico Engels, V.I. Lenin, León Trotsky, Rosa Luxemburgo, Ernesto Che Guevara, Fidel Castro, Malcolm X, Farrell Dobbs, James P. Cannon, Joseph Hansen, George Novack, Evelyn Reed, Nelson Mandela, Thomas Sankara, Maurice Bishop y más.

Al unirte al Club de Lectores Pathfinder se te hará menos costosa la obtención de libros que deseas leer y estudiar.

Por una cuota anual de US$10 los miembros del Club de Lectores recibirán el 15 por ciento de descuento en todos los libros y folletos editados por la Pathfinder en cualquiera de las librerías Pathfinder alrededor del mundo. También podrán obtener descuentos aún mayores en obras especialmente escogidas.

Para unirte en cualquier parte del mundo, comunícate con la librería más cercana o envía US$10 a Pathfinder, 410 West Street, Nueva York, NY 10014.

CLUB DE LECTORES PATHFINDER